高职高专“十二五”规划教材
21世纪全国高职高专土建系列工学结合型规划教材

建设法规及相关知识

主　编　唐茂华　谭小斌
副主编　刘旭灵　肖　洋
主　审　胡六星

北京大学出版社
PEKING UNIVERSITY PRESS

内 容 简 介

本书以案例为驱动，注重知识的系统性，全面地介绍了我国当前最新建设工程法律法规及相关知识。

本书围绕相关法律规定，阐述了建筑许可制度、建设工程发包与承包制度、建设工程监理制度、建设工程安全生产管理制度、建设工程质量管理制度、建设工程招标与投标制度、建设工程合同制度、工程建设其他相关法律制度等内容，共10章。

本书适合高职高专土建类各专业学生学习工程建设与管理相关的基本法律与制度理论框架，功能上实现“三合一”，既可以作为高职高专教学用书，又可以作为职业资格考试的参考用书，还可以作为专业技术人员的工具用书。

图书在版编目(CIP)数据

建设法规及相关知识/唐茂华，谭小斌主编. —北京：北京大学出版社，2013.8

(21世纪全国高职高专土建系列工学结合型规划教材)

ISBN 978-7-301-22748-0

Ⅰ. ①建…　Ⅱ. ①唐…②谭…　Ⅲ. ①建筑法—中国—高等职业教育—教材　Ⅳ. ①D922.297

中国版本图书馆CIP数据核字(2013)第143029号

书　　名：建设法规及相关知识

著作责任者：唐茂华　谭小斌　主编

策 划 编 辑：赖　青　杨星璐

责 任 编 辑：赖　青

标 准 书 号：ISBN 978-7-301-22748-0/TU・0339

出 版 发 行：北京大学出版社

地　　址：北京市海淀区成府路205号　100871

网　　址：http://www.pup.cn　新浪官方微博：@北京大学出版社

电 子 信 箱：pup_6@163.com

电　　话：邮购部62752015　发行部62750672　编辑部62750667　出版部62754962

印 刷 者：三河市北燕印装有限公司

经 销 者：新华书店

787毫米×1092毫米　16开本　17印张　390千字

2013年8月第1版　2014年9月第2次印刷

定　　价：34.00元

北大版·高职高专土建系列规划教材
专家编审指导委员会

前　言

本书作为“21世纪全国高职高专土建系列工学结合型规划教材”，突出“理论够用、案例驱动”的特点，首先以典型案例引入，介绍相应法律依据，再进行法理描述，以期增加本书的可读性，为教学互动、教学相长、乐教乐学创造条件。

市场经济是法制经济，随着我国土地使用制度改革、城乡一体化建设、住房商品化的推行，每个从事建筑业的工作者都应当全面了解和掌握《中华人民共和国建筑法》、《中华人民共和国招标投标法》、《中华人民共和国合同法》等基本法律知识，以促使我国工程建设行业的健康发展。有鉴于此，本书根据相关法律、行政法规、部门规章制度等，对我国工程建设活动中牵涉到的法律与制度做了简明而实用的介绍。

全书课堂讲授以64课时为宜，使用时可根据各校实际情况选择详略，进行取舍。

本书由湖南城建职业技术学院唐茂华、湖南建设工程集团总公司谭小斌任主编，湖南城建职业技术学院继续教育学院刘旭灵、湖南建筑高级技工学校肖洋任副主编。具体分工如下：唐茂华编写第1～3章和第6章；谭小斌编写第4、第7和第9章；刘旭灵编写第8章；肖洋编写第5、第10章。全书由唐茂华、谭小斌负责统稿。

湖南城建职业技术学院胡六星为本书主审，在全书写作过程中予以了精心指导，并提出了许多宝贵意见，谨此表示衷心感谢。

本书是湖南省建设人力资源协会科研课题“建设类高职‘建设法规’课程教学改革研究”的研究成果之一。在编写本书的过程中，编者得到了湖南省建设人力资源协会、湖南城建职业技术学院的大力支持，在此表示衷心的感谢。

由于编者水平所限，书中难免存在不妥之处，恳请读者批评指正。

编　者

2013年4月

CONTENTS

目录

第1章 绪　论

教学目标

掌握工程建设法律、建设法律关系、建设法律责任等基本概念，了解工程建设法律的渊源及建筑法律法规的特征与作用；熟悉建设法律关系的各个要素和引起建设法律关系发生、变更和消灭的法律事实；掌握建设法律责任的概念、工程建设纠纷的处理方式和程序及现行法律的相关规定。

教学要求

能力目标	知识要点	权重
掌握法的概念	阶级、国家与法的关系	30%
理解法律事实的概念	法律事实的种类	25%
掌握法律关系、法律责任的概念	法律关系的构成要素；法律责任的构成要件	45%

驱动案例

甲电信公司因建办公楼与乙建筑公司签订了工程总承包合同。其后，经甲同意，乙分别与丙建筑设计院和丁建筑工程公司签订了工程勘察设计合同和工程施工合同。勘察设计合同约定由丙按约定时间向丁交付有关的设计文件和资料。施工合同中约定由丁根据丙提供的设计图纸进行工程施工。合同签订后，丙按时将设计文件和有关资料交付给丁后，丁依据设计图纸进行施工。工程竣工后，甲会同有关质量监督部门对工程进行验收，发现工程存在严重质量问题，是由于设计不符合规范所致。原来丙未对现场进行仔细勘察即自行进行设计，结果设计不合理，给甲带来了重大损失。甲直接向乙和丙提出赔偿要求，丙以与甲没有合同关系为由拒绝承担责任，乙又以自己不是设计人为由推卸责任，甲不得已遂以丙为被告向法院提出诉讼。

请思考:

(1) 乙与丙、丁签订的合同是否有效?

(2) 甲以丙为被告提起诉讼是否适当? 谁是本案中适当的被告人?

(3) 上述纠纷应如何解决?

1.1 工程建设法律规范

建筑活动自古以来就是人类最为重要的社会实践活动之一，用法律对这一活动加以调整和规制，以维护建筑市场的良好秩序，保证建筑工程的质量和安全，促进建筑业的健康发展，具有极其重要的意义。

1.1.1 工程建设法律规范概述

1. 法与工程建设法律的概念

1) 法的起源与法的概念

生产工具的改进，如石器改为铁器，畜力、风力改为蒸汽机，以及现在计算机产品的不断更新换代，导致社会生产力的提高；导致社会剩余产品的出现；导致谁来占有剩余产品这一不可调和的矛盾的产生；导致阶级、国家的出现。进而产生法，法是统治阶级意志的集中反映，法是统治阶级意志上升为国家意志的反映。

法是由国家制定或认可的，并由国家强制力保证其实施的调整人们之间权利和义务关系的行为规范的总称。法是由一定物质生活条件所决定的统治阶级意志的集中反映，法律通过调整和规范人的行为，从而确认和保证统治阶级所期待的社会关系和社会秩序。用以规范人们行为的，除法律这一行为规范体系外，还有道德、伦理、宗教信仰、风俗习惯等。法作为调整人们之间权利和义务关系的行为规范体系，具有阶级性、国家强制性。法随着阶级、国家的产生而产生，也必将随着阶级的消亡而消亡。

2) 工程建设法律的概念

法律依据:《中华人民共和国建筑法》第五条规定，从事建筑活动应当遵守法律、法规，不得损害社会公共利益和他人的合法权益。任何单位和个人都不得妨碍和阻挠依法进行的建筑活动。

工程建设法律是指由享有立法权的国家机关或其授权的行政机关制定的，旨在调整有关国家机关、企事业单位、社会团体、其他社会组织及自然人之间在建设活动中发生的社会关系的各种法律规范的总称。

特别提示

工程建设法律作为我国法律体系中一个门类，其内容涵盖了行政法、民法和刑法等多个部门法。工程建设法律的定义与其他法律门类相同，是依据其所调整的社会关系的特殊性来定格的，即工程建设法律是调整在建设活动中发生的社会关系的各种法律规范的总称。注意与第 4 章中有关《中华人民共和国建筑法》的概念相区别。

知识链接

一般法理学中从法的起源角度所建立的法的概念；社会生产力、剩余产品、阶级、国家的概念。

2. 工程建设法律的渊源

法律依据：《中华人民共和国建筑法》第二条第一款规定，在中华人民共和国境内从事建筑活动，实施对建筑活动的监督管理，应当遵守本法。

法律渊源即法律的表现形式，工程建设法律表现形式有宪法、建设法律、建设行政法规、地方性建设法规、建设行政规章等。

1) 宪法

宪法是我国的根本大法，具有最高的法律地位和效力，是其他法律法规的立法依据和立法基础。宪法无疑也是建筑立法的依据，其所规定的国家基本建设方针与原则，直接规范和调整建筑业活动。

2) 建设法律

法律是由我国最高国家权力机关全国人民代表大会及其常务委员会制定的规范性文件，是当前工程建设法律的主要内容，如《中华人民共和国民法通则》(以下简称《民法》)、《中华人民共和国物权法》、《中华人民共和国建筑法》、《中华人民共和国土地管理法》、《中华人民共和国招标投标法》(以下简称《招标投标法》)、《中华人民共和国城乡规划法》、《中华人民共和国城市房地产管理法》等。

3) 建设行政法规

行政法规是由国务院制定的有关行政管理的规范性文件，其数量较多，也是我国建设行政法律的主要内容，如《建设工程质量管理条例》、《建设工程安全生产管理条例》、《物业管理条例》等。

4) 地方性建设法规

地方性法规是指省、自治区、直辖市、省会城市、经济特区及经国务院批准的较大的市的国家权力机关制定的规范性文件，在不违背上位法的前提下，在本行政区域内发生法律效力。

5) 建设行政规章

行政规章包括国务院所属各部门制定的部门规章和省、自治区、直辖市、省会城市、经济特区及经国务院批准的较大的市的人民政府制定的地方政府规章。目前，部门规章在我国工程建设法律中数量众多，对具体建设活动起着至为重要的调整和规范作用，如《工程建设项目招标范围和规模标准规定》、《建筑业企业资质管理规定》、《房屋建筑和市政基础设施工程施工招标投标管理办法》、《建筑业企业资质等级标准》等。

6) 建设技术法规

技术法规是国家制定或认可的，具有法律效力的技术规程、规范、标准、方法等技术文件，它与一般技术文件存在效力上的差别。

7) 国际公约、国际惯例、国际标准

加入世界贸易组织(World Trade Organization，WTO)以后，我国对外工程承包、劳务输出等国际交流日益增多，这就要求我们在建筑活动中除遵守国内相关法律以外，还必须遵守有关国际公约、国际惯例和国际标准，如国际咨询工程师联合会编写的《土木工程施工合同条件》等。

特别提示

工程建设法律的调整对象是建设活动中的行政管理关系、经济协作关系和民事关系。

知识链接

法的效力层次。

1.1.2 工程建设法律规范的特征

1. 行政强制性

法律依据：《中华人民共和国土地管理法》、《中华人民共和国城市房地产管理法》、《中华人民共和国城乡规划法》、《中华人民共和国建筑法》等。

《中华人民共和国土地管理法》第四十三条第一款规定，任何单位和个人进行建设，需要使用土地的，必须依法申请使用国有土地；但是，兴办乡镇企业和村民建设住宅经依法批准使用本集体经济组织农民集体所有的土地的，或者乡(镇)村公共设施和公益事业建设经依法批准使用农民集体所有的土地的除外。

《中华人民共和国城市房地产管理法》第六十条规定，国家实行土地使用权和房屋所有权登记发证制度。

《中华人民共和国城乡规划法》第九条第一款规定，任何单位和个人都应当遵守经依法批准并公布的城乡规划，服从规划管理，并有权就涉及其利害关系的建设活动是否符合规划的要求向城乡规划主管部门查询。

特别提示

行政强制性是工程建设法律的主要特征。由于建筑活动资金投入量大，人力、物力、财力及土地等资源的消耗量多，涉及面广，建筑产品质量事关人民生命和财产安全，因此，国家必然采用以行政指令为主的方法调整建设法律关系。具体的调整方式主要有授权、命令、禁止、许可、免除、确认、计划、撤销等。

知识链接

各种行政调整方式的适用情形。

2. 经济性

法律依据：《中华人民共和国城乡规划法》第四条第一款规定，制定和实施城乡规划，应当遵循城乡统筹、合理布局、节约土地、集约发展和先规划后建设的原则，改善生态环境，促进资源、能源节约和综合利用，保护耕地等自然资源和历史文化遗产，保持地方特色、民族特色和传统风貌，防止污染和其他公害，并符合区域人口发展、国防建设、防灾减灾和公共卫生、公共安全的需要。

特别提示

节约资源、保护环境应当始终贯穿于我国的建筑活动之中。

知识链接

其他各工程建设法律法规中有关经济性的规定。

3. 技术性

法律依据：《建设工程质量管理条例》第十五条规定，涉及建筑主体和承重结构变动的装修工程，建设单位应当在施工前委托原设计单位或者具有相应资质等级的设计单位提出设计方案；没有设计方案的，不得施工。

房屋建筑使用者在装修过程中，不得擅自变动房屋建筑主体和承重结构。

特别提示

技术性也是工程建设法律的重要特征之一。建筑业是一个技术性很强的行业，盲目操作、随意施工必然不能保证建筑产品的质量安全，给人民群众的生命财产埋下极大的隐患，甚至造成难以弥补的损害，这就需要建筑行业管理、质量技术监督等部门制定科学、严密的技术规范，如各种设计规范、施工规范、验收规范、产品质量监测规范等，并让广大工程技术人员和管理机构严格遵守和执行。

知识链接

技术法规的概念。

1.1.3 工程建设法律规范的作用

1. 规范建筑从业行为，维护建筑市场秩序

法律依据：《中华人民共和国建筑法》第一条规定，为了加强对建筑活动的监督管理，维护建筑市场秩序，保证建筑工程的质量和安全，促进建筑业健康发展，制定本法。

《中华人民共和国城市房地产管理法》第一条规定，为了加强对城市房地产的管理，维护房地产市场秩序，保障房地产权利人的合法权益，促进房地产业的健康发展，制定本法。

特别提示

法律的基本内容就是规定法律关系主体之间的权利和义务，工程建设法律赋予建筑业主体一定的权利，即规定其有权选择某些建筑行为；也要求其承担一定的义务，即要求建筑业主体必须从事某些建筑行为或不得从事某些行为，从而维护建筑市场的有序竞争，实现工程建设法律立法的目的。

2. 确保建筑工程质量

百年大计，质量第一。建筑工程作为耗资大、使用周期长、同人民群众生产生活密切相关的项目，如何确保工程质量显得至关重要。工程建设法律对工程建设的全过程均作出了详尽的规定，以保证工程质量，避免资源浪费和人民生命财产遭受损失。

特别提示

我国现行工程建设法律中直接维护工程质量的主要是国务院建设行政主管部门制定的部门规章。

3. 及时处理工程建设纠纷，保障当事人的合法权益

尽管我国已初步建立了工程建设法律体系，但建筑市场中违法违规行为仍然层出不穷，如挂靠、非法承包、违法分包、串通招投标、偷工减料、违规施工等时有发生，使当事人之间难免发生工程建设纠纷。如果这些纠纷不能得到及时解决，必然会延缓工程进度，影响工程质量，破坏社会秩序的稳定。因此，我国工程建设法律中对违法建筑行为的行为人大多数规定了明确的法律责任，有利于及时处理纠纷，以维护当事人的合法权益。

1.2 工程建设法律关系、法律事实与法律责任

1.2.1 工程建设法律关系

1. 工程建设法律关系的概念

所谓法律关系，就是由法律规范所确定和调整的人与人之间的权利和义务关系；法律

的直接内容就是规定人的权利和义务，这些不同的权利和义务就形成了不同的法律关系。它具有合法性、国家意志性和主体特定性。

工程建设法律关系是由工程建设法律规范所确定和调整的人与人之间的权利和义务关系(人包括自然人、法人)。工程建设法律关系与其他法律关系相同，也包含建设法律关系的主体、客体和内容3个构成要素。

特别提示

工程建设法律关系包括纵向的建筑业管理关系和横向的工程建设活动协作关系。

知识链接

社会关系的概念；法律规范与一般行为规范(道德、习惯等)的关系；法律关系与社会关系的联系。

2. 工程建设法律关系的主体

工程建设法律关系的主体是建设法律关系的参加者，即在工程建设管理和建设活动中一定权利的享有者和一定义务的承担者，主要包括以下几个方面。

1) 国家机关

国家机关在建设活动中行使监督、管理职能，根据其职权或业务分工的不同，各自负责一定范围内的监督管理工作。例如，各级人民政府发展计划部门，主要负责编制建设计划，组织计划实施，督促计划执行；各级政府建设行政主管部门，主要负责制定建设行政规章，对城市建设、村镇建设、工程建设、建筑业、房地产业、市政公用事业进行管理监督；其他建设业务主管部门，如交通运输部、水利部等，负责本部门、本行业的建筑管理工作。

2) 中介组织

中介组织是指具有相应的专业服务资质，在建筑市场中受发包方、承包方或政府管理机构的委托，对工程建设进行估算测量、咨询代理、建设监理等高智能服务，并取得服务费用的咨询服务机构和其他建设专业中介服务组织，如建筑业协会及其下属的设备安置、机械施工、装饰装修等专业分会，建设监理协会等；为工程建设服务的专业会计师事务所、律师事务所、资产与资信评估机构、公证机构、招标代理机构、工程质量检测认证机构等。它们是建筑市场中的桥梁和纽带，是专业服务走向市场化、社会化、专业化、现代化的结果，具有政府行政管理不可替代的作用。

3) 银行等金融机构

银行等金融机构为工程建设提供贷款等金融服务。

4) 建设单位

建设单位通常也称业主，是指进行工程建设项目投资和发包的国家机关、企业、事业单位或其他组织。建设单位在我国建筑市场上一般被称为甲方，他们最终取得建筑产品的所有权，既是工程投资的支配者，也是工程建设的组织者和监督者。

建设单位作为建设活动的权利主体，是从可行性研究报告批准开始的。任何一个社会组织，当其建设项目的可行性研究报告没有被批准之前，建设项目尚未被正式确认，它是不能以权利主体资格参加工程建设的。当建设项目编有独立的总体设计并单独列入建设计划，获得国家批准时，该社会组织方能成为建设单位，以已经取得的法人资格对外进行经济活动和法律行为。

5) 承包单位

承包单位也称承包商，是指具有从事特定建筑行为的资格和能力，与建设单位订立建设工程合同或以其他形式完成工程项目建设任务的建筑企业。在我国建筑市场上一般被称为乙方。按照生产的主要形式，承包单位主要有勘察、设计单位，建筑安装施工企业，建筑装饰施工企业，建筑材料供应企业，建筑机械租赁单位，以及专门提供建筑劳务的企业等；按照其提供的主要建筑产品，还可以分为不同的专业，如水电、铁路、冶金、市政工程等专业公司；按照承包的方式，可以分为总承包企业和专业承包企业。

6) 自然人

自然人(包括本国公民、外国公民和无国籍人)作为建筑市场主体参与建筑活动正日益增多，特别是随着国家对建筑市场规范化管理的加强，要求建筑业从业人员具有相应的资格，如注册建筑师、注册建造师、注册房地产估价师、注册房地产经纪人等，自然人参与建筑活动的范围将更加广泛。自然人同建筑企业单位签订劳动合同时，即成为建筑法律关系的主体。

特别提示

建设法律关系主体的权利能力和行为能力；自然人主体与其他主体权利能力和行为能力的区别。自然人与公民是两个不同的概念。

知识链接

法人的概念，一般取得法人资格的条件。

3. 工程建设法律关系的客体

工程建设法律关系的客体是指工程建设法律关系主体享有的权利和承担的义务所共同指向的对象。通常情况下，工程建设法律关系主体都是为了某一客体，彼此之间通过设立一定的权利、义务而形成建设法律关系，其双方各自享有权利、承担义务所共同指向的对象，便是工程建设法律关系的客体。在法学理论上，工程建设法律关系的客体包括。

(1) 表现为物。法律意义上的物是指工程法律关系主体支配的、为生产和生活所需要的客观实体。在工程建设法律关系中主要表现为建筑机械设备、建筑材料(如钢材、木材、水泥等)及由其构成的建筑物。

(2) 表现为财。一般是指建设资金与有价证券。在建设工程合同中，对建设资金的约定是合同的必备条款之一，它也是履行建设合同的基础，基本建设贷款合同客体更是直接指向一定数量的货币。

(3) 表现为行为。在很多法律关系中，其主体的权利和义务所指向的是人的有意识的活动，即行为。工程建设法律关系中，行为多表现为一定的工作，如勘察设计、施工安装等。

(4) 表现为非物质财富。非物质财富也称智力成果、精神产品等，是指人们脑力劳动的成果或智力方面的创造，如在建筑设计合同关系中，设计图纸即为客体，若其提供的建筑设计图纸具有创造性，则依据著作权法的规定由相应当事人享有其权利。

特别提示

不同工程建设合同对应不同的客体。

4. 工程建设法律关系的内容

工程建设法律关系的内容是指工程建设法律关系的主体各方所享有的权利和所承担的义务，它是联系各方主体的纽带。在工程建设法律关系中，平等的主体之间的权利和义务往往是对等的，双方都既享有一定权利，也负有一定的义务；不平等的建设法律关系主体，如国家建设行政主管部门与建设单位、施工单位之间的权利和义务则是不对等的。

特别提示

工程建设法律关系分别属于民事法律关系、行政法律关系或刑事法律关系，不可误以为都是平等主体之间的民事法律关系。

1.2.2 工程建设法律事实

1. 法律事实与工程建设法律事实的概念

任何一个法律关系的产生、变更和消灭都须具备一定的条件，其中最主要的条件有两个：一是法律规范；二是法律事实。法律规范是法律关系形成、变更和消灭的法律依据，法律事实则是其不可或缺的前提条件，是法律规范和法律关系联系的中介。

所谓法律事实，就是法律规范所规定的、能够引起法律关系产生、变更和消灭的客观情况和现象。依照是否以人们的意志为转移作为标准，可以将法律事实分为两类，即法律事件与法律行为。

工程建设法律关系的产生、变更和消灭除建设法律规范外，同样离不开一定的法律事实。工程建设法律事实是建设法律规范规定的，能够引起工程建设法律关系产生、变更和消灭的客观情况和现象。并非任何事实都可成为工程建设法律事实，只有当建设法规把某种客观情况同一定的法律后果联系起来时，这种事实才被认为是工程建设法律事实，成为产生工程建设法律关系的原因，从而与法律后果形成因果关系。

特别提示

法律关系并不是由法律规范本身直接产生的，法律事实是产生法律关系的直接原因。

2. 工程建设法律事实的分类

1) 法律事件

法律事件是法律规范规定的，不以当事人的意志为转移而引起法律关系形成、变更或消灭的客观事实。法律事件对于特定的法律关系主体而言，都是不可避免的，是不以其意志为转移的，但由于这些事件的出现，主体之间的权利与义务关系就有可能产生、变更，甚至完全归于消灭。例如，洪水造成建筑用地被冲毁致使房屋建筑合同不能履行，大雪冰冻灾害造成铁路停运致使钢材供应商延期交付钢材等。

法律事件又可分为以下两类。

(1) 相对事件，如车祸等人为事故。

(2) 绝对事件，如台风、水灾、火灾等非人为事故。

2) 法律行为

法律行为是法律规范所规定的，能够引起法律关系产生、变更或消灭的人的有意识的活动。法律行为可以分为以下五种：

(1) 合法行为。建筑合法行为是指工程建筑法律关系当事人所为的符合工程建设法律规范的行为，如申领施工许可证的行为、签订建设工程施工合同的行为等。

(2) 违法行为。建筑违法行为是指工程建筑法律关系主体所为的违反工程建设法律法规的规定应当承担相应法律责任的行为，具体还可分为：民事违法行为(包括违约行为、侵权行为和缔约过失行为)，如施工单位不按设计图纸施工造成建设单位财产损失的行为；行政违法行为，如挂靠其他单位，假借他人资质投标的行为；刑事违法行为，如工程因质量低劣造成重大人员伤亡或财产损失的行为等。

(3) 行政行为。建筑行政行为是指国家行政机关及其授权的组织依法对建筑业实施行政管理的行为。它是国家机关的职权活动，如国家建设行政管理机关下达基本建设计划、监督执行工程项目建设程序的行为。

(4) 立法行为。建筑立法行为是指国家机关依据法定职权和法定程序，制定、修改和废止建设法律规范性文件的行为，如国家制定或颁布建设法律、法规、条例等行为。

(5) 司法行为。建筑司法行为是指国家司法机关依据法定职权和程序，具体运用法律处理案件的行为，如人民法院对建设工程纠纷案件依法作出判决。

特别提示

严格区分法律事件与法律行为，它与建设法律关系主体的法律责任的承担密切相关。

1.2.3 工程建设法律责任

案例 1-1

2008 年 5 月 6 日，10 岁的王大宇跟随其父亲路过正在建设中的某大学图书馆前休闲广场，突然掉进了一个无盖的检查井内，造成脑震荡，致使听力受损，行走不便。无盖的检查井位于休闲广场施工工地一较隐蔽处，旁边无任何警示标识，又无井盖等安全防护阻拦措施。经调查发现，检查井原本有盖，是施工单位因施工原因损坏了井盖。因该检查井位置较偏，施工单位未及时补上，造成一段时间该检查井上无盖。事发后，王大宇的父亲多次找学校及施工单位协商赔偿问题，都无任何结果。在没有其他办法的情况下，王大宇的父母只得向当地人民法院提起诉讼，请求赔偿医疗及精神损失等各种费用。

请思考：

王大宇父母的诉讼请求能得到满足吗？学校、施工单位及王大宇父母应怎样承担损失？

1. 工程建设法律责任的概念

法律责任是由特定法律事实所引起的对损害予以赔偿、补偿或接受惩罚的特殊义务，亦即由于违反第一性义务而引起的第二性义务。

工程建设法律责任是指工程建设法律关系主体由于违反工程建设法律而应依法承担的对损害予以赔偿、补偿或接受惩罚的义务。工程建设法律责任具有国家强制性，它是促使工程建设的各方当事人自觉履行其义务，维护建筑市场良好秩序的可靠保障。

2. 工程建设法律责任的构成要件

工程建设法律责任的构成要件是指主体承担建设法律责任应当具备的条件。通常情况下，建设主体承担工程建设法律责任应符合以下条件。

1) 建设违法行为或违约行为

违法行为或违约行为是法律责任产生的前提条件，有行为才可能有责任。但行为包括作为和不作为两类：作为是行为主体主动积极的身体活动，行为人从事了法律所禁止或合同所不允许的事情，如投标人串通投标，损害招标人或其他投标人的权益；不作为是指行为主体消极的身体活动，行为人能够履行自己应尽义务的情况下不履行该义务，也应承担法律责任，如隐蔽工程在隐蔽前，施工方通知建设单位及时验收，而建设单位不及时验收造成工期延误的。

2) 有损害事实发生

有损害事实就是违法行为对法律所保护的社会关系和社会秩序造成的侵害。这种损害事实首先具有客观性，即已经存在，不存在损害事实则不构成法律责任。其次，损害事实不同于损害结果，损害结果是违法行为对行为指向的对象所造成的实际损害。由此可见，有些违法行为尽管没有损害结果，但已经侵犯了一定的社会关系或社会秩序，因而也要承担法律责任，如犯罪的预备、未遂、中止等。损害结果是建设违法行为或违约行为侵犯他人或社会的权利和利益所造成的损失和伤害。它可以是人身损害、财产损害或者精神损害，如施工单位强行冒险作业造成人员伤亡的，即可能承担相应损害赔偿责任。

特别提示

损害事实与损害结果是两个不同的概念，有损害事实不一定有损害结果。

3) 违法行为与损害事实之间有因果关系

因果关系是指建设违法或违约行为与损害事实之间的必然联系。它是一种引起与被引起的关系，即某一现象的出现是由于先前存在的另一现象引起的，则这两者之间就具有因果关系。因果关系是归责的基础和前提，是认定法律责任的基本依据。

4) 违法者主观上有过错

主观过错是指行为人实施建设违法行为或违约行为时的主观心理状态。不同的主观心理状态对认定某一行为是否有责及承担何种法律责任有着直接的联系。主观过错包括故意和过失两类。如果行为人在主观上既没有故意也没有过失，则行为人对损害结果一般不必承担法律责任。例如，企业在施工过程中遇到严重的暴风雨，造成停工，从而延误了工期，在这种情况下，停工行为和延误工期造成的损失的结果并非出自施工者的故意和过失，而属于意外事件，因而不应承担法律责任。依据《民法》的规定，产品质量责任、国家机关及其工作人员执行职务、建筑主体从事高度危险作业致人损害时，应承担无过错责任。

特别提示

工程建设法律责任由上述4个条件构成，它们之间互为联系，互为作用，缺一不可。

知识链接

无过错、过错(故意、过失)的概念；法律责任的一般构成要件与法律责任的特殊构成要件。

3. 工程建设法律责任的分类

根据不同的标准可以对法律责任作不同的分类。在法律实践中，最基本的分类方法是根据追究法律责任的部门为依据，将工程建设法律责任分为工程建设行政法律责任、工程建设民事法律责任和工程建设刑事法律责任。

1) 工程建设行政法律责任

工程建设行政法律责任是工程建设法律关系主体因违反建设行政法律规范或因行政法规定的事由而应当承担的法定的不利后果。行政责任既包括行政机关及其工作人员、授权或委托的组织及其工作人员在行政管理中因违法失职、滥用职权或行政不当而产生的行政责任，也包括自然人、社会组织等行政相对人违反行政法律而产生的行政责任。行政法律责任的实现方式主要有以下几种。

(1) 行政处分。行政处分是指对违反法律规定的国家机关工作人员或被授权、委托的执法人员所实施的惩罚措施，根据法律规定，行政处分有警告、记过、记大过、降级、撤职、开除等。

(2) 行政处罚。行政处罚是指由行政主管机关对违反法律法规的责任主体依法实施的惩罚措施，根据《中华人民共和国行政处罚法》的规定，有警告、罚款、没收违法所得、没收非法财物、责令停产停业、暂扣或吊销许可证、暂扣或吊销执照、行政拘留及其他处罚措施。

2) 工程建设民事法律责任

工程建设民事法律责任是工程建设法律关系主体违反民事法律规范或因法律规定的其他事由而依法承担的不利后果，它主要是补偿性的财产责任。工程建设民事法律责任主要是侵权责任，也有违约责任和违反其他义务而产生的责任。

3) 工程建设刑事法律责任

工程建设刑事法律责任是指工程建设法律关系主体违反刑法规定，实施了刑事犯罪行为所应承担的不利后果，它是最严厉的法律责任。刑事责任的承担方式是刑罚，根据《中华人民共和国刑法》规定，刑罚分为主刑和附加刑，主刑有管制、拘役、有期徒刑、无期徒刑和死刑五类，附加刑有罚金、剥夺政治权利和没收财产三类。

特别提示

行政处罚与行政处分、民事责任、刑罚的区别。

1.3 工程建设纠纷的处理

1.3.1 工程建设纠纷的产生与解决方式

工程建设纠纷主要是指在履行工程建设合同过程中，当事人因合同权利和义务发生争议而产生的纠纷。工程建设合同订立后，一方当事人无正当理由要求解除合同、拒不履行合同义务或因合同本身约定不明确导致含义不清等原因，都会在当事人之间发生纠纷。

工程建设纠纷与其他纠纷相同，解决纠纷的方式主要有和解、调解、仲裁和诉讼四种。和解与调解均以当事人自愿为前提，且和解协议与调解协议在尚未履行或未经双方签收之前并不具有强制执行力，其运用带有较大的灵活性，因而不予详述，这里着重阐述工程建设纠纷的仲裁与诉讼制度。

1.3.2 工程建设纠纷的和解

1. 和解的概念

和解是指工程建设纠纷的当事人通过自愿、平等协商，在互谅互让的基础上解决工程建设纠纷的活动。

2. 和解的特征

(1) 和解在当事人之间进行，没有第三人的参与。

(2) 和解以当事人自愿平等协商为基础。

(3) 和解协议不具有强制执行力。

1.3.3 工程建设纠纷的调解

1. 调解的含义与特征

调解是解决纠纷的一种方式，它是指由中立的第三者在当事人之间调停疏导，帮助交换意见，提出解决纠纷的建议，引导当事人达成解决纠纷的合意。调解具有以下几个特征：

(1) 中立的第三者在当事人中进行工作。

(2) 调解对纠纷的解决在根本上取决于当事人的合意。

(3) 调解不仅能确定当事人各自的利益，而且可修复因纠纷而受损的关系。

(4) 调解具有经济性，可省时省力。

2. 调解的方式

在我国，调解主要有以下几种方式。

1) 法院调解

法院调解是在案件诉讼过程中，由法院审判人员对当事人进行调解。这种调解有利于当事人的和解与案件的执行，可节约救济资源。法院调解必须遵循自愿合法的原则，调解达成协议并经当事人签收调解书后即发生法律效力。

2) 行政调解

行政调解是指有权的国家行政机关根据当事人的申请，调解解决当事人之间的纠纷。它是最廉价的一种权利救济方式。行政调解通常要经过申请调解、征求意见、调查事实、调解协商和制作并送达协议几个阶段。

3) 民间调解

民间调解主要以人民调解委员会的调解为主。这种调解在未履行之前不具有法律效力，它在我国权利救济方面发挥着积极作用。

特别提示

不同的调解方式具有不同的法律效力。

1.3.4 工程建设纠纷的仲裁

1. 仲裁的概念、特征及类型

仲裁是指发生争议的双方当事人，根据其在争议发生前或争议发生后所达成的协议，自愿将该争议提交给中立的第三者进行裁判的争议解决制度和方式。

作为一种解决财产权益纠纷的民间性裁判制度，仲裁既不同于解决同类争议的司法、行政途径，也不同于人民调解委员会的调解和当事人的自行和解，它具有自愿性、专业性、灵活性、保密性、快捷性、经济性和独立性等特点。

《中华人民共和国仲裁法》根据案件当事人等案件要素，将仲裁划分为国内仲裁和涉外仲裁。国内仲裁是指不具有涉外因素的国内民事商事纠纷的仲裁，涉外仲裁则是指在涉外经济贸易、运输和海事中发生的民事商事纠纷的仲裁。

2. 仲裁的基本原则与基本制度

1) 基本原则

(1) 自愿原则。自愿原则是仲裁制度的根本原则，是仲裁制度存在和发展的基础。这一原则主要体现在：是否将纠纷提交仲裁、将哪些争议事项提交仲裁、提交哪个仲裁委员会仲裁、仲裁庭的组成人员及仲裁的审理方式等均由当事人协商决定。

(2) 根据事实、符合法律规定、公平合理解决纠纷的原则。即在仲裁中要坚持以事实为根据、以法律为准绳的原则，同时，在法律没有规定或者规定不完备的情况下，仲裁庭可以按照公平合理的一般性原则解决纠纷。

(3) 独立仲裁原则。《中华人民共和国仲裁法》明确规定，仲裁应依法独立进行，不受行政机关、社会团体和个人的干涉。

2) 基本制度

(1) 协议仲裁制度。仲裁协议是当事人仲裁意愿的体现。当事人申请仲裁、仲裁委员会受理案件及仲裁庭对仲裁案件的审理和裁决，都必须根据双方当事人之间所订立的有效的仲裁协议，没有仲裁协议就无从引发仲裁。

(2) 或裁或审制度。仲裁与诉讼是两种不同的争议解决方式，在两者之间，当事人只能选择其一加以采用。有效的仲裁协议即可排除法院对案件的司法管辖权，只有在没有仲裁协议或者仲裁协议无效的情况下，法院才可以行使司法管辖权予以审理。

(3) 一裁终局制度。即仲裁裁决一经作出，即为终局裁决，当事人就同一纠纷再申请仲裁或者向人民法院起诉，仲裁委员会或者人民法院不予受理。

3. 仲裁协议及其效力

1) 仲裁协议的概念

仲裁协议是指双方当事人自愿将他们之间已经发生或者可能发生的争议提交仲裁解决的书面协议。仲裁协议有仲裁条款、仲裁协议书和其他有关书面文件中包含的仲裁协议等类型。

2) 仲裁协议的效力

(1) 对双方当事人的法律效力。它是指约束双方当事人对纠纷解决方式的选择权。

(2) 对法院的法律效力。它是指排除法院的司法管辖权。

(3) 对仲裁机构的法律效力。它是指授予仲裁机构仲裁管辖权并限定仲裁的范围。

4. 仲裁程序

1) 申请与受理

订有仲裁协议的双方当事人，在发生合同纠纷或财产权益纠纷后，任何一方均可向选定的仲裁委员会申请仲裁。仲裁委员会收到申请书5日内，认为符合受理条件的，应当受理。

2) 组成仲裁庭

仲裁庭包括合议仲裁庭和独任仲裁庭两种。合议仲裁庭由3名仲裁员组成，设首席仲裁员；独任仲裁庭由1名仲裁员组成，即由1名仲裁员对争议案件进行审理并作出裁决。

3) 仲裁审理

仲裁审理分为开庭审理和书面审理两种方式，仲裁一般都采取开庭审理的方式。在开庭审理中，首先由首席仲裁员或独任仲裁员宣布开庭，然后进行庭审调查和庭审辩论。在作出裁决前，可以进行调解，调解达成协议的，仲裁庭应制作调解书或根据双方协议结果，制作裁决书。调解未达成协议的，由仲裁庭按照多数仲裁员的意见作出裁决，不能形成多数意见时，按首席仲裁员的意见作出裁决。

4) 执行

调解书或裁决书生效后，当事人应当履行裁决。一方当事人不履行的，对方可向有管辖权的人民法院申请强制执行。

特别提示

注意比较仲裁与诉讼制度的区别及它们在解决工程建设纠纷中的优势所在。

1.3.5 工程建设纠纷的诉讼

1. 工程建设纠纷与民事诉讼

诉讼是指在人民法院审判人员的主持下，依法解决当事人之间纠纷的一种活动。建设活动过程中所发生的工程建设纠纷大多是平等主体之间的纠纷，属于民事纠纷，因而往往依据《中华人民共和国民事诉讼法》的规定来解决。

民事诉讼是指法院在当事人和其他诉讼参与人的参加下，依法解决民事纠纷的活动及由这些活动产生的各种诉讼关系的总和。民事诉讼具有公权性、强制性和程序性等特征。

2. 民事诉讼的管辖

民事诉讼的管辖是指上下级人民法院之间和同级人民法院之间受理第一审民事案件的分工和权限。管辖权的确定有利于法院正确及时地行使审判权，及时解决纠纷。根据《中华人民共和国民事诉讼法》的规定，民事诉讼管辖有以下几种。

1) 级别管辖

我国有四级法院组织，级别管辖就是要确定一个第一审民事案件应由哪一级法院管辖。通常来说，除法律规定由上级人民法院管辖的以外，第一审民事案件均由基层人民法院管辖。

2) 地域管辖

地域管辖是指同级人民法院之间受理第一审民事案件的权限和分工，它又包括一般地域管辖、特殊地域管辖和专属管辖。一般地域管辖通常是以被告住所地或经常居住地为标准确定法院管辖，特殊地域管辖则以诉讼标的或当事人所在地来确定管辖法院，专属管辖是法律规定某些诉讼标的特殊案件由特定的人民法院管辖。

3) 移送管辖和指定管辖

移送管辖是指没有管辖权的人民法院将已受理的案件移送给有管辖权的人民法院审理。接受移送的法院不得再自行移送。有管辖权的人民法院由于特殊原因，不能行使管辖权的，或者两个以上人民法院因管辖权发生争议的，由上级人民法院指定管辖的法院。

3. 民事诉讼程序

1) 第一审程序

第一审程序是人民法院审理第一审民事案件的诉讼程序。根据《中华人民共和国民事诉讼法》的规定，第一审程序主要包括以下几个诉讼阶段。

(1) 起诉与受理。起诉是指原告因民事权益受到侵害或与他人发生争议，而向法院提出诉讼，请求法院行使审判权予以确认或保护的行为。起诉的条件如下：原告必须是与本案有直接利害关系的自然人、法人或其他组织；有明确的被告；有具体的诉讼请求、事实、理由；属于人民法院受理民事诉讼的范围和受诉人民法院管辖。

受理是指人民法院通过对当事人的起诉进行审查，对符合法律规定条件的，决定立案审理的行为。人民法院受理当事人起诉后，诉讼时效即告中断，第一审程序的审理期限开始计算。

知识链接

诉讼时效的概念及相关规定。

(2) 审理前的准备。人民法院在受理案件之后，开庭审理之前，承办案件的审判员应依法进行以下准备工作：送达起诉状副本和提出答辩状；告知当事人诉讼权利义务及合议庭组成人员；审阅诉讼材料，调查收集必要的证据；追加当事人。

(3) 开庭审理。开庭审理是指在法院审判人员的主持下，在当事人和其他诉讼参与人的参加下，依法对案件进行实体审理并作出裁判的诉讼活动。

人民法院在开庭审理前，应当进行必要的准备工作，如在开庭 3 日前通知当事人和其他诉讼参与人，对于公开审理的案件，应当在 3 日前发布公告，公告当事人的姓名、案由及开庭的时间、地点等。

法庭审理通常包括以下阶段：准备开庭，法庭调查，庭审辩论，评议调解征求和宣判。

2) 第二审程序

第二审程序，也称上诉审程序，是指当事人不服地方各级人民法院未生效的第一审裁判，在法定期间内向上一级人民法院提起上诉而引起的诉讼程序。第二审程序并不是民事诉讼的必经程序，当事人的上诉是第二审程序发生的前提。

(1) 上诉的提起与受理。凡是在第一审程序中具有实体权利的当事人都可能成为上诉人或被上诉人，具体如下：第一审程序中的原告和被告、共同诉讼人、诉讼代表人、有独立请求权的第三人及一审法院的判决认定其承担责任的无独立请求权的第三人。上诉的期限，判决为 15 日，裁定为 10 日，均自判决书或裁定书送达之日起计算。

当事人提起上诉，符合法定条件的，法院均应受理。

(2) 上诉的审理。对于上诉案件，二审法院应当组成合议庭，开庭审理，合议庭认为不需要直接开庭审理的，在事实核对清楚后，也可以径行判决、裁定。

(3) 上诉的裁判。二审法院对上诉案件，经过审理，分情形作出驳回上诉、维持原判、依法改判、发回重审的裁判。二审法院的判决、裁定是终审的判决、裁定，一经作出即生效力。

3) 审判监督程序

审判监督程序即再审程序，是指对已经发生法律效力的判决、裁定、调解书，人民法院认为确有错误，对案件再行审理的程序。根据引起该程序的主体不同，再审程序如下。

(1) 基于人民法院行使审判监督权进行的再审。

(2) 基于人民检察院的抗诉进行的再审。

(3) 基于当事人申请所进行的再审。

人民法院按审判监督程序再审的案件，应裁定中止原判决的执行，另行组成合议庭进行审理。

4) 督促程序

督促程序，又称债务催偿程序，是指人民法院根据债权人的申请，向债务人发出支付令，催促债务人在法定期限内向债权人清偿债务的法律程序。

债权人提出支付令的申请，必须符合以下条件：债权人请求债务人给付的标的必须是金钱或有价证券；请求给付的金钱或有价证券已到期且数额确定；债权人与债务人之间不存在对待给付义务；支付令能够送达债务人。

人民法院收到申请后，如认定该申请符合条件的，应在受理之日起 15 日内向债务人发出支付令。债务人应当在收到之日起 15 日内清偿债务。如债务人在法定期限内既不履行债务也不提出异议的，债权人可申请法院强制执行。如债务人在收到支付令 15 日内提出书面异议的，法院应终结督促程序，支付令失效。债权人可向人民法院起诉。

5) 执行程序

执行程序是指人民法院的执行组织依照法定程序，对发生法律效力的法律文书确定的给付内容，以国家强制力为后盾，依法采取强制措施，迫使义务人履行义务的行为。执行程序是指保证具有执行效力的法律文书得以实施的程序。具体执行措施有查询、冻结、划拨被执行人的存款，扣留、提取被执行人的收入，查封、扣押、拍卖、变卖被执行人的财产，搜查被执行人的财产，强制被执行人迁出房屋或退出土地等。

特别提示

第一审程序是最完整、全面的审判程序，其他审判程序中规定不明确的，按照第一审程序的规定办理。

本章小结

本章从法的起源的角度阐述了法的概念，进而介绍了工程建设法律的概念、特征与作用，工程建设法律关系的概念与构成；在此基础上要求掌握引起建设法律关系发生、变更和消灭的原因即工程建设法律事实，以及法律责任的概念和主要的建设法律责任及其责任承担方式，工程建设纠纷的处理方式和程序。最后清楚法律规范、法律事实、法律关系及法律责任之间的关系。法律规范是法律关系的依据；法律关系是法律事实的结果。

习题

1．我国工程建设法律的渊源主要有哪些？

2．工程建设法律有何作用？

3．何为工程建设法律关系？我国工程建设法律关系的主体有哪些？

4．什么是工程建设法律事实？能引起工程建设法律关系产生、变更、消灭的法律行为有哪些？

5．何为工程建设法律责任？工程建设法律责任的构成要件有哪些？

6．我国处理工程建设法律纠纷的方式有哪些？诉讼程序是如何规定的？

第2章 建筑法概述

教学目标

了解建筑法的含义，建筑法适用的时间、空间及主体范围；熟悉建筑法的调整对象及适用的事项范围，建筑法立法的必要性及立法的目的；掌握确保工程质量和安全的原则和依法从事建筑活动的基本原则，建筑法所确立的五项基本制度。

教学要求

能力目标	知识要点	权重
了解建筑法的适用范围、调整对象	建筑法的调整对象、适用范围	30%
理解建筑法立法的必要性及立法目的	建筑法的含义	25%
掌握从事建筑活动的基本原则	建筑法所确立的五项基本制度	45%

驱动案例

1. 事故概况

某市金冠大厦由某建筑工程公司承建。该公司为一级资质，该大厦工程建筑总面积 22 900m^2，结构类型框架 23 层，工程开工至竣工时间为 1998 年 5 月 8 日—2000 年 1 月 8 日。

1999 年 1 月 27 日下午，该工地工人孔某与曹某等在附房三楼拆除模板与排架，至下午 2:15 左右，孔某在拆除三楼东侧临边排架时，因一人单独操作，不慎被钢管带动坠地，经抢救无效死亡。由此造成直接经济损失 8.8 万元，间接经济损失 1.5 万元。

(资料来源：顾建生．建筑施工伤亡事故案例分析及防治[M]．北京：中国建筑工业出版社，2001)

2. 事故原因分析

造成该事故发生的原因如下：

现场防护不到位，二楼无挑网防护，单人在三楼临边部位作业；现场作业人员未系安全带，无辅助人员配合操作，这些是造成此次事故发生的直接原因。

现场管理松懈，安全专业人员业务知识不强，工作不到位；现场作业人员缺少防护知识，冒险蛮干；安全交底针对性不强，安全生产责任制未真正落实，缺乏安全教育，这些是造成此次事故发生的间接原因。

3. 事故教训与防范措施

该事故显然是由违章造成的，但作为事故责任单位的建筑公司也负有一定的责任。从现场情况来看，现场防护不到位，特别是临边缺少防护栏杆和挑网。东侧因地形及工程施工原因，暂时无法搭设外脚手架，当三楼挑网拆除后，应立即在二楼搭设挑网，防止人员或物体坠落。现场作业人员缺少防护知识，冒险蛮干，虽然制定了安全技术措施，但针对性不强，监督不严。现场管理松懈，安全专业人员业务知识不强，工作不到位。特别应提出的是该项目部安全管理不严，用工混乱，对外没有签订安全承包协议并缺少安全教育。防范措施要加强临边防护栏杆的设置和增设挑网，重点部位切忌单人操作，需加强监护。要加强培训教育，增强施工人员的自我防范意识与专业知识。要认真落实安全生产责任制，执行用工管理制度。要认真进行安全技术交底，并加强检查与督促。

请思考：

依法依规操作施工的重要性。

2.1 建筑法的立法必要性和立法目的

2.1.1 建筑法的概念

《中华人民共和国建筑法》第二条第二款规定，本法所称建筑活动，是指各类房屋建筑及其附属设施的建造和与其配套的线路、管道、设备的安装活动。

建筑法有狭义和广义之分。狭义的建筑法是指 1997 年 11 月 1 日由第八届全国人民代表大会常务委员会第二十八次会议通过的，于 1998 年 3 月 1 日起施行的《中华人民共和国建筑法》。该法是调整我国建筑活动的基本法律。它以规范建筑市场行为为出发点，以建筑工程质量和安全为主线，整部法律涵盖总则、建筑许可、建筑工程发包与承包、建筑工程监理、建筑安全生产管理、建筑工程质量管理、法律责任、附则八章内容，确定了建筑活动中的一些基本法律制度。

据此，我们定义狭义的建筑法仅指调整建筑活动的法律规范的总称，建筑活动是指各类房屋及其附属设施的建造和与其配套的线路、管道、设备的安装活动。

广义的建筑法，除《中华人民共和国建筑法》之外，还包括其他所有调整建筑活动的法律规范，由这些不同层次的调整建筑活动的法律规范即组成广义的建筑法，也就是第 1 章中工程建设法律的概念，这是依据建筑法所调整的社会关系的特殊性来定义的。

知识链接

第 1 章工程建设法律的概念，对比该章工程建设法律与本章建筑法两个概念。

2.1.2 建筑法的立法必要性

1. 范围广泛的建筑活动需要有统一的行为规则

人类在广泛的生产、生活领域中，总离不开建筑活动。人居是人类生存最基本的需求，人人享有适当的住房是人的最基本权利。随着社会经济的发展，生产经营领域的扩大，物质文化生活水平的提高，人们需要使用更多的房屋，对房屋的要求也相应提高，从而使建筑活动的范围日趋广泛，并显得更为重要。因此，在建筑活动中就需要确立统一的规则，以保证其有秩序地进行，使之为人类提供更多、更好的房屋。

例如，从事建筑活动的条件，在建筑活动中所应遵循的行为规则，违背这些规则所应承担的责任等，都应当有明确、具体的规定，并且这些规定是具有普遍约束力的，必须遵守。这就需要为建筑活动制定法律，将建筑活动纳入法制的轨道，以促进建筑业健康发展。

2. 建筑活动中形成的复杂的社会经济关系必须依法调整

在建筑活动中，形成了错综复杂的社会经济关系，它们涉及的范围很广，又直接与各自的经济利益相关。例如，涉及建筑活动当事人的就有建设单位、建筑施工企业、勘察单位、设计单位和工程监理单位等，它们之间可以由建筑工程的勘察设计、发包和承包、施工建造、建筑材料供给、工程监理、工程验收等事项而形成多方面的相互联系又相互制衡的权利义务关系。它表现在招标发包时存在着的是竞争中获取合同，材料供应中存在着的是利益与责任不能分离，工程监理中存在着的是监理单位代表建设单位对施工的监督，等等。这一系列的不同内容、不同当事人之间的关系，都应当依据法律所确定的规则形成，对这种关系的调整也应当是依据公认的有权威的规则，而不应当是某一方当事人的意愿，或者是某一个部门单方面的决定，只有这样才能公正有效地协调建筑活动中的经济关系，保护有关当事人的合法权益，保障建筑活动正常进行。因此，制定建筑法是有必要的，可以依法理顺并协调建筑活动中复杂的经济关系，并依法加以调整。

3. 维护建筑市场的秩序必须立法

建筑市场是一个很重要的市场，它的秩序好坏直接关系到建筑业能否健康发展，建筑活动能否正常进行。更严重的问题是如果建筑市场的秩序混乱，则会对人们的生命财产造成极大的危害，甚至会带来惨重的后果。

近年来，建筑市场中的问题以多种形式反映出来，如建筑领域中违法、违规现象大量发生；一大批不够资质条件或者根本就不具备资质条件的施工队伍进入建筑市场；对建筑工程项目倒手转包，层层盘剥，严重损害建设单位利益，致使建筑工程问题百出；出卖证照，乱借名义，滥收费用，串通勾结，越级设计、施工，强行分包，违规指定建筑材料供应商；未经许可，擅自施工，随意违反施工管理规定等。对于这些违法、违规，扰乱建筑市场秩序的行为，必须整顿治理，其强有力的手段就是以法律形式确立市场规则，建立建筑市场的法律秩序，并以严格执法为前提来维护建筑市场的秩序，这一切都表明必须制定建筑法，以建筑法为基本规范，来建立一个规范有序的建筑市场。这对建筑业自身，对人民群众、对国家都非常必要。

4. 建筑工程质量和安全需要法律作保障

建筑工程投资大，使用期长，其质量和安全至关重要，是百年大计。长期以来，人们对建筑工程的质量与安全倍加关注，近几年来连续发生多起建筑质量与安全事故，多人伤亡，财产损失惨重，更是惊醒了亿万人。

5. 对建筑活动必须依法管理

在国家对社会经济事务的宏观监控活动及社会主义市场经济体制中，都必须对建筑活动实行依法管理，这就首先要求有法可依，要求在建筑领域中有一部反映国家意志，具有普遍约束力的建筑法在管理建筑活动中作为依据，包括管理的权力、管理的范围、管理的体制、管理的条件、管理的程序等，使建筑业在法律的保障之下按照社会主义市场经济的要求良性发展。

知识链接

《中华人民共和国建筑法》中建筑活动的含义。

2.1.3 建筑法的立法目的

立法目的又称立法宗旨，任何一项法律制度或者政策性措施的出台，都有着明确的目的，《中华人民共和国建筑法》也不例外。

《中华人民共和国建筑法》第一条规定，为了加强对建筑活动的监督管理，维护建筑市场秩序，保证建筑工程的质量和安全，促进建筑业健康发展，制定本法。

此条即规定了《中华人民共和国建筑法》的立法目的。

1. 加强对建筑活动的监督管理

建筑活动是一个由多方主体参加的活动。没有统一的建筑活动行为规范和基本的活动程序，没有对建筑活动各方主体的管理和监督，建筑活动将是无序的。为保障建筑活动的正常、有序进行，必须加强对建筑活动的监督管理。

建筑业是国民经济的基础产业和支柱产业之一，与广大人民群众的生活和社会生产休戚相关。近年来，随着我国的城市建设、村镇建设、住宅建设的规模不断扩大，建筑业在国民经济和社会发展中的作用越来越重要。但建筑业在发展的过程中，还存在一些不容忽视的问题：建筑市场中主体行为不规范，在工程承发包活动中行贿受贿，将本应由一家或少数几家承包即可完成的建筑工程人为肢解发包，获取不正当利益；有的承包单位将承包的工程层层转包，牟取暴利；一些不具备从事建筑活动资质条件的包工队通过“挂靠”或者其他违法手段承包工程，留下严重的建筑质量隐患，破坏了建筑市场的正常秩序，房屋建筑工程质量低劣，以致频频发生房屋倒塌事故，社会反响强烈；有些建设行政管理部门的工作人员不认真履行监管职责，玩忽职守，徇私舞弊，给建筑活动中的违法行为开了方便之门，也为各种建筑安全质量事故的发生埋下了隐患。

对建筑业发展中存在的这些问题必须予以高度重视，采取有效措施加以解决。通过建筑法的制定，规定从事建筑活动和对建筑活动进行监督管理必须遵守的行为规范，以法律的强制力保证实施，为加强对建筑活动的有效监督管理提供法律依据和法律保障，是制定建筑法的重要目的。

2. 维护建筑市场秩序

建筑市场是社会主义市场经济的重要组成部分。我国在由计划经济向社会主义市场经济过渡的转轨时期，由于原有的管理体制还不适应改革开放和市场发育的需要，而新的管理体制又尚未有效建立，建筑市场曾出现了一些混乱现象，危及建筑工程的质量和安全，也影响了建筑业乃至市场经济的健康发展。因此，需要确定与社会主义市场经济相适应的新的市场管理体制。制定《中华人民共和国建筑法》就要从根本上解决建筑市场混乱状况，确立建筑市场运行的基本规则，以维护建筑市场的市场秩序，这也是制定建筑法的重要目的之一。

为维护建筑市场的正常秩序，建筑法所规定的建筑市场运行的基本规则包括以下几点。

1) 市场准入规则

法律依据：《中华人民共和国建筑法》第十三条规定，从事建筑活动的建筑施工企业、勘察单位、设计单位和工程监理单位，按照其拥有的注册资本、专业技术人员、技术装备和已完成的建筑工程业绩等资质条件，划分为不同的资质等级，经资质审查合格，取得相应等级的资质证书后，方可在其资质等级许可的范围内从事建筑活动。

《中华人民共和国建筑法》第十四条规定，从事建筑活动的专业技术人员，应当依法取得相应的执业资格证书，并在执业资格证书许可的范围内从事建筑活动。

知识链接

第 3 章建筑许可制度。

2) 市场竞争规则

法律依据：《中华人民共和国建筑法》第十九条规定，建筑工程依法实行招标发包，对不适于招标发包的可以直接发包。

《中华人民共和国建筑法》第十六条规定，建筑工程发包与承包的招标投标活动，应当遵循公开、公正、平等竞争的原则，择优选择承包单位。

其他有关遵守市场竞争规则的法律规定。

3) 市场交易规则

法律依据：《中华人民共和国建筑法》第十五条规定，建筑工程的发包单位与承包单位应当依法订立书面合同，明确双方的权利和义务。发包单位和承包单位应当全面履行合同约定的义务。不按照合同约定履行义务的，依法承担违约责任。

知识链接

有关招标投标法律的规定，建筑市场的概念和相关内容。

3. 保证建筑工程的质量与安全

《中华人民共和国建筑法》第三条规定，建筑活动应当确保建筑工程质量和安全，符合国家的建筑工程安全标准。

建筑工程的质量与安全，是建筑活动永恒的主题，无论是过去、现在还是将来，只要有建筑活动的存在，就会存在建筑工程的质量和安全问题。建筑工程具有造价高、建设周期长及一旦建成后将长期存在、长期使用等特点，与其他产品相比，其质量问题显得更为重要。建筑工程发生质量问题，特别是建筑物的主体结构或隐蔽工程发生质量问题，将因难以弥补而造成巨大的经济损失。同时，建筑工程作为供人们居住或公众使用的场所，如果存在危及安全的质量问题，可能会造成重大的人身伤亡和财产损失。"百年大计、质量第一"，这是从事建筑活动必须始终坚持的基本准则。《中华人民共和国建筑法》将保证建筑工程的质量和安全作为立法宗旨和立法重点，从总则到分则作了若干重要规定，这对通过《中华人民共和国建筑法》的严格贯彻执行，确保建筑工程的质量和安全具有重要意义。

4. 促进建筑业健康发展

促进建筑业健康发展是通过建筑立法所要达到的第四个目的，也是最终目的。法律作为上层建筑，是为经济基础服务的，是为促进社会生产力发展服务的。建筑业是国民经济的重要物质生产部门，是国家重要支柱产业之一。建筑活动的管理水平、效果、效益，直接影响到我国固定资产投资的效果和效益，从而影响到国民经济的健康发展。为了保证建筑业在经济和社会发展中的地位和作用，同时也是为了解决建筑业发展中存在的问题，迫切需要制定《中华人民共和国建筑法》，确立从事建筑活动必须遵守的基本规范，依法加强对建筑活动的监督管理，以促进建筑业健康发展，适应社会主义现代化建设的需要。这里讲的促进建筑业的"健康发展"，不仅包括对建筑业在发展速度和经济效益方面的要求，更重要的是对建筑业在确保工程质量和安全方面的要求。使我国建筑业真正做到在"质量好、效益高"的基础上，得到持续、稳定、快速的发展，以符合《中华人民共和国建筑法》对建筑业健康发展的要求。

特别提示

建筑市场、安全、质量构成建筑法的基本内容，《中华人民共和国建筑法》正是以市场管理为中心，以建筑工程质量和安全为重点，以加强对建筑活动的监督管理为主线而设置法律条文框架的。制定建筑法，确立从事建筑活动必须遵守的基本规范，依法加强对建筑活动的监督管理，其最终目的，是为了促进建筑业的健康发展，以适应社会主义现代化建设的需要。

2.2 建筑法的调整对象和适用范围

2.2.1 建筑法的调整对象

建筑法的调整对象就是建筑法律关系，即在建筑活动中，形成了错综复杂的社会关系，法律对其中具有重要意义的社会关系加以调整和规范，形成建筑法律关系。建筑法律关系按其法律性质可以分为两大类：建筑民事法律关系和建筑行政法律关系。建筑民事法律关系是指横向的平等主体之间在建筑活动中发生的受民法调整的权利义务关系。建筑行政法律关系是指纵向政府及其职能部门作为行政管领者与行政相对应人即从事建筑活动的主体(如从事建筑勘察、设计、施工、监理等活动的自然人、法人)之间，因政府及其职能部门对建筑活动进行行政管理和监督而形成的各种行政法律关系。

特别提示

《中华人民共和国建筑法》第二条第二款规定，本法所称建筑活动，是指各类房屋建筑及其附属设施的建造和与其配套的线路、管道、设备的安装活动。因此，《中华人民共和国建筑法》调整对象所称的“建筑活动”不包括建设活动的全过程，只包括建设活动的一部分，主要指建造与安装活动。为什么只规定建造与安装而不包括其他活动呢？主要是考虑到有关问题正在立法。例如，对于设计活动，有关部门正在起草设计法；对于投资活动，有关部门正在起草投资法。但是，这里需要指出的是，有关问题由于与建造、安装紧密相关，对有关内容也适当作了规定。例如，对设计就规定了从事设计活动必须具有一定的资质条件，设计应当保证工程的安全性能，设计的质量必须符合国家有关建筑工程安全标准的要求，设计单位要对设计的质量负责，设计单位对于设计文件中的材料选用不得指定生产厂家与供应商，设计单位违法设计应承担的法律责任等。

知识链接

法律的调整对象及其确定。

2.2.2 建筑法的适用范围

法律的适用范围，也称法律的效力范围，包括法律的空间效力，即法律适用的地域范围；法律的时间效力，即法律从什么时候开始生效和什么时候失效；法律对人的效力，即法律对什么人(指具有法律关系主体资格的自然人、法人和其他组织)适用；法律对事项的效力，即法律对哪些事项适用。

1. 建筑法适用的空间范围

法律依据：《中华人民共和国建筑法》第二条规定，在中华人民共和国境内从事建筑活动，实施对建筑活动的监督管理，应当遵守本法。

据此，建筑法适用的地域范围(或称空间效力范围)，是中华人民共和国境内，即中华人民共和国主权所及的全部领域内。

法律空间效力范围的普遍原则，是适用于制定它的机关所管辖的全部领域。建筑法作为我国最高权力机关的常设机构全国人大常委会制定的法律，其效力自然及于中华人民共和国的全部领域。

知识链接

我国对境内的香港特别行政区和澳门特别行政区实行“一国两制”，按照我国香港、澳门两个特别行政区基本法的规定，只有列入特别行政区基本法附件三的法律，才能在特别行政区适用。

2. 建筑法适用的时间范围

法律依据：《中华人民共和国建筑法》第八十五条规定，本法自1998年3月1日起施行。自该日起，凡在我国境内进行房屋建筑活动，都必须遵守建筑法规定；过去制定的有关房屋建筑的法规、规章与建筑法规定不一致的，应以建筑法为准。《中华人民共和国建筑法》施行以前发生的行为，按照法不溯及既往的原则，不适用本法规定。

3. 建筑法适用的主体范围

《中华人民共和国建筑法》适用的主体范围是一切从事建筑活动的主体和各级依法负有对建筑活动实施监督管理的政府机关。包括以下机构和个人。

(1) 从事建筑工程的勘察、设计、施工、监理等活动的国有企业事业单位、集体所有制的企业事业单位、中外合资经营企业、中外合作经营企业、外资企业、私营企业、合伙企业及依法可以从事建筑活动的个人。以上单位和个人不论其经济性质如何、规模大小，只要从事《中华人民共和国建筑法》规定的建筑活动，都应遵守《中华人民共和国建筑法》的各项规定，违反规定的行为将受到法律的追究。

(2) 行政机关依法行政，是社会主义法制建设的基本要求。各级依法负有对建筑活动实施监督管理的政府机关，包括建设行政主管部门和其他有关主管部门，都应当依照《中华人民共和国建筑法》的规定，对建筑活动实施监督管理。这些政府机关及其工作人员不依法履行职责、玩忽职守或滥用职权的，将受到法律的追究。

4. 建筑法适用的事项范围

1) 房屋建筑活动

法律依据：《中华人民共和国建筑法》第二条规定，本法所称建筑活动，是指各类房屋建筑及其附属设施的建造和与其配套的线路、管道、设备的安装活动。房屋建筑是指具有顶盖、梁柱和墙壁，供人们生产、生活等使用的建筑物，包括民用住宅、厂房、仓库、办公楼、影剧院、体育馆、学校校舍等各类房屋。附属设施是指与房屋建筑配套建造的围墙、水塔等附属物。所谓的配套的线路、管道、设备的安装活动是指与房屋建筑直接有关的通信、供水、供电、供暖、煤气、天然气、电梯、消防等线路、管道和设备的安装活动。其他专业建筑工程，如铁路、公路、机场、港口、矿井、水库、通信线路等的建筑活动，另当别论。

2) 建筑装修活动

《中华人民共和国建筑法》第四十九条规定，涉及建筑主体和承重结构变动的装修工程，建设单位应当在施工前委托原设计单位或者具有相应资质条件的设计单位提出设计方案；没有设计方案的，不得施工。

涉及建筑主体和承重结构变动的装修工程，应当依照《中华人民共和国建筑法》第四十九条的规定进行。不涉及建筑主体和承重结构的装修装饰工程，则不包括在《中华人民共和国建筑法》的调整范围之内。如果是建造过程中的装修，则属于建造活动的组成部分，适用《中华人民共和国建筑法》。

3) 其他适用事项

(1)《中华人民共和国建筑法》某些规则适用于其他专业建筑工程的建筑活动。

《中华人民共和国建筑法》第二条规定，适用本法的建筑活动范围为各类房屋建筑及其附属设施的建造和与其配套的线路、管道、设备的安装活动。

其他专业建筑工程，如铁路、公路、机场、港口、矿井、水库、通信线路等的建筑活动，由于其特点和技术上、质量上要求的不同，以及建设管理上也各有其主管部门，建筑法难以完全适用和解决对它们的监督管理问题。但这些专业建筑工程的建筑活动与各类房屋建造的建筑活动有共同性，为广义上的建筑活动的组成部分，在其共性方面，应当遵守共向的基本准则。

《中华人民共和国建筑法》第八十一条规定，本法关于施工许可、建筑施工企业资质审查和建筑工程发包、承包、禁止转包，以及建筑工程监理、建筑工程安全和质量管理的规定，适用于其他专业建筑工程的建筑活动，具体办法由国务院规定。

特别提示

关于各专业建筑工程建筑活动的法律适用问题，除了应依照《中华人民共和国建筑法》第八十一条适用《中华人民共和国建筑法》的有关规定外，还须执行其他有关法律中有关专业建筑活动的规定。例如，进行铁路、公路、机场、煤矿、电力设施等专业建筑工程的建筑活动，就应该执行《中华人民共和国铁路法》、《中华人民共和国公路法》、《中华人民共和国民用航空法》、《中华人民共和国煤炭法》、《中华人民共和国电力法》的有关规定。

(2) 小型房屋建筑工程参照建筑法执行。

法律依据：《中华人民共和国建筑法》第八十三条规定，省、自治区、直辖市人民政府确定的小型房屋建筑工程的建筑活动，参照本法执行。

所谓“参照执行”就意味着可以部分执行及根据具体情况予以变通执行。当然，对于建筑法的一些基本规则，如有关施工企业资质、安全和质量管理等，应当依照执行，而对一些非原则性的规则，可参照执行。例如，建筑法有关建筑活动监督管理的规定，对一些规模较小的房屋建筑来说，难以全部适用，参照执行比较符合实际。可以参照执行建筑法的小型房屋建筑的具体标准，建筑法授权由各省、自治区、直辖市人民政府予以确定。

知识链接

建筑法的调整对象和适用范围的区别及联系。

2.2.3 不适用建筑法的几种特殊情形

1. 依法核定作为文物保护的纪念建筑物和古建筑等的修缮

法律依据：《中华人民共和国建筑法》第八十三条规定，依法核定作为文物保护的纪念建筑物和古建筑等的修缮，依照文物保护的有关法律规定执行。

依法核定作为文物保护的纪念建筑物和古建筑等的修缮，与一般的房屋建筑工程有较大的不同，除了“必须遵守不改变文物原状的原则”等特殊要求外，在管理上也有所不同。因此本条规定，对依法核定作为文物保护的纪念建筑物和古建筑等的修缮，应当依照文物保护的有关法律规定执行。这里所说的“依法核定作为文物保护的纪念建筑物和古建筑”是指依照《中华人民共和国文物保护法》的规定，经有关主管机关按法定权限和程序确定作为文物保护单位的纪念建筑物和古建筑。

知识链接

《中华人民共和国文物保护法》的相关规定。

2. 抢险救灾及其他临时性房屋建筑和农民自建低层住宅

法律依据：《中华人民共和国建筑法》第八十三条规定，抢险救灾及其他临时性房屋建筑和农民自建低层住宅的建筑活动，不适用本法。

抢险救灾及其他临时性房屋建筑，因其具有的时效性、临时性和简易性等特点，不可能也没有必要按照本法的规定进行管理。农民在农村自建的低层住宅，量大面广，情况千差万别，目前仍以较为简易的居多，要将这类农村自建住宅都纳入国家的行政管理之中，目前难以做到，从执法成本考虑，也没有太大的必要。因此，这两类房屋建筑不适用《中华人民共和国建筑法》规定。这里需要指出的是，农民自建低层住宅的建筑活动，虽不适用建筑法，但仍需遵守有关安全、质量的基本规则及相关行政法规、规章和地方性法规的规定。

3. 军用房屋建筑工程建筑

法律依据：《中华人民共和国建筑法》第八十四条规定，军用房屋建筑工程建筑活动的具体管理办法，由国务院、中央军事委员会依据本法制定。

因军用房屋建筑工程有其特殊性，除建筑法有关建筑活动的各项基本制度和基本规范仍适用于军用房屋建筑外，军用房屋建筑工程具体管理应由军队依法自行实施，具体管理办法由国务院和中央军事委员会依据本法制定。

知识链接

纪念建筑物、古建筑、抢险救灾工程、临时性房屋建筑、军用房屋建筑工程的概念及相关知识。

2.3 建筑法的基本原则

案例 2-1

上诉人(原审被告)：大连海悦房地产开发有限公司。

被上诉人(原审原告)：大连环宇建筑工程公司。

被上诉人(原审被告)：大连经济技术开发区天河房地产开发公司。

经审理查明：1992 年 12 月 10 日，大连经济技术开发区天河房地产开发公司(以下简称天河公司)与大连经济技术开发区规划管理局签订《青松小区组团开发建设协议书》。同年 7 月 17 日，天河公司取得了青松小区 43 305m^2 的土地使用许可证。1992 年 12 月 8 日，天河公司与大连海悦地产开发有限公司(以下简称海悦公司)签订《青松小区组团联合开发协议书》约定：天河公司负责办理有关联合开发建设的一切有关文件和手续，项目竣工验收合格后，负责办理土地转让手续，负责投入开发建设资金 17 755 050 元。海悦公司负责剩余开发建设资金的全部投入及施工、技术、管理及销售等；海悦公司的一切经济活动，均以天河公司的名义对外进行。1993 年 3 月 7 日，经大连双龙实业总公司(以下简称双龙公司)介绍，环宇公司(原称大连华南第二建筑工程公司)进入青松小区一组团阳光公寓 1 号、2 号楼、11 号商业网点楼现场。同年月 8 日，天河公司在环宇公司的开工报告上盖章，环宇公司正式投入施工。同年 4 月 1 日，大连开发区招标、投标办公室经过招标，大连市金州第四建筑工程公司(以下简称金州四建)中标，但金州四建既未与天河公司签订承包施工合同，也未与环宇公司签订分包合同。天河公司也未与环宇公司签订承包施工合同。因海悦公司负责青松小区一组团施工，其通过双龙公司给环宇公司拨付工程款共计 1 600 万元，后未继续拨款。环宇公司垫付部分工程款，后因无力继续施工，在工程没有全部完工的情况下撤离了工地。环宇公司于 1995 年 11 月 11 日向辽宁省高级人民法院起诉。

(资料来源：王天翊.《建筑法案例精析》[M]. 北京：人民法院出版社，1999.)

请思考：

(1) 根据上述案例叙述，本案在发包、承包过程中存在哪些违规现象？

(2) 环宇公司诉称，虽未与天河公司签订施工合同，但实际已为其施工，且海悦公司给环宇公司拨付了工程款，已形成债权债务关系；海悦公司中途停拨工程款，造成工程停工，应对此承担责任。要求天河、海悦公司给付工程款及利息的请求能否得到支持？

(3) 天河公司辩称施工进行的整个过程中都未与环宇公司签订过施工合同，因此没有债务债权关系，不应赔偿环宇公司的工程款。该诉讼请求能否得到支持？

(4) 海悦公司上诉称：其与环宇公司无法律关系；判决天河公司赔偿环宇公司工程款及利息，不应由其承担连带责任。该诉讼请求能否得到支持？

知识链接

后续建筑工程发包与承包制度。

建筑法的基本原则是指集中体现建筑法的本质和特征，贯穿于建筑立法、建筑执法和建筑活动的始终，具有普遍适用效力的指导思想和基本准则。建筑法的基本原则主要有保证工程质量和安全原则与依法从事建筑活动原则。

2.3.1 保证工程质量和安全的原则

法律依据：《中华人民共和国建筑法》第三条规定，建筑活动应当确保建筑工程质量和安全，符合国家的建筑工程安全标准。

在建筑活动中确保建筑工程质量和安全，既要求建筑活动必须符合国家的建筑工程安全标准，包括有关建筑工程安全的国家标准和行业标准。依照《中华人民共和国建筑法》和《中华人民共和国标准化法》的规定，凡是依法制定的有关建筑工程安全的国家标准和行业标准，包括列入国家标准或行业标难的有关建筑工程安全的勘察、设计、施工、验收的技术规范、技术要求和方法，都属于强制性标准，各有关方必须严格遵照执行。例如，建筑工程的建设单位不得以任何理由，要求建筑设计单位或者施工企业在工程设计或施工作业中，违反有关建筑工程安全的国家标准和行业标准的规定，降低工程质量；建筑工程的勘察、设计单位和施工企业，必须按照国家或行业有关建筑工程安全标准的要求进行勘察、设计和施工；建筑工程监理单位也必须按照安全标准进行工程监理。

有关建筑工程安全的国家或行业标准，是保障建筑工程安全的基本要求，建筑工程的发包方和承包方可以在合同中约定高于国家标准或行业标准的工程质量要求，但不得以合同约定低于国家或行业安全标准的质量要求。

知识链接

建筑安全生产监督管理“两法一条例”，即《中华人民共和国建筑法》、《中华人民共和国安全生产法》和《建筑工程安全生产管理条例》；有关建筑工程安全和质量的国家标准和行业标准的相关内容。

2.3.2 依法从事建筑活动的原则

法律依据：《中华人民共和国建筑法》第五条规定，从事建筑活动应当遵守法律、法规，不得损害社会公共利益和他人的合法权益。任何单位和个人都不得妨碍和阻挠依法进行的建筑活动。

1. 建筑活动应当遵守法律、法规

建筑活动直接涉及人民的生活和生产，国家必须对建筑活动进行有效的管理。建筑法律法规将建筑活动中的经济事实表现为法律事实，用法律形式来规范人们在建筑活动中的行为，是国家管理建筑活动的重要途径。从事建筑活动的人除应当遵守《中华人民共和国建筑法》外，还应当遵守其他有关的法律、法规，特别是与工程建设密切相关的《中华人民共和国土地管理法》、《中华人民共和国城乡规划法》、《中华人民共和国城市房地产管理法》及相关行政法规的规定等。

知识链接

《中华人民共和国土地管理法》、《中华人民共和国城乡规划法》、《中华人民共和国建筑法》和《中华人民共和国城市房地产管理法》的关联性。

2. 进行建筑活动，不得损害社会公共利益和他人的合法权益

在社会实际生活中，建筑活动往往与社会公共利益、他人合法权益有很大的关联性，如不加以注意，容易损害他人合法权益和社会公共利益。尤其要注意处理好相邻关系，不得因自己的建筑活动，影响相邻他人的正常的通行、采光、排水等权益，不得因建筑噪声等影响他人的正常生活，使他人的身体健康权受到侵害。

社会公共利益是指全体社会成员的共同利益。一般来说，损害社会公共利益的行为，是法律所禁止的行为。他人的合法权益，是指有可能因建筑活动受到损害的他人的民事权益，既包含他人的财产权益，也包含他人的人身权益。所谓“他人”，是指行为人以外的自然人、法人和其他组织等民事主体。从事建筑活动，不得损害他人合法权益，损害他人合法权益的，应当依法承担法律责任。

3. 合法进行的建筑活动受法律保护

法律依据：《中华人民共和国建筑法》第五条规定，从事建筑活动应当遵守法律、法规，不得损害社会公共利益和他人的合法权益。任何单位和个人都不得妨碍和阻挠依法进行的建筑活动。

合法进行的建筑活动受法律保护，任何单位和个人不得妨碍或阻挠依法进行的建筑活动。例如，在因国家建设而进行的建筑活动中，应当予以搬迁的单位或个人，在依法得到合理安置和补偿后，应当及时搬迁，不得漫天要价，提出不合理的要求，不得拒不搬迁，不得妨碍和阻挠建筑活动的正常进行。此外，不得凭借地利等因素，强行承揽工程建造安装，或材料供应，即所谓的吵工地，来谋取不法利益，妨碍或阻挠依法进行的建筑活动。

4. 对建筑活动的监督管理，必须依法进行

从事建筑活动固然要严格遵守法律法规的规定，政府对建筑活动的管理和监督也要严格依照法律、法规的规定进行。依据《中华人民共和国建筑法》第六条的规定，国务院建设行政主管部门(按现行国务院的机构设置，是指中华人民共和国住房和城乡建设部)对全国建筑活动实施统一的监督管理。

建设行政主管部门和有关主管部门对建筑活动的监督管理，必须依照法律、行政法规的规定进行，管理的权力、范围、体制、程序等，都要严格遵守法律的规定。建设行政主管部门和有关主管部门的主要职责包括：对建筑活动从业者的资质依法进行审查；监督建筑市场按照法定规则运行，维护平等竞争的市场秩序；对建筑工程的质量和安全依法实施监督；对违法行为依法实施行政处罚等。建设行政主管部门和有关主管部门必须依照法律的规定，认真履行监督管理职责。不依照法律的规定履行监督管理职责，玩忽职守、徇私舞弊或者滥用职权、违法行政的，将依法追究其法律责任。

2.3.3 建筑法的其他原则

(1) 国家扶持建筑业的发展。

法律依据：《中华人民共和国建筑法》第四条规定，国家扶持建筑业的发展，支持建筑科学技术研究，提高房屋建筑设计水平，鼓励节约能源和保护环境，提倡采用先进技术、先进设备、先进工艺、新型建筑材料和现代管理方式。

(2) 国家支持建筑科学技术研究，提倡采用先进技术、先进设备、先进工艺、新型建筑材料和现代管理方式，支持鼓励提高房屋建筑设计水平。

大力发展建筑科学研究和推广应用，加快采用先进技术、先进设备、先进工艺、新型建筑材料和现代管理方式的步伐，是一项重要而紧迫的任务。建筑法确立了国家支持建筑科学技术研究的原则，但还需要政府及有关部门制定具体的措施和政策来加以落实。

(3) 国家鼓励在建筑活动中节约能源，保护环境。

能源是国民经济发展的物质基础。在建筑物的设计、施工等环节，都应按照有关规定和节能技术标准的要求，做好建筑节能工作。保护环境是我国的基本国策，在建筑活动中要坚持保护环境的原则。

2.4 建筑法所确立的五项基本制度

案例 2-2

某市房地产开发有限责任公司 2003 年在开发某生态住宅区项目中，未依法取得施工许可证就擅自开工，不依法办理图文审查，规避应招标的工程招标，并将工程发包给无资质的设计单位设计和无资质的个人施工，不依法办理质量监督手续，施工现场管理混乱，存在严重的质量安全隐患，从而导致 2 死 3 伤的四级重大事故。

以上事例反映了我国建筑市场在某些环节上存在的管理混乱的状况。这一血的教训充分体现了建筑法律与制度对保证建筑工程的质量和安全，促进建筑业健康发展的必要性与重要性。

请思考：

该事例存在的违规行为有哪些？

《中华人民共和国建筑法》是一部规范建筑活动的重要法律。它以规范建筑市场行为为起点，以建筑工程质量和安全为重点，确立了建筑活动中的五项基本制度。

2.4.1 建筑许可制度

法律依据：《中华人民共和国建筑法》第七条规定，建筑工程在开工前，建设单位应当按照国家有关规定向工程所在地县级以上人民政府建设行政主管部门申请领取施工许可证；但是，国务院建设行政主管部门确定的限额以下的小型工程除外。

实行建筑许可制度，旨在有效地保证建筑工程的质量和安全，也是国际上的通行做法，如日本、韩国、挪威、英国、德国及我国台湾的建筑立法，都明确地规定了建筑许可制度。建筑许可制度包括建筑工程报建制度、建筑工程施工许可制度和从业单位资质许可制度、专业技术人员执业资格许可制度。

法律依据：《中华人民共和国建筑法》第十三条规定，从事建筑活动的建筑施工企业、勘察单位、设计单位和工程监理单位，按照其拥有的注册资本、专业技术人员、技术装备和已完成的建筑工程业绩等资质条件，划分为不同的资质等级，经资质审查合格，取得相应等级的资质证书后，方可在其资质等级许可的范围内从事建筑活动。

《中华人民共和国建筑法》第十四条规定，从事建筑活动的专业技术人员，应当依法取得相应的执业资格证书，并在执业资格证书许可的范围内从事建筑活动。

实践证明，实行施工许可制度，既可以监督建设单位尽快建成拟建项目，防止闲置土地，影响社会公众利益；又能保证建设项目开工后，能够顺利进行，避免由于不具备施工条件盲目“上马”，给参与建筑工程的各方造成不必要的损失；同时也有助于建设行政主管部门对在建项目实施有效的监督管理。实行从业资格制度，有利于确保从事建筑活动的单位和个人的素质，提高建筑工程的质量，确保建筑工程的安全生产。

知识链接

第5章建筑许可制度；《中华人民共和国建筑法》第二章建筑许可。

2.4.2 建筑工程发包与承包制度

法律依据：《中华人民共和国建筑法》第十六条第一款规定，建筑工程发包与承包的招标投标活动，应当遵循公开、公正、平等竞争的原则，择优选择承包单位。

实行建筑工程发包与承包制度，一改传统的计划分配任务体制，使建设单位、勘察、设计单位和建筑业企业通过市场竞争来选择建筑工程的承包者，这是发展社会主义市场经济的客观要求。因此，《中华人民共和国建筑法》规定应当实行建筑工程发包与承包制度，并针对建筑工程发包与承包中存在的突出问题，规定了建筑工程发包与承包应当遵循的基本原则及行为规范，如实行招标发包和直接发包的要求，不得违法将建筑工程肢解发包，总承包单位分包时须经建设单位认可，禁止承包单位将其承包的建筑工程转包给他人等。

《中华人民共和国建筑法》第二十四条规定，提倡对建筑工程实行总承包，禁止将建筑工程肢解发包。

建筑工程发包与承包作为构成建筑工程承发包商业活动不可分割的两个方面，是指建设单位或者招标代理单位(发包方)通过招标方式将待完成的勘察、设计、施工等工作的全部或其中一部分委托施工企业、勘察、设计单位等(承包方)去完成，并按照双方的约定支付一定的报酬，通过合同确定双方当事人的权利义务的一种法律行为。

建筑工程的发包单位可以将建筑工程的勘察、设计、施工、设备采购一并发包给一个工程总承包单位，也可以将建筑工程勘察、设计、施工、设备采购的一项或者多项发包给一个工程总承包单位；但是，不得将应当由一个承包单位完成的建筑工程肢解成若干部分发包给几个承包单位。

知识链接

第6章建筑工程发包与承包制度；《建筑法》第三章建筑工程发包与承包。

2.4.3 建筑工程监理制度

法律依据：《中华人民共和国建筑法》第三十条规定，国家推行建筑工程监理制度。国务院可以规定实行强制监理的建筑工程的范围。

实践证明，在我国推行建筑工程监理制度，对于控制建设投资和建设工期，保证建筑工程的质量和建筑安全生产，具有重要的意义和作用。在国际上，建筑工程监理制度早已成为通行的做法，许多发达国家(如美国、日本及欧洲联盟成员国)等已经形成一套完整的法律制度。

根据《中华人民共和国建筑法》第三十二条第一款的规定，建筑工程监理应当依照法律、行政法规及有关的技术标准、设计文件和建筑工程承包合同，对承包单位在施工质量、建设工期和建设资金使用等方面，代表建设单位实施监督。因此，在我国建筑工程监理，只是指工程监理单位受建设单位的委托，按照合同约定，对建筑工程实施管理，收取一定酬金，并对建设单位负责的一种行为。其主要任务是控制建设投资、建设工期和建筑工程的质量，保障建筑工程合同的实施，协调有关单位间的工作关系。

建筑工程监理是我国建筑领域中管理体制改革的重大举措之一，也是社会主义市场经济发展的客观要求。我国自 1988 年开始推行建筑工程监理制度，至今已在全国全面执行。《中华人民共和国建筑法》在总结我国推行建筑工程监理制度实践经验的基础上，借鉴和吸收国际上的通行做法，明确规定了建筑工程监理的任务、工程监理单位的资质和责任及有关要求等。

知识链接

后续章节工程建设监理制度；《建筑法》第四章建筑工程监理。

2.4.4 建筑安全生产管理制度

法律依据：《中华人民共和国建筑法》第三十六条规定，建筑工程安全生产管理必须坚持安全第一、预防为主的方针，建立健全安全生产的责任制度和群防群治制度。

建筑安全生产管理制度通常由安全生产责任制度、安全技术措施制度、安全教育制度、安全检查制度、政府安全监督管理制度和伤亡事故报告制度等组成。安全生产责任制度是建筑安全生产各项制度的核心，安全技术措施制度是建筑安全生产的条件，安全教育制度是建筑安全生产的前提，政府安全监督管理制度和安全检查制度是建筑安全生产的保障，而伤亡事故报告制度是调查处理事故的基础。

《中华人民共和国建筑法》第三十七条规定，建筑工程设计应当符合按照国家规定制定的建筑安全规程和技术规范，保证工程的安全性能。

《中华人民共和国建筑法》中将建筑安全生产贯穿于建筑活动全过程，并规定进行全过程的监督管理，明确了建筑安全生产的基本方针。《中华人民共和国建筑法》根据建筑安全生产的特点和内容，在建筑活动的各个阶段、各个环节中，都紧扣安全问题加以规范。规定设计、施工应当符合建筑安全规程和技术规范，采取安全技术措施，施工现场应当实行封闭管理，建筑施工实行安全生产责任制度，建筑施工企业应当建立健全安全生产教育培训制度，建筑行政主管部门实施对建筑安全生产的管理，施工中发生事故要按规定向有关部门报告等。

建筑安全生产是建筑活动的生命线，建筑安全生产管理是建筑活动管理的最重要的内容之一。一般来说，建筑安全既有建筑产品自身的安全，也有其毗邻建筑物的安全，还包括施工人员的人身安全和施工安全。而建筑物的质量，最终往往是通过建筑物的安全和使用情况来体现的。由此可见建筑安全生产的重要性。

知识链接

第 6 章建筑安全生产管理制度；《建筑法》第五章建筑安全生产管理。

特别提示

建筑工程质量与安全的密切关系。

2.4.5 建筑工程质量监督制度

法律依据：《中华人民共和国建筑法》第五十二条规定，建筑工程勘察、设计、施工的质量必须符合国家有关建筑工程安全标准的要求，具体管理办法由国务院规定。有关建筑工程安全的国家标准不能适应确保建筑安全的要求时，应当及时修订。

《中华人民共和国建筑法》第五十三条规定，国家对从事建筑活动的单位推行质量体系认证制度。从事建筑活动的单位根据自愿原则可以向国务院产品质量监督管理部门或者国务院产品质量监督管理部门授权的经部门认可的认证机构申请质量体系认证。经认证合格的，由认证机构颁发质量体系认证证书。

建筑工程质量监督制度是指由政府有关部门委托的专门机构对建筑工程质量进行的监督，其监督的依据是有关法律、法规、技术标准及设计文件。实行建筑工程质量监督制度是工程质量管理工作的一项重要措施。为了保证建筑工程质量监督的有效进行，应当对从事建筑活动的单位进行质量体系认证制度，同时要明确勘察、设计单位、建筑施工企业和建筑材料、建筑构配件和设备供应单位在建筑工程质量方面的责任，还要严格实行建筑工程竣工验收制度，严把竣工验收关。此外，建筑工程交付使用后，要对建筑工程实行质量保修制度。

知识链接

《中华人民共和国建筑法》中法律责任的规定。

《中华人民共和国建筑法》第五十四条(建设单位)、第五十六条(建筑工程的勘察、设计单位)、第五十八条(施工单位)等条款，紧扣建筑活动的各个阶段的各个环节，明确规定了建筑活动各有关方面在保证建筑工程质量中的责任，并在建筑工程质量管理方面明确了以下几项制度。

(1) 企业质量体系认证制度。

(2) 企业质量责任制度。

(3) 建筑工程竣工验收制度。

(4) 建筑质量保修制度。

此外，建筑法还规定了发生质量问题应当承担的法律责任。

知识链接

第7章建筑工程质量管理制度及法律责任;《建筑法》第六章建筑工程质量管理。

建筑是国民经济的支柱产业，随着国民经济的发展，建筑业在国民经济和社会发展中的地位和作用越来越重要。《中华人民共和国建筑法》的颁布和实施，对加强建筑活动的监督管理，维护建筑市场的正常秩序，保证建筑工程的质量和安全，保护建筑活动当事人的合法权益提供了法律保障，使我国的工程建设和建筑业开始走上有法可依的轨道。

本章小结

本章重点涉及4部分内容。

(1) 建筑法的含义，其立法的必要性及立法的目的。

(2) 建筑法适用的时间、空间、主体及事项范围，建筑法的调整对象及不适用建筑法的几种特殊情形。

(3) 建筑法对保证工程质量和安全的原则和依法从事建筑活动的相关规定。

(4) 建筑法所确立的五项基本制度的内容。

习题

1. 什么是建筑法?
2. 工程建设立法的必要性表现在哪些方面?立法的目的是什么?
3. 为维护建筑市场的正常秩序，建筑法所规定的建筑市场运行的基本规则包括哪些?
4. 建筑法的调整对象是什么?
5. 建筑法的适用主体主要指的是什么?
6. 哪些事项适用于建筑法，哪些特殊的建筑工程不适用建筑法?
7. 建筑法所确立的基本原则有哪些?对依法从事建筑活动有哪些规定?
8. 建筑法所确立的五项基本制度的内容是什么?

第3章

建筑许可制度

教学目标

了解我国目前建设行业从业人员执业资格许可制度及相应的资格考试管理规定；掌握建设行业从业单位资质管理规定；掌握我国关于施工许可的有关规定。

教学要求

能力目标	知识要点	权重
正确选择执业资格	各执业资格考核的条件与取得	30%
正确识别从业单位资质	单位资质的分类与取得条件	30%
掌握施工许可的作用	施工许可的意义、程序	40%

驱动案例

在山西省太原市，一些装修工程队或小公司，某些大的装修公司，以及个别私家车车主挂靠汽车租赁公司，打着挂靠单位的旗号揽活，挂靠者多是“游击队”。

太原 XD 装饰公司的张经理说，为节省成本，不少装修公司都没有固定的工程队，只是让市场上的工程队甚至“游击队”以挂靠形式与其合作。这些工程队打着装修公司分部的名义招揽工程，当消费者与这些所谓的装修公司分部签约后，进行施工的就是这些工程队，并不是装修公司总部。张经理说，装修出了问题后，这些工程队往往会推脱责任，有的干脆就地消失，让消费者难以维权。

太原市汽车租赁协会王会长表示，目前，太原市私家车车主将车辆挂靠汽车租赁公司、由其租赁经营的现象比较多，一旦出了事故，消费者权益往往难以得到保障。如果发生重大事故，后果更是难以想象。王会长提醒消费者，在租车时一定要向对方索取汽车租赁公司的营运许可证，在营运许可表内查询所租车辆是否进行了登记，如果没有登记则难以保障消费者权益。

太原市工商局企业注册处的负责人介绍，挂靠经营是指企业、事业单位或自然人在一定时期内使用其他集体或企业法人名义对外从事经营活动的行为。“挂靠”是我国 20 世纪 80 年代特殊历史背景下的产物，那时的挂靠人在工商机关登记注册为集体性质，挂靠人的资金来源、管理模式、利润分配、风险承担等一般与被挂靠人无关。该负责人告诉记者，现在国家已经不允许挂靠人进行登记注册，只允许连锁经营和特许加盟经营。连锁经营和特许加盟经营与挂靠经营的区别在于，前者的管理及利润分配其总部是直接参与的，后者总部对挂靠人没有实质性的管理及利润分配。

这位负责人表示，现在有不少规模较大的公司设立的所谓分部、经营部，是由无资质的小公司甚至“游击队”挂靠建立的，大公司引进他们以壮声势，并从中得利。而这些小公司及“游击队”往往成为消费者申诉的重点对象。该负责人告诉记者，在企业登记注册或者年检时，这些挂靠经营形式是不会通过的。消费者如果遇到这种情况可以向工商机关举报，工商机关将对其进行查处。

山西志诚法律事务所的王律师说，挂靠经营行为从法律上讲，就是一些自然人、合伙组织利用企业法人的独立人格和资质，规避了国家法律政策对个体私营经济在税收、贷款、业务范围等方面的限制，并且利用所挂靠的企业法人的独立人格获得了自身难以取得的交易信用与经济利益的经营行为。

王律师说，被挂靠人不仅为挂靠人提供经营上的便利(如出借执照、账号)，而且还获取利益。从法律上讲，被挂靠人实际是转让其企业资质和名称为挂靠人提供虚假证明。根据《企业年度检验办法》规定，企业在年检中隐瞒真实情况、弄虚作假的，企业登记机关应当责令限期改正并进行相应的处罚。

请思考:

在市场经济条件下，从业单位资质管理在行业管理中的重要性。

3.1 工程报建与施工许可

在计划经济条件下，国家对基本建设的管理，主要是依靠政府计划和行政命令。在市场经济条件下，行业的规范发展，主要依赖于行业自律、行政监管及行政许可等手段。

国家为了控制和规范竞争，就必须加强调控，建筑许可制度就是政府对建筑市场实施宏观管理的一个重要组成部分。建筑工程许可制度是市场经济的产物。它的实施既有利于规范建筑市场，维护社会经济秩序，保证建筑工程质量和生产的安全，也有利于保护建设法律关系当事人依法从事相关建筑活动的合法权益。

3.1.1 建筑工程报建

1. 建筑工程报建的范围和时间

工程报建制度，是指建设单位工程建设项目通过立项、可行性研究、项目评估等前期筹备工作后，向建设行政主管部门报告前期工作结束，申请转入工程建设实施阶段，建设行政主管部门依法进行审查，对符合发包条件的，准许其进行发包的制度。

1) 报建的范围

凡在我国境内投资兴建的所有的工程建设项目，包括外国投资、合资、合作的工程项目，都必须实行报建制度，接受当地建设行政主管部门或其授权机构的监督管理。

2) 报建的时间

建筑工程报建应当在工程建设项目的可行性研究报告或其他立项文件批准后、建筑工程发包前进行。由建设单位或其代理机构，向工程所在地建设行政主管部门或其授权的机构进行报建。

2. 建筑工程报建的内容和程序

1) 工程报建的内容

建筑工程项目报建的内容主要有工程名称、建设地点、投资规模、资金来源、当年投资额、工程规模、开工及竣工日期、发包方式和筹建情况等。

2) 工程报建的程序

(1) 建设单位或项目法人及其代理机构向建设行政主管部门或其授权机构领取《工程建设项目报建表》。

(2) 报建单位如实、认真填写《工程建设项目报建表》。

(3) 报建单位向建设行政主管部门或其授权机构报送《工程建设项目报建表》。

(4) 建设行政主管部门或其授权机构审核报建文件、资料，对审核合格的，颁发《工程发包许可证》。

3. 工程报建审批机关的职责

建设行政主管部门或其授权机构在工程报建管理中须履行以下职责。

(1) 严格依法、依政策管理建筑市场。

(2) 管理监督工程建设项目的报建登记。

(3) 对报建的工程建设项目进行核实、分类、汇总。

(4) 向上级主管部门提供综合的工程建设项目的报建情况。

(5) 查处隐瞒不报违章建设的行为。

案例 3-1

由某公司开发的东王府公馆项目，自 2006 年 11 月破土动工至 2007 年 8 月遭到该市市政府查封，一直未取得合法审批手续。在长达大半年的时间里，该楼盘虽几经叫停，却始终停不下来。当 8 栋大楼主体矗立时，100 多套楼房已被按揭售出，此时也已产生上千万元的劳务工资。

2007 年 5 月 31 日，该市规划局和市执法局联合向市人大提交了《××市违法建设情况调查报告》。

在该报告中，该市规划局和市执法局认为，该房地产开发公司建设的“东王府公馆”小区中，有两栋高层住宅楼涉嫌占用河道，约 4 万 m^2，把河上游河道约 1km 河段全部堵死。

被指涉嫌占用河道的两栋楼，为在建的“东王府公馆”5 号楼、2 号楼。同时，“东王府公馆”有两栋高层住宅楼也缺少规划许可证和施工许可证。

根据该市政府有关批示精神，市房管局从 2007 年 8 月 8 日起，暂停办理该房地产开发公司的开发规模审批、商品房预售审批、商品房网上销售、房地产抵押登记、合同备案、产权登记等手续。

请思考:

该房地产开发公司的做法有哪些不妥?

3.1.2 建筑许可

1. 建筑许可的概念

行政许可是一种需申请的具体行政行为，是国家行政机关实施社会管理的重要手段，是指行政管理机关根据个人、法人或其他组织的申请，依法准许其从事某种特定活动的行政行为，申请者的申请一旦获准，即依法获得了从事所申请行业活动的某种权利能力或从业资格。

建筑许可是《中华人民共和国建筑法》中的重要规定，是建设行政主管部门或其他行政主管部门根据建设单位和从事建筑活动的单位、个人的申请，依法准许公民、法人和其他组织从事建筑活动的具体行政行为。

根据《中华人民共和国建筑法》的规定，建筑许可包括三种法律制度：施工许可证制度、从事建筑活动单位资质管理制度、从事建筑活动个人资格管理制度。

建筑许可是国家对工程建设行为予以认可的法律规定，也是世界各国普遍采用的法律制度。在我国，建筑许可的实施具有以下重要意义。

(1) 有利于国家对基本建设的宏观调控，对从事建筑活动的单位和人员的总量控制。

(2) 有利于规范建筑市场秩序，保证建筑工程质量和建筑安全生产。

(3) 有利于保护建设单位、从事建设活动的其他单位和个人的合法权益。

知识链接

《中华人民共和国建筑法》中相应的规定。

2. 建筑行政许可的性质、目的与特点

1) 建筑行政许可的性质

建筑行政许可是国家为了实现对建筑市场的规范管理，而对建筑工程及从业人员实施的一种行政管理手段。有权实施建筑行政许可行为的机关，只能是建设行政主管部门。建设行政主管部门代表国家对从事工程建筑活动，且需要获得行政许可的公民、法人和其他组织实施建筑行政许可管理。

2) 建筑行政许可制度实施的目的

政府实施建筑工程许可制度的目的在于，通过对建筑工程的开工及对从事建筑活动的单位和个人的资格实行行政管理，实现政府对建筑市场的宏观管理和指导，从而使建筑市场能够健康、有序地发展，使建筑行业真正成为带动社会经济发展的龙头。

3) 建筑行政许可制度的特点

(1) 建筑许可制度的强制性。建筑许可对于建筑活动的从业者来讲，是一种资格的准许和获得，对获准者来讲意味着准入；反之，对一般人来讲则是一种禁止。未取得建筑许可资格的，依法严格禁止其进行与建筑许可有关的建筑活动。对建筑工程开工和从事建筑活动，只有在符合特定条件的情况下才可进行；否则，就有可能受到相关法律法规规定的惩罚或制裁。所以，建筑许可制度具有强制性。

(2) 建筑许可制度实施的被动性。建筑许可是依据建设单位或从事建筑活动的单位或个人的申请而作出的行政行为，它的实施以申请者的申请为前提，不是政府的积极、主动的行为，而是被动的行为。所以，建筑许可制度的实施具有被动性。

(3) 建筑许可制度是事前控制制度。建筑许可制度的实施，可通过对建筑工程施工应具备的基本条件的事前审查，以切实保证建筑工程开工后的顺利进行，避免不具备条件的建筑工程的盲目开工给相关当事人带来损失，并可能造成社会财富浪费的现象发生。所以，建筑许可制度是一种事前控制制度。

3. 建筑工程许可制度的作用

建筑工程许可制度是国际上有效保证建筑工程质量和安全的通行做法。世界上许多国家的建筑法都明确规定了建筑工程许可制度。《中华人民共和国建筑法》对建筑许可也作了相应的规定。实践证明，建筑工程许可制度的施行在工程建设过程中起到的积极作用，主要表现在以下几方面。

(1) 建筑工程许可制度的实施，可以督促建设单位尽快实施和建成拟建项目，防止土地闲置，实现土地的有效集约利用，避免拟建工程可能出现的延期影响公众利益。

(2) 建筑工程许可制度的实施，可以保证建筑工程项目开工后的顺利进行，避免由于不具备施工条件而盲目“上马”，给参与工程建筑的单位造成不必要的损失。

(3) 建筑工程许可制度的实施，有助于建设行政主管部门对在建项目实施有效的监督管理，避免国家对建设工程管理的失控。

建筑工程施工许可证，是指建筑工程开始施工前建设单位向建设行政主管部门申请的允许可以施工的证明。实行建筑工程施工许可证制度，是我国政府对建设工程质量实行监督管理的两种主要手段(施工许可制度和竣工验收备案制度)之一。这项制度是由国家建设行政主管部门，在建筑工程施工前，对该项工程是否符合法定开工必要条件进行审查，对符合条件的建筑工程允许其开工建设的制度。

一般情况下，新建、扩建、改建的建设工程，建设单位必须在开工前向工程所在地县级以上人民政府建设行政主管部门或其授权的部门申请领取建筑工程施工许可证。未领取施工许可证的，不得开工。

《中华人民共和国建筑法》第七条规定，建筑工程在开工前，建设单位应当按照国家有关规定向工程所在地县级以上人民政府建设行政主管部门申请领取施工许可证；但是，国务院建设行政主管部门确定的限额以下的小型工程除外。按照国务院规定的权限和程序批准开工报告的建筑工程，不再领取施工许可证。

建筑工程施工许可证制度是行政许可证制度的一种。行政许可证制度涉及两方面的主体：一方是行政机关，另一方则是申请人。就建筑工程许可证制度而言，这两方面的主体分别是建设行政主管部门或有关专业部门和建设单位。

特别提示

施工许可证由建设单位负责申领。

3.1.3 施工许可证的申领范围

法律依据：建设部(现称为住房城乡建设部)2001 年修订通过的《建筑工程施工许可管理办法》规定，凡在中华人民共和国境内从事各类房屋建筑及其附属设施的建造、装修装饰和与其配套的线路、管道、设备的安装，以及城镇市政基础设施工程的施工，建设单位在开工前应当依照本办法的规定，向工程所在地的县级以上人民政府建设行政主管部门(以下简称发证机关)申请领取施工许可证。

考虑到我国正在进行大规模的经济建设，工程建设任务繁重，同时为了提高行政办事效率，避免与开工报告重复审批，根据《中华人民共和国建筑法》规定，不是所有的建筑工程都必须申领施工许可证。工程投资额大，结构复杂的工程才必须申领施工许可证。工程投资额在 30 万元以下或者建筑面积在 300m^2 以下的建筑工程，可以不申请办理施工许可证。省、自治区、直辖市人民政府建设行政主管部门可以根据当地的实际情况，对限额进行调整，并报国务院建设行政主管部门备案。按照国务院规定的权限和程序批准开工报告的建筑工程，不再领取施工许可证。

依照法律法规规定必须申请领取施工许可证的建筑工程未取得施工许可证的，一律不得开工。

任何单位和个人不得将应该申请领取施工许可证的工程项目分解为若干限额以下的工程项目，规避申请领取施工许可证。

3.1.4 施工许可证的申领时间、条件和程序

1. 施工许可证的申领时间

申请领取施工许可证的时间必须是在开工日期之前。开工日期是指建设项目或单项工程设计文件中规定的永久性工程计划开始施工的时间，以永久性工程正式破土开槽开始施工的时间为准。在此之前的准备工作，如地质勘察、平整场地、拆除旧有建筑物、施工用临时道路、水、电等工程都不算正式开工。建设单位未依法在开工前申领施工许可证擅自施工的，应当依法责令改正；对不符合开工条件的责令停止施工，并可处以罚款。

2. 施工许可证的申领条件

施工许可证申请条件依法确定，是为了保证建筑工程开工后，组织施工能够顺利进行。根据《中华人民共和国建筑法》第八条的规定，申请领取施工许可证，应当具备下列条件：

(1) 已经办理建筑工程用地批准手续，即获得有效的建设用地使用权证书。办理用地批准手续是建筑工程依法取得土地使用权的必经程序，只有依法取得土地使用权，建筑工程才能开工。根据《中华人民共和国土地管理法》的规定，建设单位可以通过出让或划拨

的方式取得建筑工程用地的土地使用权。通过土地使用权出让方式取得土地使用权的，必须在缴纳土地使用权出让金后才能取得土地使用权证书。通过划拨方式取得土地使用权的，首先领取建设用地批准文件。经过规划设计取得建筑施工许可证的工程项目，在项目竣工后，建设项目主管部门组织有关部门验收，由县级以上人民政府土地管理部门核查实际用途，经认可后办理土地登记手续，核发土地使用权证书。

(2) 在规划区进行建设的建筑工程，已经取得建设工程规划许可证和建设工程用地规划许可证。规划区是《中华人民共和国城乡规划法》规定的城市、镇和村庄的建成区及因城乡建设和发展需要，必须实行规划控制的区域。建设工程规划许可证是由城乡规划行政主管部门核发的，用于确认建设工程是否符合城乡规划要求的法律凭证。根据《中华人民共和国城乡规划法》第四十条规定，在城市、镇规划区内进行建筑物、构筑物、道路、管线和其他工程建设的，建设单位或者个人应当向城市、县人民政府城乡规划主管部门或者省、自治区、直辖市人民政府确定的镇人民政府申请办理建设工程规划许可证。申请办理建设工程规划许可证，应当提交使用土地的有关证明文件、建设工程设计方案等材料。需要建设单位编制修建性详细规划的建设项目，还应当提交修建性详细规划。对符合控制性详细规划和规划条件的，由城市、县人民政府城乡规划主管部门或者省、自治区、直辖市人民政府确定的镇人民政府核发建设工程规划许可证。市、县人民政府城乡规划主管部门或者省、自治区、直辖市人民政府确定的镇人民政府应当依法将经审定的修建性详细规划、建设工程设计方案的总平面图予以公布。

同时，该法第四十一条第一款还规定，在乡、村庄规划区内进行乡镇企业、乡村公共设施和公益事业建设的，建设单位或者个人应当向乡、镇人民政府提出申请，由乡、镇人民政府报城市、县人民政府城乡规划主管部门核发乡村建设规划许可证。

建设用地规划许可证是由建设单位或个人提出建设用地申请，城乡规划行政主管部门根据规划和建设项目的用地需要，确定建设用地位置、面积界限的法定凭证。根据《中华人民共和国城乡规划法》第三十七条和三十八条规定，建设单位应当向城市、县人民政府城乡规划主管部门申请领取建设用地规划许可证。

(3) 需要拆迁的，其拆迁进度要符合施工要求。拆迁进度是指根据城市规划和国家专项工程的拆迁计划及当地政府的用地文件，拆除和迁移建设用地范围内的房屋及其附属物，并由拆迁人对房屋及建筑物所有人或使用人进行补偿和安置的行为。对城市旧区进行建筑工程的新建、改建、扩建，拆迁是施工准备的一项重要任务。对成片进行综合开发的，应根据建筑工程建设计划，在满足施工要求的前提下，分批分期进行拆迁。拆迁必须按计划和施工进度的要求进行，无计划或不按计划进行，都可能造成不必要的损失和浪费。

根据《中华人民共和国城市房屋拆迁管理条例》的规定，房屋拆迁的程序，主要经过申请、审批、房屋拆迁行政公告、签订拆迁协议、实施拆迁等过程。

(4) 已经确定建筑施工企业。在建筑工程开工前，建筑单位必须确定有相应资质的建筑施工企业承包该建筑工程的建筑施工，否则建设单位就不能申领施工许可证。

(5) 有满足工程施工需要的施工图纸及技术资料，且施工图设计文件已经按照规定通过审查。施工图纸是实施工程建筑的最基本的技术文件，是施工的依据之一。因此，设计单位在设计工作安排时，应按施工的顺序和施工的进度安排好施工图纸的配套交付计划，保证满足施工的需要。

技术资料是建筑工程施工的重要前提条件，准确地掌握技术资料，是领会技术要求和规范施工，实现建筑工程质量和安全的根本保证。因此，在开工前，必须要有满足施工需要的技术资料。技术资料包括：地形、地质、水文、气象等自然条件的资料和主要原材料、燃料来源、水电供应及运输条件等技术经济资料。

(6) 有保证工程质量和安全的具体措施。工程质量和安全的具体措施是工程施工组织设计的一项重要内容。所以，施工组织设计的编制是施工准备工作的中心环节，其编制的质量和水平，直接影响到建设工程的质量和建设生产的安全，从而决定建设工程组织施工能否顺利进行。因此，施工组织设计必须在建筑工程开工前编制完毕。

施工组织设计主要内容包括：工程任务情况、施工总方案、主要施工办法、工程施工进度计划、主要单位工程综合进度计划和施工力量，机械及部署、施工组织技术措施(包括工程质量、安全防护及环境污染防护等各种措施)、施工总平面图、总包和分包的分工范围及交叉施工的部署等。施工组织设计由建筑施工企业负责编制，按照隶属关系及工程性质、规模、技术繁简程度实行分级审批。

(7) 建设资金已经落实。建筑资金的落实是建筑工程开工后顺利进行的根本保障。根据《中华人民共和国建筑法》的规定，在建筑工程开工前，建设资金必须足额落实。如果是按照国家有关规定应当纳入投资计划的，已经列入年度计划。计划、财政、审计等部门应严格审查建设项目开工前和年度计划中的资金来源，出具资金证明。对建设资金未落实或资金不足的建设工程，建设行政主管部门不予颁发施工许可证。根据 2001 年修订的《建筑工程施工许可管理办法》规定，建筑工期不足一年的，到位资金原则上不得少于工程合同价的 50%，建筑工期超过一年的，到位资金原则上不得少于工程合同价的 30%。建设单位应当提供银行出具的资金到位证明，有条件的可以实行银行付款保函或其他第三方担保。

(8) 按照规定应该委托工程监理的建设工程已委托工程监理。《中华人民共和国建筑法》规定，国务院可以规定实行强制监理的建筑工程的范围。根据 2001 年颁布的《建设工程监理范围和规模标准规定》必须实行监理的建设工程包括：国家重点建设工程；大中型公用事业工程；成片开发建设的住宅小区工程；利用外国政府或者国家组织贷款、援助资金的工程；国家规定必须实行监理的其他工程。同时，对以上建设工程的规模标准作出了明确规定。

(9) 法律、法规规定的其他条件。法律、法规规定的其他条件是指相关法律、法规对施工许可证申领条件的特别规定。由于建筑施工活动本身和技术要求的复杂性，决定了建设工程施工规范的复杂性。因此，依法规定的建设工程施工许可证领取的条件很难列举。加之随着建筑市场的不断发展，建筑市场的规范和立法也在不断地更新和完善，施工许可证的领取条件也必然会随之不断改进和完善。

3. 施工许可证的申领程序

申请办理施工许可证，应当按照下列程序进行。

(1) 建设单位向发证机关领取《建筑工程施工许可证申请表》。

(2) 建设单位持加盖单位及法定代表人印鉴的《建筑工程施工许可证申请表》，并附相关证明文件，向发证机关提出申请。

(3) 发证机关在收到建设单位报送的《建筑工程施工许可证申请表》和所附证明文件后，对于符合条件的，应当自收到申请之日起 15 日内颁发施工许可证；对于证明文件不齐全或者失效的，应当限期要求建设单位补正，审批时间可以自证明文件补正齐全后作相应顺延；对于不符合条件的，应当自收到申请之日起 15 日内书面通知建设单位，并说明理由。

建筑工程在施工过程中，建设单位或者施工单位发生变更的，应当重新申请领取施工许可证。

建设单位申请领取施工许可证的工程名称、地点、规模，应当与依法签订的施工承包合同一致。

施工许可证应当放置在施工现场备查。

3.1.5 施工许可证的时间效力

根据《中华人民共和国建筑法》第九条的规定，施工许可证的有效条件和延期的限制包括以下几个方面。

(1) 建设单位应当自领取建设施工许可证起 3 个月内开工。领证之日为建设行政主管部门签发交付建设单位建设工程施工许可证之日。

(2) 建设单位因故不能按期开工的，可以向发证机关申请延期。申请延期的时间应是领取施工许可证规定的开工时限到期之前。申请延期的理由，应是指不可抗力或难以补救的现象，如自然灾害，场地建设未按期完工，建筑材料、构件及必要的施工设备等未按原计划进厂等情况出现时，建设单位可以申请延期开工。

(3) 延期申请以两次为限，每次不得超过 3 个月。既不开工又不申请延期的许可证自行废止。

3.1.6 中止施工和恢复施工报告

中止施工是指由于一定事件的出现，使正在建设过程中的工程暂时停止施工，如发生地震、水灾等不可抗力事件、建筑工程施工质量或安全事故等。在建的建筑工程因故中止施工的，建设单位应当自中止施工之日起 2 个月内向发证机关报告，报告内容包括中止施工的时间、原因、在施部位、维修管理措施等，并按照规定做好建筑工程的维护管理工作，避免遭受损失，保证工程恢复施工时可以顺利进行。

在造成中止施工的情况消除后，建筑工程恢复施工时，应当向发证机关报告恢复施工情况：中止施工满一年的工程恢复施工前，建设单位应当报发证机关核验施工许可证。经发证机关审查认为具备施工条件的恢复施工；不符合条件的收回施工许可证，待具备条件后，建设单位应重新申领施工许可证。

3.2 从业单位资质许可

案例 3-2

企业参加资质年审是行业主管部门对企业实行动态管理的必要手段，通过资质年审，主管部门可以随时掌握企业的经营管理、质量、安全等情况，为制定行业政策提供依据。然而，有一部分企业对此不能引起足够的重视，对于行业主管部门资质年审的规定置若罔闻，无故不参加资质年审。2004 年 4 月，郑州市装饰装修行业管理办公室就对没有按时参加资质年审的 9 家建筑装饰企业予以吊销资质、一年内不得重新申请资质的处罚。

请思考：

从业单位资质管理有何意义？

3.2.1 工程建设从业许可与从业单位的条件

建筑活动从业资格许可制度包括从事建筑活动的单位的从业资格许可制度和从事建筑活动的个人的执业资格许可制度。

从事建筑活动的单位的从业资格许可制度是指建设行政主管部门对从事建筑活动的建设施工企业、勘察设计单位和工程监理单位的人员素质、管理水平、资金数量、业务能力等进行审查，以确定其承担相关业务的能力和范围，并发给相应的资质证书的一种管理制度。

从事建筑活动的个人的执业资格制度是指建设行政主管部门对从事建筑活动的专业技术人员，依法进行考试、注册，并颁发执业资格证书的一种管理制度。建筑工程执业人员主要有注册建筑师、注册结构工程师、注册监理工程师、注册造价工程师以及法律、法规规定的其他人员。

1. 工程建设从业资格许可的法律依据

工程建设从业许可的法律依据主要有《建筑业企业资质等级标准》、《工程建筑监理单位资质管理试行办法》、《工程勘察资质分级标准》、《建筑业企业资质管理规定》、《建设工程勘察设计》、《工程建设监理单位资质管理试行办法》、《中华人民共和国注册建筑师条例》、《中华人民共和国注册建筑师条例实施细则》、《监理工程师资格考试和注册试行办法》、《注册结构工程师执业资格制度暂行规定》及《中华人民共和国建筑法》的相关规定。

2. 工程建设从业许可的内容

建筑活动从业许可管理的内容主要包括以下几方面。

(1) 建筑施工企业、勘察单位、设计单位和工程监理单位从事建筑活动应具备的条件。

(2) 建筑施工企业、勘察单位、设计单位和工程监理单位应在建筑工程从业许可范围内从事建筑活动。

(3) 工程建设执业的专业技术人员从事建筑活动应依法取得执业资格证书。

3. 从业单位的条件

根据《中华人民共和国建筑法》第十二条的规定，从事建筑活动的建筑施工企业、勘察单位、设计单位和工程监理单位应符合以下几个方面的条件。

1) 有符合国家规定的注册资本

注册资本是判断企业经济实力和责任能力的主要依据，它对建筑活动中债权人的利益有重要的保障作用。这是从事建筑活动的企业法人或企业组织在建设法律关系中的权利和义务相一致原则的反映，也是由企业利益与风险相一致的原则决定的。因此，建筑施工企业、勘察单位、设计单位和工程监理单位的注册资本根据相关法律、法规的规定，必须与其所从事的建筑活动相适应。

2) 有与其从事的建筑活动相适应的具有法定执业资格的专业技术人员

建筑活动具有很强的专业性和技术性。因此，从事建筑活动的建筑施工企业、勘察单位、设计单位和工程监理单位必须有足够的、具有法定执业资格的专业技术人员(如经济、会计、统计等管理技术人员、建筑师、工程师等专业技术人员)。

3) 有从事相关建筑活动所应备的技术装备

建筑活动的专业性和技术性，决定了从事建筑活动的单位如果没有相应的技术装备，就无法进行建筑活动。因此，从事建筑活动的建筑施工企业、勘察单位、设计单位和工程监理单位必须有从事建筑活动所应具备的技术装备。

4) 法律、行政法规规定的其他条件

建筑施工企业、勘察单位、设计单位和工程监理单位从事建筑活动除了以上 3 方面的条件外，根据《中华人民共和国公司法》的规定，还必须具备从事经营活动所应具备的其他条件，例如设立从事建筑活动的有限责任公司和股份有限公司，股东或发起人必须符合法定人数；股东或发起人共同制定公司章程；有公司名称；有固定的生产经营场所和必要的生产经营条件等。

3.2.2 从业单位的资质

从业单位资质制度是指建设行政主管部门对从事建筑活动的建筑施工企业、勘察单位、设计单位和工程监理单位拥有的注册资本、专业技术人员、技术装备和已完成的建筑工程业绩、管理水平等进行审查，以此确定其承担业务的范围，颁发相应的资质证书，并允许其在资质等级许可的范围内从事建筑活动的一种制度。

1. 建筑施工企业的资质规定

建筑施工企业资质审查的内容，根据 2007 年 6 月 26 日建设部第 159 号令发布的《建筑业企业资质管理规定》和《建筑业企业资质等级标准》(建[2007]159 号)、《建筑业企业资质管理规定实施意见》的规定，主要是从施工企业的资质类别、资质等级、是否通过合法的申请与审批及所从事的业务范围是否与资质等级相符等几方面进行审查。

建筑施工企业应当按照其拥有的注册资本、净资产、专业技术人员、技术装备和已完成的建筑工程业绩等资质条件申请资质，经审查合格，取得相应等级的资质证书后，方可在其资质等级许可的范围内从事建筑活动。

1) 资质分类

建筑施工企业资质分为施工总承包、专业承包和劳务分包 3 个序列。

获得施工总承包资质的企业，可以对工程实行施工总承包或者对主体工程实行施工承包。承担施工总承包的企业可以对所承接的工程全部自行施工，也可以将非主体工程或者劳务作业分包给具有相应专业承包资质或者劳务分包资质的其他建筑业企业。

获得专业承包资质的企业，可以承接施工总承包企业分包的专业工程或者建设单位按照规定发包的专业工程。专业承包企业可以对所承接的工程全部自行施工，也可以将劳务作业分包给具有相应劳务分包资质的劳务分包企业。

获得劳务分包资质的企业，可以承接施工总承包企业或者专业承包企业分包的劳务作业。

施工总承包资质、专业承包资质、劳务分包资质序列按照工程性质和技术特点分别划分为若干资质类别。各资质类别按照规定的条件划分为若干等级。

2) 资质申请与审批

施工总承包序列特级和一级企业、专业承包序列一级企业资质经省级建设行政主管部门审核同意后，由国务院建设行政主管部门审批；其中铁路、交通、水利、信息产业、民航等方面的建筑业企业资质，由省级建设行政主管部门或同级有关部门审核同意后，报国务院建设行政主管部门，经国务院有关部门初审同意后，由国务院建设行政主管部门审批。审核部门应当对建筑业企业的资质条件和申请资质提供的资料审查核实。

施工总承包序列和专业承包序列二级及二级以下企业资质，由企业注册所在地省、自治区、直辖市人民政府建设行政主管部门审批；其中交通、水利、通信等方面的建筑业企业资质，由省、自治区、直辖市人民政府建设行政主管部门征得同级有关部门初审同意后审批。

劳务分包序列企业资质由企业所在地省、自治区、直辖市人民政府建设行政主管部门审批。

建筑施工企业申请晋升资质等级或者主项资质以外的资质，在申请之日前一年内有下列行为之一的，建设行政主管部门不予批准。

(1) 与建设单位或者企业之间相互串通投标，或者以行贿等不正当手段谋取中标的。

(2) 未取得施工许可证擅自施工的。

(3) 将承包的工程转包或者违法分包的。

(4) 严重违反国家工程建设强制性标准的。

(5) 发生过三级以上工程建设重大质量安全事故或者发生过两起以上四级工程建设质量安全事故的。

(6) 隐瞒或者谎报、拖延报告工程质量安全事故或者破坏事故现场、阻碍对事故调查的。

(7) 按照国家规定需要持证上岗的技术工种的作业人员未经培训、考核，未取得证书上岗，情节严重的。

(8) 未履行保修义务，造成严重后果的。

(9) 违反国家有关安全生产规定和安全生产技术规程，情节严重的。

(10) 其他违反法律、法规的行为。

3) 资质监督管理

县级以上人民政府建设行政主管部门和其他有关部门应当加强对建筑业企业资质的监督管理。禁止任何部门采取法律、行政法规规定以外的其他资质、许可等建筑市场准入限制。

建设行政主管部门对建筑业企业资质实行年检制度。

施工总承包特级企业资质和一级企业资质、专业承包一级企业资质，由国务院建设行政主管部门负责年检；其中铁路、交通、水利、信息产业、民航等方面的建筑业企业资质，由国务院建设行政主管部门会同国务院有关部门联合年检。

施工总承包、专业承包二级及二级以下企业资质、劳务分包企业资质，由企业注册所在地省、自治区、直辖市人民政府建设行政主管部门负责年检；其中交通、水利、通信等方面的建筑业企业资质，由建设行政主管部门会同同级有关部门联合年检。

2. 勘察、设计单位的资质规定

2007年6月26日建设部发布的160号令《建设工程勘察设计资质管理规定》，2001年

1 月 20 日建设部修订的《工程勘察资质分级标准》、《工程设计资质分级标准》，对工程勘察设计单位的资质等级与标准、申请与审批、业务范围等作了明确规定。

1) 勘察设计单位资质分类和分级

工程勘察资质范围包括建设项目的岩土工程、水文地质工程和工程测量等专业。其中，岩土工程是指岩土工程的勘察、设计、测试、监测、检测、咨询、监理、治理等。工程设计行业资质分工程设计综合资质、工程设计行业资质和工程设计专项资质。

建设工程勘察、设计企业应当按照其拥有的注册资本、专业技术人员、技术装备和勘察设计业绩等条件申请资质，经审查合格，取得建设工程勘察、设计资质证书后，方可在资质等级许可的范围内从事建设工程勘察、设计活动。取得资质证书的建设工程勘察、设计企业可以从事相应的建设工程勘察、设计咨询和技术服务。

建设工程勘察、设计资质分为工程勘察资质、工程设计资质。工程勘察资质分为工程勘察综合资质、工程勘察专业资质、工程勘察劳务资质。工程勘察综合资质只设甲级；工程勘察专业资质根据工程性质和技术特点设立类别和级别，原则上设甲、乙两个级别；工程勘察劳务资质不分级别。取得工程勘察综合资质的企业，承接工程勘察业务范围不受限制；取得工程勘察专业资质的企业，可以承接同级别相应专业的工程勘察业务；取得工程勘察劳务资质的企业，可以承接岩土工程治理、工程钻探、凿井工程勘察劳务工作。

工程设计资质分为工程设计综合资质、工程设计行业资质、工程设计专项资质。工程设计综合资质只设甲级；工程设计行业资质设甲、乙、丙三个级别；工程设计专项资质根据工程性质和技术特点设立类别和级别。取得工程设计综合资质的企业，其承接工程设计业务范围不受限制；取得工程设计行业资质的企业，可以承接同级别相应行业的工程设计业务；取得工程设计专项资质的企业，可以承接同级别相应的专项工程设计业务。取得工程设计行业资质的企业，可以承接本行业范围内同级别的相应专项工程设计业务，无需再单独领取工程设计专项资质。

2) 资质申请与审批

企业申请工程勘察甲级资质、建筑工程设计甲级资质及其他工程设计甲级、乙级资质，应当向企业工商注册所在地的省、自治区、直辖市人民政府建设行政主管部门提出申请。其中，中央管理的企业直接向国务院建设行政主管部门提出申请，其所属企业由中央管理的企业向国务院建设行政主管部门提出申请，同时向企业工商注册所在地省、自治区、直辖市人民政府建设行政主管部门备案。

工程勘察甲级、建筑工程设计甲级资质及其他工程设计甲级、乙级资质由国务院建设行政主管部门审批。

申请工程勘察甲级、建筑工程设计甲级资质及其他工程设计甲级、乙级资质的，应当经省、自治区、直辖市人民政府建设行政主管部门审核。审核部门应当对建设工程勘察、设计企业的资质条件和企业申请资质所提供的资料进行核实。

申请工程勘察乙级资质、工程勘察劳务资质、建筑工程设计乙级资质和其他建设工程勘察、设计丙级以下资质(包括丙级)，由企业工商注册所在地省、自治区、直辖市人民政府建设行政主管部门审批。审批结果应当报国务院建设行政主管部门备案。具体审批程序由省、自治区、直辖市人民政府建设行政主管部门规定。

建设工程勘察、设计企业申请晋升资质等级、转为正式等级或者申请增加其他工程勘察、工程设计资质，在申请之日前一年内有下列行为之一的，建设行政主管部门不予批准。

(1) 与建设单位勾结，或者企业之间相互勾结串通，采用不正当手段承接勘察、设计业务的。

(2) 将承接的勘察、设计业务转包或者违法分包的。

(3) 注册执业人员未按照规定在勘察设计文件签字的。

(4) 违反国家工程建设强制性标准的。

(5) 因勘察设计原因发生过工程重大质量安全事故的。

(6) 设计单位未根据勘察成果文件进行工程设计的。

(7) 设计单位违反规定指定建筑材料、建筑构配件的生产厂、供应商的。

(8) 以欺骗、弄虚作假等手段申请资质的。

(9) 超越资质等级范围进行勘察设计的。

(10) 转让资质证书的。

(11) 为其他企业提供图章、图签的。

(12) 伪造、涂改资质证书的。

(13) 其他违反法律、法规的行为。

3) 资质监督管理

国务院建设行政主管部门对全国的建设工程勘察、设计资质实施统一的监督管理。国务院、交通运输、水利、工业及信息化、民航等有关部门配合国务院建设行政主管部门对相应的行业资质进行监督管理。

县级以上地方人民政府建设行政主管部门负责对本行政区域内的建设工程勘察、设计资质实施监督管理。县级以上人民政府交通、水利、信息产业等有关部门配合建设行政主管部门对相应的行业资质进行监督管理。任何部门、任何地区不得采取法律、行政法规规定以外的其他资信、许可等建设工程勘察、设计市场准入限制。

建设行政主管部门对建设工程勘察、设计资质实行年检制度。资质年检主要对是否符合资质标准，是否有质量、安全、市场交易等方面的违法违规行为进行检查。资质年检结论分为合格、基本合格和不合格。

4) 企业资质年检制度

工程勘察乙级资质、工程勘察劳务资质、建筑工程设计乙级资质和其他建设工程勘察、设计丙级以下资质(包括丙级)由企业工商注册所在地省、自治区、直辖市人民政府建设行政主管部门负责年检。

工程勘察甲级、建筑工程设计甲级资质及其他工程设计甲级、乙级资质由国务院建设行政主管部门委托企业工商注册所在地省、自治区、直辖市人民政府建设行政主管部门负责年检。年检结果为合格的应当报国务院建设行政主管部门备案，年检意见为基本合格和不合格的，应当报国务院建设行政主管部门批准，并由国务院建设行政主管部门商同国务院有关部门确定年检结论。

建设工程勘察、设计企业应在规定时间内向建设行政主管部门提交资质年检申请。年检内容主要是针对是否符合资质标准，是否有质量、安全、市场交易等方面的违法违规行为进行检查。资质年检结论分为合格、基本合格和不合格。

建设工程勘察、设计企业连续两年资质年检合格，方可申请晋升资质等级；资质年检不合格或者连续两年基本合格的，应当重新核定其资质。新核定的资质应当低于原资质等级；达不到最低资质等级标准的，应当取消其资质。

在资质年检通知规定的时间内没有参加资质年检的建设工程勘察、设计企业，其资质证书自行失效，且一年内不得重新申请资质。

3. 工程监理单位的资质规定

工程监理企业应当按照其拥有的注册资本、专业技术人员和工程监理业绩等资质条件申请资质，经审查合格，取得相应等级的资质证书后，方可在其资质等级许可的范围内从事工程监理活动。

国务院建设行政主管部门负责全国工程监理企业资质的归口管理工作。国务院交通运输、水利、工业及信息产化、民航等有关部门配合国务院建设行政主管部门实施相关资质类别工程监理企业资质的管理工作。

省、自治区、直辖市人民政府建设行政主管部门负责本行政区域内工程监理企业资质的归口管理工作。省、自治区、直辖市人民政府交通、水利、通信等有关部门配合同级建设行政主管部门实施相关资质类别工程监理企业资质的管理工作。

工程监理企业资质分为综合资质、专业资质和事务所资质。其中，专业资质按照工程性质和技术特点划分为若干工程类别。

综合资质、事务所资质不分级别。专业资质分为甲级、乙级；其中，房屋建筑、水利水电、公路和市政公用专业资质可设立丙级。

甲级工程监理企业可以监理经核定的工程类别中的一、二、三等工程；乙级工程监理企业可以监理经核定的工程类别中的二、三等工程；丙级工程监理企业可以监理经核定的工程类别中的三等工程。

甲级工程监理企业资质，经省、自治区、直辖市人民政府建设行政主管部门审核同意后，由国务院建设行政主管部门组织专家评审，并提出初审意见；其中，涉及铁路、交通、水利、信息产业、民航工程等方面工程监理企业资质的，由省、自治区、直辖市人民政府建设行政主管部门商同级有关专业部门审核同意后，报国务院建设行政主管部门，由国务院建设行政主管部门送国务院有关部门初审。国务院建设行政主管部门根据初审意见审批。审核部门应当对工程监理企业的资质条件和申请资质提供的资料审查核实。

乙级、丙级工程监理企业资质，由企业注册所在地省、自治区、直辖市人民政府建设行政主管部门审批；其中交通、水利、通信等方面的工程监理企业资质，由省、自治区、直辖市人民政府建设行政主管部门征得同级有关部门初审同意后审批。

特别提示

《工程监理企业资质管理规定》已自 2007 年 8 月 1 日起施行。

4. 工程造价咨询单位的资质规定

《工程造价咨询单位管理办法》已于 2006 年 2 月 22 日经建设部第 85 次常务会议讨论通过，自 2006 年 7 月 1 日起施行。该办法对工程造价咨询单位的资质等级与标准、申请与审批、业务范围等作了规定。工程造价咨询单位应当取得《工程造价咨询单位资质证书》，并在资质证书核定的范围内从事工程造价咨询业务。从事工程造价咨询活动，应当遵循公开、公正、平等竞争的原则。任何单位和个人不得分割、封锁、垄断工程造价咨询市场。工程造价咨询单位资质等级分为甲级、乙级。申请甲级工程造价咨询企业资质的，应当向申请人工商注册所在地省、自治区、直辖市人民政府建设主管部门或者国务院有关专业部门提出申请，省、自治区、直辖市人民政府建设主管部门、国务院有关专业部门应当自受理申请材料之日起 20 日内审查完毕，并将初审意见和全部申请材料报国务院建设主管部门；国务院建设主管部门应当自受理之日起 20 日内作出决定。申请乙级工程造价咨询企业资质的，由省、自治区、直辖市人民政府建设主管部门审查决定。其中，申请有关专业乙级工程造价咨询企业资质的，由省、自治区、直辖市人民政府建设主管部门商同级有关专业部门审查决定。省、自治区、直辖市人民政府建设主管部门应当自作出决定之日起 30 日内，将准予资质许可的决定报国务院建设主管部门备案。工程造价咨询企业依法从事工程造价咨询活动，不受行政区域限制。甲级工程造价咨询企业可以从事各类建设项目的工程造价咨询业务。乙级工程造价咨询企业可以从事工程造价 5 000 万元人民币以下的各类建设项目的工程造价咨询业务。

工程造价咨询单位承接工程造价咨询业务时，应当与委托单位签订工程造价咨询合同。工程造价咨询合同一般包括下列主要内容。

(1) 当事人的名称、地址。

(2) 咨询项目的名称、委托内容、要求、标准。

(3) 履行期限。

(4) 咨询费、支付方式和时间。

(5) 违约责任和纠纷解决方式。

(6) 当事人约定的其他内容。

工程造价咨询单位应当在工程造价成果文件上注明资质证书的等级和编号，加盖单位公章及造价工程师执业专用章。

工程造价咨询单位的收费标准按照国家有关规定在工程造价咨询合同中约定。当事人不得违反国家有关最低收费标准的规定，任意压低工程造价咨询费。

3.3 从业人员执业资格许可

从业人员执业资格审查制度是指对具有一定专业学历、资历的从事建筑活动的专业技术人员，通过国家相关考试和注册确定其执业的技术资格，获得相应的建筑工程文件签字权的一种制度。从事建筑活动的专业技术人员，应当依法取得相应的执业资格证书，并在执业资格证书许可的范围内从事建筑活动。目前，我国建筑领域的专业技术人员执业资格制度主要有 6 种类型：注册建筑师、注册监理工程师、注册结构工程师、注册城市规划师、注册造价工程师和注册建造师。

特别提示

各地的执业资格证书报考条件根据本地实际情况可能会稍有不同。

3.3.1 注册建筑师

注册建筑师是指依法取得注册建筑师证书，并从事房屋建筑设计及相关业务的专业技术人员。1995 年 9 月国务院发布的《中华人民共和国注册建筑师条例》、2008 年建设部发布的《中华人民共和国注册建筑师条例实施细则》，对注册建筑师的考试、注册管理、执业范围等作了相关的具体规定。

注册建筑师的报考条件根据申请的级别不同而不同。报考者只要符合以下规定条件之一即可报考。

一级注册建筑师的报考条件。

(1) 取得建筑学硕士以上学位或相近专业工学博士学位，并从事建筑设计或相关业务 2 年以上。

(2) 取得建筑学学士学位或相近专业工学硕士学位，并从事建筑设计或相关业务 3 年以上。

(3) 具有建筑学专业大学本科学历并从事建筑设计或相关业务 5 年以上，或具有建筑学相近专业大学本科毕业学历并从事建筑设计或相关业务 7 年以上。

(4) 取得高级工程师技术职称并从事建筑设计相关业务 3 年以上，或取得工程师技术职称并从事建筑设计或相关业务 5 年以上。

(5) 不具有以上 4 项规定条件，但设计成绩突出，经全国注册建筑师管理委员会认定，已达到了前 4 项专业水平。

二级注册建筑师的报考条件。

(1) 具有建筑学或相近大学本科毕业以上学历，并从事建筑设计或相关业务 2 年以上。

(2) 具有建筑设计专业或相近专业大学本科毕业以上学历，并从事建筑设计或相关业务 3 年以上。

(3) 具有建筑设计专业 4 年制中专毕业学历并从事建筑设计或相关业务 5 年以上。

(4) 具有建筑设计相近专业中专毕业学历并从事建筑设计或相关业务 7 年以上。

(5) 取得助理工程师以上职称并从事建筑设计或相关业务 3 年以上的。

考试合格证书的取得标志着已取得注册建筑师资格。一级注册建筑师的注册机构是全国注册建筑师管理委员会；二级注册建筑师的注册机构是省、自治区、直辖市注册建筑师管理委员会。此外，对不予注册的有关情形也作了相关的规定。有下列情形之一的不予注册：第一，不具有完全民事行为能力的；第二，因受刑事处罚，自处罚执行完毕之日起至申请注册之日止不满 5 年的；第三，因在建筑设计或相关业务中犯有错误受行政处罚或者撤职以上行政处分，自处罚(处分)决定之日起至申请注册之日止不满 2 年的；第四，受吊销注册建筑师证书的行政处罚，自处罚决定之日起至申请注册之日止不满 5 年的；第五，有国务院规定不予注册的其他情形的。

注册证明每两年注册一次。已经注册的注册建筑师需继续注册时，应在注册有效期终止日前 30 天内向注册建筑师管理委员会提出注册申请。有下列情形之一的不予注册：第一，完全丧失民事行为能力的；第二，受刑事处罚的；第三，因在建筑设计或相关业务中犯有错误，受行政处罚或撤职以上行政处分的。第四，自行停止注册建筑师业务满 2 年的。被撤销注册的人员可以按照规定重新注册。

注册建筑师的执业范围：建筑设计，建筑设计技术咨询，建筑物调查与鉴定，对本人主持设计的项目进行施工指导和监督，国务院建设行政主管部门规定的其他业务。

注册建筑师在取得合法的执业资格证书之后，依法享有一定的权利和承担一定的义务，并负有相应的责任。其享有的权利有：第一，有权以注册建筑师的名义执行注册建筑师业务，二级注册建筑师不得以一级注册建筑师的名义执行业务，也不得超越国家规定的二级注册建筑师的执业范围执行业务；第二，注册建筑师对国家规定的一定跨度、跨径和高度以上的房屋建筑主持设计时，要在设计文件上签字；第三，任何单位和个人未征得注册建筑师的同意，不得修改注册建筑师的设计图纸，但因特殊情况不能征得该注册建筑师同意的除外。其承担的义务有：第一，遵守法律、法规和职业道德，维护社会公共利益；第二，保证建筑设计的质量，并在其负责的设计图纸上签字；第三，保守在执业中知悉的单位和个人的秘密；第四，不得同时受聘于两个以上的建筑设计单位执行业务；第五，不得准许他人以本人名义执行业务。

注册建筑师在从事工程建设相关活动的责任主要体现在：因设计质量造成的经济损失，依法由与注册建筑师有隶属关系的设计单位承担赔偿责任；承担赔偿责任的建筑设计单位，可以对签字的注册建筑师根据其在该责任事故中责任的大小进行追偿。

3.3.2 注册监理工程师

监理工程师是指经全国统一考试合格并注册取得监理工程师岗位证书的工程建设监理人员。监理工程师系岗位职务。

注册监理工程师报考条件：首先要具有高级专业技术职称或获得中级专业技术职称后具有 3 年以上工程设计或施工管理实践经验；其次，在全国监理工程师注册机关认定的培训单位经过监理业务培训，并取得培训结业证书。

经监理工程师考试合格者，由监理工程师注册机关核发《监理工程师资格证书》。自领取证书起，5 年内未注册的，其证书失效。

监理工程师的注册：取得《监理工程师资格证书》的人员，可以由拟聘用申请者的工程建设监理单位统一向本地区或本部门的监理工程师注册机关提出注册申请。监理工程师注册机关收到申请后，根据全国监理工程师注册机关批准的计划，对符合条件的申请者择优予以注册，颁发《监理工程师岗位证书》，并报全国监理工程师注册机关备案。监理工程师注册机关每 5 年要对《监理工程师岗位证书》持有者复查一次。对不符合条件者撤销注册，收回《监理工程师岗位证书》。已经取得《监理工程师资格证书》但未注册的人员，不得以监理工程师的名义从事建设监理业务。已经注册的监理工程师，不得以个人的名义私自承接工程建设监理业务。

3.3.3 注册结构工程师

注册结构工程师是指取得注册结构工程师执业资格证书，并从事房屋结构、桥梁结构及塔架结构等工程设计及相关业务的专业技术人员。1997 年 9 月 1 日建设部、人事部(现称人力资源社会保障部)联合发布的《注册结构工程师执业资格制度暂行规定》，对注册结构工程师执业资格的有关问题作了规定。

1. 注册结构工程师的报考与注册

我国注册结构工程师分为一级注册结构工程师和二级注册结构工程师。注册结构工程师考试实行全国统一大纲、统一命题、统一组织的方法，原则上每年举行一次考试。一级注册结构工程师资格考试由基础考试和专业考试两部分组成。申请参加考试的人员，在通过基础考试，从事结构工程设计或相关业务符合有关规定的年限之后，方可申请参加专业考试。基础考试和专业考试合格者颁发《注册结构工程师执业资格证书》。对准予注册的申请人，分别由全国注册结构工程师管理委员会和省、自治区、直辖市注册结构工程师管理委员会核发《注册结构工程师注册证书》。同时对不予注册的情形也作了相关的规定。有下列情形之一的不予注册：第一，不具有完全民事行为能力的；第二，因受刑事处罚，自处罚执行完毕之日起至申请注册之日止不满5年的；第三，因在结构工程或相关业务中犯有错误，受行政处罚或撤职以上行政处分，自处罚(处分)决定之日起至申请注册之日止不满2年的；第四，受吊销注册结构工程师注册证书处罚，自处罚决定之日起至申请注册之日止不满5年的；第五，建设部和国务院有关部门规定不予注册的其他情形的。

注册结构工程师注册有效期为2年，有效期届满需要继续注册的，应当在期满前30天内办理注册手续。注册结构工程师注册后，有下列情形之一的，由全国或省、自治区、直辖市注册结构工程师管理委员会撤销注册，收回注册证书：第一，完全丧失民事行为能力的；第二，因受刑事处罚的；第三，因在工程设计或相关业务中造成工程事故，受行政处罚或撤职以上行政处分的；第四，自行停止注册结构工程师业务满2年的。

2. 注册结构工程师的执业范围

注册结构工程师的执业范围主要包括结构工程师设计，结构工程师设计技术咨询，建筑物、构筑物、工程设施等调查和鉴定，对本人主持设计的项目进行施工指导和监督；建设部和国务院有关部门规定的其他业务。

3. 注册结构工程师执业的法律责任

注册结构工程师在从业中因结构设计质量造成的经济损失，由与设计人员有隶属关系的勘察设计单位承担赔偿责任；勘察设计单位有权向造成经济赔偿的结构设计签字的注册结构工程师实行追偿。

3.3.4 注册城市规划师

为了加强城市规划专业技术人员的执业准入控制，保障城市规划工作质量，维护国家、社会和公众的利益，我国人事部在1999年根据《中华人民共和国城市规划法》及职业资格证书制度的有关规定，制定《注册城市规划师执业资格制度暂行规定》。

该规定所称注册城市规划师是指通过全国统一考试，取得注册城市规划师执业资格证书，并经注册登记后从事城市规划业务工作的专业技术人员。

注册城市规划师执业资格制度属职业资格证书制度范畴，纳入专业技术人员执业资格制度的统一规划，由国家确认批准。

注册城市规划师执业资格考试实行全国统一大纲、统一命题、统一组织的办法。原则上每年举行一次。

凡中华人民共和国公民，遵纪守法并具备以下条件之一者，可申请参加注册城市规划师执业资格考试。

(1) 取得城市规划专业大专学历，并从事城市规划业务工作满 6 年。

(2) 取得城市规划专业大学本科学历，并从事城市规划业务工作满 4 年；或取得城市规划相近专业大学本科学历，并从事城市规划业务工作满 5 年。

(3) 取得通过评估的城市规划专业大学本科学历，并从事城市规划业务工作满 3 年。

(4) 取得城市规划相近专业硕士学位，并从事城市规划业务工作满 3 年。

(5) 取得城市规划专业硕士学位或相近专业博士学位，并从事城市规划业务工作满 2 年。

(6) 取得城市规划专业博士学位，并从事城市规划业务工作满 1 年。

(7) 人事部、建设部规定的其他条件。

建设部负责组织有关专家编制考试大纲、编写培训教材和组织命题工作，统一规划并组织考前培训等有关工作。考前培训工作必须按照培训与考试分开、自愿参加的原则进行。

人事部负责组织有关专家审定考试科目、考试大纲和试题，会同建设部对考试进行检查、监督和指导，并负责组织或授权组织实施考务工作。

注册城市规划师执业资格考试合格者，由各省、自治区、直辖市人事部门颁发人事部统一印制、人事部和建设部用印的中华人民共和国注册城市规划师执业资格证书。

建设部及各省、自治区、直辖市规划行政主管部门负责注册城市规划师的注册管理工作。各级人事部门对注册城市规划师的注册情况有检查、监督的责任。取得注册城市规划师执业资格证书申请注册的人员，可由本人提出申请，经所在单位同意后报所在地省级城市规划行政主管部门审查，统一报建设部注册登记。经批准注册的申请人，由建设部核发《注册城市规划师注册证》。

申请注册的人员必须同时具备以下条件。

(1) 遵纪守法，遵守注册城市规划师职业道德。

(2) 取得注册城市规划师执业资格证书。

(3) 所在单位考核同意。

(4) 身体健康，能坚持在注册城市规划师岗位上工作。

再次注册者，应经单位考核合格并有参加继续教育、业务培训的证明。

注册城市规划师每次注册有效期为 3 年。有效期满前 3 个月，持证者应当重新办理注册登记。

注册城市规划师有下列情况之一的，其所在单位应及时向所在省级城市规划行政主管部门报告，有关的省级城市规划行政主管部门必须及时办理撤销注册手续。

(1) 完全丧失民事行为能力的。

(2) 受到刑事处罚的。

(3) 脱离注册城市规划师岗位连续 2 年以上的。

(4) 因在城市规划工作中的失误造成损失，受到行政处罚或者撤职以上行政处分的。

被撤销注册的当事人对撤销注册有异议的，可以在接到撤销注册通知之日起 15 日内向建设部申请复议。

注册城市规划师应严格执行国家有关城市规划工作的法律、法规和技术规范；秉公办事，维护社会公众利益，保证工作成果质量。注册城市规划师对所经办的城市规划工作成果的图件、文件及建设用地和建设工程规划许可文件有签名盖章权，并承担相应的法律和经济责任。注册城市规划师有权对违反国家有关法律、法规和技术规范的要求及决定提出劝告。注册城市规划师应保守工作中的技术和经济秘密。注册城市规划师不得同时受聘于两个或两个以上单位执行城市规划业务。不得准许他人以本人名义执行业务。

注册城市规划师按规定接受专业技术人员继续教育，不断更新知识，提高工作水平。参加规定的专业培训和考核，并作为重新注册登记的必备条件之一。

3.3.5 注册造价工程师

造价工程师是指经全国造价工程师执业资格统一考试合格，取得造价工程师注册证书并从事建筑工程造价活动的人员。1996 年 8 月 26 日人事部与建设部联合发布的《造价工程师执业资格制度暂行规定》，对注册造价工程师执业的有关问题作了规定。

造价工程师的考试与注册：造价工程师执业资格考试实行全国统一大纲、统一命题、统一组织的办法。原则上每年举行一次。报考者只要具备以下条件之一即可报考。

(1) 工程造价专业大专毕业后，从事工程造价工作满 5 年；工程或工程经济类大专毕业后，从事工程造价业务工作满 6 年。

(2) 工程造价专业本科毕业后，从事工程造价业务满 4 年，工程或工程经济类专业本科毕业后，从事工程造价业务满 5 年。

(3) 获上述专业第二学士学位、研究生班毕业或获硕士学位后，从事工程造价业务工作满 3 年。

(4) 获上述专业博士学位后，从事工程造价业务满 2 年。

通过造价工程师考试合格者，由省、自治区、直辖市人事部门颁发人事部统一印制、人事部和建设部共同用印的造价工程师执业资格证书，该证书在全国范围有效。

取得造价工程师执业资格证书的人员，应当在取得证书后 3 个月内，到省级或部级注册管理机构申请初始注册。申请初始注册时应提交以下材料：第一，造价工程师注册申请表；第二，造价工程师执业资格考试合格证书；第三，工作业绩证明。如超过规定期限申请初始注册的，除提交上述材料外，还应提交国务院建设行政主管部门认可的造价工程师继续教育证明。有下列情形之一的，不予注册：第一，丧失民事行为能力的；第二，受过刑事处罚，自刑事处罚执行完毕之日起至申请注册之日止不满 5 年的；第三，在造价工程业务中有重大过失，受过行政处罚或撤职以上行政处分，自处罚(处分)决定之日起至申请注册之日止不满 2 年的；第四，在申请注册过程中有弄虚作假行为的。

造价工程师初始注册的有效期为 2 年，自核准注册之日起计算。注册有效期满要求继续执业的，造价工程师应在注册有效期满前两个月向省级注册机构或部门注册机构申请继续注册。申请时应提交从事工程造价活动的业绩、工作总结和国务院建设行政主管部门认可的工程造价继续教育证明。申请续期注册有下列情形之一的不予续期注册：第一，无业绩证明和工作总结的；第二，同时在两个单位执业的；第三，未按规定参加造价工程师继续教育或继续教育未达到标准的；第四，允许他人以本人名义执业的；第五，在从事工程造价活动中有弄虚作假行为的；第六，在从事工程造价活动中有过失，造成重大损失的。续期注册有效期为两年，自准予续期之日算起。

造价工程师的执业范围主要包括：建设项目投资估算的编制、核审及项目经济评价；

工程概预算、结算、决算、工程招标投标书的编制审核；工程变更及合同价款的调整和索赔费用的计算；建设项目各阶段的工程造价控制；工程经济纠纷的鉴定；工程造价依据的编制、核审及与工程造价有关的其他业务。

造价工程师的权利、义务与责任主要如下。

(1) 造价工程师在从业过程中依法享有以下权利：第一，独立执行造价工程师岗位业务并参与工程项目经济管理的权利；第二，在所经办的工程造价成果文件上签字的权利，凡经造价工程师签字的工程造价文件需要修改时应经本人同意；第三，使用造价工程师名义的权利；第四，依法申请开办工程造价咨询单位的权利；第五，造价工程师对违反国家有关法律法规的意见和决定有权提出劝告，拒绝执行并有向上一级或有关部门报告的权利。

(2) 造价工程师从业中应履行的义务：第一，必须熟悉并严格执行国家有关工程造价的法律法规和规定；第二，恪守职业道德和行为规范，遵纪守法，秉公办事，对经办的工程造价文件质量负有经济的和法律的责任；第三，及时掌握国内外新技术、新材料、新工艺的发展应用，为工程造价管理部门制定、修订工程定额提供依据；第四，自觉接受继续教育，更新知识，积极参加职业培训，不断提高业务水平；第五，不得参与与经办工程有关的其他单位事关经办项目的经营活动；第六，严格保守执业中得知的技术和经济秘密。

(3) 造价工程师从业中的责任主要是对经办工程造价文件质量负有经济和法律责任。

3.3.6 注册建造师

2002 年 12 月 5 日，人事部、建设部联合印发了《建造师执业资格制度暂行规定》(人发[2002]111 号)，这标志着我国建立建造师执业资格制度的工作正式建立。该规定明确规定，我国的建造师是指从事建设工程项目总承包和施工管理关键岗位的专业技术人员。

建造师执业资格制度起源于英国，迄今已有 150 余年历史。世界上许多发达国家已经建立了该项制度。具有执业资格的建造师已有了国际性的组织——国际建造师协会。我国建筑业施工企业有 10 万多个，从业人员 3 500 多万，从事建设工程项目总承包和施工管理的广大专业技术人员，特别是在施工项目经理队伍中，建立建造师执业资格制度非常必要。这项制度的建立，必将促进我国工程项目管理人员素质和管理水平的提高，促进我们进一步开拓国际建筑市场，更好地实施“走出去”的战略方针。

建造师是以专业技术为依托、以工程项目管理为主业的执业注册人员，近期以施工管理为主。建造师是懂管理、懂技术、懂经济、懂法规，综合素质较高的复合型人员，既要有理论水平，又要有丰富的实践经验和较强的组织能力。建造师注册受聘后，可以建造师的名义担任建设工程项目施工的项目经理、从事其他施工活动的管理及从事法律、行政法规或国务院建设行政主管部门规定的其他业务。在行使项目经理职责时，一级注册建造师可以担任《建筑业企业资质等级标准》中规定的特级、一级建筑业企业资质的建设工程项目施工的项目经理；二级注册建造师可以担任二级建筑业企业资质的建设工程项目施工的项目经理。大中型工程项目的项目经理必须逐步由取得建造师执业资格的人员担任；但取得建造师执业资格的人员能否担任大中型工程项目的项目经理，应由建筑业企业自主决定。不同类型、不同性质的建设工程项目，有着各自的专业性和技术特点，对项目经理的专业要求有很大不同。建造师实行分专业管理，就是为了适应各类工程项目对建造师专业技术的不同要求，也与现行建设工程管理体制相衔接，充分发挥各有关专业部门的作用。一级建造师的专业分为房屋建筑工程、公路工程、铁路工程、民航机场工程、港口与航道工程、水利水电工程、电力工程、矿山工程、冶炼工程、石油化工工程、市政公用工程、通信与广电工程、机电安装工程、装饰装修工程。二级建造师的专业分为房屋建筑工程、公路工程、港口与航道工程、水利水电工程、电力工程、矿山工程、冶炼工程、石油。

法律依据：《中华人民共和国建筑法》第十四条规定，从事建筑活动的专业技术人员，应当依法取得相应的执业资格证书，并在执业证书许可的范围内从事建筑活动。

2003 年 2 月 27 日《国务院关于取消第二批行政审批项目和改变一批行政审批项目管理方式的决定》(国发[2003]5 号)规定，取消建筑施工企业项目经理资质核准，由注册建造师代替，并设立过渡期。人事部、建设部依据国务院上述要求决定对建设工程项目总承包及施工管理的专业技术人员实行建造师执业资格制度，出台了《建造师执业资格制度暂行规定》(人发[2002]111 号)。

项目经理是建筑业企业实施工程项目管理设置的一个岗位职务，项目经理根据企业法定代表人的授权，对工程项目自开工准备至竣工验收实施全面组织管理。项目经理的资质由行政审批获得。

建造师是从事建设工程管理包括工程项目管理的专业技术人员按照规定具备一定条件，并参加考试合格的人员，才能获得的资格。获得建造师执业资格的人员，经注册后可以担任工程项目的项目经理及其他有关岗位职务。项目经理负责制与建造师执业资格制度是两个不同的制度，但是具有联系的两个制度。

实行建造师执业资格制度后，大中型工程项目的项目经理必须由取得建造师执业资格的人员来担任，这必将提高项目经理的管理水平，对加强施工管理，保证工程质量，更好地落实项目经理负责制起重要作用。但另一方面，具有建造师执业资格的人员是否担任项目经理，由企业自主决定。小型工程项目的项目经理可以由不是建造师的人员担任。因此，建造师执业资格制度不能代替项目经理负责制。

根据《国务院关于取消第二批行政审批项目和改变一批行政审批项目管理方式的决定》(国发[2003]5 号)，建设部印发了《建筑业企业项目经理资质管理制度向建造师执业资格制度过渡有关问题的通知》，其中明确，在过渡期内，原项目经理资质证书继续有效。一级建造师对应一级项目经理，二级建造师对应二级项目经理。在过渡期内，将采取免试部分科目，积极组织培训等办法，积极鼓励具备条件的项目经理参加建造师考试；对符合建造师考核认定条件的一级项目经理，通过考核认定的办法使其取得建造师执业资格。过渡期满后，项目经理资质证书停止使用。

建造师分为一级建造师和二级建造师。英文分别译为 Constructor 和 Associate Constructor。一级建造师执业资格实行统一大纲、统一命题、统一组织的考试制度，由人事部、建设部共同组织实施，原则上每年举行一次考试。建设部负责编制一级建造师执业资格考试大纲和组织命题工作，统一规划建造师执业资格的培训等有关工作。二级建造师执业资格实行全国统一大纲，各省、自治区、直辖市命题并组织考试的制度。建设部负责拟定二级建造师执业资格考试大纲，人事部负责审定考试大纲。培训工作按照培训与考试分开、自愿参加的原则进行。一级建造师执业资格考试为滚动考试(每两年为一个滚动周期)，参加 4 个科目考试的人员必须在连续两个考试年度内通过应试科目为合格。符合免试条件，参加 2 个科目(建设工程法规及相关知识和专业工程管理与实务)考试的人员必须在一个考试年度内通过应试科目为合格。

取得建造师执业资格证书且符合注册条件的人员，经过注册登记后，即获得一级或二级建造师注册证书。注册后的建造师方可受聘执业。建造师执业资格注册有效期满前，要办理再次注册手续。一级注册建造师资格证书全国通用，二级注册建造师在省内有效。

1) 一级建造师执业资格考试报考条件

凡遵守国家法律、法规，具备以下条件之一者，可以申请参加一级建造师执业资格考试：

(1) 取得工程类或工程经济类大学专科学历，工作满 6 年，其中从事建设工程项目施工管理工作满 4 年。

(2) 取得工程类或工程经济类大学本科学历，工作满 4 年，其中从事建设工程项目施工管理工作满 3 年。

(3) 取得工程类或工程经济类双学士学位或研究生班毕业，工作满 3 年，其中从事建设工程项目施工管理工作满 2 年。

(4) 取得工程类或工程经济类硕士学位，工作满 2 年，其中从事建设工程项目施工管理工作满 1 年。

(5) 取得工程类或工程经济类博士学位，从事建设工程项目施工管理工作满 1 年。

已取得一级建造师执业资格证书的人员，也可根据实际工作需要，选择专业工程管理与实务科目的相应专业，报名参加考试。考试合格后核发国家统一印制的相应专业合格证明。该证明作为注册时增加执业专业类别的依据。

一级建造师执业资格考试设建设工程经济、建设工程法规及相关知识、建设工程项目管理和专业工程管理与实务 4 个科目。其中，专业工程管理与实务科目分为房屋建筑、公路、铁路、民航机场、港口与航道、水利水电、电力、矿山、冶炼、石油化工、市政公用、通信与广电、机电安装和装饰装修 14 个专业类别，考生在报名时可根据实际工作需要选择其一。

2) 二级建造师执业资格考试报考条件

凡遵纪守法，具备工程类或工程经济类中等专业以上学历并从事建设工程项目施工管理工作满 2 年的人员，可报名参加二级建造师执业资格考试。

符合上述报考条件，具有工程(工程经济类)中级及以上专业技术职称或从事建设工程项目施工管理工作满 15 年的人员，同时符合下列条件的，可免试部分科目。

(1) 已取得建设行政主管部门颁发的《建筑业企业一级项目经理资质证书》，可免试建设工程施工管理和建设工程法规及相关知识科目，只参加专业工程管理与实务 1 个科目的考试。

(2) 已取得建设行政主管部门颁发的《建筑业企业二级项目经理资质证书》，可免试建设工程施工管理科目，只参加建设工程法规及相关知识和专业工程管理与实务 2 个科目的考试。

已取得《中华人民共和国二级建造师执业资格证书》的人员，可根据实际工作需要，选择另一个专业工程管理与实务科目的考试。考试合格后核发相应专业合格证明。该证明作为注册时增加执业专业类别的依据。

二级建造师执业资格考试设建设工程施工管理、建设工程法规及相关知识和专业工程管理与实务 3 个科目。其中专业工程管理与实务科目分为房屋建筑、矿山、公路、水利水电、电力、冶炼、石油化工、市政公用、机电安装和装饰装修 10 个专业类别，考生在报名时可根据实际工作需要选择其一。

考试成绩实行两年为一个周期的滚动管理办法，参加全部 3 个科目考试的人员必须在连续的两个考试年度内通过全部科目；免试部分科目的人员必须在一个考试年度内通过应试科目。

取得建造师执业资格证书且符合注册条件的人员，经过注册登记后，即获得一级或者二级建造师注册证书。注册后的建造师方可受聘执业。建造师执业资格注册有效期一般为 3 年，有效期满前，要办理再次注册手续。建造师必须接受继续教育，更新知识，不断提高业务水平。

本章小结

本章重点介绍了 3 部分内容。

(1) 工程报建与施工许可，包括报建制度、许可证的申领等。

(2) 我国目前建设行业从业人员执业资格许可制度(注册建筑师、注册监理工程师、注册结构工程师、注册城市规划师、注册造价工程师、注册建造师)及相应的资格考试管理规定。

(3) 建设行业从业单位资质管理规定及我国关于工程报建、施工许可的有关规定。

习题

1. 施工许可制度是如何规定的？申请领取施工许可证应具备哪些条件？
2. 关于开工、延期开工、中止施工、恢复施工有哪些规定？
3. 从事建筑活动的单位应具备哪些从业条件？
4. 《中华人民共和国建筑法》规定的资质审查制度是什么？
5. 专业技术人员的执业资格制度是如何规定的？
6. 注册建造师的执业范围包括哪些？取得执业资格的基本程序是什么？
7. 建造师的执业要求是什么？应满足哪些基本条件并遵守哪些职业道德规范？

第4章

建设工程发包与承包制度

教学目标

了解建筑法规关于建设工程发包与承包的一般规定；熟悉建设工程发包的方式、程序等；掌握建设工程总包与分包，分包所应具备的要素，总包与分包的责任承担。

教学要求

能力目标	知识要点	权重
建设工程发承包的一般规定	建设工程发包、承包的基本概念与基本原则	35%
建设工程发包	建设工程发包的基本规定：发包方式及基本行为规范	35%
建设工程承包	建设工程承包的行为规范：总承包、联合承包及分包	30%

驱动案例

1. 案情概况

某国有单位一房屋建筑工程拟对外发包，经单位集体商议，决定将该工程发包给与本单位具有利益关系的某个体工匠，双方经过协商，签订了建设工程施工承包合同。

该个体工匠订立合同后，又与当地一建筑施工企业协商，在提取5%的管理费后，将所承包的工程项目转包给该企业施工建设。

2. 法律分析

该工程发包与承包中严重违背建筑法规定，一是违背建筑法关于禁止工程转包的规定，承包方将所承包的工程转包给第三方，二是发包方将建筑工程发包给不具有相应资质的个人。

请思考：

工程发包与承包中应注意哪些问题？

4.1 建设工程发包与承包的一般规定

4.1.1 建设工程发包与承包的概念

所谓发包、承包是指一方当事人为另一方当事人完成某项工作，另一方当事人接受工作成果并支付工作报酬的行为。其中，把某项工作交给他人完成并有义务接受工作成果，支付工作报酬的，是发包；承揽他人交付的某项工作，并完成某项工作，是承包。

建设工程发包、承包，是指经济活动中，作为交易一方的建设单位，将需要完成的建筑工程勘察、设计、施工、安装等工作全部或者其中一部分工作交给交易的另一方勘察、设计、施工、安装单位去完成，并按照双方约定支付报酬的行为。其中，建设单位是以建筑工程所有者的身份委托他人完成勘察、设计、施工、安装等工作并支付报酬的公民、法人或其他组织，是发包人，又称甲方；以建筑工程勘察、设计、施工、安装者的身份向建设单位承包，有义务完成发包人交给的建筑工程勘察、设计、施工、安装等工作，并有权获得报酬的企业是承包人，又称乙方。

建筑工程发包、承包制度，是建筑业适应市场经济的产物。建筑工程勘察、设计、施工、安装单位要通过参加市场竞争来承揽建设工程项目。这样，可以激发企业活力，改变计划经济体制下建筑活动僵化的体制，有利于建筑业健康发展，有利于建筑市场的活跃和繁荣。

4.1.2 建设工程发包与承包的原则

建筑工程发包、承包活动是一项特殊的商品交易活动，同时又是一项重要的法律活动，因此，承发包双方必须共同遵循交易活动的一些基本原则，依法进行，才能确保活动的顺利、高效、公平进行。《中华人民共和国建筑法》将这些基本原则以法律的形式作了如下规定。

1. 承发包双方依法订立书面合同和全面履行合同义务的原则

这是国际通行的原则。这里所称的书面合同是指建筑工程承包合同。由于建筑工程承包合同所涉及的内容特别复杂，合同履行期较长，为便于明确各自的权利与义务，减少纷争，《中华人民共和国建筑法》和《中华人民共和国合同法》(以下简称《合同法》)都明确规定，建筑工程承包合同应当采用书面形式。这包括建筑工程合同的订立、合同条款的变更，均应采用书面形式。全部或者部分使用国有资金投资或者国家融资的建筑工程应当采用国家发布的建设工程示范合同文本。

订立建筑工程合同时，应当以发包单位发出的招标文件和中标通知书规定的承包范围、工期、质量和价款等实质性内容为依据；非招标工程应当以当事人双方协商达成的一致意见为依据订立合同。

承发包双方应根据建筑工程承包合同约定的时间、地点、方式、内容及标准等要求，全面、准确地履行合同义务。一旦发生不按照合同约定履行义务的情况，违约方将依法承担违约责任。

2. 建筑工程发包、承包实行以招标、投标为主，直接发包为辅的原则

工程发包可以分为招标发包与直接发包两种形式。招标发包是一种科学先进的发包方式，也是国际通用的形式，受到社会和国家的重视。因此，《中华人民共和国建筑法》规定，建筑工程依法实行招标发包，对不适于招标发包的可以直接发包。由于我国已于2000年1月1日起，开始实施《招标投标法》，因此，对于符合该法要求招标范围的建筑工程，必须依照《招标投标法》实行招标发包。招标投标活动应该遵循公开、公正、公平的原则，择优选择承包单位。

3. 禁止承发包双方采取不正当竞争手段的原则

发包单位及其工作人员在建筑工程发包中不得收受贿赂、回扣或者索取其他好处。承包单位及其工作人员不得利用向发包单位及其他工作人员行贿、提供回扣或者给予其他好处等不正当手段承揽工程。

4. 建筑工程确定合同价款的原则

建筑工程合同价款应当按照国家有关规定，由发包单位与承包单位在合同中约定。全部或者部分使用国有资金投资或者国家融资的建设工程，应当按照国家发布的计价规则和标准编制招标文件、进行评标定标、确定工程承包合同价款。

2001年11月5日中华人民共和国建设部以第107号部令形式，发布了《建筑工程施工发包与承包计价管理办法》，自2001年12月1日起施行。根据该办法，工程发承包计价包括编制施工预算、招标标底、投标报价、工程结算和签订合同价等活动。该办法还对以上工程发承包计价的原则及具体方法作出了详细规定。

知识链接

联系第9章关于建设工程合同的法律规定，合同形式有口头、书面及其他形式。

4.2 建设工程发包

4.2.1 建设工程发包的方式

建设工程的发包方式可分为招标发包和直接发包两种。

1. 招标发包

招标发包是指建设单位通过招标确定承包单位的一种发包方式。招标发包又有两种方式：一种是公开招标发包，即由建设单位按照法定程序，在规定的公开的媒体上发布招标公告，公开提供招标文件，使所有潜在的投标人都可以平等参加投标竞争，从中择优选定中标人；另一种方式是邀请招标发包，即招标人根据自己所掌握的情况，预先确定一定数量的符合招标项目基本要求的潜在投标人并发出邀请，从中确定承包单位。全部或者部分使用国有资金投资或者国家融资的建设工程，应当依法采用招标方式发包。

2. 直接发包

直接发包是指发包方直接与承包方签订承包合同的一种发包方式。例如，建设单位直接同一个有资质证书的建筑施工企业商谈建筑工程的事宜，通过商谈来确定承包单位。采用特定专利技术、专有技术或者建筑艺术造型有特殊要求的建设工程的勘察、设计、施工，经省、自治区、直辖市建设行政主管部门或有关部门批准，可以直接发包。

建筑工程一般应实行招标发包，不适于招标发包的保密工程、特殊专业工程等可以直接发包。

4.2.2 建设工程发包前的准备工作

依据工程建设报建制度，建筑工程发包前，大中型建设项目的建设单位须向工程所在地的省、自治区、直辖市人民政府行政主管部门或其授权的机构办理报建手续。其他建设项目按国家和地方的有关规定向相应的建设行政主管部门申请办理报建手续。另外，还需要完成工程项目建设的其他前期准备工作，如建设用地的征用工作已经完成，建设资金已经落实，施工前施工现场至少完成了“三通一平”等。

4.2.3 建设工程发包的行为规范

建设工程发包单位必须依照法律、法规规定的发包要求发包建筑工程。

(1) 发包单位应当将建筑工程发包给合格的承包人。

《中华人民共和国建筑法》第二十二条规定，建筑工程实行招标发包的，发包单位应当将建筑工程发包给依法中标的承包单位。建筑工程实行直接发包的，发包单位应将建筑工程发包给具有相应资质的承包单位。

所谓依法中标的单位，一是中标的单位是经过《招标投标法》法定程序选中的；二是中标的单位符合招标要求且具备建造该工程的相应资质条件。

直接发包的随意性比较大，为保证建筑工程质量和安全，承包单位必须具备：①资质证书；②所建工程的要求和承包单位的资质证书的级别相一致。

(2) 发包单位应当按照合同的约定，及时拨付工程款项。

这是《中华人民共和国建筑法》第十八条第二款的规定，拖欠工程款，是目前规范建筑市场的难点问题，它不仅严重地影响了企业的生产经营，制约了企业的发展，而且也影响了工程建设的顺利进行，制约了投资效益的提高。法律对此作出规定，不仅规范了发包单位拖欠工程款的行为，同时也为施工企业追回拖欠工程款提供了法律依据。

(3) 发包单位及其工作人员不得在发包过程中收受贿赂、回扣或者索取其他好处。

这是《中华人民共和国建筑法》第十七条第二款的规定，发包人应当公平、公正地进行工程发包，不得利用工程发包机会接受承包人提供的贿赂、回扣或者向承包人索取其他好处。

所谓收受贿赂，是指发包单位及其他工作人员利用自己的特殊地位非法收受他人财物的行为。所谓收受回扣，是指在建筑工程的发包中，发包单位及其工作人员非法收取的从对方的工程款项中扣出的钱财。索取其他好处包括主动要求对方给予一定的贿赂、主动要求对方给予一定的回扣、主动要求对方给予一定的手续费、主动要求对方给予出国名额、主动要求对方给予子女就业等情况。

收受贿赂、回扣或者索取其他好处均属于违法行为。如果允许这些行为存在，对于建筑市场的建立极为不利，特别是不利于保证建筑工程的质量与安全、不利于保护国家利益。因此，对此行为应予以禁止。

(4) 发包单位应当依照法律、法规规定的程序和方式进行公开招标并接受有关行政主管部门的监督。

工程发包虽是民事活动，不受政府直接领导和安排，但发包并不是毫无约束的。为了确保发包活动符合法律规定，不危害社会公共利益和国家利益，《中华人民共和国建筑法》第二十条规定，建筑工程实行公开招标的，发包单位应当依照法律程序和方式，发布招标公告，提供载有招标工程的主要技术要求、主要的合同条款、评标的标准和方法及开标、评标、定标的程序等内容的招标文件。开标应当在招标文件规定的时间、地点公开进行，并接受有关行政主管部门的监督。开标后应当按照招标文件规定的评标标准和程序对标书进行评价、比较，在具备相应资质条件的投标者中，择优选定中标者。

(5) 发包人不得将建筑工程肢解发包。

肢解发包是指发包人将应当由一个承包人完成的建筑工程肢解成若干部分，分别发包给几个承包人。这种行为可导致发包人变相规避招标，造成建筑工程管理上的混乱，不能保证建筑工程的质量与安全，容易造成建筑工期的延长，增加建设成本。肢解发包是我国目前建筑市场混乱的重要诱因，危害公共安全，因此，《中华人民共和国建筑法》第二十四条规定，禁止发包人将建筑工程肢解发包。

禁止肢解发包并不等于禁止分包。例如，在工程施工中，总承包单位有能力并有相应资质承担上下水、暖气、电气、电信、消防工程和清运渣土的，就应由其自行组织施工和清运；若总承包单位需将上述某种工程分包的，根据合同约定在征得建设单位同意后，亦可分包给具有相应资质的企业，但必须由总承包单位统一进行管理，切实承担总包责任。建设单位要加强监督检查，明确责任，保证工程质量和施工安全。

(6) 发包人不得向承包人指定购入用于建筑工程的建筑材料、建筑构配件和设备或指定生产厂、供应商。

建筑材料、建筑构配件和设备的采购问题应当是合同的一项内容，这项内容在合同中应当作出明确的规定。建筑材料、建筑构配件和设备的采购可以由发包单位采购，也可以由承包单位采购。但是，合同一经确定就必须依照合同的约定进行。这里需要说明的是，建筑材料、建筑构配件和设备，应主要由承包单位负责采购，并明确责任，择优选购，加强检查验收，切实保证材料、设备的质量。发包单位需要自己定货采购的，要在合同中明确其责任和要求。对可能影响工程质量和使用功能的劣质材料、建筑构配件和设备，承包单位还有权拒绝使用。

如果发包人与承包人在建设工程合同中明确约定由承包人包工包料，那么，承包人按照合同的要求有权自行安排和购买建筑材料、建筑构配件和设备，自由选择生产厂家或者供应商家，发包人无权为承包人进行指定购买，否则就是违反合同约定，侵犯承包人的合法权益。因此《中华人民共和国建筑法》第二十五条对此明确规定，按照合同规定，建筑材料、建筑构配件和设备由工程承包单位采购的，发包单位不得指定承包单位购入用于工程的建筑材料、建筑构配件和设备或指定生产厂、供应商。

特别提示

肢解发包与分包的不同含义。

4.3 建设工程承包

4.3.1 承包单位的资质管理

《中华人民共和国建筑法》第二十六条规定，承包建筑工程的单位应当持有依法取得的资质证书，并在其资质等级许可的业务范围内承揽工程。

所谓资质证书，是指承包建筑工程的单位承包建筑工程所必需的凭证。承包建筑工程的单位，包括建筑施工企业、监理单位、勘察设计单位。因其单位性质和技术、设备不同，其资质等级也不完全一样。级别不同，所从事的业务范围也不完全相同。一般情况下，高资质等级的企业可以从事低资质等级企业的业务，但低资质等级的企业不能从事高资质等级企业的业务。如果低资质等级单位从事高资质等级单位的业务，则会因其不具备从事高资质等级单位的业务条件，而给承揽的工作带来质量与安全问题。所以，承包建筑工程的单位应当"在其资质等级许可的业务范围内承揽工程"。若违反此项规定，则应当承担法律责任。

《中华人民共和国建筑法》第二十六条第二款还规定，禁止建筑施工企业超越本企业资质等级许可的业务范围或者以任何形式用其他建筑施工企业的名义承揽工程。禁止建筑施工企业以任何形式允许其他单位或者个人使用本企业的资质证书、营业执照，以本企业的名义承揽工程。

这就要求建筑施工企业必须根据自己所具备的资质等级从事建筑承揽活动，不能以借用其他建筑施工企业的资质或者以挂靠等形式以其他建筑施工企业的名义来承揽工程。另外，建筑施工企业也不得出借自己的资质证书、营业执照，不得出租自己的资质证书、营业执照，不得允许其他建筑施工企业挂靠在自己企业之下。这些规定都是强制性规定，建筑施工企业必须遵守，否则应承担法律责任。

4.3.2 建设工程总承包制度

《中华人民共和国建筑法》第二十四条规定，提倡建筑工程实行总承包。即提倡将一个建筑工程由一个承包单位负责组织实施，由其统一指挥协调，并向发包单位承担统一的经济法律责任的承包形式。

在建筑工程总承包中，有以下两种情况。

1. 全部建筑工程的总承包

全部建筑工程的总承包即建筑工程的发包单位将建筑工程的勘察、设计、施工、设备采购和试运行一并发包给一个工程总承包单位，由总承包单位直接向发包单位负责。总承包单位可以自己负责整个建筑工程的全过程，也可以依法再分包给若干个专业分包单位来完成。

2. 分项总承包

分项总承包即建筑工程的发包单位将建筑工程勘察、设计、施工、设备采购的一项或者多项发包给一个工程总承包单位。

建筑工程总承包制度是建筑工程承包方式多样化的产物，是我国工程建设领域改革不断深入的结果，也是借鉴国际建筑工程管理经验的结果。它有利于充分发挥那些在建设工程方面具有较强的技术力量、丰富的经验和组织管理能力的大承包商的专业优势，综合协调工程建设中的各种关系，强化对工程建设的统一指挥和组织管理，保证工程质量和进度，缩短建设工期，减少开支，提高投资效益。因此，国家明确提倡工程总承包制度，并予以鼓励和推荐。

4.3.3 建设工程联合承包制度

《中华人民共和国建筑法》第二十七条规定，大型建筑工程或者结构复杂的建筑工程，可以由两个以上的承包单位联合共同承包。共同承包的各方对承包合同的履行承担连带责任。两个以上不同资质等级的单位实行联合共同承包的，应当按照资质等级低的单位的业务许可范围承揽工程。

联合承包须注意下列问题。

1. 联合承包的前提条件

承包单位联合承包的前提是大型建筑工程或者是结构复杂的建筑工程。也就是说，一些中小型工程及结构不复杂的不可以采取联合承包工程的方式。对于什么是大型建筑工程和结构复杂的建筑工程应以国务院、地方政府或者国务院有关部门确定的标准为准。大型建筑工程的划分应以建筑面积或者总造价来划分为宜；结构复杂的建筑工程一般应是结构专业性较强的建筑工程。

2. 联合承包的责任分担

共同承包的各方对承包合同的履行应承担连带责任。所谓连带责任，是指一方不能履行义务时，由另一方来承担责任。连带责任是对他方讲的，对于联合共同承包的内部各方来讲应当根据自己各自的过错承担责任。联合承包既然是共同施工、共同承包、共享利润，相应地也必须共担风险、共负亏损。这样，联合承包才可以既能发挥企业互补优势的好处，又能通过连带责任的规定加强联合承包各企业的责任感，防患于未然，从而使建筑工程联合承包能健康、活跃地进行和发展。

3. 高资质与低资质联合承包

在联合承包过程中，如果企业资质等级不同，要按照资质等级低的业务许可范围来承包工程。这样规定是为了防止低资质等级企业通过联合承包这种形式进行投机行为，以确保业主的利益。这一规定是一个义务性规定，联合承包各方应当履行这一义务。

4. 不同类别资质联合承包

两个以上资质类别不同的承包单位实行联合承包的，应当按照联合体的内部分工，各自按资质类别及等级的许可范围承担工程。

4.3.4 建设工程分包制度

1. 分包的含义

所谓分包，是指总承包单位将其所承包工程中的专业工程或者劳务作业发包给其他承包单位完成的活动。

分包分为专业工程分包和劳务作业分包。

专业工程分包，是指总承包单位将其所承包工程中的专业工程发包给具有相应资质的其他承包单位完成的活动。

劳务作业分包，是指施工总承包企业或者专业承包企业将其承包工程中的劳务作业发包给劳务分包企业完成的活动。

2. 分包的资质管理

《中华人民共和国建筑法》第二十九条规定，建筑工程总承包单位可以将承包工程中的部分工程发包给具有相应资质条件的分包单位。例如，对于建筑业企业，依据下列原则承揽工程。

1) 施工总承包企业

获得施工总承包资质的企业，可以对工程实行施工总承包或者对主体工程实行施工承包。承担施工总承包的企业可以对所承接的工程全部自行施工，也可以将非主体工程或者劳务作业分包给具有相应专业承包资质或者劳务分包资质的其他建筑业企业。

2) 专业承包企业

获得专业承包资质的企业可以承接施工总承包企业分包的专业工程或者建设单位按照规定发包的专业工程。专业承包企业可以对所承接的工程全部自行施工，也可以将劳务作业分包给具有相应劳务分包资质的劳务分包企业。

3) 劳务分包企业

获得劳务分包资质的企业可以承接施工总承包企业或者专业承包企业分包的劳务作业。

3. 对分包单位的认可

《中华人民共和国建筑法》第二十九条规定，除总承包合同中约定的分包外，必须经建设单位认可。

这条规定实际上赋予了建设单位对分包商的否决权。即没有经过建设单位认可的分包商是违法的分包商。尽管《中华人民共和国建筑法》将认可的范围局限于“总承包合同中约定的分包单位”以外的分包商。但是，由于总承包合同中的分包单位已经在合同中得到了建设单位的认可，所以，实质上需要建设单位认可的分包单位的范围包含了所有的分包单位。

然而，认可分包单位与指定分包单位是不同的。认可是在总承包单位已经作出选择的基础上进行确认，而指定则是首先由建设单位作出选择。在国外，可以存在指定分包商，如《国际咨询工程师联合会编制的《土木工程施工合同条件》中就有指定分包商。但是，指定分包商在国内是违法的。

《工程建设项目施工招标投标办法》第六十六条也规定，招标人不得直接指定分包人。

4. 总承包单位与分包单位的连带责任

《中华人民共和国建筑法》第二十九条第二款规定，建筑工程总承包单位按照总承包合同的约定对建设单位负责；分包单位按照分包合同的约定对总承包单位负责。总承包单位和分包单位就分包工程对建设单位承担连带责任。

连带责任既可以依合同约定产生，也可以依法律规定产生。建设单位虽然和分包单位之间没有合同关系，但是当分包工程发生质量、安全、进度等方面问题给建设单位造成损失时，建设单位既可以根据总承包合同向总承包单位追究违约责任，也可以根据法律规定直接要求分包单位承担损害赔偿责任，分包单位不得拒绝。总承包单位和分包单位之间的责任划分，应当根据双方的合同约定或者各自过错大小确定；一方向建设单位承担的责任超过其应承担份额的，有权向另一方追偿。

4.3.5 建设工程承包的行为规范

(1) 建设单位不得直接指定分包工程承包人。任何单位和个人不得对依法实施的分包活动进行干预。

(2) 承包单位及其工作人员不得利用向发包单位及其工作人员行贿、提供回扣或者给予其他好处等不正当手段承揽工程。

(3) 禁止转让、出借企业资质证书或者以其他方式允许他人以本企业名义承揽工程。

分包工程发包人没有将其承包的工程进行分包，在施工现场所设项目管理机构的项目负责人、技术负责人、项目核算负责人、质量管理人员、安全管理人员不是工程承包人本单位人员的，视同允许他人以本企业名义承揽工程。

(4) 禁止将承包的工程进行违法分包。

《中华人民共和国建筑法》规定，禁止总承包单位将工程分包给不具备相应资质条件的单位，也禁止分包单位将其承包的工程再分包。

依据《中华人民共和国建筑法》、《建设工程质量管理条例》进一步将违法分包的情形界定如下。

① 总承包单位将建设工程分包给不具备相应资质条件的单位的。

② 建设工程总承包合同中未有约定，又未经建设单位认可，承包单位将其承包的部分建设工程交由其他单位完成的。

③ 施工总承包单位将建设工程主体结构的施工分包给其他单位的。

④ 分包单位将其承包的建设工程再分包的。

(5) 禁止建筑工程转包。所谓转包，是指承包单位不行使承包者的管理职能，将所承包的工程完全转手给他人承包的行为。转包的形式有两种：一种是承包单位将其承包的全部建筑工程转包给他人；另一种是承包单位将其承包的全部工程肢解以后以分包的名义发包给他人，即变相的转包。分包工程发包人将工程分包后，未在施工现场设立项目管理机构和派驻相应人员，并未对该工程的施工活动进行组织管理的，视同转包行为。

转包工程容易使建设单位失去对其承包人的控制和监督，造成投机行为，引起建筑工程质量与安全事故等，是一种违反双方合同的行为。因此，《中华人民共和国建筑法》第二十八条明确规定禁止转包工程，禁止以分包名义将工程肢解后分别转包给他人。

本章小结

本章首先介绍了建设工程发包与承包活动应遵循的一般原则，继而阐明了招标发包和直接发包两种发包方式，并详细叙述了建设单位进行工程发包应遵守的行为规范；而后阐述了承包单位的资质规定、工程总承包制度、联合承包制度、分包制度及工程承包活动中所应遵循的行为规范。

习题

1．建筑工程发包、承包的特征和原则是什么？
2．建筑工程发包有哪些方式？各适用于什么情况？发包前应做好哪些准备工作？
3．建筑工程的承包单位应当具备哪些条件？
4．什么是建筑工程总承包制度？总承包的方式有哪些？
5．什么是联合承包制度？联合承包的前提条件是什么？
6．何为违法分包？何为转包？法律为什么要禁止违法分包和转包？

第 5 章

建设工程监理制度

教学目标

了解工程建设监理基本知识，了解建设单位与监理单位的关系；熟悉工程建设监理与政府工程质量监督的区别；掌握工程建设监理的基本概念，监理工作的主要内容、程序和实际运作方法，掌握工程监理的范围。

教学要求

能力目标	知识要点	权重
明确建设单位与监理单位各自的权利与义务	建设单位与监理单位的关系	30%
正确区别工程建设监理与政府工程质量监督	工程建设监理的基本知识	25%
明确监理工作程序和实际运作方法	监理工作的主要内容(三控两管一协调)	45%

驱动案例

某监理单位承担了某工程的施工阶段监理任务，该工程由A施工单位总承包，A 施工单位选择了经建设单位同意并经监理单位资质审查合格的 B 施工单位作为分包。施工过程中，监理工程师在熟悉图纸时发现，基础工程部分设计内容不符合国家有关工程质量标准和规范。总监理工程师随即致函设计单位要求改正并提出更改建议方案。设计单位研究后，口头同意了总监理工程师的更改方案。总监理工程师随即将更改内容写成监理指令通知 A 施工单位执行。施工过程中，监理工程师发现 B 施工单位施工的分包工程部分存在质量隐患，同时向 A、B 施工单位发出整改通知。监理工程师在巡视时发现，A 施工单位使用未经报验的建筑材料，如果继续施工，该部分将被隐蔽。于是总监理工程师向 A 施工单位发出暂停施工指令。B 施工单位因此被迫停工。B 施工单位就停工损失向A施工单位要求赔偿，A 施工单位认为此次停工是总监理工程师的指令，应向建设单位提出赔偿。建设单位认为，此次停工是由于监理单位失职造成的，并且事先未征得建设单位同意，停工损失应由监理单位承担。

请思考：

上述案例中监理工程师的行为是否正确？B 施工单位的损失应当由谁承担？

5.1 工程建设监理基本知识

在建设领域推行工程建设监理制度，是我国深化建设管理体制改革，建设社会主义市场经济体制的重要举措之一。随着我国经济体制改革的深化，经过监理工作者们辛勤努力，我国的工程建设监理事业也有了长足的进步。

从新中国成立直至 20 世纪 80 年代，我国固定资产投资基本上是由国家统一安排计划(包括具体的项目计划)，由国家统一财政拨款。当时，我国建设工程的管理基本上采用两种形式：对于一般建设工程，由建设单位自己组成筹建机构，自行管理；对于重大建设工程，则从与该工程相关的单位抽调人员组成工程建设指挥部，由指挥部进行管理。其弊端是建设工程管理的知识和经验只能在工作实践中摸索，不能承袭升华，用来指导今后的工程建设，教训却不断重复发生，投资“三超”(概算超估算、预算超概算、结算超预算)、工期延长的现象较为普遍。

20 世纪 80 年代我国进入了改革开放的新时期，国务院决定在基本建设和建筑业领域采取一些重大的改革措施，如投资有偿使用（即“拨改贷”)、投资包干责任制、投资主体多元化、工程招标投标制等。1988 年 7 月，建设部发布了《关于开展建设监理工作的通知》(以下简称《通知》)，《通知》指出，实施这项重大改革的目的是为了提高我国的投资效益和建设水平，确保国家建设计划和工程合同的实施，逐步建立起建设领域社会主义市场经济的新秩序。它标志着我国工程建设领域的改革进入一个新的阶段，即参照国际惯例，结合中国国情，建立起具有中国特色的建设监理。

通过广大监理工作者的努力和实践，工程建设监理在我国已经开始生根、发展并取得了丰硕的成果。工程建设监理已为广大工程建设者认同和接受，并得到了他们的支持，我国工程建设监理将在社会化、专业化、法制化和科学化方面迈上新的台阶，并向国际监理水准迈进。

5.1.1 工程建设监理的概念

1. 工程建设监理概念由来

工程建设监理在我国是社会主义市场经济的产物，早在一百多年前，工业发达国家的资本占有者进行工程项目建设决策时，就开始雇请有关的专家进行机会分析，咨询之后又委托专家对工程项目建设的实施进行监督管理，从而产生了工程建设监理。所谓监理，通常是指有关执行者根据一定的行为准则，对某些行为进行监督管理，使这些行为符合准则要求，并协助行为主体实现其行为目的。

监理活动的实现，需要具备的基本条件如下：应当有明确的监理“执行者”，也就是必须有监理组织；应当有明确的行为“准则”，它是监理的工作依据；应当有明确的被监理“行为”和被监理“行为主体”，它是被监理的对象；应当有明确的监理目的和行之有效的思想、理论、方法和手段。

根据上述监理的概念，不难得出工程建设监理的概念。工程建设监理是指针对工程项目建设，社会化、专业化的工程建设监理单位接受业主的委托和授权，根据国家批准的工程项目建设文件、有关工程建设的法律、法规和工程建设监理合同及其他工程建设合同所进行的旨在实现项目投资目的的微观监督管理活动。

特别提示

广义的工程建设监理包含工程咨询。

知识链接

国际工程咨询的相关概念与知识。

2. 工程建设监理概念要点

1) 工程建设监理是针对工程项目建设所实施的监督管理活动

工程建设监理的对象包括新建、改建和扩建的各种工程项目。这就是说，无论是项目业主、设计单位、施工单位、材料设备供应单位，还是监理单位，它们的工程建设行为载体都是工程项目。离开工程项目，它们的行为就不属于工程建设监理的范围。工程建设监理活动都是围绕工程项目来进行的，并应以此来界定工程建设监理范围。

2) 工程建设监理的行为主体是监理单位

工程建设监理的行为主体是明确的，即监理单位，这是我国建设工程监理制度的一项重要规定。监理单位是具有独立性、社会化、专业化特点的专门从事工程建设监理和其他技术服务活动的组织。只有监理单位才能按照独立、自主的原则，以“公正的第三方”的身份开展工程建设监理活动。非监理单位所进行的监督管理活动一律不能称为工程建设监理。例如，政府有关部门所实施的监督管理活动就不属于工程建设监理范畴；项目业主进行的所谓“自行监理”，以及不具备监理单位资格的其他单位所进行的所谓“监理”都不能纳入工程建设监理范畴。

3) 工程建设监理的实施需要业主委托和授权

建设工程监理实施的前提是建设工程监理的实施需要建设单位的委托和授权。工程监理企业应根据委托监理合同和有关建设工程合同的规定实施监理。建设工程监理只有在建设单位委托的情况下才能进行。只有与建设单位订立书面委托监理合同，明确了监理的范围、内容、权利、义务、责任等，工程监理企业才能在规定的范围内行使管理权，合法地开展建设工程监理。这是由工程建设监理特点决定的，是市场经济的必然结果，也是我国建设监理制度的规定。工程建设监理的产生源于市场经济条件下社会的需求，始于有业主的委托和授权，而工程建设监理之所以发展成为一项制度，就是因为这样的客观实际才作出了如此规定。通过业主的委托和授权方式来实施工程建设监理是工程建设监理与政府对工程建设所进行的行政性监督管理的重要区别。这种方式也决定了在实施工程建设监理的项目中，业主与监理单位的关系是委托与被委托关系。这种委托和授权方式说明，在实施工程建设监理的过程中，监理工程师的权利主要是由作为建设项目管理主体的业主通过授权而转移过来的。在工程项目建设过程中，业主始终是以建设项目管理主体身份掌握着工程项目建设的决策权，并承担主要风险。

4) 工程建设监理是有明确依据的工程建设行为

工程建设监理是严格地按照有关法律、法规和其他有关准则实施的，工程建设监理的依据是国家批准的工程项目建设文件、有关工程建设的法律和法规(不限于此) 、工程建设监理合同和其他工程建设合同。例如，政府批准的建设项目可行性研究报告、规划计划和设计文件，工程建设方面的现行规范、标准、规程，由各级立法机关和政府部门颁发的有关法律和法规，依法成立的工程建设监理合同、工程勘察合同、工程设计合同、工程施工合同、材料和设备供应合同等。特别应当说明的是，各类工程建设合同(含监理合同) 是工程建设监理的最直接依据。

5) 工程建设是微观性质的监督管理活动

这一点与由政府进行的行政性监督管理活动有着明显的区别。工程建设监理活动是针对一个具体的工程项目展开的。项目业主委托监理的目的就是期望监理单位能够协助他实现项目投资目的。它是紧紧围绕着工程项目建设的各项目投资活动和生产活动所进行的监督管理。它注重具体工程项目的实际效益。当然，根据建设监理的宗旨，在开展这些活动的过程中也应维护社会利益和国家利益。

6) 我国工程建设监理主要发生在项目建设的实施阶段

一般而言，工程建设监理这种管理服务活动主要出现在工程项目建设的设计阶段(含设计准备) 、招标阶段、施工阶段及竣工验收和保修阶段。同时，工程建设监理的目的是协助业主在预定的投资、进度、质量目标内建成项目，它的主要内容是进行投资、进度、质量控制、合同管理、组织协调，这些活动在我国主要发生在项目建设的实施阶段。所以，我国工程建设监理主要发生在项目建设的实施阶段。当然，在项目建设实施阶段，监理单位的服务活动是否是监理活动还要看业主是否授权监理单位监督管理权。之所以这样界定，主要是因为工程建设监理是“第三方”的监督管理行为，它的发生不仅要有委托方，需要与项目业主建立委托与服务关系；而且要有被建立方，需要与只在项目实施阶段才出现的设计、施工和材料设备供应单位等承建商建立监理与被监理关系。

特别提示

我国工程建设监理尚处于初级阶段，决策阶段的监理目前主要还是由政府行政管理部门进行管理；实施阶段监理我国目前主要是施工监理。

知识链接

市场经济与工程建设监理的关系；社会中介组织与政府管理部门的关系。

5.1.2 工程建设监理与政府工程质量监督的区别

工程建设监理与政府工程质量监督都属于工程建设领域的监督管理活动。但是，前者属于社会的、民间的行为，后者属于政府行为。工程建设监理是发生在项目组织系统范围内的平等主体之间的横向监督管理，而政府工程质量监督则是项目组织系统外的监督管理主体对项目系统内的建设行为为主体进行的一种纵向监督管理行为。因此，它们在监督依据、工作的深度和广度、工作权限、监督性质、工作方法和手段及执行者、任务、范围等多方面存在着明显差异。

1. 依据不尽相同

政府工程质量监督以国家、地方颁发的有关法律和工程质量条例、规定、规范等法规为基本依据，维护法规的严肃性。而工程建设监理则不仅以法律、法规为依据，还以建设单位的授权、工程建设合同等为依据，不仅维护法律、法规的严肃性，还要维护合同的严肃性。

2. 深度、广度不同

工程建设监理所进行的质量控制工作包括对项目质量目标详细规划，实施一系列主动控制措施，在控制过程中既要做到全面控制，又要做到事前、事中、事后控制，它需要连续性地持续在整个项目建设的过程中。而政府工程质量监督则主要在项目建设的施工阶段，对工程质量进行阶段性的监督、检查、确认。

3. 工作权限不同

政府工程质量监督拥有确认工程质量等级的权力，而目前工程建设监理则无权进行此项工作。

4. 性质不同

工程建设监理是一种双方自愿的委托性服务活动，而政府工程质量监督是一种强制性的政府监督行为。

5. 工作方法和手段不同

工程建设监理主要采用组织管理的方法，从多方面采取措施进行项目质量控制；而政府工程质量监督则更侧重于行政管理的方法和手段。

6. 其他不同

工程建设监理的实施者是社会化、专业化的监督单位，而政府工程质量监督的执行者是政府建设行政主管部门的专业执行机构——工程质量监督机构；工程建设监理是监理单位接受业主的委托和授权为其提供的工程技术服务，而政府工程质量监督则是质量监督机构代表政府行使工程质量监督职能；另外工程建设监理的工作范围伸缩性较大，它随着业主委托范围大小而变化。如果是全过程、全方位的监理，则其范围远远大于政府工程质量监督的范围，此时，工程建设监理包括整个建设项目的目标规划、动态控制、组织协调、合同管理、信息管理等一系列活动；而政府质量监督则只限于施工阶段的工程质量监督，且工作范围变化较小，相对稳定。

5.1.3 工程建设监理的性质与目的

1. 工程建设监理的性质

工程建设监理在我国作为一种新的独立行业，它是一种特殊的工程建设活动，与其他工程建设活动有明显的区别和差异。这些区别和差异使得工程建设监理与其他工程建设活动之间划出了明显的界限。总地来讲，工程建设监理具有以下性质。

1) 服务性

建设工程监理是一种社会的、民间的行为，是发生在建设项目组织系统范围内的平等经济主体之间的横向监督管理，是一种微观性质的、委托性的服务活动，是建设工程监理单位接受业主的委托和授权之后，为项目业主提供的一种高智力工程技术服务工作。而政府工程质量监督则是一种纵向监督管理行为，是一种宏观性质的、强制性的政府监督行为。

工程建设监理既不同于承建商的直接生产活动，也不同于业主的直接投资活动。它既不是工程承包活动，也不是工程发包活动。它不需要投入大量资金、材料、设备、劳动力。监理单位既不向业主承包工程造价，也不参与承包单位的盈利分成。监理单位既不需要拥有大量的机具、设备和劳动力量，一般也不必拥有雄厚的注册资金。它只是在工程项目建设过程中，利用自己的工程建设方面的知识、技能和经验为客户提供高智能监督管理服务，以满足项目业主对项目管理的需要。它所获得的报酬是技术服务的报酬，是脑力劳动的报酬。

工程建设监理的服务性使它与政府对工程建设行政管理活动区别开来，也使它与承建商在工程项目建设中的活动区别开来。

2) 独立性

独立性是监理单位开展工程建设监理工作的重要原则。从事工程建设监理活动的监理单位是直接参与工程项目建设的“第三方当事人”之一。它与项目业主、承建商之间的关系是平等的、横向的。在工程项目建设中，监理单位是独立的一方。我国有关法规明确指出，监理单位应按照独立、自主的原则开展工程建设监理工作。国际咨询工程师联合会在出版物《业主与咨询工程师标准服务协议书条件》中明确指出，监理单位是“作为一个独立的专业公司受聘于业主去履行服务的一方”，应当“根据合同进行”，它的监理工程师应当“作为一名独立的专业人员进行工作”。同时，国际咨询工程师联合会要求其会员“相对于承包商、制造商、供应商，必须保持其行为的独立性，不得从他们那里接受任形式的好处，而使他的决定的公正性受到影响或不利于他行使委托人赋予的职责”，“不得与任何可能妨碍他作为一个独立的咨询工程师工作的商业活动有关”，“咨询工程师仅为委托人的合法利益行使其职责，他必须以绝对的忠诚履行自己的业务并且忠诚地服务于社会的最高利益及维护职业荣誉和名望”。因此，监理单位在履行监理合同义务和开展监理活动的过程中，要建立自己的组织，要确定自己的工作准则，要运用自己掌握的方法和手段，根据自己的判断，独立地开展工作。监理单位既要认真、勤奋竭诚地为委托方服务，协助业主实现预定目标，也要按照公正、独立、自主的原则开展监理工作。

工程建设监理的这种独立性是建设监理制度的要求，是监理单位在工程项目建设中的第三方地位所决定的，也是它所承担的工程建设监理的基本任务所决定的。

3) 公正性

公正性是监理行业的必然要求，它是社会公认的职业准则，也是监理单位和监理工程师的基本职业道德准则。我国工程建设监理制度把“公正”作为从事工程建设监理活动应当遵循的重要准则。

监理单位和监理工程师在工程监理过程中，一方面应当成为能够严格履行监理合同各项义务，能够竭诚地为客户服务的“服务方”，同时，应当成为“公正的第三方”。在工程项目建设中，监理单位和监理工程师应当担任什么角色和如何担任这些角色是从事工程建设监理工作的人们应当认真对待的一个重要问题。也就是在提供监理服务的过程中，监理单位和监理工程师应当排除各种干扰，以公正的态度对待委托方和被监理方，特别是当业主和被监理方发生利益冲突或矛盾时能够以事实为依据，以有关法律、法规和双方所签订的工程建设合同为准绳，站在第三方立场上公正地加以解决和处理，做到“公正地证明、决定或行使自己的处理权”。

4) 科学性

按照工程建设监理的科学性要求，监理单位应当有足够数量且业务素质合格的监理工程师；要有一套科学的管理制度；要配备计算机辅助监理的软件和硬件；要掌握先进的监理理论、方法，积累足够的技术、经济资料和数据；要有现代化的监理手段。

工程建设监理是一种高智能的技术服务，要求从事工程建设监理活动应当遵循科学的准则。决定工程建设监理科学性的因素有以下几点。

(1) 是由其任务所决定的。

(2) 是由被监理单位的社会化、专业化特点决定的。

(3) 是由它的技术服务性质决定的。

(4) 是由工程项目所处的外部环境特点决定的。

(5) 是由它的维护社会公共利益和国家利益的特殊使命决定的。

2. 工程建设监理的目的

由于工程建设监理具有委托性，所以监理单位可以根据业主的意愿并结合它自身的情况来协商确定监理范围和义务内容。既可承担全过程监理，也可承担阶段性监理，甚至还可以只承担某专项监理服务工作。因此，具体到某监理单位的工程建设监理活动要达到什么目的，由于它们服务范围和内容的差异，会各有不同。但是，从建设监理制度角度出发，就整个工程建设监理而言，它应当起到的作用和要达到的目的是十分明确的，那就是通过监理工程师谨慎而勤奋的工作，力求在计划的投资、进度和质量目标内促成建设项目顺利完成。全过程监理要力求全面实现项目总目标，阶段性监理要力求实现本阶段建设项目的目标。

工程建设监理只是一种技术服务性活动，只是提供脑力劳动服务或智力服务的行业。在监理工作中，监理单位只承担服务的相应责任，它不直接进行设计，不直接进行施工，也不直接进行材料、设备的采购、供应工作。因此，它不承担设计、施工、物资采购方面的直接责任。由于工程建设监理行业的存在，建设项目的经济效益更高，速度更快，质量更好。它能够使粗放型的工程项目管理变成科学的工程项目管理，因此监理单位只承担整个建设项目的监理责任，也就是在监理合同中确定的职权范围内的责任。在这方面，监理工程师应当认真听取国际咨询工程师联合会的告诫：监理工程师如果超出他的职权范围的严格限制而涉足其专业以外的领域，就使他自己不必要地为过失承担难以防范的责任，或许还有合同责任；更不应试图对其不具备资格的事项提出咨询意见，这样做对顾主与项目经理极有好处，但对己不一定有利。

工程建设监理要达到的目的是“力求”实现项目目标。这是因为在市场经济条件下，任何承包单位作为建筑产品的卖方，都应当根据工程承包合同的要求，按规定的时间、费用和质量要求完成合同约定的工程勘察、设计、施工建造等承包任务，否则，将承担合同规定的责任。他们与买方，即项目业主，是承发包的关系，他们要承担承包风险。项目业主和工程承包单位对他们的合同义务只能保证完成，而作为工程承包合同“甲方”、“乙方”之外的“第三方”的监理单位和监理工程师则没有承担它们双方义务的义务。因为谁设计谁负责，谁施工谁负责，谁供应材料和设备谁负责。

在预定的目标内实现建设项目是参与项目建设各方共同的任务。监理方的责任就是“力求”通过目标规划、动态控制、组织协调、合同管理、现象管理，促成业主和承包单位一起共同完成这一任务。

在实现建设项目的过程中，外部环境潜伏着各种风险，会带来各种干扰。而这些干扰和风险并非监理工程师完全能够驾驭的，他们只能力求减少或避免这些干扰和风险造成的影响。所以，一定注意对于提供监理服务的监理单位来说，它并不需承担其专业以外的风险责任。

一个在社会上能够生存、发展的监理单位，虽然不能保证项目一定在预定目标内实现，但在政府有关部门和监理行业组织的规范下，出于职业道德的良知，基于它的社会信誉和经济方面的考虑，他们会竭尽全力为在预定的投资、进度和质量目标范围内实现项目而努力。

5.1.4 建立和实施工程建设监理制度的意义

在我国建立和实施工程建设监理制度具有以下几方面的意义。

1. 实施工程建设监理制度满足了社会主义市场经济条件下投资者对工程技术服务的社会需求

工程建设监理制度的提出和推行与我国的改革开放政策密不可分。进入 20 世纪 80 年代以后，我国的改革开放已在经济领域逐步展开。外资、中外合资、利用国外贷款的工程项目逐渐多了起来。这些项目在管理方面的共同特点是实施工程招标，选择承建商，聘请监理工程师实施监理。他们按照国际通行做法，将工程项目建设的微观管理工作，由业主委托和授权给社会化、专业化的工程监理单位承担，产生了很好的效果。采用这种方式进行工程建设，直接好处是明显的，它使业主从他所不熟悉的工程项目管理的日常工作中解脱出来，专心致力于必须由他自己做出的决策事务。让专长于工程项目管理的监理工程师为其提供技术和管理服务。这些专业化的监理工程师有着丰富的知识和经验来从事这项工作。特别是当前建设项目规模越来越大，技术越来越复杂，由此带来了项目实施时间延长、建设费用迅速增加及工程质量方面的种种问题，使业主迫切需要从社会上解决技术服务需求问题。建设监理的出现，正是解决这一需求的最好方法。

2. 实施工程建设监理制有利于实现政府在工程建设中的职能转变

20 世纪 80 年代中期，特别是《中共中央关于经济体制改革的决定》中明确提出转变政府职能，实行政企分开，简政放权；明确提出政府在经济领域的职能要转移到“规划、协调、监督、服务”上来；明确提出在进行各项管理制度改革的同时，应加强经济立法和司法，加强经济管理和监督。在工程建设领域，通过建立和实施工程建设监理制度来具体贯彻我国经济体制改革的决策具有重要的现实意义。它是实现政企分开的一项必要措施，是政府职能转变后的重要补充和完善措施，是在工程建设领域加强法制和经济管理的重大措施。

3. 实施工程建设监理制有助于培育、发展和完善我国建筑市场

在建设领域，建立和实施工程建设监理制度对于培育、发展和完善建筑市场具有不可低估的意义。工程建设监理制度的建立及项目法人责任制度的提出，再加上工程招标投标制度的实施，使我国工程建设领域向市场经济体制过渡有了基本完整的措施。由于工程建设监理制度的实施，我国工程建设管理体制开始形成以项目业主、监理单位和承建商直接参加的，在政府有关部门监督管理之下的新型管理，我国建筑市场的格局也发生了结构性变化。作为连接项目法人责任制度、工程招标投标制度和加强政府宏观管理的中间环节，工程建设监理制度使它们联系起来，形成一个有机整体，对发挥市场机制作用是有利的。如果没有工程建设监理制度，就没有监理单位提供的高职能技术服务，项目法人责任制度就难以实行；如果没有工程建设监理制度，就难以利用竞争择优机制公开、公平、公正地择优选定承建商，工程招标投标制度也就难以有效规范地实施；如果没有工程建设监理制度，就没有社会化、专业化的监理单位为工程项目建设提供微观项目管理服务，政府部门也难以进行有效的宏观监督管理。

5.2 我国工程建设监理的实施与范围

案例 5-1

某水闸建设工程项目，建设单位与施工单位经公开招标后签订了工程施工承包合同，施工承包合同规定：水闸的启闭机械设备由建设单位采购，其他建筑材料由施工单位采购。同时，建设单位与监理单位签订了施工阶段监理合同。

建设单位为了确保水闸施工质量，经与设计单位商定，在设计文件中标明了水泥的规格、型号等技术指标，并指定了生产厂家。施工单位在工程中标后，与生产厂家签订了购货合同。

为了在汛期来临之前完成水闸的基础工程施工，施工单位采购的水泥进场时，未经监理机构许可就擅自投入施工使用。监理机构在对浇筑而成的第一块闸底板检查时，发现水泥的指标达不到要求，监理机构就通知施工单位该批水泥不得使用。施工单位要求水泥厂家将不合格的水泥退换，厂家认为水泥质量没有问题，若要退货，施工单位应支付退货运费，施工单位不同意支付，厂家要求建设单位在施工单位的应付工程款中扣除上述费用。

请思考：

(1) 施工单位采购的水泥进场，未经监理机构许可就投入使用，此做法正确吗？

(2) 监理机构发现水泥的指标达不到要求，通知施工单位不得使用该批水泥是否合理？

5.2.1 我国工程建设监理实施的法律依据与环境

1. 我国工程建设监理实施的法律依据

《中华人民共和国建筑法》第三十二条规定，建筑工程监理应当依照法律、行政法规及有关的技术标准、设计文件和建筑工程承包合同，对承包单位在施工质量、建设工期和建设资金使用等方面，代表建设单位实施监督。

工程监理人员认为工程施工不符合工程设计要求、施工技术标准和合同约定的，有权要求建筑施工企业改正。

工程监理人员发现工程设计不符合建筑工程质量标准或者合同约定的质量要求的，应当报告建设单位要求设计单位改正。

没有法律、法规作为坚强后盾，没有良好的法制环境作为运行条件，工程建设监理是很难实施的。

《建设工程质量管理条例》第三十七条规定，工程监理单位应当选派具备相应资格的总监理工程师和监理工程师进驻施工现场。

未经监理工程师签字，建筑材料、建筑构配件和设备不得在工程上使用或者安装，施工单位不得进行下一道工序的施工。未经总监理工程师签字，建设单位不拨付工程款，不进行竣工验收。

工程建设活动涉及人们的生命和财产的安全，涉及环境保护、城市规划、土地利用等诸多公众利益。如果不确定一套规则和标准，那么工程建设不但不能造福于社会和人民，反而会危害自己，危害他人，给社会生产和公众生活造成不良影响。

《工程建设监理规定》第九条规定，工程建设监理的主要内容是控制工程建设的投资、建设工期和工程质量；进行工程建设合同管理，协调有关单位间的工作关系。

上述第九条，也就是我们常讲的工程建设监理的任务，即“三控两管一协调”共 6 项任务。“三控制”即质量控制、工期控制和投资控制；“两管理”指对工程建设承发包合同的管理和工程建设过程中有关信息的管理；“一协调”指对有关单位间的工作关系的协调。

特别提示

“三控两管一协调”简明扼要地概括了工程建设监理的 6 项任务。

知识链接

《中华人民共和国建筑法》第四章建筑工程监理；《建设工程质量管理条例》、《工程建设监理规定》中的工程监理相关条款。

2. 我国工程建设监理实施的环境

发达国家的建设监理经验中最重要的一条，就是由国家立法部门制定建设监理法律，并由法律确定执行机构来执行，用高层次的法律去规范工程建设行为才能收到理想的效果。

《中华人民共和国建筑法》第三十条规定，国家推行建筑工程监理制度。

国务院可以规定实行强制监理的建筑工程的范围。

1) 工程建设监理法制环境的重要性

首先，工程建设监理的依据之一是工程建设监理合同和其他工程建设合同等。合同是一种法律行为和法律关系。这种行为和关系具有法律的约束力并受到法律的保护。正是这种法律的严肃性才有力地促使各方严格遵守并认真履行依法成立的工程建设合同。如果没有约束和保护合同的法律，那么合同也就成了一纸空文。工程建设监理的重要工作就是管理好业主与承建商签订的工程建设合同，并根据合同来行使他的权力，履行他的义务。在市场经济条件下，是什么原因促使设计者拿出符合要求的设计？是什么原因促使施工者建成符合要求的工程？是什么原因促使厂家和供应商提供符合要求的材料和设备？很关键的一条是依靠工程建设合同做保障。这种保障的基础不是别的，是法律和人们的法律意识。

其次，市场经济条件下，工程建设必然要充分利用竞争择优机制，实施工程招标投标制度。因此，在工程建设过程中，商业利益必然成为合同双方关注的焦点。所以，在项目实施的任何阶段合同双方都可能存在着矛盾和争端。正因为如此，才需要从制度上建立一种约束协调机制，也就是需要在项目建设过程中存在一个公正的第三方以便进行必要的协调和约束。监理单位和监理工程师靠什么进行约束协调？最关键的就是紧紧依靠工程建设的法律、法规和依靠依法成立的工程建设合同及合同各方的法律意识。

再次，工程项目的实现也就是各项工程合同的履行。业主在这种合同环境中实现投资目的，需要维护自己的利益，需要正确行使合同赋予自己的权力和履行自己的合同义务。而这正是业主的薄弱环节。所以，业主需要自己在履行合同中得到可靠的支持，为其提供社会化、专业化监督管理服务。而这种服务应当是一种公正性的，根据法律、法规和合同进行的服务。

综上所述，法制环境是建设监理能够发生和发展的基本条件。

2) 建设监理在我国得以推行和实施的环境条件

首先，需要建立建设监理的需求机制。建设监理是为了满足社会需求而产生的，并在满足社会需求的过程中发展。没有投资者对监理的需要，就没有监理市场，自然也就谈不到工程建设监理的存在和发展。长期以来，我国的建设单位作为执行国家投资计划的基层单位，在计划经济环境的影响下，它的责、权、利分离，因此，很难形成对监理的需求。而在向社会主义市场经济转变的过程中，我们实行项目业主(法人)责任制就从根本上改变了这种状况。业主集责、权、利于一体，他们往往既是投资者，又是投资使用者和投资偿还者。他们势必为在预计的投资、进度、质量目标内建成工程项目而竭尽全力，也就势必渴望得到来自社会的支持，需要监理单位和监理工程师为其提供专业技术服务。

其次，应当进一步完善竞争机制。要广泛地利用工程招标制度于项目建设中。不仅在施工阶段利用招标方式选择施工单位，还要在设计阶段利用设计竞赛或设计招标选择优化的设计方案，并选择设计单位，要使竞争择优真正建立在公开、公正、公平的原则之上。只有选择出社会信誉好、技术水平高、管理能力强的设计、施工、材料供应单位承担工程建设任务，才能使项目目标理想地实现，才能使工程建设监理任务圆满地完成。

再次，应当进一步完善科学决策机制。特别要在项目决策阶段大力加强可行性研究工作，把项目咨询评估制度加以完善。如果没有一个正确的投资决策，没有一个深思熟虑的建设方案，没有明确的项目投资、进度、质量总目标，工程建设监理就难以在项目实施阶段发挥作用。因此，建立和完善科学决策机制，实施项目咨询评估制度是推行和发展建设监理的不可缺少条件。

总之，只有我们建立了与工程建设监理相配套的监理需求机制、竞争择优机制、科学决策机制，为全面推行和实施工程建设监理制度建立了基础条件，我国的工程建设监理才能更有效地发挥它的作用。

5.2.2 我国工程建设监理的范围

法律依据：《中华人民共和国建筑法》第三十条第二款规定，国务院可以规定实行强制监理的建筑工程的范围。

《建设工程质量管理条例》对必须实行监理的建设工程作出了原则性规定，其中第十二条规定，下列建设工程必须实行监理。

(1) 国家重点建设工程。

(2) 大中型公用事业工程。

(3) 成片开发建设的住宅小区工程。

(4) 利用外国政府或者国际组织贷款、援助资金的工程。

(5) 国家规定必须实行监理的其他工程。

建设部 2001 年 1 月 17 日发布的《建设工程监理范围和规模标准规定》，对实行强制监理的建设工程的范围和规模进行了细化。根据上述法律法规，下列建设工程必须实行监理。

1. 国家重点建设工程

国家重点建设工程，是指依据《国家重点建设项目管理办法》所确定的对国民经济和社会发展有重大影响的骨干项目。

2. 大中型公用事业工程

大中型公用事业工程，是指项目总投资额在 3 000 万元以上的下列工程项目：

(1) 供水、供电、供气、供热等市政工程项目。

(2) 科技、教育、文化等项目。

(3) 体育、旅游、商业等项目。

(4) 卫生、社会福利等项目。

(5) 其他公用事业项目。

3. 成片开发建设的住宅小区工程

成片开发建设的住宅小区工程，建筑面积在5万m^2以上的住宅建设工程必须实行监理；5万m^2以下的住宅建设工程，可以实行监理，具体范围和规模标准由省、自治区、直辖市人民政府建设行政主管部门规定；为了保证住宅质量，对高层住宅及地基、结构复杂的多层住宅应当实行监理。

4. 利用外国政府或者国际组织贷款、援助资金的工程

利用外国政府或者国际组织贷款、援助资金的工程范围包括。

(1) 使用世界银行、亚洲开发银行等国际组织贷款资金的项目。

(2) 使用国外政府及其机构贷款资金的项目。

(3) 使用国际组织或者国外政府援助资金的项目。

5. 国家规定必须实行监理的其他工程

国家规定必须实行监理的其他工程包括。

(1) 学校、影剧院、体育场馆等项目。

(2) 项目总投资额在3 000万元以上关系社会公共利益、公众安全的下列基础设施项目。

① 煤炭、石油、化工、天然气、电力、新能源等项目。

② 铁路、公路、管道、水运、民航及其他交通运输业等项目。

③ 邮政、电信枢纽、通信、信息网络等项目。

④ 防洪、灌溉、排涝、发电、引(供)水、滩涂治理、水资源保护、水土保持等水利建设项目。

⑤ 道路、桥梁、地铁和轻轨交通、污水排放及处理、垃圾处理、地下管道、公共停车场等城市基础设施项目。

⑥ 生态环境保护项目。

⑦ 其他基础设施项目。

国务院建设行政主管部门商同国务院有关部门后，可以对本规定确定的必须实行监理的建设工程具体范围和规模标准进行调整。

知识链接

《建设工程质量管理条例》、《建设工程监理范围和规模标准规定》。

5.3 建设单位与监理单位的关系

案例5-2

某监理单位承担了一工业项目的施工监理工作。经过招标，建设单位选择了甲、乙施工单位分别承担

A、B 标段工程的施工，并按照建设工程施工合同(示范文本)分别和甲、乙施工单位签订了施工合同。建设单位与乙施工单位在合同中约定，B 标段所需的部分设备由建设单位负责采购。乙施工单位按照正常的程序将 B 标段的安装工程分包给丙施工单位。总监理工程师根据现场反馈信息及质量记录分析，对 A 标段某部位隐蔽工程的质量有怀疑，随即指令甲施工单位暂停施工，并要求剥离检验。甲施工单位称：该部位隐蔽工程已经专业监理工程师验收，若剥离检验，监理单位需赔偿由此造成的损失并相应延长工期。

请思考：

总监理工程师的做法是否正确?为什么?试分析剥离检验的可能结果及总监理工程师相应的处理方法。

5.3.1 我国工程建设监理的原则与若干规定

1. 我国工程建设监理的原则

1) 客观、公正性原则

《中华人民共和国建筑法》第三十四条第二款规定，工程监理单位应当根据建设单位的委托，客观、公正地执行监理任务。

客观和公正是工程监理单位和监理人员应当遵循的最基本的执业准则，也是对监理活动的基本要求。所谓客观，指工程监理单位和监理人员在执行监理任务时，运用科学的方法和专业知识，以客观事实为依据，用事实说话，不主观臆断；所谓公正，指工程监理单位和监理人员在完成对工程实施质量、进度和投资控制等监理任务时，站在独立、公正的第三方，不受任何外界人为因素的干扰，以相应的法律法规、制度、技术规范等为依据，做到公正廉洁，不偏不倚。

特别提示

独立与公正的关系。

知识链接

公开、公平、公正的概念及相互间的关系。

2) 监理单位独立完成任务的原则

《中华人民共和国建筑法》第三十四条第四款规定，工程监理单位不得转让工程监理业务。

《工程建设监理规定》第十九条规定，监理单位不得转让监理业务。

工程监理本是由建设单位基于对其信任的具有相应资质等级的监理单位，通过签订委托监理合同而形成的。合同一经订立，就具有法律约束力，任何一方不得擅自变更合同，包括不得变更合同主体。工程监理单位将委托监理业务转让他人，这违背了建设单位的意志，同时也损害了建设单位的利益。特别是委托监理单位将其监理业务转让给不具备相应资质条件的单位，不能按照建设单位的要求对工程质量、进度和资金进行控制，造成工程质量隐患。因此，监理单位接受委托后，应当自行完成工程监理业务，如由于种种原因，确实无法完成工程监理任务时，应依法解除合同。

3) 总监理工程师全权负责原则

《建设工程质量管理条例》第三十七条规定，工程监理单位应当选派具备相应资格的总监理工程师和监理工程师进驻施工现场。

未经监理工程师签字，建筑材料、建筑构配件和设备不得在工程上使用或者安装，施工单位不得进行下一道工序的施工。未经总监理工程师签字，建设单位不拨付工程款，不进行竣工验收。

总监理工程师是监理单位履行监理合同的全权负责人；监理工程师具体履行监理职责，对总监理工程师负责。

4) 监理事项通知原则

《中华人民共和国建筑法》第三十三条规定，实施建筑工程监理前，建设单位应当将委托的工程监理单位、监理的内容及监理权限，书面通知被监理的建筑施工企业。

5) 监理资质许可原则

《中华人民共和国建筑法》第三十一条规定，实行监理的建筑工程，由建设单位委托具有相应资质条件的工程监理单位监理。建设单位与其委托的工程监理单位应当订立书面委托监理合同。

该法第三十四条第一款规定，工程监理单位应当在其资质等级许可的监理范围内，承担工程监理业务。

上述法律规定，是政府对从事工程建设监理的单位资质许可的强制性规定。

2. 我国工程建设监理的若干规定

(1) 监理单位是建筑市场的主体之一。工程建设监理是一种高智能的有偿技术服务。

(2) 设立监理单位的程序。设立监理单位，须报工程建设监理主管机关进行设立的资质审查，审查合格后，向工商行政管理机关申请企业法人登记注册，经核准登记注册后，方可从事工程建设监理活动。

(3) 监理单位资质等级。监理单位资质等级分为甲级、乙级和丙级。对监理单位的资质定级实行分级审批。经审核符合等级标准的，发给相应的资质等级证书。监理单位资质等级定期核定，以确认保级或降级，并对申请资质升级的单位进行审批。

(4) 关于监理单位业务活动的纪律性规定。监理单位必须在核准的监理业务范围内从事工程建设监理活动。监理单位不得擅自越级承接监理业务，不得转让监理业务，不得承包工程，不得经营建材、设备、构配件和建筑机械销售业务。

(5) 中外合资、中外合作监理单位的设立和资质管理按有关规定进行。

(6) 监理单位分立、合并、终止。监理单位分立、合并、终止时应向原资质管理部门申请办理有关手续，向工商行政管理机关申办变更登记或注册登记，并进行公告。

(7) 监理单位责任。在监理过程中因过错造成重大经济损失的，应承担一定的经济责任或法律责任。

5.3.2 建设单位与监理单位的关系

1. 双方是平等关系

平等关系是工程建设监理与政府工程质量监督的重要区别。政府工程质量监督双方是不平等的行政管领人与行政管领相对人的关系；而工程建设监理双方是平等的市场主体关系，双方意志表示自由。

业主和监理单位都是建筑市场中的主体，不分主次，自然应当是平等的。这种平等的关系主要体现在它们在经济社会中的地位和工作关系两个方面。第一，都是市场经济中独立的企业法人。不同行业的企业法人，只有经营性质的不同、业务范围不同，而没有主仆之别。即使是同一行业，各独立的企业法人之间(子公司除外)，也只是大小之别、经营种类的不同，不存在主仆关系。所谓主仆关系，既是一种雇佣关系，被雇佣者要听命于雇佣者，被雇佣者不必有主人翁的思想，更没有主人翁的资格。我国法规要求监理单位与业主一样，都要以主人翁的姿态对待工程建设。业主为了更好地完成自己担负的工程项目建设，而委托监理单位替自己负责一些具体的事项。业主与监理单位之间是一种委托与被委托的关系。业主可以委托甲监理单位，也可以委托乙监理单位。同样，监理单位可以接受委托，也可以不接受委托，即使委托与被委托的关系建立之后，双方也只是按照约定的条款，各尽各的义务，各行使各的权力，各取得各自应得到的利益。所以说，两者在工作关系上仅维系在委托与被委托的水准上，监理单位仅按照委托的要求开展工作，对业主负责，并不受业主的领导。业主对监理单位的人力、财力、物力等方面没有任何支配权、管理权。如果两者之间的委托与被委托关系不成立，则就不存在任何联系。

知识链接

平等的含义，工程建设监理与政府工程质量监督的区别。

2. 双方是一种授权与被授权关系

监理单位接受委托之后，业主就把一部分工程项目建设的管理权力授予监理单位，如工程建设的组织协调工作的主持权、设计质量和施工质量及建筑材料与设备质量的确认权与否决权、工程量与工程价款支付确认权与否决权、工程建设进度和建设工期的确认权与否决权及围绕工程项目建设的各种建议权等。业主往往留有工程建设规模和建设标准的决定权、对承建商的选定权、与承建商签订合同的签认权及工程竣工后或阶段完工后的验收权等。

监理单位根据业主的授权开展工作，在工程建设的具体实践活动中居于相当显赫的地位，但是，监理单位毕竟不是业主的代理人。按照《中华人民共和国民法通则》的界定，“代理人”的含义是“代理人在代理权限内，以被代理人的名义实施法律行为”，“被代理人对代理人的代理行为承担民事责任”。监理单位既不是以业主的名义开展监理活动，也不能让业主对自己的监理行为承担任何民事责任。显然，监理单位不是，也不应该是业主的代理人。

3. 双方是一种社会主义市场经济体制下的经济合同关系

业主与监理单位之间的委托与被委托关系确立后，双方订立合同，即工程建设监理合同。合同一经双方签订，这宗交易就意味着成立。业主是买方，监理单位是卖方，即业主出钱购买监理单位的智力劳动。如果有一方不接受对方的要求，对方又不肯退让，或者有一方不按双方的约定履行自己的承诺，那么，这宗交易活动就不能成交。就是说，双方都有自己经济利益的需求，监理单位不会无偿地为业主提供服务；业主也不会对监理单位施舍。双方的经济利益及各自的职责和义务都体现在签订的监理合同中。

但是，工程建设监理合同毕竟与其他经济合同不同。这是由监理单位在建筑市场中的特殊地位所决定的。众所周知，业主、监理单位、承建商是建筑市场三元结构的三大主体。业主发包工程建设业务，承建商承接工程建设业务。在这项交易活动中，业主向承建商购买建筑商品(或阶段性建筑产品) 。监理单位的责任是既帮助业主购买到合适的建筑商品，又要维护承建商的合法权益。或者说，监理单位与业主签订的监理合同，不仅表明监理单位要为业主提供高智能服务，维护业主的合法权益，而且也表明，监理单位有责任维护承建商的合法权益。这在其他经济合同中是难以找到的条款。可见，监理单位在建筑市场的交易活动中处于建筑商品买卖双方之间，起着维系公平交易、等价交换的制衡作用。因此，不能把监理单位单纯地看成业主利益的代表。这就是社会主义市场经济体制下，监理单位与业主之间经济关系的特点。

本章小结

本章重点介绍了以下三部分内容。

(1) 工程建设监理基本知识，包括工程建设监理概念；工程建设监理与政府工程质量监督的区别；工程建设监理的性质与目的。

(2) 我国工程建设监理的实施与范围，建筑工程监理可分为决策阶段监理(项目可行性研究、论证和参与任务书的编制等)和实施阶段监理(设计、施工、保修等的监理)。我国工程建设监理尚处于初级阶段，决策阶段的监理目前主要还是由政府行政管理部门进行管理；我国工程建设监理主要发生在项目建设的实施阶段。

(3) 建设单位与监理单位的关系。

习题

1．我国推行工程建设监理的意义是什么？

2．分析工程建设监理与政府工程质量监督的区别。

3．我国实行强制性工程建设监理的范围有哪些？

4．工程建设监理各方之间的法律关系是什么？

5．监理单位的权利、义务和责任是什么？

6．建设单位的权利、义务和责任是什么？

7．工程建设监理工作的内容有哪些？

8．工程建设监理工作程序有哪些？

第6章

建设工程安全生产管理制度

教学目标

了解安全生产及安全生产管理的概念，建筑安全生产管理的有关法律、法规；熟悉建筑安全生产管理的含义，建筑安全生产管理的特点，建筑安全生产的方针；掌握各方安全生产的职责，以及我国当前安全生产管理体制、基本制度和法律责任。

教学要求

能力目标	知识要点	权重
了解建筑安全生产管理的有关法律、法规	建筑安全生产管理的有关法律、法规	30%
熟悉工程建设相关主体的安全责任	工程建设相关主体的安全责任	45%
明确安全生产监督管理体制及安全生产许可证管理	安全生产监督管理体制及安全生产许可证管理	25%

驱动案例

原告(被上诉人)：唐甲、唐乙、唐丙、唐丁、唐戊、蒋某。

以上第2—6共5名原告均委托唐丙为诉讼代理人。

被告(上诉人)：上海市静安区赵家桥基地建设指挥部。

1. 一审诉辩主张

1) 原告诉称

本市赵家桥路77弄4号房屋系原告共有私房。该房因受被告建造24层高楼施工的影响，造成地面下沉地基松动、房屋倾斜、主梁脱位、外墙多处大面积开裂、楼梯楼板榫头移位。要求被告赔偿房屋修复费10 757.70元，误工费345元，并由被告承担房屋鉴定费、勘查费和诉讼费。

2) 被告辩称

原告所有之房屋损坏，是由多种原因造成的，除建造高层对其影响外，损坏主要原因还包括：

(1) 房屋本身已超龄所造成自然损坏。

(2) 在该房屋旁边上海外文书店建造六层工房对其也造成损坏，而且在诉讼之前被告经原告认可对该屋已进行了修理，故不同意再作赔偿。

2. 一审事实认定

上海市赵家桥路77弄4号房屋一幢(建筑面积为440m^2)系原告共有私房。该屋建造于20世纪30年代。1987年8月，被告在本市赵家桥路常德路口建造3幢高层楼房，其中1号楼(24层楼)距原告所有的上述房屋约20m。在高层建造打桩过程中，原告发现房屋倾斜、主梁脱位、外墙开裂、楼梯楼板榫头移位、地坪起拱、门窗歪斜等房屋损坏情况，遂前后多次向被告提出书面或口头异议，要求被告修复和赔偿房屋所受损失。1990年3月，被告委托工程队对原告房屋进行了部分修理，花费修缮费人民币6 585.54元。但修理后不久，原告发现情况仍未好转，损坏继续发展，而且原先的修理也是治标不治本，危险仍然存在，故在与被告交涉协商不成后，遂向一审法院起诉。

审理中，为确定原告房屋损坏的直接原因，法院委托了上海市房屋科学研究所对该房屋的损坏原因和损坏程度作出鉴定并提出修理意见。经该所鉴定："造成目前赵家桥77弄4号房屋损坏的原因主要是：赵家桥高层楼房打桩时，土地的挤压力及振动波使该房屋的地面起拱；井点抽水时地下水位的下降造成地基土的自重应力增加，引起该房屋产生了不均匀沉降，房屋结构变形走动，墙体多处开裂，木搁栅移位，纵横墙脱离，墙体向东北方向倾斜。所以造成目前赵家桥77弄4号房屋损坏主要是由于高层楼房打桩及开挖基础时抽水引起的。""外文书店所造多层房屋在宏观上不会对77弄4号房屋造成影响。"

被告对此鉴定不服，会同高层设计单位华东建筑设计院及造房单位上海第四建筑工程公司联合提出书面异议。为慎重起见，本案审判人员又带着该鉴定书走访了上海市房产管理局总工程师室，听取了他们的意见。据该室几位高级工程师认真研究后都同意鉴定报告，认为原告私房损坏是由于高层楼房打桩及抽水等原因造成是可信的。后来审判人员走访该地区居委会了解其他房屋损坏情况，发现原告房屋的周围住房也有类似损坏，而且居民均反映：房屋损坏是造高层楼房所引起，在外文书店建造多层楼房时，他们的房屋已经损坏。

为查清修理该房所需费用，一审法院又委托上海市房屋修建公司按鉴定报告之修理意见做修理费用预算，经查勘：该房修复费用需人民币10 757.70元，修复时间需2个月。又查得，该房实际居住人唐丙当时每月基本工资为人民币172.50元。

以上事实由上海市房屋科学研究所鉴定报告，上海市房屋修建公司工程预算表、当事人的陈述及一审法院调查的证人证言为证。

3. 一审判决理由和判决结果

静安区人民法院作出以下判决:

(1) 被告上海市静安区赵家桥基地建设指挥部应赔偿原告唐甲、唐乙、唐丙、唐丁、唐戊和蒋某房屋修复费人民币 10 757.70 元；误工工资人民币 345 元。

(2) 房屋鉴定费人民币 1 000 元和房屋查勘费人民币 500 元由被告上海市静安区赵家桥基地指挥部负担。

诉讼费人民币××元由被告上海市静安区赵家桥基地建设指挥部负担。

(资料来源：王天翊. 建筑法案例精析[M]. 北京：人民法院出版社，1999.)

请思考:

(1) 一审法院判决被告赔偿原告的理由是什么?

(2) 本案审理中，被告还提出原告所有私房已是超龄房屋，本身已有自然损坏，故不同意赔偿。被告的这种主张为什么不被支持?

(3) 一审法院判决后，被告不服，提出上诉称：赵家桥基地房屋打桩，曾考虑到可能影响周围建筑物，故与华东建筑设计院缜密研究了施工方案，以便对周围群众损失减少到最低限度。后鉴于被上诉人房屋有若干部位受到不同程度的损伤，已为被上诉人修理竣工，并有协议写明“一次性解决”，当时被上诉人对此并无异议，另据了解，被上诉人的房屋已在规划拆迁范围内，再做修理是浪费社会财富。该诉讼请求能否得到支持?

(4) 一审法院判决后被上诉人称：一审判决赔偿的数额远不足补偿其房屋受损的程度，曾提出其他诉讼请求，如“修复部分中修复后因房屋牢度和抗震能力降低，使用年限缩短及外观破坏所造成的房屋价值损失，应予赔偿人民币 10 000 元”，房屋损坏中不能修复的部分所导致的财产价值降低被告应以货币形式赔偿 20 000 元”，“今后因高层地基与原告房屋不均匀下沉所必然引起的继续损坏应予赔偿人民币 5 000 元”。该诉讼请求能否得到支持?

6.1 安全生产法规总则

6.1.1 安全生产法律、法规适用范围及安全生产的方针

《中华人民共和国安全生产法》(以下简称《安全生产法》)已由第九届全国人民代表大会常务委员》会第二十八次会议于 2002 年 6 月 29 日通过，自 2002 年 11 月 1 日起施行。

《安全生产法》第一条开宗明义地提出：“为了加强安全生产监督管理，防止和减少生产安全事故，保障人民群众生命和财产安全，促进经济发展，制定本法。”这既是《安全生产法》的立法宗旨，又是法律所要解决的基本问题。《安全生产法》的立法指导思想、方针原则、基本法律制度、法律条文都是围绕这个立法宗旨确定的。

1. 《安全生产法》的适用范围

《安全生产法》是对所有生产经营单位的安全生产普遍适用的基本法律，其适用范围可以从三个方面来看。

1) 空间范围和时间效力

《安全生产法》第二条规定，在中华人民共和国领域内从事生产经营活动的单位(以下统称生产经营单位)的安全生产，适用本法。

《安全生产法》第九十七条规定，本法自 2002 年 11 月 1 日起施行。

2) 主体和行为范围

该法中所谓的“生产经营单位”，是指所有从事生产经营活动的基本生产经营单元，具体包括各种所有制和组织形式的公司、企业、社会组织和个体工商户，以及从事生产经营活动的公民个人。

3) 排除适用

《安全生产法》第二条规定，有关法律、行政法规对消防安全和道路交通安全、铁路交通安全、水上交通安全、民用航空安全另有规定的，适用其规定。对这种排除适用的特殊规定，应当从以下几个方面理解。

(1)《安全生产法》确定的安全生产领域基本的方针、原则、法律制度和新的法律规定，是其他法律、行政法规无法确定并且没有规定的，它们普遍适用于消防安全和道路交通安全、铁路交通安全、水上交通安全、民用航空安全。

(2) 消防安全和道路交通安全、铁路交通安全、水上交通安全、民用航空安全现行的有关法律、行政法规已有规定的，不适用《安全生产法》。这些有关法律、行政法规是专门解决消防和交通领域安全生产特殊问题的单行立法。涉及这些领域的安全生产问题，应当首先考虑和优先适用特殊法的规定。

(3) 有关法律、行政法规对消防安全和道路交通安全、铁路交通安全、水上交通安全、民用航空安全没有规定的，适用《安全生产法》。也就是说，现行的消防安全和道路交通安全、铁路交通安全、水上交通安全、民用航空安全的法律、行政法规对特殊的安全生产问题没有规定的，应当依照《安全生产法》的有关规定执行。

(4) 今后制定和修订有关消防安全和道路交通安全、铁路交通安全、水上交通安全、民用航空安全的法律、行政法规时，也要符合《安全生产法》确定的基本的方针原则、法律制度和法律规范，不应抵触。上述特别法都是在没有安全生产基本法律的情况下出台的，它们所没有的法律规定只能通过《安全生产法》加以补充完善和适用。但在安全生产领域已经制定出基本法律的前提下，其后出台的特别法则应遵循《安全生产法》的基本法律规范。

总之，在我国安全生产法律体系中，《安全生产法》的法律地位和法律效力是最高的。《安全生产法》是我国第一部安全生产领域的基本法律。

2. 安全生产管理的方针

根据《中华人民共和国建筑法》第三十六条规定，建筑工程安全生产管理必须坚持安全第一、预防为主的方针，建立健全安全生产的责任制度和群防群治制度。同时《安全生产法》第三条也规定了安全生产管理的基本方针,即坚持安全第一，预防为主。所谓“安全第一”，就是说，在生产经营活动中，在处理保证安全与实现生产经营活动的其他各项目标的关系上，要始终把安全特别是从业人员和其他人员的人身安全放在首要的位置，实行“安全优先”的原则。“安全第一、预防为主”是法律形式加以固定和实施的安全生产基本方针，是《安全生产法》的灵魂。《安全生产法》关于预防为主的规定，主要体现为“六先”，即①安全意识在先；②安全投入在先；③安全责任在先；④建章立制在先；⑤隐患预防在先；⑥监督执法在先。

为了从法律制度上保证“安全第一、预防为主”方针的落实，《安全生产法》规定了有关的基本制度和措施，主要包括以下方面。

(1) 安全生产的市场准入制度。即生产经营单位必须具备法律、法规和国家标准或者行业标准规定的安全生产条件，不符合安全生产条件的，不得从事生产经营活动。

(2)《安全生产法》第五条规定了生产经营单位主要负责人对本单位安全生产工作全面负责的制度。

(3) 企业必须依法设置安全生产管理机构或安全生产管理人员的制度。

(4) 对生产经营单位的主要负责人、安全生产管理人员和从业人员进行安全生产教育、培训、考核的制度。

(5) 对特种作业人员实行资格认定和持证上岗的制度。

(6) 建设工程项目的安全措施应当与主体工程同时设计、同时施工、同时投入生产和使用的“三同时”制度。

(7) 对部分危险性较大的建设工程项目实行安全条件论证、安全评价和安全措施验收的制度。

(8) 安全设备的设计、制造、安装、使用、检测、维修和报废必须符合国家标准的制度。

(9) 对危险性较大的特种设备实行安全认证和使用许可，非经认证和许可不得使用的制度。

(10) 对从事危险品的生产经营活动实行前置审批和严格监管的制度。

(11) 对严重危及生产安全的工艺、设备予以淘汰的制度。

(12) 生产经营单位对重大危险源的登记建档及向安全监督管理部门报告备案的制度。

(13) 对爆破、吊装等危险作业的现场安全管理制度。

(14) 生产经营单位的安全生产管理人员对本单位安全生产状况的经常性检查、处理、报告和记录的制度等。

特别提示

我国建筑业每年因工死亡率大体为万分之三，仅次于采矿业而居全国各行业的第二位，安全生产形势十分严峻。

6.1.2 建设工程安全生产规范性文件

建设工程安全生产规范性文件主要包括三个方面的内容。

(1) 安全生产相关法律法规，包括《中华人民共和国建筑法》、《安全生产法》、《建设工程安全生产管理条例》、《特种设备安全监察条例》等。

(2) 安全生产标准、技术规范，包括《建筑施工安全检查标准》、《施工企业安全生产评价标准》、《建筑施工现场环境与卫生标准》、《施工现场临时建筑物技术规范》等。

(3) 规范性文件包括 3 个层次：国家级、省级、市级。例如，住房和城乡建设部文件有《关于印发〈关于进一步规范房屋建筑和市政工程生产安全事故报告和调查处理工作的若干意见〉的通知》、《关于印发〈危险性较大的分部分项工程安全管理办法〉的通知》等。湖南省住房和城乡建设厅文件有《湖南省建设工程质量与安全管理条例》、《建筑施工企业施工安全质量标准化工作导则》、《湖南省建设工程开工安全生产条件审查制度(试行)》等。

长沙市住房和城乡建设委员会文件有《关于加强长沙市深基坑工程建设管理的通知》、《长沙市边坡及基坑支护设计文件编制深度要求》等。

特别提示

"管建设必须管安全"是工程建设管理的重要原则。

6.1.3 建筑安全生产管理体制

法律依据：在发展社会主义市场经济的过程中，各有关部门和单位要强化搞好安全生产的职责，实行企业负责、行业管理、国家监察和群众监督的安全生产管理体制。应互相支配配合，共同努力做好安全生产工作，坚持防止发生重大、特大事故，尽量减少一般事故和减轻职业危害。

1. 企业负责

法律依据：《中华人民共和国建筑法》第四十四条规定，建筑施工企业必须依法加强对建筑安全生产的管理，执行安全生产责任制度，采取有效措施，防止伤亡和其他安全生产事故的发生。建筑施工企业的法定代表人对本企业的安全生产负责。

《安全生产法》第三十九条规定，生产经营单位应当安排用于配备劳动防护用品、进行安全生产培训的经费。

建筑单位企业必须建立、健全安全生产制度，并且配备相应的经费。安全生产制度是指建筑施工企业为了保护劳动者在建筑施工过程中的健康与安全，根据本企业的实际情况，按照国家法律、法规、规章的要求，所制定的具体的有关安全生产方面的规章制度，如安全生产责任制度、安全技术措施制度、安全检查制度等。每个建筑施工企业必须建立安全生产制度，而且这一制度必须具体、明确、公平，具有可操作性，并落到实处。首先，建立安全生产制度必须依法进行，符合国家法律、法规、规章的要求。其次，安全生产制度必须落实到每个职工，明确职工个人在安全生产方面的权利、责任和义务，增强职工的安全意识和自我保护意识。第三，建立、健全安全生产制度还必须同时形成督促、检查制度和贯彻落实机制，并在生产过程中努力克服安全生产中的薄弱环节，积极认真地解决安全生产中的各种问题。

2. 行业管理

法律依据：《中华人民共和国建筑法》第四十三条规定，建设行政主管部门负责建筑安全生产的管理，并依法接受劳动行政主管部门对建筑安全生产的指导和监督。

建筑安全生产的管理，由建设行政主管部门负责。建设行政主管部门建筑安全生产管理的主要职责如下：贯彻执行国家有关安全生产的法规和方针、政策，起草或制定建筑安全生产管理的法规、标准；统一监督管理全国工程建设方面的安全生产工作，完善建筑安全生产的组织保证体系；制定建筑安全生产管理的中长期规划和近期目标，组织建筑安全生产技术的开发与推广应用；指导和监督检查省、自治区、直辖市人民政府建设行政主管部门开展建筑安全生产的行业监督管理工作；统计全国建筑职工因工伤亡人数，掌握并发布全国建筑安全生产动态；负责对申报资质等级一级企业和国家一、二级企业及国家和部级先进建筑企业进行安全资格审查或者审批，行使安全生产否决权；组织全国建筑安全生产检查和安全培训教育，总结交流建筑安全生产管理经验，表彰先进；检查和督促工程建设重大事故的调查处理，组织或者参与工程建设特别重大事故的调查等。

特别提示

国务院建设行政主管部门主管全国工程建设安全生产的行业监督管理工作，县级以上地方人民政府建设行政主管部门负责本行政区域建筑安全生产的行业监督管理工作。

3. 国家监察

法律依据：《中华人民共和国建筑法》第四十三条规定，建设行政主管部门负责建筑安全生产的管理，并依法接受劳动行政主管部门对建筑安全生产的指导和监督。

国家监察是指设在劳动部门的劳动安全监察机构，按照国务院赋予的权利所进行的安全监察活动，其监察具有法律的权威性和特殊的行政法律地位。劳动安全监察是以国家的名义，并以国家的权力对国民经济各部门及企业的安全工作实行法制性监督，纠正和惩戒违反安全生产法规的行为，保证安全生产方针、政策和法规的贯彻实施。

建筑安全生产的国家监察，由劳动行政主管部门负责，主要监察执行国家劳动安全生产法规、政策情况，预防和纠正违反法规、政策的偏差。国家监察不干预行业和企业内部执行劳动安全法规和政策的方法、措施、步骤等具体事务，也不代替行业、企业的日常管理和安全检查。

4. 群众监督

法律依据：《中华人民共和国建筑法》第三十六条规定，建筑工程安全生产管理必须坚持安全第一、预防为主的方针，建立健全安全生产的责任制度和群防群治制度。

工会是群众团体，它的监督属群众监督，工会可以通过开展安全班组建设活动，在协助行政加强安全管理工作，保障劳动者的安全与健康方面发挥重要作用。还可以在监督行政执行安全生产方针、政策、法规和标准方面，充分行使自己的权力。

但是工会监督不能采取国家监察的某些形式和方法，特别不能采取以国家强制的形式表达国家命令的手段，因而它不具有法律的权威性。

5. 劳动者遵章守法

法律依据：《中华人民共和国建筑法》第三十六条规定，建筑工程安全生产管理必须坚持安全第一、预防为主的方针，建立健全安全生产的责任制度和群防群治制度。

《中华人民共和国劳动法》第五十六条规定，劳动者在劳动过程中必须严格遵守安全操作规程。劳动者对用人单位管理人员违章指挥、强令冒险作业，有权拒绝执行；对危害生命安全和身体健康的行为，有权提出批评、检举和控告。

劳动者遵章守纪是减少事故，实现安全生产的重要保证。

特别提示

生产过程中人的不安全行为是造成安全事故的最主要原因，也是最直接原因。

6.1.4 建筑安全生产管理基本制度

《安全生产法》及《建设工程安全生产管理条例》中均规定了安全生产管理的基本制度，包括以下几方面内容。

1. 安全生产责任制度

法律依据：《安全生产法》第十七条规定，建立、健全本单位安全生产责任制。

《建设工程安全生产管理条例》第四条规定，建设单位、勘察单位、设计单位、施工单位、工程监理单位及其他与建设工程安全生产有关的单位，必须遵守安全生产法律、法规的规定，保证建设工程安全生产，依法承担建设工程安全生产责任。

安全生产责任制度是建设工程生产中最基本的安全管理制度，是所有安全规章制度的核心。安全生产责任制度是将各种不同的安全责任落实到负责由安全管理责任的人员和具体岗位人员身上的一种制度。它也是“安全第一，预防为主”方针的具体表现。

1) 各级领导责任制度

建筑企业要加强安全生产的领导，尊重科学，严格管理，应当逐级建立安全责任制度。

企业经理(厂长)和主管生产的副经理(副厂长)对本企业的劳动保护和安全生产负总责。认真贯彻执行劳动保护和安全生产政策、法令和规章制度；定期向企业职工代表大会报告企业安全生产情况和措施；制定企业各级干部的安全责任制等制度；定期研究解决安全生产中的问题；组织审批安全技术措施计划并贯彻实施；定期组织安全检查和开展安全竞赛等活动；对职工进行安全和遵章守纪教育；督促各级领导干部和各职能单位的职工做好本职范围内的安全工作；总结与推广安全生产先进经验；主持重大伤亡事故的调查分析，提出处理意见和改进措施，并督促实施。

企业总工程师(技术负责人)对本企业劳动保护和安全生产的技术工作负总责。

工区(工程处、厂、站)主任、施工队长、车间主任应对本单位劳动保护和安全生产工作负具体领导责任。

工长、施工员对所管工程的安全生产负直接责任。

企业中的生产、技术、材料等各职能机构，都应在各自业务范围内，对实现安全生产的要求负责。

2) 专职人员责任制度

《安全生产法》第十九条规定，矿山、建筑施工单位和危险物品的生产、经营、储存单位，应当设置安全生产管理机构或者配备专职安全生产管理人员。

前款规定以外的其他生产经营单位，从业人员超过 300 人的，应当设置安全生产管理机构或者配备专职安全生产管理人员；从业人员在 300 人以下的，应当配备专职或者兼职的安全生产管理人员，或者委托具有国家规定的相关专业技术资格的工程技术人员提供安全生产管理服务。

生产经营单位依照前款规定委托工程技术人员提供安全生产管理服务的，保证安全生产的责任仍由本单位负责。

企业应根据实际情况，建立安全机构，并按照职工总数配备相应的专职人员(一般为0.2%～0.5%)负责安全管理工作和安全监督检查工作。其主要的职责如下。

(1) 贯彻执行有关安全技术劳动保护法规。

(2) 做好安全生产的宣传教育和管理工作，总结交流推广先进经验。

(3) 经常深入基层，指导下级安全技术人员的工作，掌握安全生产情况，调查研究生产中的不安全问题，提出改进意见和措施。

(4) 组织安全活动和定期安全检查。

(5) 参加审查施工组织设计(施工方案)和编制安全技术措施计划，并对贯彻执行情况进行督促检查。

(6) 与有关部门共同做好新工人和特种工种工人的安全技术训练、考核、发证工作。

(7) 进行工伤事故统计、分析和报告，参加工伤事故的调查和处理。

(8) 禁止违章指挥和违章作业，遇有严重险情，有权暂停生产，并报告领导处理。

3) 经费保证制度

根据《安全生产法》第十八条的规定，生产经营单位应当具备的安全生产条件所必需的资金投入，由生产经营单位的决策机构、主要负责人或者个人经营的投资人予以保证，并对由于安全生产所必需的资金投入不足导致的后果承担责任。

2. 劳动保护制度

1) 工程建设的劳动保护

根据《安全生产法》的规定，工程从业人员有权知晓劳动过程中有可能遇到的危害及享有对安全生产提出建议的权利。

《安全生产法》第四十五条规定，生产经营单位的从业人员有权了解其作业场所和工作岗位存在的危险因素、防范措施及事故应急措施，有权对本单位的安全生产工作提出建议。

《安全生产法》第四十六条规定，从业人员有权对本单位安全生产工作中存在的问题提出批评、检举、控告；有权拒绝违章指挥和强令冒险作业。生产经营单位不得因从业人员对本单位安全生产工作提出批评、检举、控告或者拒绝违章指挥、强令冒险作业而降低其工资、福利等待遇或者解除与其订立的劳动合同。

《安全生产法》第四十七条规定，从业人员发现直接危及人身安全的紧急情况时，有权停止作业或者在采取可能的应急措施后撤离作业场所。生产经营单位不得因从业人员在前款紧急情况下停止作业或者采取紧急撤离措施而降低其工资、福利等待遇或者解除与其订立的劳动合同。

《安全生产法》第四十八条规定，因生产安全事故受到损害的从业人员，除依法享有工伤社会保险外，依照有关民事法律尚有获得赔偿的权利的，有权向本单位提出赔偿要求。

根据《安全生产法》的规定，工程从业人员发现安全隐患应当立即报告。

《安全生产法》第五十一条规定，从业人员发现事故隐患或者其他不安全因素，应当立即向现场安全生产管理人员或者本单位负责人报告；接到报告的人员应当及时予以处理。

根据《安全生产法》的规定，工程从业人员应当按照规范操作，提高生产技能。

《安全生产法》第四十九条规定，从业人员在作业过程中，应当严格遵守本单位的安全生产规章制度和操作规程，服从管理，正确佩戴和使用劳动防护用品。

《安全生产法》第五十条规定，从业人员应当接受安全生产教育和培训，掌握本职工作所需的安全生产知识，提高安全生产技能，增强事故预防和应急处理能力。

根据《安全生产法》的规定，工会有权利保护职工的安全。

《安全生产法》第五十二条规定，工会有权对建设项目的安全设施与主体工程同时设计、同时施工、同时投入生产和使用进行监督，提出意见。工会对生产经营单位违反安全生产法律、法规，侵犯从业人员合法权益的行为，有权要求纠正；发现生产经营单位违章指挥、强令冒险作业或者发现事故隐患时，有权提出解决的建议，生产经营单位应当及时研究答复；发现危及从业人员生命安全的情况时，有权向生产经营单位建议组织从业人员撤离危险场所，生产经营单位必须立即做出处理。工会有权依法参加事故调查，向有关部门提出处理意见，并要求追究有关人员的责任。

《安全生产法》第三十七条规定，生产经营单位必须为从业人员提供符合国家标准或者行业标准的劳动防护用品，并监督、教育从业人员按照使用规则佩戴、使用。必须切实加强管理，保证职工在生产过程中的安全和健康，促进生产的发展。企业要努力改善劳动条件，注意劳逸结合，制定以防止工伤事故、职工中毒和职业病为内容的安全技术措施长远规划和年度计划，并组织实施。

要加强季节性劳动保护工作。夏季要防暑降温；冬季要防寒防冻，防止煤气中毒；雨季和台风来临之前，应对临时设施和电气设备进行检修，沿河流域的工地要做好防洪抢险准备；雨雪过后要采取防滑措施。

建筑施工企业在施工过程中，应遵守有关安全生产的法律、法规和建筑行业安全规章、规程。企业法定代表人、项目经理、生产管理人员和工程技术人员不得违章指挥，强令作业人员违章作业，如因违章指挥、强令职工冒险作业而发生重大伤亡事故或造成其他严重后果的，要依法追究其刑事责任。作业人员有权对影响人身健康的作业程序和作业条件提出改进意见，有权获得安全生产所需的劳动防护用品。作业人员对危及生命安全和人身健康的行为有权提出批评、检举和控告。

《安全生产法》第四十四条规定，生产经营单位与从业人员订立的劳动合同，应当载明有关保障从业人员劳动安全、防止职业危害的事项，以及依法为从业人员办理工伤社会保险的事项。生产经营单位不得以任何形式与从业人员订立协议，免除或者减轻其对从业人员因生产安全事故伤亡依法应承担的责任。

这就是说劳动者对自己职业所可能产生的危害有知情权，企业不能以任何方式逃避责任。

《中华人民共和国建筑法》第四十八条规定，建筑施工企业必须为从事危险作业的职工办理意外伤害保险，支付保险费。这就是说，只要是从事危险作业的人员，不论是固定工，还是合同工；不论是正式工，还是农民工，其所在的建筑施工企业都必须为其办理意外伤害保险，并支付保险费。这种保险是强制的，它从法律上保障了职工的意外伤害经济补偿权利。

2) 女职工和未成年工的特殊保护

根据女职工的不同生理特点和未成年工的身体发育情况，有必要对其进行特殊保护。

《中华人民共和国劳动法》第五十八条规定，国家对女职工和未成年工实行特殊劳动保护。未成年工是指年满 16 周岁未满 18 周岁的劳动者。

《中华人民共和国劳动法》第五十九条规定，禁止安排女职工从事矿山井下、国家规定的第四级体力劳动强度的劳动和其他禁忌从事的劳动。

《中华人民共和国劳动法》第六十条规定，不得安排女职工在经期从事高处、低温、冷水作业和国家规定的第三级体力劳动强度的劳动。

《中华人民共和国劳动法》第六十一条规定，不得安排女职工在怀孕期间从事国家规定的第三级体力劳动强度的劳动和孕期禁忌从事的劳动。对怀孕 7 个月以上的女职工，不得安排其延长工作时间和夜班劳动。

《中华人民共和国劳动法》第六十二条规定，女职工生育享受不少于 90 天的产假。

《中华人民共和国劳动法》第六十三条规定，不得安排女职工在哺乳未满一周岁的婴儿期间从事国家规定的第三级体力劳动强度的劳动和哺乳期禁忌从事的其他劳动，不得安排其延长工作时间和夜班劳动。

《中华人民共和国劳动法》第六十四条规定，不得安排未成年工从事矿山井下、有毒有害、国家规定的第四级体力劳动强度的劳动和其他禁忌从事的劳动。

《中华人民共和国劳动法》第六十五条规定，用人单位应当对未成年工定期进行健康检查。

3. 安全生产教育培训制度

安全生产教育培训制度是对广大建筑干部职工进行安全教育培训，提高安全意识，增加安全知识和技能的制度。主要内容包括：安全生产思想、安全知识、安全技能、安全规程标准、安全法规、安全保护和典型事例分析。

《安全生产法》第二十一条规定，生产经营单位应当对从业人员进行安全生产教育和培训，保证从业人员具备必要的安全生产知识，熟悉有关的安全生产规章制度和安全操作规程，掌握本岗位的安全操作技能。未经安全生产教育和培训合格的从业人员，不得上岗作业。

《安全生产法》第五十条规定，从业人员应当接受安全生产教育和培训，掌握本职工作所需的安全生产知识，提高安全生产技能，增强事故预防和应急处理能力。

要广泛开展安全的宣传教育，使各级领导和广大职工群众真正认识到安全生产的重要性、必要性，懂得安全生产、文明生产的科学知识，牢固树立安全第一的思想，自觉地遵守各项安全生产法令和规章制度。

企业要建立经常性的安全教育和培训考核制度，具体包括。

(1) 新工人(包括合同工、临时工、学徒工、实习和代培人员)必须进行入厂安全教育。教育内容包括安全技术知识、设备性能、操作规程、安全制度和严禁事项，并经考试合格后，方可进入操作岗位。

(2) 电工、焊工、架工、司炉工、爆破工、机操工及起重、打桩机和各种机动车辆司机等特殊工种工人，除进行一般安全教育外，还要经过本工种的安全技术教育，经考核合格发证后，方准独立操作；每年还要进行一次复查。

(3) 采用新技术、新工艺、新设备施工和调换工作岗位时，要对操作人员进行新技术操作和新岗位的安全教育，未经教育不得上岗操作。

(4) 定期轮训企业各级领导干部和安全干部，提高政策思想水平，熟悉安全技术、劳动卫生业务知识，做好安全工作。

4. 生产检查、监督制度

安全生产检查制度是上级管理部门、企业自身或者社会保险机构等对安全生产状况进行的定期和不定期检查的制度。

《安全生产法》第三十八条规定，生产经营单位的安全生产管理人员应当根据本单位的生产经营特点，对安全生产状况进行经常性检查；对检查中发现的安全问题，应当立即处理；不能处理的，应当及时报告本单位有关负责人。检查及处理情况应当记录在案。

《安全生产法》第五十六条规定，负有安全生产监督管理职责的部门依法对生产经营单位执行有关安全生产的法律、法规和国家标准或者行业标准的情况进行监督检查，行使以下职权。

(1) 进入生产经营单位进行检查，调阅有关资料，向有关单位和人员了解情况。

(2) 对检查中发现的安全生产违法行为，当场予以纠正或者要求限期改正；对依法应当给予行政处罚的行为，依照本法和其他有关法律、行政法规的规定作出行政处罚决定。

(3) 对检查中发现的事故隐患，应当责令立即排除；重大事故隐患排除前或者排除过程中无法保证安全的，应当责令从危险区域内撤出作业人员，责令暂时停产停业或者停止使用；重大事故隐患排除后，经审查同意，方可恢复生产经营和使用。

(4) 对有根据认为不符合保障安全生产的国家标准或者行业标准的设施、设备、器材予以查封或者扣押，并应当在15日内依法作出处理决定。

监督检查不得影响被检查单位的正常生产经营活动。

企业可根据情况每季、工区每月、施工队每半月组织一次检查。检查要发动群众，要有领导干部、技术干部和工人参加，边检查，边整改。每次检查要有重点、有标准，要评比记分，列入本单位考核内容。检查以自查为主，互查为辅。以查思想、查制度、查纪律、查领导、查隐患为主要内容。要结合季节特点，开展防洪、防雷电、防坍塌、防高处坠落、防煤气中毒等“五防”检查。对查出的隐患不能立即整改的，要建立登记、整改、检查、销项制度。要制订整改计划，定人、定措施、定经费、定日期完成。在隐患没有消除前，必须采取可靠的防护措施，如有危及人身安全的紧急险情，应立即停止作业。

安全生产监督机构根据同级人民政府建设行政主管部门的委托，依据有关的法规、标准，对本行政区域内安全生产实施监督管理。

5. 重大事故的调查处理制度

1) 生产安全事故定级与报告

(1) 生产安全事故定级。

《生产安全事故报告和调查处理条例》第三条规定，根据生产安全事故(以下简称事故)造成的人员伤亡或者直接经济损失，事故一般分为以下等级：特别重大事故，是指造成30人以上死亡，或者100人以上重伤(包括急性工业中毒，下同)，或者1亿元以上直接经济损失的事故；重大事故，是指造成10人以上30人以下死亡，或者50人以上100人以下重伤，或者5 000万元以上1亿元以下直接经济损失的事故；较大事故，是指造成3人以上10人以下死亡，或者10人以上50人以下重伤，或者1 000万元以上5 000万元以下直接经济损失的事故；一般事故，是指造成3人以下死亡，或者10人以下重伤，或者1 000万元以下直接经济损失的事故。国务院安全生产监督管理部门可以会同国务院有关部门，制定事故等级划分的补充性规定。本条第一款所称的“以上”包括本数，所称的“以下”不包括本数。

(2) 生产安全事故报告。《生产安全事故报告和调查处理条例》第四条规定，事故报告应当及时、准确、完整，任何单位和个人对事故不得迟报、漏报、谎报或者瞒报。事故调查处理应当坚持实事求是、尊重科学的原则，及时、准确地查清事故经过、事故原因和事故损失，查明事故性质，认定事故责任，总结事故教训，提出整改措施，并对事故责任者依法追究责任。

① 事故报告程序要求。《生产安全事故报告和调查处理条例》第九条规定，事故发生后，事故现场有关人员应当立即向本单位负责人报告；单位负责人接到报告后，应当于 1 小时内向事故发生地县级以上人民政府安全生产监督管理部门和负有安全生产监督管理职责的有关部门报告。情况紧急时，事故现场有关人员可以直接向事故发生地县级以上人民政府安全生产监督管理部门和负有安全生产监督管理职责的有关部门报告。

《生产安全事故报告和调查处理条例》第十条规定，安全生产监督管理部门和负有安全生产监督管理职责的有关部门接到事故报告后，应当依照下列规定上报事故情况，并通知公安机关、劳动保障行政部门、工会和人民检察院：特别重大事故、重大事故逐级上报至国务院安全生产监督管理部门和负有安全生产监督管理职责的有关部门；较大事故逐级上报至省、自治区、直辖市人民政府安全生产监督管理部门和负有安全生产监督管理职责的有关部门；一般事故上报至设区的市级人民政府安全生产监督管理部门和负有安全生产监督管理职责的有关部门。安全生产监督管理部门和负有安全生产监督管理职责的有关部门依照前款规定上报事故情况，应当同时报告本级人民政府。国务院安全生产监督管理部门和负有安全生产监督管理职责的有关部门及省级人民政府接到发生特别重大事故、重大事故的报告后，应当立即报告国务院。必要时，安全生产监督管理部门和负有安全生产监督管理职责的有关部门可以越级上报事故情况。

② 事故报告内容要求。《生产安全事故报告和调查处理条例》第十二条规定，报告事故应当包括下列内容：事故发生单位概况；事故发生的时间、地点及事故现场情况；事故的简要经过；事故已经造成或者可能造成的伤亡人数(包括下落不明的人数)和初步估计的直接经济损失；已经采取的措施；其他应当报告的情况。

③ 事故报告时间要求。《生产安全事故报告和调查处理条例》第十一条规定，安全生产监督管理部门和负有安全生产监督管理职责的有关部门逐级上报事故情况，每级上报的时间不得超过 2 小时。

《生产安全事故报告和调查处理条例》第十三条规定，事故报告后出现新情况的，应当及时补报。自事故发生之日起 30 日内，事故造成的伤亡人数发生变化的，应当及时补报。道路交通事故、火灾事故自发生之日起 7 日内，事故造成的伤亡人数发生变化的，应当及时补报。

《生产安全事故报告和调查处理条例》第十五条规定，事故发生地有关地方人民政府、安全生产监督管理部门和负有安全生产监督管理职责的有关部门接到事故报告后，其负责人应当立即赶赴事故现场，组织事故救援。

2) 生产安全事故调查与处理

(1) 生产安全事故调查分级。

《生产安全事故报告和调查处理条例》第十九条规定，特别重大事故由国务院或者国务院授权有关部门组织事故调查组进行调查。重大事故、较大事故、一般事故分别由事故发生地省级人民政府、设区的市级人民政府、县级人民政府负责调查。省级人民政府、设区的市级人民政府、县级人民政府可以直接组织事故调查组进行调查，也可以授权或者委托有关部门组织事故调查组进行调查。未造成人员伤亡的一般事故，县级人民政府也可以委托事故发生单位组织事故调查组进行调查。

(2) 生产安全事故调查报告的内容。

《生产安全事故报告和调查处理条例》第三十条规定，事故调查报告应当包括下列内容：事故发生单位概况；事故发生经过和事故救援情况；事故造成的人员伤亡和直接经济损失；事故发生的原因和事故性质；事故责任的认定及对事故责任者的处理建议；事故防范和整改措施。事故调查报告应当附具有关证据材料。事故调查组成员应当在事故调查报告上签名。

(3) 生产安全事故调查职责。

《生产安全事故报告和调查处理条例》第二十五条规定，事故调查组履行下列职责：查明事故发生的经过、原因、人员伤亡情况及直接经济损失；认定事故的性质和事故责任；提出对事故责任者的处理建议；总结事故教训，提出防范和整改措施；提交事故调查报告。

(4) 生产安全事故调查时间要求。

《生产安全事故报告和调查处理条例》第二十九条规定，事故调查组应当自事故发生之日起 60 日内提交事故调查报告；特殊情况下，经负责事故调查的人民政府批准，提交事故调查报告的期限可以适当延长，但延长的期限最长不超过 60 日。

(5) 生产安全事故处理。

《生产安全事故报告和调查处理条例》第三十二条规定，重大事故、较大事故、一般事故，负责事故调查的人民政府应当自收到事故调查报告之日起 15 日内做出批复；特别重大事故，30 日内做出批复，特殊情况下，批复时间可以适当延长，但延长的时间最长不超过 30 日。有关机关应当按照人民政府的批复，依照法律、行政法规规定的权限和程序，对事故发生单位和有关人员进行行政处罚，对负有事故责任的国家工作人员进行处分。事故发生单位应当按照负责事故调查的人民政府的批复，对本单位负有事故责任的人员进行处理。负有事故责任的人员涉嫌犯罪的，依法追究刑事责任。

知识链接

《特别重大事故调查程序暂行规定》。

特别提示

工程建设主体机构包括建设单位、勘察设计单位、建设工程监理单位、施工企业及与建设工程相关的其他单位，如设备出租单位、质量检测检验等单位。

6.2 工程建设相关主体的安全责任

案例 6-1

某市某大厦工程由某建筑公司承建(总包)，其中附房挖土工程分包给某市某区挖土工程公司施工。1997年5月19日下午约16时30分，挖土工程公司安排胡某进行挖掘机的操作，胡某在没有取得场内机动车驾驶操作证，现场没有专人负责指挥，并在酒后情况下登机操作，在未确认作业区内无行人和障碍物的情况下，进行挖掘机倒行，把正在搬运钢管的某水电安装公司水电工、电焊工压倒，造成一死一伤的事故。

死亡者蒋某，男，44岁，水电工；重伤者余某，男，22岁，电焊工。

(资料来源：顾建生. 建筑施工伤亡事故案例分析及防治[M]. 北京：中国建筑工业出版社，2001.)

请思考：

该事故发生的原因是什么？从中你得到了什么启示？

6.2.1 建设单位的安全责任

1. 规定建设单位安全责任的必要性

(1) 建设单位是建筑工程的投资主体，在建筑活动中居于主导地位。

作为业主和甲方，建设单位有权选择勘察、设计、施工、工程监理的单位，可以自行选购施工所需的主要建筑材料，检查工程质量、控制进度、监督工程款使用，对施工的各个环节实行综合管理。

(2) 因建设单位的市场行为不规范所造成的事故居多，必须依法规范。

有的建设单位为降低工程造价，不择手段地追求利润最大化，在招投标中压价，将工程发包价压低于成本价。为降低成本，向勘察、设计和监理单位提出违法要求，强令改变勘察设计；对安全措施费不认可，拒付安全生产合理费用，安全投入低；强令施工单位压缩工期，偷工减料，搞“豆腐渣工程”；将工程交给不具备资质和安全条件的单位或者个人施工或者拆除。

2. 建设单位的安全责任具体规定

(1) 建设单位应当如实向施工单位提供有关施工资料。

《中华人民共和国建筑法》第四十条规定，建设单位应当向建筑施工企业提供与施工现场相关的地下管线资料，建筑施工企业应当采取措施加以保护。

《建设工程安全生产管理条例》第六条规定，建设单位应当向施工单位提供施工现场及毗邻区域内供水、排水、供电、供气、供热、通信、广播电视等地下观测资料，气象和水文观测资料，相邻建筑物和构筑物、地下工程的有关资料，并保证资料的真实、准确、完整。建设单位因建设工程需要，向有关部门或者单位查询前款规定的资料时，有关部门或者单位应当及时提供。

(2) 建设单位不得向有关单位提出非法要求，不得压缩合同工期。

《建设工程安全生产管理条例》第七条规定，建设单位不得对勘察、设计、施工、工程监理等单位提出不符合建设工程安全生产法律、法规和强制性标准规定的要求，不得压缩合同约定的工期。

(3) 必须保证必要的安全投入。

《建设工程安全生产管理条例》第八条规定，建设单位在编制工程概算时，应当确定建设工程安全作业环境及安全施工所需要费用。

(4) 不得明示或者暗示施工单位购买不符合安全要求的设备、设施、器材和用具。

《安全生产法》第三十一条规定，国家对严重危及生产安全的工艺、设备实行淘汰制度。生产经营单位不得使用国家明令淘汰、禁止使用的危及生产安全的工艺、设备。

《建设工程安全生产管理条例》第九条规定，建设单位不得明示或者暗示施工单位购买、租赁、使用不符合安全施工要求的安全防护用具、机械设备、施工机具及配件、消防设施和器材。

(5) 开工前报送有关安全施工措施的资料。

依照《建设工程安全生产管理条例》第十条的规定，建设单位在申请领取施工许可证时，应当提供建设工程有关安全施工措施的资料。依法批准开工报告的建设工程，建设单位应当自开工报告批准之日起15日内，将保证安全施工的措施报送建设工程所在地的县级以上人民政府建设行政主管部门或者其他有关部门备案。建设单位在申请领取施工许可证前，应当提供安全施工措施的资料。

① 施工现场总平面布置图。

② 临时设施规划方案和已搭建情况。

③ 施工现场安全防护设施(防护网、棚)搭设(设置)计划。

④ 施工进度计划，安全措施费用计划。

⑤ 施工组织设计(方案、措施)。

⑥ 拟进入现场使用的起重机械设备(塔式起重机、物料提升机、外用电梯)的型号、数量。

⑦ 工程项目负责人、安全管理人员和特种作业人员持证上岗情况。

⑧ 建设单位安全监督人员和工程监理人员的花名册。

建设单位在申请领取施工许可证时，所报送的安全施工措施资料应当真实、有效，能够反映建设工程的安全生产准备情况、达到的条件和施工实施阶段的具体措施。必要时，建设行政主管部门收到资料后，应当尽快派专业人员到现场进行实地勘察。

(6) 对拆除工程进行备案。

《中华人民共和国建筑法》第五十条规定，房屋拆除应当由具备保证安全条件的建筑施工单位承担，由建筑施工单位负责人对安全负责。

《建设工程安全生产管理条例》第十一条规定，建设单位应当将拆除工程发包给具有相应资质等级的施工单位。建设单位应当在拆除工程施工15日前将下列资料报送建设工程所在地县级以上人民政府建设行政主管部门或者其他有关部门备案。

① 施工单位资质等级证明。

② 拟拆除建筑物、构筑物及可能危及毗邻建筑的说明。

③ 拆除施工组织方案。

④ 堆放、清除废弃物的措施。

(7) 实施爆破作业的，应当遵守国家有关民用爆炸物品管理的规定。

根据《中华人民共和国民用爆炸物品管理条例》的规定，进行大型爆破作业，或在城镇与其他居民聚集的地方、风景名胜区和重要工程设施附近进行控制爆破作业，施工单位必须事先将爆破作业方案，报县、市以上主管部门批准，并征得所在县、市公安局同意，方能实施爆破作业。

案例 6-2

1991 年 4 月，南京某公司在毗邻新华日报社处投资建设的华荣大厦基础工程开始施工，未作护栏维护工程即进行敞开式开挖并大量抽排地下水。一个月后，因施工现场附近地面下沉，施工暂时停止。经过修改施工方案后，华荣大厦基础工程于同年 7 月 28 日恢复施工，进行人工开挖孔桩。同年 10 月中旬，新华日报社发现其印刷厂厂房墙壁、地面开裂，厂房墙体受损危及人员安全。

请思考：

该公司在进行施工时的做法有哪些不妥，与我国当前建筑安全生产管理制度中哪些地方相违背。

6.2.2 施工单位的安全责任

1. 施工单位主要负责人、项目负责人、专职安全管理人员、作业人员等的安全责任

1) 主要负责人和项目负责人的安全施工责任

《中华人民共和国建筑法》第四十四条第二款规定，建筑施工企业的法定代表人对本企业的安全生产负责。

施工单位主要负责人和项目负责人的安全素质直接关系到施工安全，必须将其应负的施工安全责任法律化。

《建设工程安全生产管理条例》第三十六条规定，施工单位的主要负责人、项目负责人、专职安全生产管理人员应当经建设行政主管部门或者其他有关部门考核合格后方可任职。施工单位应当对管理人员和作业人员每年至少进行一次安全生产教育培训，其教育培训情况记入个人工作档案。安全生产教育培训考核不合格的人员，不得上岗。

(1) 施工单位主要负责人的安全责任。

根据《安全生产法》第十七条有关生产经营单位主要负责人安全责任的规定，结合建设施工的实际。《建设工程安全生产管理条例》第二十一条第一款规定，施工单位主要负责人依法对本单位的安全生产工作全面负责。施工单位应当建立健全安全生产责任制和安全教育培训制度，制定安全生产规章制度和操作规程，保证本单位安全生产条件所需资金的投入，对所承担的建设工程进行定期和专项安全检查，并做好安全检查记录。

《安全生产管理条例》第二十一条同时规定，施工单位的项目负责人应当由取得相应执业资格的人员担任，对建设工程项目的安全施工负责，落实安全生产责任制度、安全生产规章制度和操作规程，确保安全生产费用的有效使用，并根据工程的特点组织制定安全施工措施，消除安全事故隐患，及时、如实报告生产安全事故。

(2) 项目负责人的安全责任。

《安全生产法》第五条规定，生产经营单位的主要负责人对本单位的安全生产工作全面负责。

《建设工程安全生产管理条例》第二十一条第二款规定，施工单位的项目负责人应当由

取得相应执业资格的人员担任，对建设工程项目的安全施工负责，落实安全生产责任制、安全生产规章制度和操作规程，确保安全生产费用的有效使用，并根据工程的特点组织制定安全施工措施，消除安全事故隐患，及时、如实报告生产安全事故。

《建设工程安全生产管理条例》第二十七条规定，建设工程施工前，施工单位负责项目管理的技术人员应当对有关安全施工的技术要求向施工作业班组、作业人员作出详细说明，并由双方签字确认。

2) 专职安全管理人员、作业人员等的安全责任

(1) 安全管理机构和安全管理人员的配置。

《安全生产法》第十九条第一款规定，矿山、建筑施工单位和危险物品的生产、经营、储存单位，应当设置安全生产管理机构或者配备专职安全生产管理人员。

《建设工程安全生产管理条例》第二十三条规定，施工单位应当设立安全生产管理机构，配备专职安全生产管理人员。专职安全生产管理人员负责对安全生产进行现场监督检查。发现安全事故隐患，应当及时向项目负责人和安全生产管理机构报告；对于违章指挥、违章操作的，应当立即制止。专职安全生产管理人员的配备办法由国务院建设行政主管部门会同国务院其他有关部门制定。

《建设工程安全生产管理条例》第二十六条规定，施工单位应当在施工组织设计中编制安全技术措施和施工现场临时用电方案，对下列达到一定规模的危险性较大的分部分项工程编制专项施工方案，并附具安全验算结果，经施工单位技术负责人、总监理工程师签字后实施，由专职安全生产管理人员进行现场监督。

① 基坑支护与降水工程。

② 土方开挖工程。

③ 模板工程。

④ 起重吊装工程。

⑤ 脚手架工程。

⑥ 拆除、爆破工程。

⑦ 国务院建设行政主管部门或者其他有关部门规定的其他危险性较大的工程。

对前款所列工程中涉及深基坑、地下暗挖工程、高大模板工程的专项施工方案，施工单位还应当组织专家进行论证、审查。本条第一款规定的达到一定规模的危险性较大工程的标准，由国务院建设行政主管部门会同国务院其他有关部门制定。

(2) 作业人员的安全责任。

《中华人民共和国建筑法》第四十七条规定，建筑施工企业和作业人员在施工过程中，应当遵守有关安全生产的法律、法规和建筑行业安全规章、规程，不得违章指挥或者违章作业。作业人员有权对影响人身健康的作业程序和作业条件提出改进意见，有权获得安全生产所需的防护用品。作业人员对危及生命安全和人身健康的行为有权提出批评、检举和控告。

《建设工程安全生产管理条例》第三十三条规定，作业人员应当遵守安全施工的强制性标准、规章制度和操作规程，正确使用安全防护用具、机械设备等。

(3) 特种作业人员的安全责任。

《建设工程安全生产管理条例》第二十五条规定，垂直运输机械作业人员、安装拆卸工、爆破作业人员、起重信号工、登高架设作业人员等特种作业人员，必须按照国家有关规定经过专门的安全作业培训，并取得特种作业操作资格证书后，方可上岗作业。

3) 施工单位的安全资质

《中华人民共和国建筑法》第二十六条规定，承包建筑工程的单位应当持有依法取得的资质证书，并在其资质等级许可的业务范围内承揽工程。禁止建筑施工企业超越本企业资质等级许可的业务范围或者以任何形式用其他施工企业的名义承揽工程。禁止建筑施工企业以任何形式允许其他单位或者个人使用本企业的资质证书、营业执照，以本企业的名义承揽工程。

建筑法律的有关规定确立的建筑市场准入制度，为施工单位的安全资质设定了法律规范。

《建设工程安全生产管理条例》对施工单位的安全资质作出了进一步的规定。《安全生产管理条例》第二十条规定，施工单位从事建设工程的新建、扩建、改建和拆除等活动，应当具备国家规定的注册资本、专业技术人员、技术装备和安全生产等条件，依法取得相应等级的资质证书，并在其资质等级许可的范围内承揽工程。

2. 施工单位安全教育培训责任、劳动保护责任

1) 施工单位的安全教育培训责任

《中华人民共和国建筑法》第四十六条规定，建筑施工企业应当建立健全劳动安全生产教育培训制度，加强对职工安全生产的教育培训；未经安全生产教育培训的人员，不得上岗作业。

《建设工程安全生产管理条例》第三十七条规定，作业人员进入新的岗位或者新的施工现场前，应当接受安全生产教育培训。未经教育培训或者教育培训考核不合格的人员，不得上岗作业。施工单位在采用新技术、新工艺、新设备、新材料时，应当对作业人员进行相应的安全生产教育培训。

2) 施工单位的劳动保护责任

必须切实加强管理，保证职工在生产过程中的安全和健康，促进生产的发展。企业要努力改善劳动条件，注意劳逸结合，制定以防止工伤事故、职工中毒和职业病为内容的安全技术措施长远规划和年度计划，并组织实施。

要加强季节性劳动保护工作。夏季要防暑降温；冬季要防寒防冻，防止煤气中毒；雨季和台风来临之前，应对临时设施和电气设备进行检修，沿河流域的工地要做好防洪抢险准备；雨雪过后要采取防滑措施。

建筑施工企业在施工过程中，应遵守有关安全生产的法律、法规和建筑行业安全规章、规程。企业法定代表人、项目经理、生产管理人员和工程技术人员不得违章指挥，强令作业人员违章作业，如因违章指挥、强令职工冒险作业而发生重大伤亡事故或造成其他严重后果的，要依法追究其刑事责任。作业人员有权对影响人身健康的作业程序和作业条件提出改进意见，有权获得安全生产所需的防护用品。作业人员对危及生命安全和人身健康的行为有权提出批评、检举和控告。

(1)《建设工程安全生产管理条例》第二十九条规定，施工单位应当将施工现场的办公、生活区与作业区分开设置，并保持安全距离；办公、生活区的选址应当符合安全性要求。职工的膳食、饮水、休息场所等应当符合卫生标准。施工单位不得在尚未竣工的建筑物内设置员工集体宿舍。施工现场临时搭建的建筑物应当符合安全使用要求。施工现场使用的装配式活动房屋应当具有产品合格证。

《建设工程安全生产管理条例》第三十二条规定，施工单位应当向作业人员提供安全防护用具和安全防护服装，并书面告知危险岗位的操作规程和违章操作的危害。作业人员有权对施工现场的作业条件、作业程序和作业方式中存在的安全问题提出批评、检举和控告，有权拒绝违章指挥和强令冒险作业。在施工中发生危及人身安全的紧急情况时，作业人员有权立即停止作业或者在采取必要的应急措施后撤离危险区域。

(2) 人身意外伤害保险。

《中华人民共和国建筑法》第四十八条规定，建筑施工企业必须为从事危险作业的职工办理意外伤害保险，支付保险费。这就是说，只要是从事危险作业的人员，不论是固定工，还是合同工；不论是正式工，还是农民工，其所在的建筑施工企业都必须为其办理意外伤害保险，并支付保险费。这种保险是强制的，它从法律上保障了职工的意外伤害经济补偿权利。

《建设工程安全生产管理条例》第三十八条规定，施工单位应当为施工现场从事危险作业的人员办理意外伤害保险。意外伤害保险费由施工单位支付。实行施工总承包的，由总承包单位支付意外伤害保险费。意外伤害保险期限自建设工程开工之日起至竣工验收合格止。

(3) 女职工和未成年工的特殊保护。

根据女职工的不同生理特点和未成年工的身体发育情况，有必要对其进行特殊保护。

《中华人民共和国劳动法》第五十八条规定，国家对女职工和未成年工实行特殊劳动保护。未成年工是指年满 16 周岁未满 18 周岁的劳动者。

《中华人民共和国劳动法》第五十九条规定，禁止安排女职工从事矿山井下、国家规定的第四级体力劳动强度的劳动和其他禁忌从事的劳动。

《中华人民共和国劳动法》第六十条规定，不得安排女职工在经期从事高处、低温、冷水作业和国家规定的第三级体力劳动强度的劳动。

《中华人民共和国劳动法》第六十一条规定，不得安排女职工在怀孕期间从事国家规定的第三级体力劳动强度的劳动和孕期禁忌从事的劳动。对怀孕 7 个月以上的女职工，不得安排其延长工作时间和夜班劳动。

《中华人民共和国劳动法》第六十二条规定，女职工生育享受不少于 90 天的产假。

《中华人民共和国劳动法》第六十三条规定，不得安排女职工在哺乳未满一周岁的婴儿期间从事国家规定的第三级体力劳动强度的劳动和哺乳期禁忌从事的其他劳动，不得安排其延长工作时间和夜班劳动。

《中华人民共和国劳动法》第六十四条规定，不得安排未成年工从事矿山井下、有毒有害、国家规定的第四级体力劳动强度的劳动和其他禁忌从事的劳动。

《中华人民共和国劳动法》第六十五条规定，用人单位应当对未成年工定期进行健康检查。

3. 总、分包单位的安全责任

《中华人民共和国建筑法》第四十五条规定，施工现场安全由建筑施工企业负责。实行施工总承包的，由总承包单位负责。分包单位向总承包单位负责，服从总承包单位对施工现场的安全生产管理。

《建设工程安全生产管理条例》第二十四条规定，建筑工程实行总承包的，由总承包单位对施工现场的安全生产负总责。总承包单位应当自行完成建设工程主体结构的施工。总承包单位依法将建设工程分包给其他单位的，分包合同中应当明确各自的安全生产方面的权利、义务。总承包单位和分包单位对分包工程的安全生产承担连带责任。分包单位应当服从总承包单位的安全生产管理，分包单位不服从管理导致生产安全事故的，由分包单位承担主要责任。

4. 施工单位施工现场管理的安全责任

《中华人民共和国建筑法》第四十五条规定，施工现场安全由建筑施工企业负责。

《中华人民共和国建筑法》第三十九条规定，建筑施工企业应当在施工现场采取维护安全、防范危险、预防火灾等措施；有条件的，应当对施工现场实行封闭管理。施工现场对毗邻的建筑物、构筑物和特殊作业环境可能造成损害的，建筑施工企业应当采取安全防护措施。

《中华人民共和国建筑法》第五十一条规定，施工中发生事故时，建筑施工企业应当采取紧急措施减少人员伤亡和事故损失，并按照国家有关规定及时向有关部门报告。

《建设工程安全生产管理条例》第二十二条规定，施工单位对列入建设工程概算的安全作业环境及安全施工措施所需费用，应当用于施工安全防护用具及设施的采购和更新、安全施工措施的落实、安全生产条件的改善，不得挪作他用。

《建设工程安全生产管理条例》第三十条规定，施工单位对因建设工程施工可能造成损害的毗邻建筑物、构筑物和地下管线等，应当采取专项防护措施。施工单位应当遵守有关环境保护法律、法规的规定，在施工现场采取措施，防止或者减少粉尘、废气、废水、固体废物、噪声、振动和施工照明对人和环境的危害和污染。在城市市区内的建设工程，施工单位应当对施工现场实行封闭围挡。

《建设工程安全生产管理条例》第三十一条规定，施工单位应当在施工现场建立消防安全责任制度，确定消防安全责任人，制定用火、用电、使用易燃易爆材料等各项消防安全管理制度和操作规程，设置消防通道、消防水源，配备消防设施和灭火器材，并在施工现场入口处设置明显标志。

《建设工程安全生产管理条例》第二十八条规定，施工单位应当在施工现场入口处、施工起重机械、临时用电设施、脚手架、出入通道口、楼梯口、电梯井口、孔洞口、桥梁口、隧道口、基坑边沿、爆破物及有害危险气体和液体存放处等危险部位，设置明显的安全警示标志。安全警示标志必须符合国家标准。施工单位应当根据不同施工阶段和周围环境及季节、气候的变化，在施工现场采取相应的安全施工措施。施工现场暂时停止施工的，施工单位应当做好现场防护，所需费用由责任方承担，或者按照合同约定执行。

5. 施工单位施工机械、设施等安全使用规定

《建设工程安全生产管理条例》第三十四条规定，施工单位采购、租赁的安全防护用具、机械设备、施工机具及配件，应当具有生产(制造)许可证、产品合格证，并在进入施工现场前进行查验。施工现场的安全防护用具、机械设备、施工机具及配件必须由专人管理，定期进行检查、维修和保养，建立相应的资料档案，并按照国家有关规定及时报废。

《建设工程安全生产管理条例》第三十五条规定，施工单位在使用施工起重机械和整体提升脚手架、模板等自升式架设设施前，应当组织有关单位进行验收，也可以委托具有相应资质的检验检测机构进行验收；使用承租的机械设备和施工机具及配件的，由施工总承包单位、分包单位、出租单位和安装单位共同进行验收。验收合格的方可使用。

《特种设备安全监察条例》规定的施工起重机械，在验收前应当经有相应资质的检验检测机构监督检验合格。

施工单位应当自施工起重机械和整体提升脚手架、模板等自升式架设设施验收合格之日起30日内，向建设行政主管部门或者其他有关部门登记。登记标志应当置于或者附着于该设备的显著位置。

6.2.3 工程监理单位的安全责任

1. 审查施工组织设计的责任

《建设工程安全生产管理条例》第十四条规定，工程监理单位应当审查施工组织设计中的安全技术措施或者专项施工方案是否符合工程建设强制性标准。

施工单位必须编制建设工程施工组织设计。根据《中华人民共和国建筑法》第三十八条的规定，建筑施工企业在编制施工组织设计时，应当根据建筑工程的特点制定相应的安全技术措施；对专业性较强的工程项目，应当编制专项安全施工组织设计，并采取安全技术措施。

建设工程实行总包和分包的，由总包单位负责编制施工组织设计或者分阶段施工组织设计。分包单位在总包单位的总体部署下，负责编制分包工程的施工组织设计。

施工组织设计应当包括下列主要内容。

(1) 工程任务情况。

(2) 施工总方案、主要施工方法、工程施工进度计划、主要单位工程综合进度计划和施工力量、机具及部署。

(3) 施工组织技术措施，包括工程质量、安全防护以及环境污染防护等各种措施。

(4) 施工总平面布置图。

(5) 总包和分包的分工范围及交叉施工部署等。

根据《建设工程安全生产管理条例》的相关规定，施工组织设计中必须包含安全技术措施和施工现场临时用电方案。对基坑支护、降水工程、土方开挖工程、模板工程、起重吊装工程、脚手架工程、拆除工程、爆破工程等达到一定规模的危险性较大的分部分项工程，施工单位还应当编制专项施工方案。工程监理单位依法应当对这些安全技术措施和专项施工方案进行审查，审查的重点是其是否符合工程建设强制性标准。

2. 安全隐患报告的责任

《建设工程安全生产管理条例》第十四条规定，工程监理单位在实施监理过程中，发现存在安全事故隐患的，应当要求施工单位整改；情况严重的，应当要求施工单位暂时停止施工，并及时报告建设单位。施工单位拒不整改或者不停止施工的，工程监理单位应当及时向有关主管部门报告。

3. 依法监理的责任

《建设工程安全生产管理条例》第十四条规定，工程监理单位和监理工程师应当按照法律、法规和工程建设强制性标准实施监理，并对建设工程安全生产承担监理责任。

根据《建设工程安全生产管理条例》第五十七条的有关规定，工程监理单位违反法定义务的，视情形将可能分别受到责令停业整顿并处罚款、降低资质等级、吊销资质证书等行政处罚；构成犯罪的，其直接责任人员要承担刑事责任；造成损失的，工程监理单位还要依法承担民事赔偿责任。

4. 市场准入和市场行为规定

工程监理单位应当依法取得相应等级的资质证书，并在其资质等级许可的范围内承担工程监理业务。禁止工程监理单位超越本单位资质等级许可的范围或者以其他工程监理单位的名义承担工程监理业务。禁止工程监理单位允许其他单位或者个人以本单位的名义承担工程监理业务。工程监理单位不得转让工程监理业务。

5. 工程监理单位与被监理单位关系的限制性规定

工程监理单位与被监理工程的施工承包单位及建筑材料、建筑构配件和设备供应单位有隶属关系或者其他利害关系的，不得承担该项建设工程的监理业务。

6. 工程监理单位对施工质量监理的依据和监理责任

工程监理单位应当依照法律、法规及有关技术标准、设计文件和建设工程承包合同，代表建设单位对施工质量实施监理，并对施工质量承担监理责任。

7. 监理人员资格要求及权力方面的规定

工程监理单位应当选派具备相应资格的总监理工程师和(专业)监理工程师进驻施工现场。未经监理工程师签字，建筑材料、建筑构配件和设备不得在工程上使用或安装，施工单位不得进行下一道工序的施工。未经总监理工程师签字，建设单位不拨付工程款，不进行竣工验收。

8. 监理方式的规定

监理工程师应当按照工程监理规范的要求，采用旁站、巡视和平行检验等形式，对建设工程实施监理。

6.2.4 勘察、设计单位的安全责任

1. 勘察单位的安全责任

(1) 确保勘察文件的质量，以保证后续工作安全的责任。

《建设工程安全生产管理条例》第十二条第一款规定，勘察单位应当按照法律、法规和工程建设强制性标准进行勘察，提供的勘察文件应当真实、准确，满足建设工程安全生产的需要。

(2) 科学勘察，以保证周边建筑物安全的责任。

《建设工程安全生产管理条例》第十二条第二款规定，勘察单位在勘察作业时，应当严格执行操作规程，采取措施保证各类管线、设施和周边建筑物、构筑物的安全。

2. 设计单位的安全责任

(1) 科学设计的责任。

(2) 提出建议的责任。

《建设工程安全生产管理条例》第十三条规定，设计单位应当考虑施工安全操作和防护的需要，对涉及施工安全的重点部位和环节在设计文件中注明，并对防范生产安全事故提

出指导意见。采用新结构、新材料、新工艺的建设工程和特殊结构的建设工程，设计单位应当在设计中提出保障施工作业人员安全和预防生产安全事故的措施建议。

6.2.5 其他相关单位的安全责任

1. 机械设备和配件供应单位的安全责任

《建设工程安全生产管理条例》第十五条规定，为建设工程提供机械设备和配件的单位，应当按照安全施工的要求配备齐全有效的保险、限位等安全设施和装置。

2. 出租机械设备和施工机具及配件单位的安全责任

《建设工程安全生产管理条例》第十六条规定，出租的机械设备和施工机具及配件，应当具有生产(制造)许可证、产品合格证。出租单位应当对出租的机械设备和施工机具及配件的安全性能进行检测，在签订租赁协议时，应当出具检测合格证明。禁止出租检测不合格的机械设备和施工机具及配件。

3. 施工起重机械和自升式架设设施的安全管理

1) 安装与拆卸

《建设工程安全生产管理条例》第十七条规定，在施工现场安装、拆卸施工起重机械和整体提升脚手架、模板等自升式架设设施，必须由具有相应资质的单位承担。安装、拆卸施工起重机械和整体提升脚手架、模板等自升式架设设施，应当编制拆装方案、制定安全施工措施，并由专业技术人员现场监督。施工起重机械和整体提升脚手架、模板等自升式架设设施安装完毕后，安装单位应当自检，出具自检合格证明，并向施工单位进行安全使用说明，办理验收手续并签字。

2) 检验检测

(1) 强制检测。

《建设工程安全生产管理条例》第十八条规定，施工起重机械和整体提升脚手架、模板等自升式架设设施的使用达到国家规定的检验检测期限的，必须经具有专业资质的检验检测机构检测。经检测不合格的，不得继续使用。

施工起重机械和自升式架设设施在使用过程中，应当按照规定进行定期检测，并及时进行全面检修保养。对于达到国家规定的检验检测期限的，必须经具有专业资质的检验检测机构检测。根据国务院《特种设备安全监察条例》的规定，从事施工起重机械定期检验、监督检验的检验检测机构，应当经国务院特种设备安全监督部门核准，取得核准后方可从事检验检测活动。检验检测机构必须具备与所从事的检验检测工作相适应的检验检测人员、检验检测仪器和设备，有健全的检验检测管理制度和检验检测责任制度。同时，检验检测机构进行检测工作是应当符合安全技术规范的要求，经检测不合格的，不得继续使用。

(2) 检验检测机构的安全责任。

《建设工程安全生产管理条例》第十九条规定，检验检测机构对检测合格的施工起重机械和整体提升脚手架、模板等自升式架设设施，应当出具安全合格证明文件，并对检测结果负责。

根据国务院《特种设备安全监察条例》的规定，检验检测机构和检验检测人员进行特种设备检验检测，应当遵循诚信原则和方便企业的原则，为施工单位提供可靠、便捷的检验检测服务。检验检测机构和检验检测人员应当客观、公正、及时地出具检验检测结果、鉴定结论。检测合格的，应当出具安全合格证明文件。检验检测结果、鉴定结论经检验检测人员签字后，由检验检测机构负责人签署。设备检验检测机构和检验检测人员对检验检测结果、鉴定结论负责。

设备检验检测机构进行设备检验检测时发现严重事故隐患，应当及时告知施工单位，并立即向特种设备安全监督管理部门报告。

6.3 安全生产监督管理与法律责任

安全生产监督管理制度涵盖了安全生产监督管理体制、各级安全生产监督管理部门及其他有关部门各自的安全监督管理职责、公众监督、社区组织监督和新闻舆论监督等重要内容。安全生产监督管理的主体包括各级人民政府及其安全生产综合监督管理部门、有关部门、公民、工会、社区基层组织和新闻媒体，依照法律赋予的权力(权利)对安全生产工作进行监督。

6.3.1 政府对安全生产的监督管理

1. 负有安全生产监督管理职责的部门

(1)《安全生产法》第九条规定，国务院负责安全生产监督管理的部门依照本法，对全国安全生产工作实施综合监督管理；县级以上地方各级人民政府负责安全生产监督管理的部门依照本法，对本行政区域内安全生产工作实施综合监督管理。

国务院有关部门依照本法和其他有关法律、行政法规的规定，在各自的职责范围内对有关的安全生产工作实施监督管理；县级以上地方各级人民政府有关部门依照本法和其他有关法律、法规的规定，在各自的职责范围内对有关的安全生产工作实施监督管理。

(2)《安全生产法》第六十一条规定，监察机关依照行政监察法的规定，对负有安全生产监督管理职责的部门及其工作人员履行安全生产监督管理职责实施监察。

(3)《安全生产法》关于安全生产中介机构的监督管理的规定主要包括资质认可和责任追究两个方面。《安全生产法》第六十二条规定，承担安全评价、认证、监测、检验的机构应当具备国家规定的资质条件。这是确定其合法性的基本条件。《安全生产法》第六十二条同时也规定承担安全评价、认证、检测、检验的机构对其作出的安全评价、认证、检测、检验的结果负责。依法取得资质的安全生产中介机构从事服务活动，必须遵守有关法律、法规和职业准则，独立享有权利，履行义务，承担责任。按照权责利一致的原则，取得合法资质的有关中介机构的责任必须明确。

2. 负有安全生产监督管理职责的部门的行政许可职责

县级以上人民政府中负有安全生产监督管理职责的部门，按照各自的职责分工对安全生产实施监督管理的主要职权之一，是依法对有关安全生产事项实施行政许可。

《安全生产法》第五十四条规定，依照本法第九条规定对安全生产负有监督管理职责的部门(以下统称负有安全生产监督管理职责的部门)依照有关法律、法规的规定，对涉及安全生产的事项需要审查批准(包括批准、核准、许可、注册、认证、颁发证照等，下同)或者验收的，必须严格依照有关法律、法规和国家标准或者行业标准规定的安全生产条件和程序进行审查；不符合有关法律、法规和国家标准或者行业标准规定的安全生产条件的，不得批准或者验收通过。对未依法取得批准或者验收合格的单位擅自从事有关活动的，负责行政审批的部门发现或者接到举报后应当立即予以取缔，并依法予以处理。对已经依法取得批准的单位，负责行政审批的部门发现其不再具备安全生产条件的，应当撤销原批准。

《安全生产法》第五十五条规定，负有安全生产监督管理职责的部门对涉及安全生产的事项进行审查、验收，不得收取费用；不得要求接受审查、验收的单位购买其指定品牌或者指定生产、销售单位的安全设备、器材或者其他产品。

3. 负有安全生产监督管理职责的部门依法监督检查时行使的职权

《安全生产法》第五十六条规定，负有安全生产监督管理职责的部门依法对生产经营单位执行有关安全生产的法律、法规和国家标准或者行业标准的情况进行监督检查，行使以下职权。

(1) 进入生产经营单位进行检查，调阅有关资料，向有关单位和人员了解情况。

(2) 对检查中发现的安全生产违法行为，当场予以纠正或者要求限期改正；对依法应当给予行政处罚的行为，依照本法和其他有关法律、行政法规的规定作出行政处罚决定。

(3) 对检查中发现的事故隐患，应当责令立即排除；重大事故隐患排除前或者排除过程中无法保证安全的，应当责令从危险区域内撤出作业人员，责令暂时停产停业或者停止使用；重大事故隐患排除后，经审查同意，方可恢复生产经营和使用。

(4) 对有根据认为不符合保障安全生产的国家标准或者行业标准的设施、设备、器材予以查封或者扣押，并应当在十五日内依法作出处理决定。

监督检查不得影响被检查单位的正常生产经营活动。

4. 与安全生产监督相关行为的规定

1) 安全生产监督检查人员依法履行职责的要求

《安全生产法》对安全生产监督检查人员履行职责提出了要求。《安全生产法》第五十八条规定，安全生产监督检查人员应当忠于职守，坚持原则，秉公执法。安全生产监督检查人员执行监督检查任务时，必须出示有效的监督执法证件；对涉及被检查单位的技术秘密和业务秘密，应当为其保密。

《安全生产法》第五十九条规定，安全生产监督检查人员应当将检查的时间、地点、内容、发现的问题及其处理情况，作出书面记录，并由检查人员和被检查单位的负责人签字；被检查单位的负责人拒绝签字的，检查人员应当将情况记录在案，并向负有安全生产监督管理职责的部门报告。

2) 配合安全生产监督管理部门和人员进行监督检查的规定

保证安全生产监督检查人员正常履行职责，生产经营单位积极配合也很重要。《安全生产法》第六十条规定，负有安全生产监督管理职责的部门在监督检查中，应当互相配合，实行联合检查；确需分别进行检查的，应当互通情况，发现存在的安全问题应当由其他有关部门进行处理的，应当及时移送其他有关部门并形成记录备查，接受移送的部门应当及时进行处理。

3) 安全生产违法行为的举报的规定

《安全生产法》关于安全生产违法行为举报的规定包括社会举报和举报受理两个方面。

(1) 社会举报。

《安全生产法》第六十四条规定，任何单位和个人对事故隐患或者安全生产违法行为，均有权向负有安全生产监督管理职责的部门报告或者举报。

(2) 举报受理。

《安全生产法》第六十三条规定，负有安全生产监督管理职责的部门应当建立举报制度，公开举报电话、信箱或者电子邮件地址，受理有关安全生产的举报；受理的举报事项经调查核实后，应当形成书面材料；需要落实整改措施的，报经有关负责人签字并督促落实。

4) 安全生产社会监督、舆论监督的规定

(1) 社会监督。

作为政府监督管理的补充，发挥城乡社区基层组织在安全生产监督方面的作用十分重要。《安全生产法》第六十五条规定，居民委员会、村民委员会发现其所在区域内的生产经营单位存在事故隐患或者安全生产违法行为时，应当向当地人民政府或者有关部门报告。

(2) 舆论监督。

《安全生产法》第六十七条明确规定，新闻、出版、广播、电影、电视等单位有进行安全生产宣传教育的义务，有对违反安全生产法律、法规的行为进行舆论监督的权利。

5) 对举报安全生产违法行为有功人员的奖励

《安全生产法》第六十六条规定，县级以上人民政府及其有关部门对报告重大事故隐患或者举报安全生产违法行为的有功人员，给予奖励。具体奖励办法由国务院负责安全生产监督管理的部门会同国务院财政部门制定。

6) 工会是政府监督管理的重要补充

《安全生产法》第七条规定，工会依法组织职工参加本单位安全生产工作的民主管理和民主监督，维护职工在安全生产方面的合法权益。

《安全生产法》第五十二条规定，工会有权对建设项目的安全设施与主体工程同时设计、同时施工、同时投入生产和使用进行监督，提出意见。

7) 安全生产检查收费的规定

《安全生产法》第五十五条规定：负有安全生产监督管理职责的部门对涉及安全生产的事项进行审查、验收，不得收取费用；不得要求接受审查、验收的单位购买其指定品牌或者指定生产、销售单位的安全设备、器材或者其他产品。

6.3.2 安全生产许可证管理

国家对建筑施工企业实行安全生产许可制度。建筑施工企业未取得安全生产许可证的，不得从事建筑施工活动。

1. 安全生产许可证的颁发与管理

《建筑施工企业安全生产许可证管理规定》第三条规定，国务院建设主管部门负责中央管理的建筑施工企业安全生产许可证的颁发和管理。省、自治区、直辖市人民政府建设主管部门负责本行政区域内前款规定以外的建筑施工企业安全生产许可证的颁发和管理，并接受国务院建设主管部门的指导和监督。市、县人民政府建设主管部门负责本行政区域内建筑施工企业安全生产许可证的监督管理，并将监督检查中发现的企业违法行为及时报告安全生产许可证颁发管理机关。

2. 安全生产许可证申领的办法

《建筑施工企业安全生产许可证管理规定》第五条规定，建筑施工企业从事建筑施工活动前，应当依照本规定向省级以上建设主管部门申请领取安全生产许可证。中央管理的建筑施工企业(集团公司、总公司)应当向国务院建设主管部门申请领取安全生产许可证。前款规定以外的其他建筑施工企业，包括中央管理的建筑施工企业(集团公司、总公司)下属的建筑施工企业，应当向企业注册所在地省、自治区、直辖市人民政府建设主管部门申请领取安全生产许可证。

《建筑施工企业安全生产许可证管理规定》第十二条规定，安全生产许可证采用国务院安全生产监督管理部门规定统一的式样。安全生产许可证分正本和副本，正、副本具有同等法律效力。

根据《安全生产许可证条例》第六条规定，企业取得安全生产许可证，应当具备下列安全生产条件。

(1) 建立、健全安全生产责任制，制定完备的安全生产规章制度和操作规程。

(2) 安全投入符合安全生产要求。

(3) 设置安全生产管理机构，配备专职安全生产管理人员。

(4) 主要负责人和安全生产管理人员经考核合格。

(5) 特种作业人员经有关业务主管部门考核合格，取得特种作业操作资格证书。

(6) 从业人员经安全生产教育和培训合格。

(7) 依法参加工伤保险，为从业人员缴纳保险费。

(8) 厂房、作业场所和安全设施、设备、工艺符合有关安全生产法律、法规、标准和规程的要求。

(9) 有职业危害防治措施，并为从业人员配备符合国家标准或者行业标准的劳动防护用品。

(10) 依法进行安全评价。

(11) 有重大危险源检测、评估、监控措施和应急预案。

(12) 有生产安全事故应急救援预案、应急救援组织或者应急救援人员，配备必要的应急救援器材、设备。

(13) 法律、法规规定的其他条件。

《建筑施工企业安全生产许可证管理规定》第六条规定，建筑施工企业申请安全生产许可证时，应当向建设主管部门提供下列材料。

(1) 建筑施工企业安全生产许可证申请表。

(2) 企业法人营业执照。

(3) 第四条规定的相关文件、材料。

建筑施工企业申请安全生产许可证，应当对申请材料实质内容的真实性负责，不得隐瞒有关情况或者提供虚假材料。

《安全生产许可证条例》第七条规定，企业进行生产前，应当依照本条例的规定向安全生产许可证颁发管理机关申请领取安全生产许可证，并提供本条例第六条规定的相关文件、资料。安全生产许可证颁发管理机关应当自收到申请之日起 45 日内审查完毕，经审查符合本条例规定的安全生产条件的，颁发安全生产许可证；不符合本条例规定的安全生产条件的，不予颁发安全生产许可证，书面通知企业并说明理由。

建设主管部门审查建筑施工企业安全生产许可证申请，涉及铁路、交通、水利等有关专业工程时，可以征求铁路、交通、水利等有关部门的意见。

3. 安全生产许可证的有效期限和变更管理

《安全生产许可证条例》第九条规定，安全生产许可证的有效期为 3 年。安全生产许可证有效期满需要延期的，企业应当于期满前 3 个月向原安全生产许可证颁发管理机关申请办理延期手续。企业在安全生产许可证有效期内，严格遵守有关安全生产的法律法规，未发生死亡事故的，安全生产许可证有效期届满时，经原安全生产许可证颁发管理机关同意，不再审查，安全生产许可证有效期延期 3 年。

《建筑施工企业安全生产许可证管理规定》第九条规定，建筑施工企业变更名称、地址、法定代表人等，应当在变更后 10 日内，到原安全生产许可证颁发管理机关办理安全生产许可证变更手续。

《建筑施工企业安全生产许可证管理规定》第十条规定，建筑施工企业破产、倒闭、撤销的，应当将安全生产许可证交回原安全生产许可证颁发管理机关予以注销。

《建筑施工企业安全生产许可证管理规定》第十一条规定，建筑施工企业遗失安全生产许可证，应当立即向原安全生产许可证颁发管理机关报告，并在公众媒体上声明作废后，方可申请补办。

6.3.3 法律责任

1. 安全生产违法行为的责任主体

《安全生产法》第八条和第九条明确规定了各级地方人民政府和负有安全生产监督管理职责的部门对其管辖行政区域和职权范围内的安全生产工作进行监督管理。监督管理既是法定职权，又是法定职责。

1) 有关人民政府和负有安全生产监督管理职责的部门及其领导人、负责人

《安全生产法》第八十六条规定，生产经营单位将生产经营项目、场所、设备发包或者出租给不具备安全生产条件或者相应资质的单位或者个人的，责令限期改正，没收违法所得；违法所得 5 万元以上的，并处违法所得 1 倍以上 5 倍以下的罚款；没有违法所得或者违法所得不足 5 万元的，单处或者并处 1 万元以上 5 万元以下的罚款；导致发生生产安全事故给他人造成损害的，与承包方、承租方承担连带赔偿责任。《安全生产法》第九十五条规定，生产经营单位发生生产安全事故造成人员伤亡、他人财产损失的，应当依法承担赔偿责任。

2) 生产经营单位及其负责人、有关主管人员

《安全生产法》第十条规定，生产经营单位必须执行依法制定的保障安全生产的国家标准或者行业标准。第十八条规定，生产经营单位应当具备的安全生产条件所必需的资金投入，由生产经营单位的决策机构、主要负责人或者个人经营的投资人予以保证，并对由于安全生产所必需的资金投入不足导致的后果承担责任。

《安全生产法》第十七条规定，生产经营单位的主要负责人对本单位安全生产工作负有下列职责。

(1) 建立、健全本单位安全生产责任制。

(2) 组织制定本单位安全生产规章制度和操作规程。

(3) 保证本单位安全生产投入的有效实施。

(4) 督促、检查本单位的安全生产工作，及时消除生产安全事故隐患。

(5) 组织制定并实施本单位的生产安全事故应急救援预案。

(6) 及时、如实报告生产安全事故。

《安全生产法》第十九条规定，矿山、建筑施工单位和危险物品的生产、经营、储存单位，应当设置安全生产管理机构或者配备专职安全生产管理人员。

前款规定以外的其他生产经营单位，从业人员超过 300 人的，应当设置安全生产管理机构或者配备专职安全生产管理人员；从业人员在 300 人以下的，应当配备专职或者兼职的安全生产管理人员，或者委托具有国家规定的相关专业技术资格的工程技术人员提供安全生产管理服务。

《安全生产法》第二十条规定，生产经营单位的主要负责人和安全生产管理人员必须具备与本单位所从事的生产经营活动相应的安全生产知识和管理能力。

3) 生产经营单位的从业人员

从业人员直接从事生产经营活动，《安全生产法》在赋予他们必要的安全生产权利的同时，设定了他们必须履行的安全生产义务。如果因从业人员违反安全生产义务而导致重大、特大事故，那么必须承担相应的法律责任。

《安全生产法》第二十一条规定，生产经营单位应当对从业人员进行安全生产教育和培训，保证从业人员具备必要的安全生产知识，熟悉有关的安全生产规章制度和安全操作规程，掌握本岗位的安全操作技能。未经安全生产教育和培训合格的从业人员，不得上岗作业。

《安全生产法》第九十条规定，生产经营单位的从业人员不服从管理，违反安全生产规章制度或者操作规程的，由生产经营单位给予批评教育，依照有关规章制度给予处分；造成重大事故，构成犯罪的，依照刑法有关规定追究刑事责任。

4) 安全生产中介服务机构和安全生产中介服务人员

《安全生产法》第十二条规定，依法设立的为安全生产提供技术服务的中介机构，依照法律、行政法规和职业准则，接受生产经营单位的委托为其安全生产工作提供技术服务。

《安全生产法》第七十九条规定，承担安全评价、认证、检测、检验工作的机构，出具虚假证明，构成犯罪的，依照刑法有关规定追究刑事责任；尚不够刑事处罚的，没收违法所得，违法所得在 5 000 元以上的，并处违法所得 2 倍以上 5 倍以下的罚款，没有违法所得或者违法所得不足 5 000 元的，单处或者并处 5 000 元以上 2 万元以下的罚款，对其直接负责的主管人员和其他直接责任人员处 5 000 元以上 5 万元以下的罚款；给他人造成损害的，与生产经营单位承担连带赔偿责任。

5) 负有安全生产监督管理职责的部门工作人员

《安全生产法》第七十七条规定，负有安全生产监督管理职责的部门的工作人员，有下列行为之一的，给予降级或者撤职的行政处分；构成犯罪的，依照刑法有关规定追究刑事责任。

(1) 对不符合法定安全生产条件的涉及安全生产的事项予以批准或者验收通过的。

(2) 发现未依法取得批准、验收的单位擅自从事有关活动或者接到举报后不予取缔或者不依法予以处理的。

(3) 对已经依法取得批准的单位不履行监督管理职责，发现其不再具备安全生产条件而不撤销原批准或者发现安全生产违法行为不予查处的。

2. 安全生产违法行为行政处罚的决定机关

安全生产违法行为行政处罚的决定机关亦称行政执法主体，是指法律、法规授权履行法律实施职权和负责追究有关法律责任的国家行政机关。

具体地说，《安全生产法》规定的行政执法主体有 4 种。

1) 县级以上人民政府负责安全生产监督管理职责的部门

《安全生产法》第九条规定，国务院负责安全生产监督管理的部门依照本法，对全国安全生产工作实施综合监督管理；县级以上地方各级人民政府负责安全生产监督管理的部门依照本法，对本行政区域内安全生产工作实施综合监督管理。国务院有关部门依照本法和其他有关法律、行政法规的规定，在各自的职责范围内对有关的安全生产工作实施监督管理；县级以上地方各级人民政府有关部门依照本法和其他有关法律、法规的规定，在各自的职责范围内对有关的安全生产工作实施监督管理。

《安全生产法》第九十四条规定，本法规定的行政处罚，由负责安全生产监督管理的部门决定；予以关闭的行政处罚由负责安全生产监督管理的部门报请县级以上人民政府按照国务院规定的权限决定；给予拘留的行政处罚由公安机关依照治安管理处罚条例的规定决定。有关法律、行政法规对行政处罚的决定机关另有规定的，依照其规定。

2) 县级以上人民政府

3) 公安机关

《安全生产法》第九十一条规定，生产经营单位主要负责人在本单位发生重大生产安全事故时，不立即组织抢救或者在事故调查处理期间擅离职守或者逃匿的，给予降职、撤职的处分，对逃匿的处十五日以下拘留；构成犯罪的，依照刑法有关规定追究刑事责任。

《安全生产法》第九十四条规定，给予拘留的行政处罚由公安机关依照治安管理处罚条例的规定决定。

对违反《安全生产法》有关规定需要予以拘留的，除公安机关以外的其他部门、单位和公民，都无权擅自抓人。

4) 法定的其他行政机关

《安全生产法》第九十四条规定，有关法律、行政法规对行政处罚的决定机关另有规定的，依照其规定。

依照有关安全生产法律、行政法规履行某些行政处罚权力的，主要有公安、工商、铁道、交通、民航、建筑、质检和煤矿安全监察等专项安全生产监管部门和机构，他们在有关法律、行政法规授权的范围内，有权决定相应的行政处罚。

《建设工程安全生产管理条例》第六十八条规定，本条例规定的行政处罚，由建设行政主管部门或者其他有关部门依照法定职权决定。违反消防安全管理规定的行为，由公安消防机构依法处罚。有关法律、行政法规对建设工程安全生产违法行为的行政处罚决定机关另有规定的，从其规定。

3. 施工单位违反安全生产法律法规应承担的法律责任

(1)《建设工程安全生产管理条例》第六十二条规定，违反本条例的规定，施工单位有下列行为之一的，责令限期改正；逾期未改正的，责令停业整顿，依照《中华人民共和国安全生产法》的有关规定处以罚款；造成重大安全事故，构成犯罪的，对直接责任人员，依照刑法有关规定追究刑事责任。

① 未设立安全生产管理机构、配备专职安全生产管理人员或者分部分项工程施工时无专职安全生产管理人员现场监督的。

② 施工单位的主要负责人、项目负责人、专职安全生产管理人员、作业人员或者特种作业人员，未经安全教育培训或者经考核不合格即从事相关工作的。

③ 未在施工现场的危险部位设置明显的安全警示标志，或者未按照国家有关规定在施工现场设置消防通道、消防水源、配备消防设施和灭火器材的。

④ 未向作业人员提供安全防护用具和安全防护服装的。

⑤ 未按照规定在施工起重机械和整体提升脚手架、模板等自升式架设设施验收合格后登记的。

⑥ 使用国家明令淘汰、禁止使用的危及施工安全的工艺、设备、材料的。

(2)《建设工程安全生产管理条例》第六十三条规定，违反本条例的规定，施工单位挪用列入建设工程概算的安全生产作业环境及安全施工措施所需费用的，责令限期改正，处挪用费用20%以上50%以下的罚款；造成损失的，依法承担赔偿责任。

(3)《建设工程安全生产管理条例》第六十四条规定，违反本条例的规定，施工单位有下列行为之一的，责令限期改正；逾期未改正的，责令停业整顿，并处5万元以上10万元以下的罚款；造成重大安全事故，构成犯罪的，对直接责任人员，依照刑法有关规定追究刑事责任。

① 施工前未对有关安全施工的技术要求作出详细说明的。

② 未根据不同施工阶段和周围环境及季节、气候的变化，在施工现场采取相应的安全施工措施，或者在城市市区内的建设工程的施工现场未实行封闭围挡的。

③ 在尚未竣工的建筑物内设置员工集体宿舍的。

④ 施工现场临时搭建的建筑物不符合安全使用要求的。

⑤ 未对因建设工程施工可能造成损害的毗邻建筑物、构筑物和地下管线等采取专项防护措施的。

施工单位有前款规定第④项、第⑤项行为，造成损失的，依法承担赔偿责任。

(4)《建设工程安全生产管理条例》第六十五条规定，违反本条例的规定，施工单位有下列行为之一的，责令限期改正；逾期未改正的，责令停业整顿，并处10万元以上30万元以下的罚款；情节严重的，降低资质等级，直至吊销资质证书；造成重大安全事故，构成犯罪的，对直接责任人员，依照刑法有关规定追究刑事责任；造成损失的，依法承担赔偿责任。

① 安全防护用具、机械设备、施工机具及配件在进入施工现场前未经查验或者查验不合格即投入使用的。

② 使用未经验收或者验收不合格的施工起重机械和整体提升脚手架、模板等自升式架设设施的。

③ 委托不具有相应资质的单位承担施工现场安装、拆卸施工起重机械和整体提升脚手架、模板等自升式架设设施的。

④ 在施工组织设计中未编制安全技术措施、施工现场临时用电方案或者专项施工方案的。

(5)《建设工程安全生产管理条例》第六十六条规定，施工单位的主要负责人、项目负责人未履行安全生产管理职责的，责令限期改正；逾期未改正的，责令施工单位停业整顿；造成重大安全事故、重大伤亡事故或者其他严重后果，构成犯罪的，依照刑法有关规定追究刑事责任。作业人员不服管理、违反规章制度和操作规程冒险作业造成重大伤亡事故或者其他严重后果，构成犯罪的，依照刑法有关规定追究刑事责任。施工单位的主要负责人、项目负责人有前款违法行为，尚不够刑事处罚的，处 2 万元以上 20 万元以下的罚款或者按照管理权限给予撤职处分；自刑罚执行完毕或者受处分之日起，5 年内不得担任任何施工单位的主要负责人、项目负责人。

(6)《建设工程安全生产管理条例》第六十七条规定，施工单位取得资质证书后，降低安全生产条件的，责令限期改正；经整改仍未达到与其资质等级相适应的安全生产条件的，责令停业整顿，降低其资质等级直至吊销资质证书。

4. 工程建设其他相关主体违反安全生产法律法规应承担的法律责任

(1)《建设工程安全生产管理条例》第五十三条规定，县级以上人民政府建设行政主管部门或者其他有关行政管理部门的工作人员，有下列行为之一的，给予降级或者撤职的行政处分；构成犯罪的，依照刑法有关规定追究刑事责任。

① 对不具备安全生产条件的施工单位颁发资质证书的。

② 对没有安全施工措施的建设工程颁发施工许可证的。

③ 发现违法行为不予查处的。

④ 不依法履行监督管理职责的其他行为。

(2)《建设工程安全生产管理条例》第五十四条规定，违反本条例的规定，建设单位未提供建设工程安全生产作业环境及安全施工措施所需费用的，责令限期改正；逾期未改正的，责令该建设工程停止施工。建设单位未将保证安全施工的措施或者拆除工程的有关资料报送有关部门备案的，责令限期改正，给予警告。

(3)《建设工程安全生产管理条例》第五十五条规定，违反本条例的规定，建设单位有下列行为之一的，责令限期改正，处 20 万元以上 50 万元以下的罚款；造成重大安全事故，构成犯罪的，对直接责任人员，依照刑法有关规定追究刑事责任；造成损失的，依法承担赔偿责任。

① 对勘察、设计、施工、工程监理等单位提出不符合安全生产法律、法规和强制性标准规定的要求的。

② 要求施工单位压缩合同约定的工期的。

③ 将拆除工程发包给不具有相应资质等级的施工单位的。

(4)《建设工程安全生产管理条例》第五十六条规定，违反本条例的规定，勘察单位、设计单位有下列行为之一的，责令限期改正，处 10 万元以上 30 万元以下的罚款；情节严重的，责令停业整顿，降低资质等级，直至吊销资质证书；造成重大安全事故，构成犯罪的，对直接责任人员，依照刑法有关规定追究刑事责任；造成损失的，依法承担赔偿责任。

① 未按照法律、法规和工程建设强制性标准进行勘察、设计的。

② 采用新结构、新材料、新工艺的建设工程和特殊结构的建设工程，设计单位未在设计中提出保障施工作业人员安全和预防生产安全事故的措施建议的。

(5)《建设工程安全生产管理条例》第五十七条规定，违反本条例的规定，工程监理单位有下列行为之一的，责令限期改正；逾期未改正的，责令停业整顿，并处 10 万元以上 30 万元以下的罚款；情节严重的，降低资质等级，直至吊销资质证书；造成重大安全事故，构成犯罪的，对直接责任人员，依照刑法有关规定追究刑事责任；造成损失的，依法承担赔偿责任：

① 未对施工组织设计中的安全技术措施或者专项施工方案进行审查的。

② 发现安全事故隐患未及时要求施工单位整改或者暂时停止施工的。

③ 施工单位拒不整改或者不停止施工，未及时向有关主管部门报告的。

④ 未依照法律、法规和工程建设强制性标准实施监理的。

(6)《建设工程安全生产管理条例》第五十八条规定，注册执业人员未执行法律、法规和工程建设强制性标准的，责令停止执业 3 个月以上 1 年以下；情节严重的，吊销执业资格证书，5 年内不予注册；造成重大安全事故的，终身不予注册；构成犯罪的，依照刑法有关规定追究刑事责任。

(7)《建设工程安全生产管理条例》第五十九条规定，违反本条例的规定，为建设工程提供机械设备和配件的单位，未按照安全施工的要求配备齐全有效的保险、限位等安全设施和装置的，责令限期改正，处合同价款 1 倍以上 3 倍以下的罚款；造成损失的，依法承担赔偿责任。

(8)《建设工程安全生产管理条例》第六十条规定，违反本条例的规定，出租单位出租未经安全性能检测或者经检测不合格的机械设备和施工机具及配件的，责令停业整顿，并处 5 万元以上 10 万元以下的罚款；造成损失的，依法承担赔偿责任。

(9)《建设工程安全生产管理条例》第六十一条规定，违反本条例的规定，施工起重机械和整体提升脚手架、模板等自升式架设设施安装、拆卸单位有下列行为之一的，责令限期改正，处 5 万元以上 10 万元以下的罚款；情节严重的，责令停业整顿，降低资质等级，直至吊销资质证书；造成损失的，依法承担赔偿责任。

① 未编制拆装方案、制定安全施工措施的。

② 未由专业技术人员现场监督的。

③ 未出具自检合格证明或者出具虚假证明的。

④ 未向施工单位进行安全使用说明，办理移交手续的。

施工起重机械和整体提升脚手架、模板等自升式架设设施安装、拆卸单位有前款规定的第①项、第③项行为，经有关部门或者单位职工提出后，对事故隐患仍不采取措施，因而发生重大伤亡事故或者造成其他严重后果，构成犯罪的，对直接责任人员，依照刑法有关规定追究刑事责任。

5. 生产安全事故法律责任

1) 事故发生单位主要负责人法律责任

《生产安全事故报告和调查处理条例》第三十五条规定，事故发生单位主要负责人有下列行为之一的，处上一年年收入 40%至 80%的罚款；属于国家工作人员的，并依法给予处分；构成犯罪的，依法追究刑事责任。

(1) 不立即组织事故抢救的。

(2) 迟报或者漏报事故的。

(3) 在事故调查处理期间擅离职守的。

2) 事故发生单位及其有关人员法律责任

《生产安全事故报告和调查处理条例》第三十六条规定，事故发生单位及其有关人员有下列行为之一的，对事故发生单位处 100 万元以上 500 万元以下的罚款；对主要负责人、直接负责的主管人员和其他直接责任人员处上一年年收入 60%至 100%的罚款；属于国家工作人员的，并依法给予处分；构成违反治安管理行为的，由公安机关依法给予治安管理处罚；构成犯罪的，依法追究刑事责任。

(1) 谎报或者瞒报事故的。

(2) 伪造或者故意破坏事故现场的。

(3) 转移、隐匿资金、财产，或者销毁有关证据、资料的。

(4) 拒绝接受调查或者拒绝提供有关情况和资料的。

(5) 在事故调查中作伪证或者指使他人作伪证的。

(6) 事故发生后逃匿的。

3) 有关地方人民政府、安全生产监督管理部门法律责任

《生产安全事故报告和调查处理条例》第三十九条规定，有关地方人民政府、安全生产监督管理部门和负有安全生产监督管理职责的有关部门有下列行为之一的，对直接负责的主管人员和其他直接责任人员依法给予处分；构成犯罪的，依法追究刑事责任。

(1) 不立即组织事故抢救的。

(2) 迟报、漏报、谎报或者瞒报事故的。

(3) 阻碍、干涉事故调查工作的。

(4) 在事故调查中作伪证或者指使他人作伪证的。

4) 参与事故调查的人员法律责任

《生产安全事故报告和调查处理条例》第四十一条规定，参与事故调查的人员在事故调查中有下列行为之一的，依法给予处分；构成犯罪的，依法追究刑事责任。

(1) 对事故调查工作不负责任，致使事故调查工作有重大疏漏的。

(2) 包庇、袒护负有事故责任的人员或者借机打击报复的。

本章小结

本章介绍了建筑安全生产管理的含义，我国建筑安全生产管理的有关法律法规，建筑安全生产管理的特点，建筑安全生产的方针，安全生产法规总则，建设活动各参与方的安全生产责任，以及安全生产监督管理和法律责任。

习题

1．建筑安全生产管理有哪些特点？建筑安全生产的方针是什么？

2．建设行政主管部门建筑安全生产管理的主要职责有哪些？

3．简要叙述建设活动各参与方的安全生产职责。

4．建筑安全生产管理体制有哪些什么？

5．建筑安全生产管理基本制度有哪些？

6．安全生产责任制度的是如何规定的？

7．简述我国当前的安全生产许可证管理的相关规定。

第7章

建设工程质量管理制度

教学目标

了解我国现行建筑质量管理的基本制度；熟悉建筑工程质量管理体系及认证制度；掌握建筑工程质量监督检测制度、建筑工程质量责任制度、建筑工程竣工验收和建筑工程质量保修制度。

教学要求

能力目标	知识要点	权重
理解运用我国工程质量管理体系	建设工程质量管理体系、工程质量体系认证	20%
掌握我国工程质量管理的法律规定	我国现行工程质量管理法律框架	30%
识别建筑工程质量责任	建筑工程质量监督检测制度、建筑工程质量责任制度、建筑工程竣工验收和质量保修制度	50%

驱动案例

1993 年 5 月 8 日，敦煌大酒店筹建处与甘肃省第四建筑工程公司签订《建设工程施工合同》，合同约定：甘肃省第四建筑工程公司承包建设敦煌大酒店的全部建筑安装工程、室外配套设施及附属工程等，1993 年 5 月 8 日开工，1994 年 8 月 1 日竣工；合同价款暂定人民币 1 200 万元(以中国建设银行审定价为准)，工程款委托建设银行按工程进度贷款支付；工程质量等级达到省优奖励 5 万元。

工程如期开工后，因在组织验槽钎探中发现地质资料与实际不符，需修改设计，于同年 6 月 1 日停工，直至 10 月下旬恢复施工。工程施工过程中，敦煌大酒店未能及时按约定拨付工程款，加之多次变更局部设计造成反复施工，工期受到严重影响。

1995 年 4 月 28 日，敦煌大酒店筹建处与甘肃省第四建筑工程公司第六分公司签订《建设工程施工合同》，敦煌大酒店以一次性包死价 456.4 万元将客房部分的装潢工程承包给甘肃省第四建筑工程公司第六分公司，自合同签订之日起开工，同年 7 月 31 日竣工，保修期限 3 个月。

同年 8 月 29 日，敦煌大酒店筹建处与甘肃省第四建筑工程公司第六分公司签订《装修工程合同书》，敦煌大酒店以一次性包死价 400 万元将客房以外的装修工程承包给甘肃省第四建筑工程公司第六分公司，工程于同年 9 月 1 日开工，1996 年 1 月 28 日竣工，保修期一年。

同年 10 月 10 日，敦煌大酒店又与甘肃省第四建筑工程公司第六分公司签订《协议书》，将从原预算中剔除的部分项目以 10 万元包死价交回甘肃省第四建筑工程公司施工，室外竖向工程按现有的马路、围墙、场地、大门一次性 70 万元包死。

1996 年 1 月，上述各项工程全部完工。敦煌大酒店和甘肃省第四建筑工程公司根据合同约定，经敦煌大酒店委托，由中国建设银行敦煌市支行于 1995 年 1 月 18 日和 1996 年 8 月 19 日对建筑安装工程造价进行结算，经会同甘肃省第四建筑工程公司、敦煌大酒店双方工程技术人员现场丈量核实，确认工程造价为 31 075 464 元，并由三方共同签字盖章。同时敦煌大酒店和甘肃省第四建筑工程公司双方于 1996 年 1 月 6 日和 29 日签字确认原预算中剔除部分及室外工程造价为 800 095 元，装潢工程造价为 5 070 139 元：装修工程造价按合同约定为 400 万元。以上合计敦煌大酒店工程总造价为 40 945 698 元。同年 4 月 17 日，甘肃省第四建筑工程公司与敦煌大酒店双方财务人员对已付工程款、欠款进行核对，确认敦煌大酒店已付工程款 35 144 392.4 元(其中包括设备款 1674 553 元)，尚欠 5 801 305.6 元，其中甘肃省第四建筑工程公司未作工程造价为 24 826 元。

此前，敦煌大酒店于 1995 年 12 月 26 日对土建安装工程组织了竣工验收，意见为“符合设计要求，充分体现了设计意图，工程质量优良”。1996 年 1 月 18 日，该工程经敦煌市质量监督站核验为优良工程，后又经甘肃省工程质量监督总站复验，被甘肃省建设委员会评定为省优质样板工程。同年 1 月 29 日，敦煌大酒店对装修工程进行了验收，意见为“符合设计要求，主要项目质量优良，设备及家具完好无损，同意验收”；同月 31 日，敦煌大酒店对装潢工程进行了验收，意见为“平整洁净，整洁完好”。对验收中提出的问题，甘肃省第四建筑工程公司均做了维修整改。同年 6 月 4 日，敦煌大酒店监理工程师刘国瑞在甘肃省第四建筑工程公司关于《敦煌国际大酒店回访和质量问题整改工作报告》上签署了“以上问题做了认真整改”的意见，并加盖了敦煌大酒店的公章；同日敦煌大酒店接管整个工程。同年 7 月 11 日，敦煌大酒店向敦煌市城建局递交了《竣工验收报告》，请求对敦煌大酒店工程给予验收，后因敦煌大酒店未交纳相关费用，验收工作未能如期进行。此间，敦煌大酒店又多次要求甘肃省第四建筑工程公司对竣工工程中存在的问题进行维修整改，甘肃省第四建筑工程公司依合同约定的保修条款多次派人对排水设施、客房家具、装修等方面存在的问题进行了整改。1997 年 1 月 22 日，敦煌大酒店原工程部负责人薛永申签认“维修整改完毕”。

1997 年 3 月，敦煌大酒店才开始试营业。甘肃省第四建筑工程公司为此于同年 3 月 26 日、4 月 2 日、4 月 3 日先后三次致函敦煌大酒店，告知该工程未经国家工程质量监督部门验收，不得投入使用，并督促其尽快与质检部门联系组织验收。但敦煌大酒店仍将未经验收的工程全面投入经营且使用。

1997 年 6 月，敦煌大酒店主楼客房部一楼非承重墙局部开始出现裂缝。同年 7 月 21 日，甘肃省质量监督总站针对敦煌大酒店工程质量问题，召集各有关部门在现场勘验调查的基础上，形成了《关于敦煌国际大酒店工程质量问题会议纪要》(以下简称《纪要》)，认定一楼非承重墙裂缝是由于地基不均匀压缩变形和湿陷下沉引起的，同时认为设计单位、施工单位、勘察单位、建设单位均存在问题，并提出了处理意见。甘肃省第四建筑工程公司对《纪要》中与其有关的责任表示认可和愿意执行，但因设计单位西北设计院提出异议，问题未能得到解决。

1997 年 10 月 18 日，甘肃省第四建筑工程公司以拖欠工程款为由向法院提起诉讼，请求敦煌大酒店支付拖欠工程款 5 801 305.6 元及滞纳金等。

1998 年 12 月 7 日，敦煌大酒店以甘肃省第四建筑工程公司为被告，西北设计院、地质队为第三人提起反诉，请求赔偿因一楼工程质量问题造成的损失 5 355 640 元及工期延误违约金等。

请思考：

该案中建设单位、勘察单位、设计单位、施工单位等分别应承担的工程质量责任。

7.1 建设工程质量管理概述

7.1.1 建设工程质量管理的体系及法律框架

1. 建筑工程质量管理的体系

建筑工程质量是指在国家现行的有关法律、法规、技术标准、设计文件和合同中，对工程的安全、适用、经济、美观等特性的综合要求。建设工程质量的好坏直接关系到国民经济的发展和人民生命财产安全。因此，加强建设工程质量的管理，具有十分重要的意义。

我国的建设工程质量管理体系，包括纵向管理和横向管理两个方面。

纵向管理是国家对建设工程质量所进行的监督管理，具体由建设行政主管部门及其授权机构实施，这种管理贯穿在工程建设的全过程和各个环节。它既对工程建设从计划、规划、土地管理、环保、消防等方面进行监督管理，又对工程建设的主体从资质认定和审查、成果质量检测、验证和奖惩等方面进行监督管理，且对工程建设各种活动，如工程建设招标、投标、工程施工、验收、维修等方面进行监督管理。

横向管理包括两个方面：一是工程承包单位，如勘察单位、设计单位、施工单位对其自身所承担工作的质量管理；二是建设单位对所建工程的质量进行监督管理。

特别提示

纵向管理与横向管理的区别与联系，纵向管理与横向管理的概念。

2. 我国建筑工程质量管理的法律框架

建筑工程质量管理是工程建设过程中永恒的主题。我国颁布了一系列关于建筑工程质量的法律、法规和规章等。

1) 法律——《中华人民共和国建筑法》

《中华人民共和国建筑法》于 1997 年 11 月 1 日经第八届全国人民代表大会常务委员会

第二十八次会议审议通过，自 1998 年 3 月 1 日起施行，并根据 2011 年 4 月 22 日第十一届全国人民代表大会常务委员会第二十次会议《关于修改中华人民共和国建筑法的决定》修正。这部法律第六章规定了建筑工程质量管理，包括建筑工程质量的要求、质量义务和质量管理制度。第七章规定了法律责任。《中华人民共和国建筑法》是我国社会主义市场经济法律体系中的重要法律，对于加强建筑活动的监督管理，维护建筑市场秩序，保证建筑工程的质量和安全，促进建筑业的健康发展，具有重要意义。

2) 行政法规——《建设工程质量管理条例》

《建设工程质量管理条例》于 2000 年 1 月 10 日经国务院第二十五次常务会议通过，自 1 月 30 日发布实施。《建设工程质量管理条例》以参与建筑活动各方主体为线，分别规定了建设单位、勘察单位、设计单位、施工单位、工程监理单位的质量责任和义务，确立了建设工程质量保修制度，工程质量监督管理制度等内容。《建设工程质量管理条例》在对违法行为的种类和相应处罚作出了原则规定的同时，完善了责任追究制度，加大了处罚力度。它的发布施行，对于强化质量监督、规范建设工程各方主体的质量责任和义务、维护建筑市场秩序、全面提高建设工程质量具有重要意义。

3) 技术法规

从严格意义上讲，我国目前还没有真正意义的工程建设技术法规。《房屋建筑技术法规》正在编制过程中，这将是我国第一部建筑技术法规。我国研究制定《房屋建筑技术法规》要做到：首先，要将房屋作为一个完整的概念，改变目前单项标准的状况。技术法规应当是有法定效力、系统完整、可操作性强、技术权威性高的综合技术成果，对政府部门转变职能、强化经济调控、市场监管、公共管理、社会服务，提供技术支撑。其次，借鉴国外经验、总结国内标准化成果，加快技术法规的编制步伐，要有自己的特色，注重实效性。再次，建筑技术法规要明确对结构安全、防火安全、施工与使用安全、卫生健康与环境、噪声控制、节能及其他涉及公众利益的规定。由于我国幅员辽阔，气候和地质条件不一，技术法规也应考虑地方差异，给地方留些余地。

4) 地方性法规、自治条例

地方性法规、自治条例都是由地方国家权力机关制定的规范性文件。我国的地方性法规，一般采用“条例”、“规则”、“规定”、“办法”等名称，如《河南省建设工程质量管理条例》等，都是有关工程质量的地方性法规。自治条例是民族自治地区的权力机关所制定的特殊的地方规范性文件，即自治条例和单行条例。

5) 行政规章

行政规章是有关行政机关依法制定的事关行政管理的规范性文件，分为部门规章和地方政府规章两种。有关工程质量管理的部门规章很多，如《建设工程质量管理办法》、《建筑工程质量许可管理办法》、《房屋建筑工程质量保修办法》等；地方政府规章则更多。

特别提示

技术法规与技术文件的区别。

知识链接

法的效力层次。

7.1.2 工程建设标准化管理

1. 工程建设标准的种类

工程建设标准是指对建设工程设计、施工方法和安全保护的统一的技术要求及有关工程建设的技术术语、符号、代号、制图方法的一般原则。

工程建设标准的类型，按执行效力可划分为强制性标准和推荐性标准。对工程建设业来说，属于强制性标准的有：工程建设勘察、规划、设计、施工(包括安装)及验收等通用的综合标准和重要的质量标准；工程建设通用的有关安全、卫生和环境保护的标准；工程建设重要的术语、符号、代号、计量与单位、建筑模数和制图方法标准；工程建设重要的试验、检验和评定方法等标准；工程建设重要的通用的信息技术标准；国家需要控制的其他工程建设通用的标准。

根据标准的内容可分为设计标准、施工及验收标准、建设定额。按属性可分为技术标准、管理标准和经济标准。

2. 《工程建设标准强制性条文》的实施

(1)《工程建设标准强制性条文》的内容是摘录现行工程建设标准中直接涉及人民生命财产安全、人身健康、环境保护和其他公众利益的规定，同时也包括保护资源、节约投资、提高经济效益和社会效益等政策要求，必须严格贯彻执行。

(2)《工程建设标准强制性条文》是《建设工程质量管理条例》的配套文件，它是工程建设强制标准实施监督的依据。

(3)《工程建设标准强制性条文》对设计、施工人员来说，是设计或施工时必须绝对遵守的技术法规。

(4)《工程建设标准强制性条文》对监理人员来说，是实施工程监理时首先要进行监理的内容。

(5)《工程建设标准强制性条文》对政府监督人员来说，是重要的、可操作的处罚依据。

3. 违反《工程建设标准强制性条文》应承担的法律责任

1) 施工单位的法律责任

施工单位违反工程建设强制性标准的，责令改正，处工程合同价款 2%以上 4%以下的罚款；造成建设工程质量不符合规定的质量标准的，负责返工、修理，并赔偿因此造成的损失；情节严重的，责令停业整顿，降低资质等级或者吊销资质等级证书。

2) 建设单位的法律责任

建设单位有下列行为之一的，责令改正，并处以 20 万元以上 50 万元以下的罚款。

(1) 明示或者暗示施工单位使用不合格的建筑材料、建筑构配件和设备的。

(2) 明示或者暗示设计单位或者施工单位违反工程建设强制性标准，降低工程质量的。

3) 监理单位的法律责任

工程监理单位违反强制性标准规定，将不合格的建设工程及建筑材料、建筑构配件和设备按照合格签字的，责令改正，处 50 万元以上 100 万元以下的罚款，降低资质等级或者吊销资质证书；有违法所得的，予以没收；造成损失的，承担连带赔偿责任。

4) 勘察设计单位的法律责任

勘察设计单位违反工程建设强制性标准进行勘察、设计的，责令改进，并处以 10 万元以上30万元以下的罚款。造成工程质量事故的，责令停业整顿，降低资质等级；情节严重的，吊销资质证书；造成损失的，依法承担赔偿责任。

5) 建设行政主管部门和有关行政部门的法律责任

建设行政主管部门和有关行政部门工作人员，玩忽职守、滥用职权、徇私舞弊的，给予行政处分；构成犯罪的，依法追究刑事责任。

6) 处罚规定

(1) 违反工程建设强制标准造成工程质量、安全隐患或者工程事故的，按照《建设工程质量管理条例》有关规定，对事故责任单位和责任人进行处罚。

(2) 有关责令停业整顿、降低资质等级和吊销资质证书的行政处罚，由颁发资质证书的机关决定；其他行政处罚，由建设行政主管部门或者有关部门依照法定职权决定。

7.1.3 建筑企业质量体系认证制度

产品质量认证是指依据产品标准和相应的技术要求，经认证机构确认并通过颁发认证证书和认证标志，来证明某一产品符合相应标准和相应技术要求的活动。产品质量认证制度实质上是一种提高商品信誉的标志，通过认证标志向社会和购买者提供产品的明示担保，证明经过产品质量认证的产品质量可以信赖。

《中华人民共和国产品质量法》把质量体系认定制度分为两类：一类是企业质量体系认证制度，它是国家根据国际通用的质量管理标准，推行的企业质量体系认证制度；另一类是产品质量认证制度。我国对从事建筑活动的单位推行质量体系认证制度。从事建筑活动的单位根据自愿原则可以向国务院产品质量监督管理部门或者国务院产品质量监督管理部门授权部门认可的认证机构申请质量体系认证。经认证合格的，由认证机构颁发质量体系认证证书。

知识链接

《中华人民共和国建筑法》第五十三条规定，国家对从事建筑活动的单位推行质量体系认证制度。从事建筑活动的单位根据自愿原则可以向国务院产品质量监督管理部门或者国务院产品质量监督管理部门授权的部门认可的认证机构申请质量体系认证。经认证合格的，由认证机构颁发质量体系认证证书。

7.2 建设工程质量监督管理制度

案例7-1

某县级市一乡村修建小学教学楼和教师办公住宿综合楼，乡政府个别领导不按照有关基本建设程序办事，自行决定由一农村工匠承揽该工程建设。工程无地质勘察报告，无设计图纸(抄袭其他学校的图纸)，原材料未经检验，施工无任何质量保证措施，无水无电，混凝土和砂浆全部人工拌和，钢筋混凝土制大梁、柱子人工浇筑振捣，密实度和强度无法得到保证。工程投入使用后，综合楼和教学楼由于多处大梁和墙面发生较严重的裂缝，致使学校被迫停课。经检查，该综合楼基础一半置于风化页岩上，一半置于回填土上(未按规定进行夯实)，地基已发生严重不均匀沉降，导致墙体出现严重裂缝；教学楼大梁混凝土存在严重的空洞，受力钢筋已严重锈蚀，两栋楼的砌体砂浆强度几乎为零(更有甚者个别地方砂浆中还夹着黄泥)，楼梯横梁搁置长度仅 50mm，梁下砌体已出现压碎现象。经鉴定该工程主体结构存在严重的安全隐患，已失去了加固补强的意义，被有关部门强行拆除，有关责任人受到了法律的惩办。

请思考:

建筑工程质量的重要性如何？确保建筑工程质量应采取哪些措施？

7.2.1 建设工程质量监督制度

《中华人民共和国建筑法》有两条主线：一是安全，二是质量。对于建筑工程的质量监督制度贯穿了第六章乃至《中华人民共和国建筑法》的全文。尤其是对于群众监督制度更是作了具体规定，该法第六十三条规定，任何单位和个人对建筑工程的质量事故、质量缺陷都有权向建设行政主管部门或者其他有关部门进行检举、控告、投诉。

知识链接

《中华人民共和国建筑法》第六章建筑工程质量管理。

1. 建筑工程质量必须实行政府监督管理

建筑工程质量的优劣，不仅关系到工程建设双方当事人的质量效益问题，同时也涉及社会的公共安全。一个工程质量的好坏，对于建设单位来说是能否满足其使用要求，能否达到投资效益的问题；对于施工单位来说一方面是其信誉水平的表现，另一方面也涉及其能否履行合同，拿到工程款的问题；而对于社会公众，则不是一个单纯的效益问题，而是生命财产安全问题。一个质量不合格的建设工程一旦投入使用，就会造成严重安全隐患和质量威胁，就有可能造成人民生命财产的极大损失。在这种情况下，建筑工程的质量问题就不仅仅是双方当事人的问题了。因此，为保证社会公共利益，维护消费者的合法权益，对建筑工程实行政府质量监督尤显必要。纵观世界各国立法，一旦涉及社会公众利益问题，则往往由政府出面加以维护，我国也不例外。建筑工程的政府质量监督制度便是维护社会公共安全和利益的政府职能履行的重要体现。

政府对工程质量的监督管理主要以保证工程使用安全和环境质量为主要目的，以法律、法规和强制性标准为依据，以地基基础、主体结构、环境质量和与此相关的工程建设各方主体的质量行为为主要内容，以施工许可制度和竣工验收备案制度为主要手段。

政府对建设工程主体的监督管理主要有以下方面。

(1) 对建设单位的能力进行审查。审查其是否具备与发包工程项目相适应的技术经济能力，编制招标文件及组织开标、评标、定标的能力。

(2) 对勘察设计单位、施工、监理、构配件生产、房地产开发单位实行资格(质)等级认证、生产许可证和业务许可范围的监督管理。

(3) 实行执业工程师的注册制。目前，我国有关法律规定从事建筑设计、结构设计、工程监理、工程造价、项目管理、安全管理的工程技术人员，须经过考试取得资格证书并注册后方能获得相应的执业资格。

国务院建设行政主管部门对全国的建设工程质量实施统一监督管理。国务院铁路、交通、水利等有关部门按照国务院规定的职责分工，负责对全国有关专业建设工程质量的监督管理。

县级以上地方人民政府建设行政主管部门对本行政区域内的建设工程质量实施监督管理，县级以上地方人民政府交通、水利等有关部门在各自的职责范围内，负责对本行政区域内的专业建设工程质量的监督管理。

国务院建设行政主管部门和国务院铁路、交通、水利等有关部门应当加强对有关建设工程质量的法律、法规和强制性标准执行情况的监督检查。

国务院发展和改革委员会按照国务院规定的职责，组织稽查特派员，对国家出资的重大建设项目实施监督检查。

国务院经济贸易主管部门按照国务院规定的职责，对国家重大技术改造项目实施监督检查。

特别提示

国务院建设行政主管部门对全国的建设工程质量实施统一监督管理。国务院铁路、交通、水利等有关部门按照国务院规定的职责分工，负责对全国的有关专业建设工程质量的监督管理。

2. 建筑工程质量监督机构

建设工程质量监督管理，可以由建设行政主管部门或者其他有关部门委托的建设工程质量监督机构具体实施。目前，建筑工程质量监督工作由各省级建设主管部门委托的建筑工程质量监督站进行具体实施。

监督站的主要职责包括：检查受监工程的勘察、设计、施工单位和建筑构件企业的资质等级和营业范围；监督勘察、设计、施工单位和建筑构配件企业严格执行技术标准，检查其工程质量；检验工程的质量等级和建筑构件质量，参与评定本地区、本部门的优质工程；参与重大工程质量事故的处理；总结质量监督工作经验，掌握工程质量状况，定期向主管部门汇报。

从事房屋建筑工程和市政基础设施工程质量监督的机构，必须按照国家有关规定经国务院建设行政主管部门或者省、自治区、直辖市人民政府建设行政主管部门考核；从事专业建设工程质量监督的机构，必须按照国家有关规定经国务院有关部门或者省、自治区、直辖市人民政府有关部门考核。经考核合格后，方可实施质量监督。

县级以上地方人民政府建设行政主管部门和其他有关部门应当加强对有关建设工程质量的法律、法规和强制性标准执行情况的监督检查。

县级以上人民政府建设行政主管部门和其他有关部门履行监督检查职责时，有权采取以下措施。

(1) 要求被检查的单位提供有关工程质量的文件和资料。

(2) 进入被检查单位的施工现场进行检查。

(3) 纠正施工中违反安全生产要求的行为。

(4) 对检查中发现的安全事故隐患，责令立即排除；重大安全事故隐患排除前或者排除过程中无法保证安全的，责令从危险区域内撤除作业人员或者暂时停止施工。

有关单位和个人对县级以上人民政府建设行政主管部门和其他有关部门进行的监督检查应当支持与配合，不得拒绝或者阻碍建设工程质量监督检查人员依法执行职务。

3. 建筑工程质量监督管理制度的几项具体规定

1) 建筑工程竣工验收报告制度

建设单位应当自建设工程竣工验收合格之日起 15 日内，将建设工程竣工验收报告和规划、公安消防、环保等部门出具的认可文件或者准许使用文件报建设行政主管部门或者其他有关部门备案。

建设行政主管部门或者其他有关部门发现建设单位在竣工验收过程中有违反国家有关建设工程质量管理规定行为的，责令停止使用，重新组织竣工验收。

2) 工程质量事故报告制度

建设工程发生质量事故后，有关单位应当在 24 小时内向当地建设行政主管部门和其他有关部门报告。对重大质量事故，事故发生地的建设行政主管部门和其他有关部门应当按照事故类别和等级向当地人民政府和上级建设行政主管部门和其他有关部门报告。

3) 工程质量检举、控告、投诉制度

《中华人民共和国建筑法》与《建设工程质量管理条例》均明确规定，任何单位和个人对建设工程的质量事故、质量缺陷都有权检举、控告、投诉。工程质量检举、控告、投诉制度是为了更好地发挥群众监督和社会舆论监督的作用，是保证建设工程质量的一项有效措施。

4) 有关单位不得明示或暗示购买指定产品制度

供水、供电、供气、公安消防等部门或者单位不得明示或者暗示建设单位、施工单位购买其指定的生产供应单位的建筑材料、建筑构配件和设备。

在实践操作中，有些人常常把政府的质量监督同建筑工程监理混淆起来。这两者既有联系又有区别。其相同之处是：二者的出发点是一致的，都是为保证工程质量而做的工作。其不同点在于：一是两者的性质不同。政府的质量监督是政府履行维护社会公共利益的职责而确定的，具有强制性和广泛性。而建设工程监理则是受建设单位的委托而从事的质量监督活动。建设工程监理依据是监理单位同建设单位签订的工程建设监理合同，建设工程监理具有自愿性和限定性。二是两者的工作对象不同。政府监督的对象既包括所有从事建筑施工的单位和个人，也包括建设工程监理单位。而建筑工程监理单位的监督对象只是施工企业。三是两者监督的内容不同。政府监督是依据有关工程建设的法律、法规、技术标准及设计文件对整个施工过程实行以抽查为主要方式的监督。而建筑工程监理则是监理单位依据监理合同和其他工程建设合同进行现场监督，其监督的内容不仅包括工程质量，而且包括工期、投资等更为广泛的内容。两者在保证工程质量方面各有其作用，不可偏废。

案例 7-2

2005 年 11 月 2 日，某市质量技术监督局稽查大队接到群众举报，对该市某工程质量检测站进行执法检查。发现该站工作人员在对受委托检测的 SBS 弹性体改性沥青防水卷材进行检测时，在明知样品的温度不合格的情况下，伪造了合格检验报告。在证据面前，该站相关工作人员承认了伪造检测结论的行为。该局依法对该站及相关人员作出了相应处罚决定。

请思考:

工程质量检测机构在工程质量监管中有什么样的重要性?

7.2.2 建设工程质量检测制度

1. 建筑工程质量检测的适用范围

水利、铁道、公路等工程中涉及结构安全的试块、试件及有关材料的工程质量均应检测。

2. 建筑工程质量检测机构的性质

建设工程质量检测(以下简称质量检测)，是指工程质量检测机构(以下简称检测机构)接受委托，依据国家有关法律、法规和工程建设强制性标准，对涉及结构安全项目的抽样检测和对进入施工现场的建筑材料、构配件的随机取样检测。检测机构是具有独立法人资格的中介机构，它须经省级以上人民政府建设行政主管部门或国务院工业、交通行政主管部门(或其授权的机构)考核合格后，方可承担建筑工程质量的检测任务。

3. 建设行政主管部门对工程质量检测机构的监督管理

国务院建设主管部门负责对全国建设工程质量检测活动实施监督管理，并负责制定检测机构资质标准。

省、自治区、直辖市人民政府建设主管部门负责对本行政区域内的质量检测活动实施监督管理，并负责检测机构的资质审批。

市、县人民政府建设主管部门负责对本行政区域内的质量检测活动实施监督管理。

(1) 县级以上地方人民政府建设主管部门应当加强对检测机构的监督检查，主要检查下列内容。

① 是否符合规定的资质标准。

② 是否超出资质范围从事质量检测活动。

③ 是否有涂改、倒卖、出租、出借或者以其他形式非法转让资质证书的行为。

④ 是否按规定在检测报告上签字盖章，检测报告是否真实。

⑤ 检测机构是否按有关技术标准和规定进行检测。

⑥ 仪器设备及环境条件是否符合计量认证要求。

⑦ 法律、法规规定的其他事项。

(2) 建设主管部门实施监督检查时，有权采取下列措施。

① 要求检测机构或者委托方提供相关的文件和资料。

② 进入检测机构的工作场地(包括施工现场)进行抽查。

③ 组织进行比对试验以验证检测机构的检测能力。

④ 发现有不符合国家有关法律、法规和工程建设标准要求的检测行为时，责令改正。

(3) 建设主管部门在监督检查中为了收集证据的需要，可以对有关试样和检测资料采取抽样取证的方法；在证据可能灭失或者以后难以取得的情况下，经部门负责人批准，可以先行登记保存有关试样和检测资料，并应当在 7 日内及时作出处理决定，在此期间，当事人或者有关人员不得销毁或者转移有关试样和检测资料。

(4) 县级以上地方人民政府建设主管部门，对监督检查中发现的问题应当按规定权限进行处理，并及时报告资质审批机关。

(5) 建设主管部门应当建立投诉受理和处理制度，公开投诉电话号码、通信地址和电子邮箱。

检测机构违反国家有关法律、法规和工程建设标准规定进行检测的，任何单位和个人都有权向建设主管部门投诉。建设主管部门收到投诉后，应当及时核实并依据本办法对检测机构作出相应的处理决定，并于 30 日内将处理意见答复投诉人。

4. 建筑工程质量检测机构的成立条件

(1) 检测机构从事质量检测业务，应当依据取得相应的资质证书。

① 质量检测的业务内容。

专项检测包括地基基础工程检测、主体结构工程现场检测、建筑幕墙工程检测、钢结构工程检测。

② 检测机构资质标准。专项检测机构和见证取样检测机构应满足下列基本条件。

a．专项检测机构的注册资本不少于 100 万元人民币，见证取样检测机构的注册资本不少于 80 万元人民币。

b．所申请检测资质对应的项目应通过计量认证。

c．有质量检测、施工、监理或设计经历，并接受了相关检测技术培训的专业技术人员不少于 10 人，边远县(区)的专业技术人员可不少于 6 人。

d．有符合开展检测工作所需的仪器、设备和工作场所；其中，使用属于强制检定的计量器具，要经过计量检定合格后，方可使用。

e．有健全的技术管理和质量保证体系。

(2) 专项检测机构除应满足基本条件外，还需满足下列条件。

① 地基基础工程检测类：专业技术人员中从事工程桩检测工作 3 年以上并具有高级或者中级职称的不得少于 4 名，其中 1 人应当具备注册岩土工程师资格。

② 主体结构工程检测类：专业技术人员中从事结构工程检测工作 3 年以上并具有高级或者中级职称的不得少于 4 名，其中 1 人应当具备二级注册结构工程师资格。

③ 建筑幕墙工程检测类：专业技术人员中从事建筑幕墙检测工作 3 年以上并具有高级或者中级职称的不得少于 4 名。

④ 钢结构工程检测类：专业技术人员中从事钢结构机械连接检测、钢网架结构变形检测工作 3 年以上并具有高级或者中级职称的不得少于 4 名，其中 1 人应当具备二级注册结构工程师资格。

(3) 见证取样检测机构除应满足基本条件外，专业技术人员中从事检测工作 3 年以上并具有高级或者中级职称的不得少于 3 名；边远县(区)可不少于 2 人。

检测机构未取得相应的资质证书，不得承担质量检测业务。

(4) 申请检测资质的机构应当向省、自治区、直辖市人民政府建设主管部门提交下列申请材料。

①《检测机构资质申请表》一式三份。

② 工商营业执照原件及复印件。

③ 与所申请检测资质范围相对应的计量认证证书原件及复印件。

④ 主要检测仪器、设备清单。

⑤ 技术人员的职称证书、身份证和社会保险合同的原件及复印件。

⑥ 检测机构管理制度及质量控制措施。

5. 检测机构的义务

(1) 任何单位和个人不得涂改、倒卖、出租、出借或者以其他形式非法转让资质证书。

(2) 检测机构变更名称、地址、法定代表人、技术负责人，应当在 3 个月内到原审批机关办理变更手续。

(3) 质量检测试样的取样应当严格执行有关工程建设标准和国家有关规定，在建设单位或者工程监理单位监督下现场取样。提供质量检测试样的单位和个人，应当对试样的真实性负责。

(4) 检测机构完成检测业务后，应当及时出具检测报告。检测报告经检测人员签字、检测机构法定代表人或者其授权的签字人签署，并加盖检测机构公章或者检测专用章后方可生效。检测报告经建设单位或者工程监理单位确认后，由施工单位归档。见证取样检测的检测报告中应当注明见证人单位及姓名。

(5) 任何单位和个人不得明示或者暗示检测机构出具虚假检测报告，不得篡改或者伪造检测报告。

(6) 检测人员不得同时受聘于两个或者两个以上的检测机构。

检测机构和检测人员不得推荐或者监制建筑材料、构配件和设备。

检测机构不得与行政机关，法律、法规授权的具有管理公共事务职能的组织及所检测工程项目相关的设计单位、施工单位、监理单位有隶属关系或者其他利害关系。

(7) 检测机构不得转包检测业务。

检测机构跨省、自治区、直辖市承担检测业务的，应当向工程所在地的省、自治区、直辖市人民政府建设主管部门备案。

(8) 检测机构应当对其检测数据和检测报告的真实性和准确性负责。

检测机构违反法律、法规和工程建设强制性标准，给他人造成损失的，应当依法承担相应的赔偿责任。

(9) 检测机构应当将检测过程中发现的建设单位、监理单位、施工单位违反有关法律、法规和工程建设强制性标准的情况，以及涉及结构安全检测结果的不合格情况，及时报告工程所在地建设主管部门。

(10) 检测机构应当建立档案管理制度。检测合同、委托单、原始记录、检测报告应当按年度统一编号，编号应当连续，不得随意抽撤、涂改。

检测机构应当单独建立检测结果不合格项目台账。

6. 检测机构的法律责任

(1) 未取得相应的资质，擅自承担本办法规定的检测业务的，其检测报告无效，由县级以上地方人民政府建设主管部门责令改正，并处1万元以上3万元以下的罚款。

(2) 检测机构隐瞒有关情况或者提供虚假材料申请资质的，省、自治区、直辖市人民政府建设主管部门不予受理或者不予行政许可，并给予警告，1年之内不得再次申请资质。

(3) 以欺骗、贿赂等不正当手段取得资质证书的，由省、自治区、直辖市人民政府建设主管部门撤销其资质证书，3 年内不得再次申请资质证书；并由县级以上地方人民政府建设主管部门处以1万元以上3万元以下的罚款；构成犯罪的，依法追究刑事责任。

(4) 检测机构违反本办法规定，有下列行为之一的，由县级以上地方人民政府建设主管部门责令改正，可并处1万元以上3万元以下的罚款；构成犯罪的，依法追究刑事责任。

① 超出资质范围从事检测活动的。

② 涂改、倒卖、出租、出借、转让资质证书的。

③ 使用不符合条件的检测人员的。

④ 未按规定上报发现的违法违规行为和检测不合格事项的。

⑤ 未按规定在检测报告上签字盖章的。

⑥ 未按照国家有关工程建设强制性标准进行检测的。

⑦ 档案资料管理混乱，造成检测数据无法追溯的。

⑧ 转包检测业务的。

(5) 检测机构伪造检测数据，出具虚假检测报告或者鉴定结论的，县级以上地方人民政府建设主管部门给予警告，并处 3 万元罚款；给他人造成损失的，依法承担赔偿责任；构成犯罪的，依法追究其刑事责任。

(6) 委托方有下列行为之一的，由县级以上地方人民政府建设主管部门责令改正，处1万元以上3万元以下的罚款。

① 委托未取得相应资质的检测机构进行检测的。

② 明示或暗示检测机构出具虚假检测报告，篡改或伪造检测报告的。

③ 弄虚作假送检试样的。

④ 给予检测机构罚款处罚的，对检测机构的法定代表人和其他直接责任人员处罚款数额5%以上10%以下的罚款。

(7) 县级以上人民政府建设主管部门工作人员在质量检测管理工作中，有下列情形之一的，依法给予行政处分；构成犯罪的，依法追究刑事责任。

① 对不符合法定条件的申请人颁发资质证书的。

② 对符合法定条件的申请人不予颁发资质证书的。

③ 对符合法定条件的申请人未在法定期限内颁发资质证书的。

④ 利用职务上的便利，收受他人财物或者其他好处的。

⑤ 不依法履行监督管理职责，或者发现违法行为不予查处的。

7.3 建设工程质量责任制度

案例 7-3

四川省某市玻璃厂 1999 年 4 月为扩大生产规模扩建厂房，在原来天然坡度约 22° 的岩石地表平整场地，即在原地表向下开挖近 5m，并距水厂原蓄水池 3m 左右，该蓄水池长 12m、宽 9m、深 8.2m，容水约 $900m^3$。玻璃厂及水厂厂方为安全起见，通过熟人介绍，聘请一位高级工程师对玻璃厂扩建开挖坡角是否会影响水厂蓄水池安全作以技术鉴定。该高级工程师在其出具的书面技术鉴定中认定："该水池地基基础稳定，不可能产生滑移形成滑坡影响安全；可以从距水池 3m 处按 5%开挖放坡，开挖时沿水池边先打槽隔开，用小药量浅孔爆破，只要施工得当，不会影响水池安全；平整场地后，沿陡坡砌筑条石护坡……本人负该鉴定的技术法律责任"。最后加还盖了县勘察设计室的"图纸专用章"予以认可。

工程于同年 7 月初按此方案平基结束后，就开始厂房工程施工，至同年 9 月 6 日建成完工。然而，就在同年 9 月 7 日下午 5 时许，边坡岩体突然崩塌，岩体及水流砸毁新建厂房两榀屋架，造成工人 3 死 5 伤，酿成了一起重大伤亡事故。

该工程边坡岩体属于裂隙发育、遇水可以软化的软质岩石，虽然属于中小型工程，但环境条件复杂，施工爆破、水池渗漏、坡体卸荷变形等不确定的不利影响因素甚多，在没有基本勘察设计资料的前提下采用直立边坡，破坏了原边坡的稳定坡角，而且未采用任何有效的支挡结构措施，该边坡失稳是必然会发生的。若有正确的工程鉴定，并严格按基建程序办事，采用经过勘察设计的岩石锚桩(或锚杆)挡墙和做好水池防渗处理措施则是能够有效保证工程边坡安全的。

该高级工程师的"技术鉴定"内容过于简略，分析评价肤浅、武断，未明确指出及贯彻执行现行勘察设计技术规范规定的技术原则及技术方法，主要结论建议缺乏技术依据，尽管其中有关地基施工中关于松动爆破和开槽减震的建议是正确的和有针对性的，但未经设计计算的有关边坡稳定的结论是不恰当的；有关用条石挡墙护坡的建议也不是该工程边坡条件下能确保边坡安全的有效支挡结构技术措施，而有关采用坡度为 1∶0.05 的放坡建议，则更是没有贯彻现行规范的基本规定，缺少相应的论证分析，它的误导为该工程事故埋下了安全隐患。该"技术鉴定"虽然盖有县勘察设计室的"图纸专用章"，但却无一般勘察、设计单位通常执行的"审核"、"批准"等技术管理和质量保证体系，从技术鉴定的内容到形式都缺乏严肃性；而且这种技术鉴定缺乏委托方与承担方之间的有关目的、任务、质量要求等基本的书面约定，这就从根本上影响了技术鉴定工作的深度和技术质量。

平基施工过程中及完工前后所发现的漏水等边坡岩体不稳定因素的征兆，虽然有关各方曾予以一定程度的重视与研究，但由于缺乏岩土工程及支挡结构方面的专业技术知识与经验，对隐患认识不足，未能采取相应措施，而继续盲目施工至全部工程(人工边坡及厂房扩建)结束和水池继续运行，并在同年 7 月 3 日决定将水池蓄水至 7m 水深，使整个工程的安危事实上依赖于个人狭隘的专业技术知识与经验之上。

请思考：

该事故发生的主要原因是什么？应当从中汲取什么经验教训？

7.3.1 建设单位的工程质量责任

建设单位是工程建设的投资者、管理者和使用者。建设工程的质量好坏，直接影响到建设单位的投资效益。建设单位应该特别关注工程质量，但在我国目前市场经济条件下，建设单位还不成熟，尤其是对于一些国家投资的工程，为片面追求工期，追求节约投资而忽视了工程质量，甚至于降低工程质量要求的建设单位大量存在。因此，在社会上流传着“有什么样的业主，就有什么样的工程质量”的说法，这在一定程度上反映了业主即建设单位在保证工程质量方面的重要作用。

1.《中华人民共和国建筑法》关于建设单位工程质量责任的规定

《中华人民共和国建筑法》第五十四条规定，建设单位不得以任何理由，要求建筑设计单位或者建筑施工企业在工程设计或者施工作业中，违反法律、行政法规和建筑工程质量、安全标准，降低工程质量。

对于建设单位违反本条规定的，由政府监督部门责令改正，并可处以罚款；构成犯罪的，依法追究刑事责任。建筑工程的勘察、设计、施工的质量必须符合国家有关建筑工程安全标准的要求。任何单位和个人都不得非法干预工程质量标准的执行，否则，需要承担相应的法律责任。

2.《建设工程质量管理条例》关于建设单位工程质量责任的规定

(1)《建设工程质量管理条例》第二章明确了建设单位的质量责任和义务。

① 建设单位应当将工程发包给具有相应资质等级的单位，不得将工程肢解发包。

② 建设单位应当依法对工程建设项目的勘察、设计、施工、监理及与工程建设有关的重要设备、材料等的采购进行招标。

③ 建设单位不得对承包单位的建设活动进行不合理干预。

④ 施工图设计文件未经审查批准的，建设单位不得使用。

⑤ 对必须实行监理的工程，建设单位应当委托具有相应资质等级的工程监理单位进行监理。

⑥ 建设单位在领取施工许可证或者开工报告之前，应当按照国家有关规定办理工程质量监督手续。

⑦ 涉及建筑主体和承重结构变动的装修工程，建设单位要有设计方案。

⑧ 建设单位应按照国家有关规定组织竣工验收，建设工程验收合格的，方可交付使用。

(2)《建设工程质量管理条例》规定的建设单位的法律责任如下。

① 建设单位将建设工程发包给不具有相应资质等级的勘察、设计、施工单位或者委托给不具有相应资质等级的工程监理单位的，责令改正，处 50 万元以上 100 万元以下的罚款。

② 建设单位将建设工程肢解发包的，责令改正，处工程合同价款 0.5%以上 1%以下的罚款；对全部或者部分使用国有资金的项目，并可暂停项目执行或者暂停资金拨付。

③ 建设单位未取得施工许可证或者开工报告未经批准，擅自施工的，责令停止施工，限期改正，处工程合同价款 1%以上 2%以下的罚款。

④ 建设单位有下列行为之一的，责令改正，处工程合同价款 2%以上 4%以下的罚款；造成损失的，依法承担赔偿责任：未组织竣工验收，擅自交付使用的；验收不合格，擅自交付使用的；对不合格的建设工程按照合格工程验收的。

《建设工程质量管理条例》第五十九条规定，违反本条例规定，建设工程竣工验收后，建设单位未向建设行政主管部门或者其他有关部门移交建设项目档案的，责令改正，处 1 万元以上 10 万元以下的罚款。

知识链接

《中华人民共和国建筑法》第六章建筑工程质量管理；《建设工程质量管理条例》。

7.3.2 勘察、设计单位的工程质量责任

勘察设计质量是决定工程建设质量的首要环节，它关系到国家财产和人民生命的安全，关系到建设投资的综合效益，也反映一个国家的科技水平和文化水平，因此，勘察设计质量工作一直是各级主管部门和勘察设计单位的工作重点。

有关工程勘察设计质量监督管理的文件有2000年国务院发布的《建设工程质量管理条例》和《建设工程勘察设计管理条例》，2000年建设部发布的《建筑工程项目施工图设计文件审查试行办法》，2002年建设部发布的《建设工程勘察质量管理办法》，2004年建设部发布的《房屋建筑和市政基础设施工程施工图设计文件审查管理办法》等。

1. 勘察、设计单位的质量责任和义务

1) 承揽勘察设计业务应符合相应资质等级

从事建设工程勘察、设计的单位应当依法取得相应等级的资质证书，并在其资质等级许可的范围内承揽工程。禁止勘察、设计单位超越其资质等级许可的范围或者以其他勘察、设计单位的名义承揽工程。禁止勘察、设计单位允许其他单位或者个人以本单位的名义承揽工程。

勘察、设计单位不得转包或者违法分包所承揽的工程。

2) 应遵守工程建设强制性标准

勘察、设计单位必须按照工程建设强制性标准进行勘察设计，并对其勘察设计的质量负责。

根据2000年建设部发布的《实施工程建设强制性标准监督规定》，工程建设强制性标准是指直接涉及工程质量、安全、卫生及环境保护等方面的工程建设标准强制性条文。

3) 注册执业人员签字制度

注册建筑师、注册结构工程师等注册执业人员应当在设计文件上签字，对设计文件负责。

4) 工程勘察质量责任

勘察单位提供的地质、测量、水文等勘察成果必须真实、准确，应当符合国家规定的勘察深度要求。

工程勘察企业的法定代表人、项目负责人、审核人、审定人等相关人员，应当在勘察文件上签字或者盖章，并对勘察质量负责。

5) 工程设计质量责任

设计单位应当根据勘察成果文件进行建设工程设计。设计文件应当符合国家规定的设计深度要求，注明工程合理使用年限。

设计单位在设计文件中选用的建筑材料、建筑构配件和设备，应当注明规格、型号、性能等技术指标，其质量要求必须符合国家规定的标准。除有特殊要求的建筑材料、专用设备、工艺生产线等外，设计单位不得指定生产厂和供应商。

6) 施工图设计文件技术交底

设计单位应当就审查合格的施工图设计文件向施工单位作出详细说明。

7) 设计单位参与设计建设工程质量事故分析

设计单位应当参与建设工程质量事故分析，并对因设计造成的质量事故，提出相应的技术处理方案。

特别提示

勘察设计质量是决定工程建设质量的首要环节。

知识链接

有关工程勘察设计质量监督管理的文件。《中华人民共和国建筑法》第五十六条规定，建筑工程的勘察、设计单位必须对其勘察、设计的质量负责。勘察、设计文件应当符合有关法律、行政法规的规定和建筑工程质量、安全标准、建筑工程勘察、设计技术规范及合同的约定。设计文件选用的建筑材料、建筑构配件和设备，应当注明其规格、型号、性能等技术指标，其质量要求必须符合国家规定的标准。

2. 工程勘察设计法律责任

根据《中华人民共和国建筑法》、《建设工程勘察设计管理条例》、《建设工程质量管理条例》等有关法律文件，工程勘察设计领域内违法行为应承担以下法律责任。

1) 违反资质管理规定承揽工程勘察设计业务行为的法律责任

建设工程勘察、设计单位超越其资质等级许可的范围或者以其他建设工程勘察、设计单位的名义承揽建设工程勘察、设计业务；建设工程勘察、设计单位允许其他单位或者个人以本单位的名义承揽建设工程勘察、设计业务的，责令停止违法行为，处合同约定的勘察费、设计费1倍以上2倍以下的罚款。有违法所得的，予以没收；可以责令停业整顿，降低资质等级；情节严重的，吊销资质证书。

未取得资质证书承揽工程的，予以取缔，依照前款规定处以罚款；有违法所得的，予以没收。

以欺骗手段取得资质证书承揽工程的，吊销资质证书，依照本条第一款规定处以罚款；有违法所得的，予以没收。

2) 违反注册管理规定执业行为的法律责任

未经注册，擅自以注册建设工程勘察、设计人员的名义从事建设工程勘察、设计活动的，责令停止违法行为，没收违法所得，处违法所得2倍以上5倍以下罚款；给他人造成损失的，依法承担赔偿责任。

建设工程勘察、设计注册执业人员和其他专业技术人员未受聘于一个建设工程勘察、设计单位或者同时受聘于两个以上建设工程勘察、设计单位，从事建设工程勘察、设计活动的，责令停止违法行为，没收违法所得，处违法所得2倍以上5倍以下的罚款；情节严重的，可以责令停止执行业务或者吊销资格证书；给他人造成损失的，依法承担赔偿责任。

3) 违法发包工程勘察、设计业务的法律责任

发包方将建设工程勘察、设计业务发包给不具有相应资质等级的建设工程勘察、设计单位的，责令改正，处50万元以上100万元以下的罚款。

4) 违法转包工程勘察、设计业务的法律责任

建设工程勘察、设计单位将所承揽的建设工程勘察、设计转包的，责令改正，没收违法所得，处合同约定的勘察费、设计费25%以上50%以下的罚款，可以责令停业整顿，降低资质等级；情节严重的，吊销资质证书。

5) 违反工程勘察设计质量管理规定的法律责任

工程勘察设计单位有下列行为之一的，责令改正，处10万元以上30万元以下的罚款：

(1) 勘察单位未按照工程建设强制性标准进行勘察的。

(2) 设计单位未根据勘察成果文件进行工程设计的。

(3) 设计单位指定建筑材料、建筑构配件的生产厂、供应商的。

(4) 设计单位未按照工程建设强制性标准进行设计的。

有上述所列行为，造成工程质量事故的，责令停业整顿，降低资质等级；情节严重的，吊销资质证书；造成损失的，依法承担赔偿责任。

6) 国家机关工作人员职务违法行为的法律责任

国家机关工作人员在建设工程勘察、设计活动的监督管理工作中玩忽职守、滥用职权、徇私舞弊，构成犯罪的，依法追究刑事责任；尚不构成犯罪的，依法给予行政处分。

7.3.3 监理单位的工程质量责任

1. 建设工程监理单位的质量责任和义务

《建设工程质量管理条例》第五章明确了工程监理单位的质量责任和义务如下。

(1) 工程监理企业应当依法取得相应资质等级的证书，并在其资质等级许可的范围内承担工程监理业务，不得转让工程监理业务。

(2) 工程监理企业不得与被监理工程的施工承包单位及建筑材料、建筑构配件和设备供应单位有隶属关系或者其他利害关系。

(3) 工程监理企业应当依照法律、法规及有关技术标准、设计文件和建设工程承包合同，代表建设单位对施工质量实施监理，并对施工质量承担监理责任。

2. 建设工程监理单位的法律责任

(1) 工程监理单位超越本单位资质等级承揽工程的，责令停止违法行为，处合同约定监理酬金1倍以上2倍以下的罚款；情节严重的，吊销资质证书；有违法所得的，予以没收。

未取得资质证书承揽工程的，予以取缔，依照上述规定处以罚款，有违法所得的，予以没收。

以欺骗手段取得资质证书承揽工程的，吊销资质证书，依照本条第一款规定处以罚款；有违法所得的，予以没收。

(2) 工程监理单位允许其他单位或者个人以本单位名义承揽工程的，责令改正，没收违法所得，对工程监理单位处合同约定监理酬金1倍以上2倍以下的罚款；情节严重的，吊销资质证书。

(3) 工程监理单位转让工程监理业务的，责令改正，没收违法所得，处合同约定的监理酬金 25%以上 50%以下的罚款；可以责令停业整顿，降低资质等级；情节严重的，吊销资质证书。

(4) 工程监理单位有下列行为之一的，责令改正，处 50 万元以上 100 万元以下的罚款，降低资质等级或者吊销资质证，有违法所得的，予以没收；造成损失的，承担连带赔偿责任。

① 与建设单位或者施工单位串通，弄虚作假，降低工程质量的。

② 将不合格的建设工程、建筑材料、建筑构配件和设备按照合格签字的。

③ 工程监理单位与被监理工程的施工承包单位及建筑材料、建筑构配件和设备供应单位有隶属关系或者其他利害关系承担该项建设工程的监理业务的，责令改正，处 5 万元以上 10 万元以下的罚款，降低资质等级或者吊销资质证书；有违法所得的，予以没收。

7.3.4 施工单位的工程质量责任

1.《中华人民共和国建筑法》中规定的施工单位的质量责任

1) 总包与分包单位的质量责任

建筑工程实行总承包的，工程质量由总承包单位负责，总承包单位将建筑工程分包给其他单位的，应当对分包工程的质量与分包单位承担连带责任。分包单位应接受总承包单位的质量管理。对于分包工程由总承包单位同分包单位承担连带质量责任是《中华人民共和国建筑法》中一再强调的内容。在第三章建筑工程发承包一章中，第二十九条第二款规定，总承包单位和分包单位就分包工程对建设单位承担连带责任。其根本意图在于强调分包单位的质量责任。

2) 建筑施工企业须按图施工，不得偷工减料

建筑施工企业必须按照工程设计图纸和施工技术标准施工，不得偷工减料。工程设计的修改由原设计单位负责，建筑施工企业不得擅自修改工程设计。按图施工是施工企业施工生产的基本条件。由于工程设计图纸都是经反复论证修改并经批准后才交付施工的，因此，施工单位无权擅自修改施工图。在施工操作过程中，如施工单位发现施工图设计错误，无法施工，或工程设计图违反有关技术标准的规定，可以向建设单位或其派出的建筑工程监理工程师提出，由他们作出是否更改的决定。在设计图纸未作修改之前，施工单位无权擅自修改设计图纸，只能严格按设计施工。此外，偷工减料也是目前建筑市场混乱的典型现象。一部分施工单位为节约成本，减少施工作业程序，降低技术要求，使用假冒伪劣或不合格产品等是目前造成工程质量不合格及质量事故的重要原因。因此，施工单位的偷工减料行为不仅违反了合同规定，同时也是一种违法行为。

3) 施工企业对工程质量问题有修复的责任

建筑工程竣工时，屋顶、墙面不得留有渗漏、开裂等质量缺陷；对已发现的质量缺陷，建筑施工企业应当修复。对于工程质量的通病，施工企业有修复的责任。本条没有对质量责任进行分析，而只是强调施工单位应当修复，应当这样理解：一是在保修期内的质量通病由施工单位进行修复；二是保修期后出现的质量通病则问题比较复杂，这些质量通病有属于野蛮装修造成的，有属于用户使用不当造成的等。这种情况下不属于保修范围但原施工单位也可负责修复，修复费用应当责任方承担。

特别提示

总承包单位将建筑工程分包给其他单位的，分包单位应接受总承包单位的质量管理；总承包单位应当对分包工程的质量与分包单位承担连带责任。

知识链接

《中华人民共和国建筑法》第五十五条规定，建筑工程实行总承包的，工程质量由工程总承包单位负责，总承包单位将建筑工程分包给其他单位的，应当对分包工程的质量与分包单位承担连带责任。分包单位应当接受总承包单位的质量管理。第五十八条规定，建筑施工企业对工程的施工质量负责。建筑施工企业必须按照工程设计图纸和施工技术标准施工，不得偷工减料。工程设计的修改由原设计单位负责，建筑施工企业不得擅自修改工程设计。

2.《建设工程质量管理条例》中规定的施工单位的质量责任和义务

(1) 施工单位应当依法取得相应资质等级的证书，并在其资质等级许可的范围内承揽工程。

(2) 施工单位不得转包或违法分包工程。

(3) 总承包单位与分包单位对分包工程的质量承担连带责任。

(4) 施工单位必须按照工程设计图纸和施工技术标准施工，不得擅自修改工程计划，不得偷工减料。

(5) 施工单位必须按照工程设计要求、施工技术表和合同约定，对建筑材料、建筑构配件、设备和商品混凝土进行检验，未经检验或检验不合格的，不得使用。

(6) 施工人员对涉及结构安全的试块、试件及有关材料，应在建设单位或工程监理单位监督下现场取样，并送具有相应资质等级的质量检测单位进行检测。

(7) 建设工程实行质量保修制度，承包单位履行保修义务。

3.《建设工程质量管理条例》规定施工单位的法律责任

(1) 施工单位在施工中偷工减料的，使用不合格的建筑材料、建筑构配件和设备的，或者有不按照工程设计图纸或者施工技术标准施工的其他行为的，责令改正，处工程合同价款2%以上4%以下的罚款；造成建设工程质量不符合规定的质量标准的，负责返工、修理，并赔偿因此造成的损失；情节严重的，责令停业整顿，降低资质等级或者吊销资质证书。

(2) 施工单位未对建筑材料、建筑构配件、设备和商品混凝土进行检验，或者未对涉及结构安全的试块、试件及有关材料取样检测的，责令改正，处10万元以上20万元以下的罚款；情节严重的，责令停业整顿，降低资质等级或者吊销损失的，依法承担赔偿责任。

(3) 施工单位不履行保修义务或者拖延履行保修义务的，责令改正，处10万元以上20万元以下的罚款，并对在保修期内因质量缺陷造成的损失承担赔偿责任。

(4) 涉及建筑主体或者承重结构变动的装修工程，没有设计方案擅自施工的，责令改正，处50万元以上100万元以下的罚款；房屋建筑使用者在装修过程中擅自变动房屋建筑主体和承重结构的，责令改正，处5万元以上10万元以下的罚款。

有上述所列行为，造成损失的，依法承担赔偿责任。

(5) 施工单位超越单位资质等级承揽工程的，责令停止违法行为，对施工单位处工程合同价款2%以上4%以下的罚款，可以责令停业整顿，降低资质等级；情节严重的，吊销资质证书；有违法所得的，予以没收。

未取得资质证书承揽工程的，予以取缔，依照上述规定处以罚款；有违法所得的，予以没收。

以欺骗手段取得资质证书承揽工程的，吊销资质证书，依照本条第一款规定处以罚款；有违法所得的，予以没收。

(6) 施工单位允许其他单位个人以本单位名义承揽工程的，责令改正，没收违法所得，对施工单位处工程合同价款2%以上4%以下的罚款；可以责令停业整顿，降低资质等级；情节严重的，吊销资质证书。

(7) 承包单位将承包的工程转包或者违法分包的，责令改正，没收违法所得，对施工单位处工程合同价款的0.5%以上1%以下的罚款，可以责令停业整顿，降低资质等；情节严重的，吊销资质证书。

7.4 建设工程竣工验收与质量保修制度

案例7-4

钱塘江堤塘工程质量事故和綦江彩虹桥垮塌事故，是前些年舆论关注、各界关心的两个典型案件，现在侦查终结，有关涉嫌犯罪人员已被移交起诉，并受到法律的惩处。

近年来，建设工程项目领域经济案件频频发生，一些严重工程质量事故危害人民生命安全，给国家造成重大经济损失，而其间发生的层层转包剥皮、行贿受贿、以次充好、失职渎职等行为，触犯刑律，败坏党风，为人民群众所痛恨。

钱塘江堤塘工程本是杭州市政府按抵御百年一遇的特大江潮、洪水、台风同时袭击标准设计的重点建设项目。据公安部门查明，钱塘江堤塘工程下沙工区工班负责人卢阿兴、吕正奎1997年12月从杭州市水利建筑总公司承包下沙工区施工段各250m，而后又转包给下沙工区工班工人谢金华、高宜锦施工。在施工过程中，为了缩短工期，减少费用开支，卢阿兴、吕正奎伙同谢金华、高宜锦指使民工向沉井里大量填土，然后浇筑少量混凝土掩人耳目，从而大大降低了工程质量，严重危及堤塘安全。经有关技术部门对该工程下沙工区450多个沉井进行质量检测，合格率仅为53.3%，相当一部分沉井内部的混凝土回填量仅为设计量的一半，已构成四级建设工程重大事故。另经查实，负责这一段标准堤塘工程监理的监理人员彭本惠对工程重大安全事故负有不可推卸的责任。

1998年12月23日，经提请杭州市人民检察院批准，杭州市公安局以涉嫌工程重大安全事故罪，将卢、吕、谢、高4名犯罪嫌疑人逮捕，并将犯罪嫌疑人彭本惠依法取保候审。此案其他有关责任单位和责任人员也受到了处理。

重庆市綦江县彩虹桥是一座连接新旧城区的中承式钢管混凝土提篮人行拱桥，始建于1994年11月，于1996年2月15日投入使用。1999年1月4日18时50分，大桥突然整体垮塌，造成40人死亡，14人受伤，直接经济损失631万元。事故发生后，重庆市公安机关迅速组织警力参加抢救，维护现场治安秩序，随后查明了案情及责任者。从各方面调查取证和专家组技术鉴定的情况来看，綦江县彩虹桥整体垮塌的主要原因在于，在彩虹桥整个建设过程当中，有关领导急功近利，有关部门严重失职，有关人员玩忽职守，工程立项、发(承)包、设计、施工、监理、验收等环节均严重违反了基本建设程序，且设计、施工主体资格均不合法，工程管理十分混乱，导致施工质量极其低劣，在吊杆锁锚、吊杆灌浆防护、主拱钢管焊接、钢管内混凝土强度等方面都存在严重的质量问题，设计构造也有不当之处，致使桥梁建成时即已成为一座危桥。因此，认定綦江彩虹桥整体垮塌是一起工程重大安全事故案件。

重庆市公安局经提请市检察院批准，将彩虹桥工程总承包人段浩、工程施工技术总负责人李孟泽、工程施工承包总负责人费上利等5名犯罪嫌疑人以涉嫌工程重大安全事故罪逮捕；将工程钢材供应商刘泽均以涉嫌销售不符合安全标准的产品罪逮捕；将工程主拱钢管焊接加工生产承揽人王远凯以涉嫌生产销售不符合安全标准的产品罪和公司、企业人员受贿罪逮捕；将工程主拱钢管焊接加工生产负责人胡开明等8名犯罪嫌疑人以涉嫌工程重大安全事故罪、生产销售不符合安全标准的产品罪和公司、企业人员受贿罪逮捕。与此同时，重庆市公安局还向市检察院、市纪检委和市监察局提供了在事故中应负直接管理责任或领导责任的13名党政干部及企业领导的事实材料、证据。

请思考：

从案例中你得到哪些启示？可进行小组展开讨论。

7.4.1 建设工程的竣工验收

1. 建设工程的竣工验收的相关规定

交付竣工验收的建筑工程，必须符合规定的建筑工程质量标准，有完整的工程技术经济资料和经签署的工程保修书，并具备国家规定的其他竣工条件。

建筑工程竣工时，屋顶、墙面不得留有渗漏、开裂等质量缺陷；对已发现的质量缺陷，建筑施工企业应当修复。建筑工程竣工后经验收合格，方可交付使用；未经验收或者验收不合格的，不得交付使用。施工单位对施工中出现质量问题的建设工程或者竣工验收不合格的建设工程，应当负责返修。

建设单位收到建设竣工报告后，应当组织设计、施工、工程监理等有关单位进行竣工验收。建设工程竣工验收应当具备下列条件。

(1) 完成建设工程设计和合同约定的各项内容。

(2) 有完整的技术档案和施工管理资料。

(3) 有工程使用的主要建筑材料、建筑构配件和设备及进场试验报告。

(4) 有勘察、设计、施工、工程监理等单位分别签署的质量合格文件。

(5) 有施工单位签署的工程保修书。

建设工程经验收合格的，方可交付使用。建设行政主管部门或者其他有关部门发现建设单位竣工验收过程中有违反国家有关建设工程质量管理规定行为的，责令停止使用，重新组织竣工验收。

依据《中华人民共和国建筑法》的规定，建筑工程竣工验收合格后，方可交付使用。未经验收或者验收不合格的，不得交付使用。但在实践中，常常有些建设单位因种种原因，对未经验收的建筑工程擅自使用。因此，最高人民法院于2004年9月29日通过的《最高人民法院关于审理建设工程施工合同纠纷案件适用法律问题的解释》(以下简称《解释》)

中第十三条规定，建设工程未经竣工验收，发包人擅自使用后，又以使用部分质量不符合约定为由主张权利的，不予支持；但是承包人应当在建设工程的合理使用寿命内对地基基础和主体结构质量承担民事责任。

2. 建设工程竣工验收备案制度

《建设工程质量管理条例》确立了建设工程竣工验收备案制度。建设单位应当严格按照国家有关档案管理的规定，及时收集、整理建设项目各环节的文件资料，健全建设项目档案，并在建设工程竣工验收后，及时向建设行政主管部门或者其他有关部门移交建设项目档案。该项制度是加强政府监督管理，防止不合格工程流向社会的一个重要手段。结合《建设工程质量管理条例》和《房屋建筑工程和市政基础设施工程竣工验收备案管理暂行办法》的有关规定，建设单位应当自建设工程竣工验收合格之日起15日内，将建设工程竣工验收报告和规划、公安消防、环境等部门出具的认可文件或者准许使用文件报建设行政主管部门或者其他有关部门备案。

(1) 建设单位办理工程竣工验收备案提交材料。

① 工程竣工验收备案表。

② 工程竣工验收报告包括：工程报建日期，施工许可证号，施工图设计文件审查意见，勘察、设计、施工、工程监理等单位分别签署的质量合格文件及验收人员签署的竣工验收原始文件，市政基础设施的有关质量检测和功能性试验材料及备案机关认为需要提供的有关资料。

③ 法律、行政法规规定应当由规划、公安消防、环保等部门出具的认可文件或者准许使用文件。

④ 施工单位签署的工程质量保修书。

⑤ 法规、规章规定必须提供的其他文件。

⑥ 商品住宅还应当提交《住宅质量保证书》和《住宅使用说明书》。

建设行政主管部门或其他有关部门收到建设单位的竣工验收备案文件后，依据质量监督机构的监督报告，发现建设单位在竣工验收过程中违反国家有关建设工程质量管理规定行为的，责令停止使用，重新组织竣工验收后，再办理竣工验收备案。

(2) 建设单位有下列违法行为的，应按照有关规定予以行政处罚。

① 在工程竣工验收合格之日起15天内未办理工程竣工验收备案。

② 在重新组织竣工验收前擅自使用工程。

③ 采用虚假证明文件办理竣工验收备案。

知识链接

《中华人民共和国建筑法》第六十一条规定，交付竣工验收的建筑工程，必须符合规定的建筑工程质量标准，有完整的工程技术经济资料和经签署的工程保修书，并具备国家规定的其他竣工条件。

建筑工程竣工经验收合格后，方可交付使用；未经验收或者验收不合格的，不得交付使用。

7.4.2 建设工程的质量保修制度

建设工程质量保修制度是指建设工程在办理竣工验收手续后，在规定的保修期内，因勘察、设计、施工、材料等原因造成的质量缺陷，应当由施工承包单位负责维修、返工或更换，由责任单位负责赔偿损失。建设工程实行质量保修制度是落实工程质量责任的重要措施。《中华人民共和国建筑法》、《建设工程质量管理条例》、《房屋建筑工程质量保修办法》(2000 年 6 月 30 日建设部令第 80 号发布)对该项制度的规定主要有以下几个方面内容。

(1) 建设工程承包单位在向建设单位提交竣工验收报告时，应当向建设单位出具质量保修书。质量保修书中应当明确建设工程的保修范围、保修期限和保修责任等。保修范围和正常使用条件下国务院规定的最低保修期限如下。

① 基础设施工程、房屋建筑的地基基础工程和主体结构工程，为设计文件规定的该工程的合理使用年限。

② 屋面防水工程、有防水要求的卫生间、房间和外墙面的防渗漏，为 5 年。

③ 供热和供冷系统，为 2 个采暖期、供冷期。

④ 电气管线、给排水管道、设备安装和装修工程，为 2 年。

其他项目的保修期限由发包方与承包方约定，但其最低保修期限不得低于国务院规定的标准。建设工程的保修期，自竣工验收合格之日起计算。因使用不当或者第三方造成的质量缺陷，以及不可抗力造成的质量缺陷，不属于法律规定的保修范围。

(2) 建设工程在保修范围和保修期内发生质量问题，施工单位应当履行保修义务，并对造成的损失承担赔偿责任。

对在保修期内和保修范围内发生的质量问题，一般应先由建设单位组织勘察、设计、施工等单位分析质量问题的原因，确定维修方案，由施工单位负责维修。但当问题较严重且复杂时，不管是什么原因造成的，只要是在保修范围内，均先由施工单位履行保修义务。对于保修费用，则由质量缺陷的责任方承担。

知识链接

《中华人民共和国建筑法》第六十二条规定，建筑工程实行质量保修制度。

建筑工程的保修范围应当包括地基基础工程、主体结构工程、屋面防水工程和其他土建工程，以及电气管线、上下水管线的安装工程，供热、供冷系统工程等项目；保修的期限应当按照保证建筑物合理寿命年限内正常使用，维护使用者合法权益的原则确定。具体的保修范围和最低保修期限由国务院规定。

本章小结

我国的建设工程质量管理体系，包括纵向管理和横向管理两个方面。建设工程质量必须实行政府监督管理，可以由建设行政主管部门或者其他有关部门委托的建设工程质量监督机构具体实施。

建设工程质量检测是工程质量检测机构接受委托，依据国家有关法律、法规和工程建设强制性标准，对涉及结构安全项目的抽样检测和对进入施工现场的建筑材料、构配件的见证取样检测。

交付竣工验收的建筑工程，必须符合规定的建筑工程质量标准，有完整的工程技术经济资料和经签署的工程保修书，并具备国家规定的其他竣工条件。

《建设工程质量管理条例》确立建设工程竣工验收备案制度，是落实工程质量责任的重要措施。建设工程在办理竣工验收手续后，在规定的保修期内，因勘察、设计、施工、材料等原因造成的质量缺陷，应当由施工承包单位负责维修、返工或更换，由责任单位负责赔偿损失。

建筑工程质量责任制度，包括建设单位、勘察设计单位、监理单位及施工单位各自的工程质量责任与义务。学生应能正确识别建筑工程质量责任。

习题

1．简述工程建设标准类型。
2．简述工程建设强制性标准的监督检查的内容、方式。
3．简述建筑工程质量检测机构的责任和义务。
4．简述建设单位的建筑工程质量的责任和义务。
5．简述施工单位的建筑工程质量的责任和义务。
6．试述建设工程竣工验收应当具备的条件。
7．试述我国法律关于建设工程质量的保修责任的规定。

第8章

建设工程招标与投标制度

教学目标

了解强制招标制度，熟悉招标投标活动应遵循的基本原则；掌握招标文件、投标文件的编制、招标投标活动中的禁止性规定；了解开标的时间、地点，评标委员会的组成，评标的标准和方法。

教学要求

能力目标	知识要点	权重
识别强制招标项目、熟悉招投标活动应遵循的基本原则	强制招标的工程范围和规模标准	30%
熟悉投标文件的编制、招投标活动中的禁止性规定	招标方式；投标文件编制	35%
掌握评标委员会的组成、评标标准	开标时间、地点；评标委员会组建	35%

驱动案例

1996 年某房地产开发公司为建设某大厦进行了招标，招标文件中规定了中标单位应与招标单位签订履约保证金合同。中标单位确定为某建筑公司，原告某建筑公司与被告某房地产开发公司签订了一份履约保证金协议，约定由原告向被告支付 200 万元作为履约保证金，期限为一年；同时约定了补偿办法和违约责任等。协议签订后，经被告许可，原告实际支付了 150 万元。被告收取了此笔保证金，即将其挪用于工程建设。一年期满后被告未按约如期履行返还义务。双方于 1999 年 9 月 24 日签订补偿协议，约定从 1999 年 10 月起，被告按月归还，每季度不少于 50 万元，在 2000 年 7 月前归还全部保证金。但是到期后被告仍未归还，原告催索无果，遂书面通知被告解除补充协议，并向法院提起诉讼，要求法院判令归还保证金及利息。

请思考：

本案应当如何处理？为什么？

8.1 招标投标活动的原则及适用范围

建筑工程招标投标，是在市场经济条件下进行工程建设项目的发包与承包时，所采用的一种交易方式。采用招标投标方式进行交易活动的最显著特征，是将竞争机制引入了交易过程，它具有公平竞争、减少或杜绝行贿受贿等腐败和不正当竞争行为、节省和合理使用资金、保证建设项目质量等明显的优越性。为了规范这种交易方式，确立招标投标的法律制度是十分必要的。1999 年 8 月 30 日，第九届全国人大常委会第十一次会议审议并通过了《招标投标法》，标志着我国的招标投标活动在法制的轨道上，已经进入到了一个规范的、公平竞争的崭新阶段。这部法共六章，六十八条。第一章为总则，它是《招标投标法》概括性、纲领性、原则性的规定，对其他各章的规定具有指导作用。第二～四章根据招标投标活动的具体程序和步骤，规定了招标、投标、开标、评标和中标各阶段的行为规则。第五章规定了违反本法应当承担的法律责任。第六章为附则，是该法的附加部分，是对法律正文中未尽事项的规定。整部法律体现了鼓励和保护公平竞争的精神，限制了不利于公平竞争的行政干预，排除了地方、部门的保护主义，确立了以效率、质量取胜的机制，加大了对干扰破坏招标投标秩序行为的惩罚力度。《招标投标法》是招标投标法律体系中的基本法律。继《招标投标法》发布之后，中华人民共和国国家发展计划委员会(现称为国家发展和改革委员会)于 2000 年 5 月 1 日发布了《工程建设项目招标范围和规模标准规定》，2000 年 7 月 1 日发布了《招标公告发布暂行办法》和《工程建设项目自行招标试行办法》；建设部于 2000 年 6 月 30 日发布了《工程建设项目招标代理机构资格认定办法》，2000 年 10 月 18 日发布了《建筑工程设计招标投标管理办法》，2001 年 6 月 1 日发布了《房屋建筑和市政基础设施工程施工招标投标管理办法》；国家发展计划委员会、建设部、原铁道部、交通运输部、信息产业部(现称为工业和信息化部)、水利部、中国民用航空总局(现称为中国民用航空局)七部(委)于 2001 年 7 月 5 日联合发布了《评标委员会和评标方法》，于 2003 年 3 月 8 日联合发布了《工程建设项目施工招标投标办法》。目前，招标投标法律制度还正处于实施的起始阶段，其现实和长远的意义必将在今后的实施中进一步显现出来。

8.1.1 《招标投标法》的立法宗旨、适用范围和调整对象

1. 立法宗旨

立法宗旨，又称立法目的，是一部法律所要达到的目标。制定《招标投标法》的根本目的，是维护市场平等竞争秩序，完善社会主义市场经济体制。而其直接立法目的是：规范招标投标活动，保护国家利益、社会公共利益和招标投标活动当事人的合法权益，提高经济效益，保证项目质量。

2. 适用范围

《招标投标法》第二条对该法的适用范围作出了明确规定，在中华人民共和国境内进行招标投标活动，适用本法。需要指出的是，由于我国对境内的香港特别行政区、澳门特别行政区实行“一国两制”，按照我国香港、澳门两个特别行政区基本法的规定，只有列入这两个基本法附件三的法律，才能在这两个特别行政区适用。《招标投标法》没有列入这两个法的附件三中，因此，《招标投标法》不适用香港、澳门两个特别行政区。按照《招标投标法》第六十八条的规定，《招标投标法》自2000年1月1日起施行。

3. 调整对象

法律的调整对象是指一部法律所调整的社会关系。《招标投标法》是调整“招标投标活动”中产生的社会关系，如招标人和投标人平等主体之间的平等关系、招标投标活动过程中的有关行政监督部门和被监督对象之间的监督与被监督的关系等。凡是在中国境内进行的招标投标活动，不论是属于必须进行招标的项目，还是属于自愿进行招标的项目，其招标投标活动均适用《招标投标法》。需要注意的是，根据强制招标项目和非强制招标项目的不同情况，《招标投标法》作了有所区别的规定。有关招标投标规则和程序的强制性规定及法律责任的规定，主要适用于强制招标的项目。

8.1.2 强制招标制度

强制招标，是指法律、法规规定某些特定类型的采购项目，凡是达到规定的规模标准的，必须通过招标进行采购，否则采购单位要承担法律责任。这一做法早已成为国际惯例。国际经验表明，强制性招标是发展国民经济的一项重要的制度保证。在我国当前推行强制性招标可以带来的好处有：①减少国有资产的投资风险，避免投资浪费，提高经济效益；②为民主、科学的投资决策提供保障，防止市场竞争中由于盲目性、随意性、自发性带来的决策失误；③有效扼制投资领域的不正之风和贪污腐败行为；④为所有符合条件的供应商、承包商提供公开、公平、公正的竞争环境，保证招标者能够择优确定投标人，保证采购的质量；⑤有利于打破采购供应领域的地方、行业、部门的垄断及保护政策。

1. 强制招标的范围和规模标准

关于强制招标的范围，根据《招标投标法》第三条的有关规定，法定强制招标项目的范围有两大类：一是《招标投标法》明确规定必须进行招标的项目；二是依照其他法律或者国务院的规定必须进行招标的项目。

1)《招标投标法》明确规定必须进行招标的项目

下列工程建设项目包括项目的勘察、设计、施工、监理及与工程建设项目有关的重要设备、材料等的采购，必须进行招标：大型基础设施、公用事业等关系社会公共利益、公共安全的项目；全部或者部分使用国有资金投资或者国家融资的项目；使用国际组织或者外国政府贷款、援助资金的项目。

为了增加强制招标工作的可操作性，根据《招标投标法》的授权，国家发展与整革委员会制定了《工程建设项目招标范围和规模标准规定》，其中第二条～第七条确定了必须进行招标的工程建设项目的具体范围和规模标准。

(1) 关系社会公共利益、公众安全的基础设施项目的范围包括：①煤炭、石油、天然气、电力、新能源等能源项目；②铁路、公路、管道、水运、航空及其他交通运输业等交通运输项目；③邮政、电信枢纽、通信、信息网络等邮电通信项目；④防洪、灌溉、排涝、引(供)水、滩涂治理、水土保持、水利枢纽等水利项目；⑤道路、桥梁、地铁和轻轨交通、污水排放及处理、垃圾处理、地下管道、公共停车场等城市设施项目；⑥生态环境保护项目；⑦其他基础设施项目。

(2) 关系社会公共利益、公众安全的公用事业项目的范围包括：①供水、供电、供气、供热等市政工程项目；②科技、教育、文化等项目；③体育、旅游等项目；④卫生、社会福利等项目；⑤商品住宅，包括经济适用住房；⑥其他公用事业项目。

(3) 使用国有资金投资项目的范围包括：①使用各级财政预算资金的项目；②使用纳入财政管理的各种政府性专项建设基金的项目；③使用国有企业事业单位自有资金，并且国有资产投资者实际拥有控制权的项目。

(4) 国家融资项目的范围包括：①使用国家发行债券所筹资金的项目；②使用国家对外借款或者担保所筹资金的项目；③使用国家政策性贷款的项目；④国家授权投资主体融资的项目；⑤国家特许的融资项目。

(5) 使用国际组织或者外国政府资金的项目的范围包括：①使用世界银行、亚洲开发银行等国际组织贷款资金的项目；②使用外国政府及其机构贷款资金的项目；③使用国际组织或者外国政府援助资金的项目。

以上规定范围内的各类工程建设项目，包括项目的勘察、设计、施工、监理及与工程建设有关的重要设备、材料等的采购，达到下列标准之一的，必须进行招标：①施工单项合同估算价在 200 万元人民币以上的；②重要设备、材料等货物的采购，单项合同估算价在 100 万元人民币以上的；③勘察、设计、监理等服务的采购，单项合同估算价在 50 万元人民币以上的；④单项合同估算价低于上述三项规定的标准，但项目总投资额在 3 000 万元人民币以上的。

2) 法律或者国务院规定的其他必须进行招标的项目

随着招标投标制度的建立和推行，我国实行招标投标制度的领域将逐步扩大，必须依法采用招标采购方式的项目，并非仅限于工程建设项目。例如，《招标投标法》规定以外的属于政府采购范围内的其他大额采购，也应纳入强制招标的范围，对此由政府采购法作出规定。为此，《招标投标法》第三条第三款规定，法律或者国务院对必须进行招标的其他项目的范围有规定的，依照其规定。但应指出，其他法律或国务院规定实行强制招标采购的项目，在招标投标的规则和程序方面，都应适用《招标投标法》的规定。

2. 可以不进行招标的工程建设项目

如果建设项目不属于强制招标的项目则可以招标也可以不招标。但是，即使符合强制招标项目的条件但是属于某些特殊情形的，也可以不进行招标。

1) 可以不进行招标的施工项目

依据《招标投标法》第六十六条和《工程建设项目施工招标投标办法》第十二条的规定，需要审批的工程建设项目，有下列情形之一的，由审批部门批准，可以不进行施工招标。

(1) 涉及国家安全、国家秘密或者抢险救灾而不适宜招标的。

(2) 属于利用扶贫资金实行以工代赈需要使用农民工的。

(3) 施工主要技术采用特定的专利或者专有技术的。

(4) 施工企业自建自用的工程，且该施工企业资质等级符合该工程要求的。

(5) 在建工程追加的附属小型工程或者主体加层工程，原中标人仍具备承包能力的。

(6) 法律、行政法规规定的其他情形。

国家重点建设项目，应当经国务院发展计划部门批准；地方重点建设项目，应当经各省、自治区、直辖市人民政府批准。全部使用国有资金投资或者国有资金投资占控股或者主导地位的并需要审批的工程建设项目，应当经项目审批部门批准，但项目审批部门只审批立项的，由有关行政监督部门批准。

不需要审批但依法必须招标的工程建设项目，有前款规定情形之一的，可以不进行施工招标。

2) 可以不进行招标的勘察、设计项目

《建设工程勘察设计管理条例》第十六条规定，下列建设工程的勘察、设计，经有关主管部门批准，可以直接发包。

(1) 采用特定的专利或者专有技术的。

(2) 建筑艺术造型有特殊要求的。

(3) 国务院规定的其他可以直接发包的建设工程的勘察、设计。

8.1.3 招标投标活动应遵循的基本原则

《招标投标法》第五条规定了招标投标活动必须遵循的基本原则，即“公开、公平、公正和诚实信用”的原则。这是招标投标必须遵循的最基本的原则，违反了这一基本原则，招标投标活动就失去了本来的意义。招标投标法有关招标投标的各项规定，都是为了保证这一基本原则的实现而制定的。

1. 公开原则

公开原则，就是要求招标投标活动具有较高的透明度，实行招标信息、招标程序、招标结果公开。

1) 信息公开

采用公开招标方式的，招标方应通过国家指定的报刊、信息网络或者其他公共媒介发布招标公告；采取邀请招标方式的，招标方应当向 3 个以上具备承担招标项目的能力、资信良好的特定的法人或其他组织发出投标邀请书。

2) 开标公开

开标应当公开进行，开标的时间和地点应当与招标文件中预先确定的相一致。开标由招标人主持，邀请所有投标人和有关单位代表参加。招标人在招标文件要求提交投标文件的截止时间前收到的所有投标文件，开标时都应当众予以拆封、宣读，并做好记录，存档备查。

3) 评标标准与方法公开

评标标准和办法应当在提供给所有投标人的招标文件中载明，评标应严格按照招标文件确定的标准和办法进行，不得采用招标文件未列明的任何标准。招标人不得与投标人就投标价格、投标方案等实质性内容进行谈判。

4) 中标结果公开

确定中标人后，招标人应当向中标人发出通知书，同时将中标结果通知所有未中标的投标人。中标通知书对招标人和中标人都具有法律效力。中标通知书发出后，招标人改变中标结果的，或者中标人放弃的，均应当承担法律责任。对于未中标的其他投标人对招标投标活动中不符合《招标投标法》有关规定的，或对中标结果有异议的，有权向招标人提出或向有关行政监督部门投诉。

2. 公平原则

公平原则要求给予所有投标人平等的机会，使其享有同等的权利，履行同等的义务。不能有意排斥、歧视任何一方。而投标人不得采用不正当竞争手段参加投标竞争。

对于招标方，应向所有的潜在投标人提供相同的招标信息；招标人不得以不合理的条件限制或者排斥潜在投标人，不得对潜在投标人实行歧视待遇；招标文件不得要求或者标明特定的生产供应者及含有倾向或者排斥潜在投标人的其他内容；招标人不得向他人透露已获取招标文件的潜在投标人的名称、数量及可能影响公平竞争的有关招标投标的其他情况；招标人不得限制投标人之间的竞争；所有投标人都有权参加开标会；所有在投标截止时间前收到的投标文件都应当在开标时当众拆封、宣读。

对于投标方，不得相互串通投标报价，不得排斥其他投标人的公平竞争，损害招标人或者其他投标人的合法权益；投标人不得与招标人串通投标，损害国家利益、社会公共利益或者他人的合法权益。

对于招投标双方来说，在采购活动中双方的地位平等，任何一方不得向另一方提出不合理的要求，不得将自己的意志强加给对方。

3. 公正原则

公正原则就是要求在招标投标活动中，程序规范、标准一致。评标时对所有投标者一视同仁，严格按照事先公布的标准和规则统一对待各投标人。不得向任何投标人泄露标底或其他可能妨碍公平竞争的信息；任何单位和个人不得非法干预、影响评标过程和结果。

4. 诚实信用原则

“诚实信用”是民事活动的基本原则之一。《民法》和《合同法》等民事基本法律中都规定了这一原则。招标投标活动是以订立采购合同为目的的民事活动，当然也适用这一原则。本原则的含义是，在招标投标活动中，招标人或招标代理机构、投标人等均应以诚实、善意的态度参与招标投标活动，严格按照法律的规定行使自己的权利和义务，坚持良好的信用，不得弄虚作假，欺骗他人，牟取不正当利益，不得损害对方、第三者或者社会的利益。对违反诚实信用原则，给他方造成损失的，要依法承担赔偿责任。《招标投标法》第五十三条至第六十条明确规定了各种违背诚实信用原则的行为的法律责任。

8.2 工程招标与投标

一次完整的招标投标活动，包括招标、投标、开标、评标和中标等许多环节。招标是整个招标投标过程的第一个环节，也是对投标、评标、定标有直接影响的环节，所以在《招标投标法》中对这个环节确立了一系列的明确的规范。要求在招标中有严格的程序、较高的透明度、严谨的行为规则，以求有效地调整在招标中形成的社会经济关系。

8.2.1 工程招标

1. 招标人

《招标投标法》第八条规定，招标人是依照本法规定提出招标项目、进行招标的法人或者其他组织。正确理解法律意义上的招标人的含义，应当把握以下几点。

(1) 招标人应当是法人或者其他组织，而自然人则不能成为该法意义上的招标人。根据《中华人民共和国民法》的有关规定，法人是指具有民事权利能力和民事行为能力，依法独立享有民事权利和承担民事义务的组织。其他组织，是指除法人以外的不具备法人条件的其他实体。包括合伙企业、个人独资企业和外国企业及企业的分支机构等。

(2) 依法提出招标项目。这里有两层含义：一是要提出招标项目，即根据招标人的实际情况及《招标投标法》的有关规定确定需要招标的具体项目，办理有关审批手续，落实项目的资金来源等；二是进行招标，即根据《招标投标法》规定的程序和实质内容确定招标方式，编制招标文件，发布招标公告，审查潜在投标人资格，进行开标、评标、确定中标人及订立书面合同等。

(3) 招标条件。根据《招标投标法》第九条、《房屋建筑和市政基础设施工程施工招标投标管理办法》第八条和《工程建设项目施工招标投标办法》第八条的规定，依法必须招标的工程建设项目，应当具备下列条件才能进行施工招标：①招标人已经依法成立；②初步设计及概算应当履行审批手续的，已经批准；③招标范围、招标方式和招标组织形式等应当履行核准手续的，已经核准；④有相应资金或资金来源已经落实；⑤有招标所需的设计图纸及技术资料；⑥法律法规规定的其他条件。

2. 招标方式

招标投标作为大额采购的一种主要交易方式在国外已有多年的历史。按照不同的标准，招标有多种方式。例如，按其性质划分，可分为公开招标和邀请招标；按竞争范围划分，可分为国际竞争性招标和国内竞争性招标；按价格确定方式划分，可分为固定总价项目招标、成本加酬金项目招标和单价不变项目招标等。无论哪一种招标方式，都离不开招标的基本特性，即招标的公开性、竞争性和公平性。

目前世界各国和有关国际组织有关招标的方式大体上有三种：公开招标、邀请招标和议标。与以往的招标法律文件不同，《招标投标法》只规定了公开招标和邀请招标为法定招标方式，摒弃了议标方式。这是因为议标是通过协商达成交易的一种方式，通常在非公开状态下采取一对一谈判方式进行，这显然违反了招标应遵循的公开、公平、公正的原则。

1) 公开招标

公开招标也称“无限竞争性招标”，是指由招标人按照法定程序，在规定的公开的媒体上发布招标公告，公开提供招标文件，使所有符合条件的潜在投标人都可以平等参加投标竞争，从中择优选定中标人的一种招标方式。其特点是招标人发出招标公告，其针对的对象是所有对招标项目感兴趣的法人或者其他组织，对参加投标的投标人在数量上没有限制，具有广泛性。这种公告方式，可以大大提高招标活动的透明度，对招标过程中的不正当交易行为起到较强的抑制作用。

国务院发展计划部门确定的国家重点建设项目和各省、自治区、直辖市人民政府确定的地方重点建设项目，以及全部使用国有资金投资或者国有资金投资占控股或者主导地位的工程建设项目，应当公开招标。

2) 邀请招标

邀请招标也称“有限竞争性招标”或“限制性招标”，是指招标方根据自己所掌握的情况，预先确定一定数量的符合招标项目基本要求的潜在投标人并向其发出投标邀请书，由被邀请的潜在投标人参加投标竞争，招标人从中择优确定中标人的一种招标方式。其特点是：

(1) 根据《招标投标法》第十七条的有关规定，采用邀请招标方式的，招标人应当向3个以上潜在投标人发出投标邀请书。

(2) 邀请招标的招标人要以投标邀请书的方式向一定数量的潜在投标人发出投标邀请，只有接受投标邀请书的法人或者其他组织才可以参加投标竞争，其他法人或组织无权参加投标。由于这种招标方式的投标者范围只限于受到招标方邀请的人，竞争受到限制，因此，有关国际组织、国际金融机构和一些国家的法律规定，只有在所规定的不适宜公开招标的特殊情形下，招标或采购方才可以采用邀请招标方式。但从另一方面看，由于被邀请参加投标竞争者有限，不仅可以节约招标费用，而且提高了每个投标者的中标机会，又因为不用刊登招标公告，招标文件只送几家，投标有效期大大缩短。这对采购那些价格波动较大的商品是非常必要的。

根据《工程建设项目施工招标投标办法》第十一条的规定，有下列情形之一的，经批准可以进行邀请招标：①项目技术复杂或有特殊要求，只有少量几家潜在投标人可供选择的；②受自然地域环境限制的；③涉及国家安全、国家秘密或者抢险救灾，适宜招标但不宜公开招标的；④拟公开招标的费用与项目的价值相比，不值得的；⑤法律、法规规定不宜公开招标的。

国家重点建设项目的邀请招标，应当经国务院发展计划部门批准；地方重点建设项目的邀请招标，应当经各省、自治区、直辖市人民政府批准。全部使用国有资金投资或者国有资金投资占控股或者主导地位的并需要审批的工程建设项目的邀请招标，应当经项目审批部门批准，但项目审批部门只审批立项的，由有关行政监督部门批准。

3. 自行招标和代理招标

从招标行为实施主体的自主性来看，招标有自行招标和代理招标两种。

1) 自行招标

自行招标指的是招标方独自进行的招标活动。国家发展计划委员会于 2000 年 7 月 1 发布了《工程建设项目自行招标试行办法》。该办法第四条对自行招标方必须具备的条件作出了规定：①具有项目法人资格(或者法人资格)；②具有与招标项目规模和复杂程度相适应的工程技术、概预算、财务和工程管理等专业技术力量；③有从事同类工程建设项目招标的经验；④设有专门的招标机构或者拥有 3 名以上专职招标业务人员；⑤熟悉和掌握招标投标法及有关法规规章。

招标人符合法律规定的自行招标条件的，可以自行办理招标事宜。任何单位和个人不得强制其委托招标代理机构办理招标事宜。

2) 代理招标和招标代理机构

若不具备自行招标条件时，应当采用代理招标的方式。

所谓代理招标，是指招标代理机构接受招标人的委托，代为办理招标事宜。招标代理机构是“依法设立、从事招标代理业务并提供相关服务的社会中介组织。”

2007 年 1 月 11 日，建设部以第 154 号令发布的《工程建设项目招标代理机构资格认定办法》，对招标代理机构的资质等级、资质标准、申请与审批、业务范围等作出了明确规定。

(1)《工程建设项目招标代理机构资格认定办法》的适用范围和调整对象。

《工程建设项目招标代理机构资格认定办法》第二条对该规定的适用范围和调整对象作出了明确规定，在中华人民共和国境内从事各类工程建设项目招标代理业务机构资格的认定，适用本办法。本办法所称工程建设项目(以下简称工程)，是指土木工程、建筑工程、线路管道和设备安装工程及装饰装修工程项目。本办法所称工程建设项目招标代理(以下简称工程招标代理)，是指工程招标代理机构接受招标人的委托，从事工程的勘察、设计、施工、监理及与工程建设有关的重要设备(进口机电设备除外)、材料采购招标的代理业务。

(2) 工程建设项目招标代理机构的分级和工程承接范围。

工程招标代理机构资格分为甲级、乙级和暂定级。甲级工程招标代理机构资格由国务院建设主管部门认定。乙级、暂定级工程招标代理机构资格由工商注册所在地的省、自治区、直辖市人民政府建设主管部门认定。

甲级工程招标代理机构可以承担各类工程的招标代理业务。乙级工程招标代理机构只能承担工程总投资 1 亿元人民币以下的工程招标代理业务。暂定级工程招标代理机构，只能承担工程总投资 6 000 万元人民币以下的工程招标代理业务。

工程招标代理机构可以跨省、自治区、直辖市承担工程招标代理业务。任何单位和个人不得限制或者排斥工程招标代理机构依法开展工程招标代理业务。

(3) 招标代理机构可以承担的招标事宜。

招标代理机构应当在招标人委托的范围内承担招标事宜。招标代理机构可以在其资格等级范围内承担下列招标事宜：①拟订招标方案，编制和出售招标文件、资格预审文件；②审查投标人资格；③编制标底；④组织投标人踏勘现场；⑤组织开标、评标，协助招标人定标；⑥草拟合同；⑦招标人委托的其他事项。

(4) 工程招标代理机构的行为规范。

工程招标代理机构在工程招标代理活动中不得有下列行为。

① 与所代理招标工程的招投标人有亲属关系、合作经营关系及其他利益关系。

② 从事同一工程的招标代理和投标咨询活动。

③ 超越资格许可范围承担工程招标代理业务。

④ 明知委托事项违法而进行代理。

⑤ 采取行贿、提供回扣或者给予其他不正当利益等手段承接工程招标代理业务。

⑥ 未经招标人书面同意，转让工程招标代理业务。

⑦ 泄露应当保密的与招标投标活动有关的情况和资料。

⑧ 与招标人或者投标人串通，损害国家利益、社会公共利益和他人合法权益。

⑨ 对有关行政监督部门依法责令改正的决定拒不执行或者以弄虚作假方式隐瞒真相。

⑩ 擅自修改经招标人同意并加盖了招标人公章的工程招标代理成果文件，等等。

申请资格升级的工程招标代理机构或者重新申请暂定级资格的工程招标代理机构，在申请之日起前一年内有前款规定行为之一的，资格许可机关不予批准。

4. 招标公告的发布方式及内容

1) 公开招标应当发布招标公告

招标公告是招标人以公告方式邀请不特定的潜在投标人就招标项目参加投标的意思表示。公开招标的招标信息必须通过公告的途径予以通知，使所有合格的投标人都有同等机会了解招标要求。招标公告是公开招标的第一步，也是决定竞争的广泛程度，保证招标质量的关键性一步。同时，招标公告的发布方式对信息能否广泛传播也起着决定性作用，直接影响招标公告的发布结果。因此，对公告发布的方式作出法律规定是十分必要的。

2) 招标公告的发布方式

依法必须进行招标的项目的招标公告，应当通过国家指定的报刊、信息网络或者其他媒介发布。国内招标公告应使用中国文字，国际招标公告还应同时使用英文或相关国家的文字。国际招标还可以在发布招标公告的同时，向有关国家的使馆或驻招标国的外国机构发出通知。“国家指定”主要是指由法律、行政法规作出的规定。2000 年 7 月 1 日国家发展计划委员会令第 4 号发布了《招标公告发布暂行办法》，同时指定《中国日报》、《中国经济导报》、《中国建设报》和中国采购与招标网为发布依法必须招标项目的招标公告的媒介。其中，依法必须招标的国际招标项目的招标公告应在《中国日报》发布。随着科学技术的发展，可能还会出现一些新的发布方式，为此，《招标投标法》第十六条规定了“其他媒介”，作为报刊和信息网络的补充。

3) 招标公告的主要内容

招标公告的主要目的是发布招标项目的有关信息，使那些有兴趣的潜在投标人知道与项目有关的主要情况，来决定其是否参加投标。因此，招标公告的内容对潜在投标人是至关重要的。

(1) 施工招标公告的主要内容。

根据《工程建设项目施工招标投标办法》第十四条的规定，招标公告或者投标邀请书应当至少载明下列内容：①招标人的名称和地址；②招标项目的内容、规模、资金来源；③招标项目的实施地点和工期；④获取招标文件或者资格预审文件的地点和时间；⑤对招标文件或者资格预审文件收取的费用；⑥对投标人的资质等级的要求。

(2) 设计招标公告的主要内容。

根据《建筑工程设计招标投标管理办法》第八条第二款的规定，招标公告或者招标邀请书应当载明招标人的名称和地址、招标项目的基本要求、投标人的资质要求及获取招标文件的办法等事项。

5. 对潜在投标人或者投标人的资格审查

招标人可以根据招标项目本身的特点和需要，要求潜在投标人或者投标人提供满足其资格要求的文件，对潜在投标人或者投标人进行资格审查。

1) 资格审查的类型

资格审查分为资格预审和资格后审。

(1) 资格预审，是指在投标前对潜在投标人进行的资格审查。采取资格预审的，招标人可以发布资格预审公告，并应在资格预审文件中载明资格预审的条件、标准和方法。经资格预审后，招标人应当向资格预审合格的潜在投标人发出资格预审合格通知书，告知获取招标文件的时间、地点和方法，并同时向资格预审不合格的潜在投标人告知资格预审结果。资格预审不合格的潜在投标人不得参加投标。

(2) 资格后审，是指在开标后对投标人进行的资格审查。进行资格预审的，一般不再进行资格后审，但招标文件另有规定的除外。采取资格后审的，招标人应当在招标文件中载明对投标人资格要求的条件、标准和方法等。资格后审不合格的投标人的投标应作废标处理。

2) 资格审查的内容

资格审查主要审查潜在投标人或者投标人是否符合下列条件：①具有独立订立合同的权利；②具有履行合同的能力，包括专业、技术资格和能力，资金、设备和其他物质设施状况，管理能力，经验、信誉和相应的从业人员；③没有处于被责令停业，投标资格被取消，财产被接管、冻结，破产状态；④在最近3年内没有骗取中标和严重违约及重大工程质量问题；⑤法律、行政法规规定的其他资格条件。

资格审查时，招标人不得以不合理的条件限制、排斥潜在投标人或者投标人，不得对潜在投标人或者投标人实行歧视待遇。任何单位和个人不得以行政手段或者其他不合理方式限制投标人的数量。

6. 招标文件的编制和出售

一般情况下，在发布招标公告或发出投标邀请书前，招标方就应根据招标项目特点和要求编制招标文件并确定标底(标底一经审定，应封标至开标，在此之前要绝对保密)。在发布招标公告或发出投标邀请书的基础上，按照招标公告中载明的时间和地点，向有意参加投标的供应商或承包商提供招标文件。与招标公告、投标邀请书不同，招标文件是招标人向供应商或承包商发出的，为其提供编写投标文件的资料并向其通报招标投标将依据的规则和程序等项内容的书面文件。

1) 编制招标文件应遵守的原则

为了规范招标人的行为，保证招标文件的公正合理，《招标投标法》及其相关规定要求招标人在编制招标文件时，应当遵守如下原则。

《招标投标法》第十九条规定，招标人应当根据招标项目的特点和需要编制招标文件。招标文件应当包括招标项目的技术要求、对投标人资格审查的标准、投标报价要求和评标标准等所有实质性要求和条件及拟签订合同的主要条款。国家对招标项目的技术、标准有规定的，招标人应当按照其规定在招标文件中提出相应要求。招标项目需要划分标段、确定工期的，招标人应当合理划分标段、确定工期，并在招标文件中载明。

《招标投标法》第二十条规定，招标文件不得要求或者标明特定的生产供应者及含有倾向或者排斥潜在投标人的其他内容。

2) 关于时间方面招标文件应遵守的规定

(1) 可以澄清、修改招标文件的时间。

《招标投标法》第二十三条规定，招标人对已发出的招标文件进行必要的澄清或者修改的，应当在招标文件要求提交投标文件截止时间至少15日前，以书面形式通知所有招标文件收受人。该澄清或者修改的内容为招标文件的组成部分。

(2) 确定编制投标文件的时间。

《招标投标法》第二十四条规定，招标人应当确定投标人编制投标文件所需要的合理时间；但是，依法必须进行招标的项目，自招标文件开始发出之日起至投标人提交投标文件截止之日止，最短不得少于20日。

(3) 确定投标有效期。

投标有效期，是招标文件中规定的投标文件有效期。

《工程建设项目施工招标投标办法》第二十九条规定，招标文件应当规定一个适当的投标有效期，以保证招标人有足够的时间完成评标和与中标人签订合同。投标有效期从投标人提交投标文件截止之日起计算。在原投标有效期结束前，出现特殊情况的，招标人可以书面形式要求所有投标人延长投标有效期。投标人同意延长的，不得要求或被允许修改其投标文件的实质性内容，但应当相应延长其投标保证金的有效期；投标人拒绝延长的，其投标失效，但投标人有权收回其投标保证金。因延长投标有效期造成投标人损失的，招标人应当给予补偿，但因不可抗力需要延长投标有效期的除外。

3) 设计招标文件的特点

建设工程设计招标不同于建设工程项目实施阶段其他工作的招标，它是投标人通过自己的智力劳动，将招标人对建设项目的设想转变为可实施的蓝图。设计招标与常见的施工招标相比较，具有以下显著的特点。

(1) 招标文件无工作量要求。设计招标文件对投标人所提出的要求不是十分明确具体，只是简要介绍建设工程项目的实施条件和项目所在地的基本资料，提出设计依据、工程项目应达到的技术经济指标、限定的工作范围、要求完成设计的时间等内容，而无具体的工作量要求。

(2) 投标文件报价的依据不是工程量表。投标人提交的投标文件一般是首先提出设计初步方案并论证该设计方案的优点和实现计划，在此基础上再进一步提出报价。报价不是以规定的工程量表为依据，设计方案的优劣对报价影响程度较大。

(3) 开标时不排定标价次序。设计招标开标时只是分别简要公布各设计方案的基本构思、设计意图和报价，一般不由招标单位按公布的各投标书的报价高低排定标价次序。

(4) 报价对中标的影响程度较小。设计招标评标时，更多地关注所提供设计方案的技术先进性和合理性，所达到的技术指标及对工程项目投资效益的影响，而不过分追求完成设计任务报价的高低，报价对中标的影响程度较小。

4) 设计招标文件的一般要求和主要内容

《建筑工程设计招标投标管理办法》对设计招标文件的一般要求和主要内容作出了规定。

(1) 一般要求。

设计招标文件的一般要求如下：①招标人应当在招标文件中规定实质性要求和条件，并用醒目的方式标明；②招标文件应具有严肃性，一经发出，招标人不得随意变更，确需进行必要的澄清或者修改，应当在提交投标文件截止日期15日前，书面通知所有招标文件收受人；③招标人要求投标人提交投标文件的时限为特级和一级建筑工程不少于45日，二级以下建筑工程不少于30日，进行概念设计招标的，不少于20日。

(2) 主要内容。

设计招标文件应包括以下主要内容：①工程名称、地址、占地面积、建筑面积等；②已批准的项目建议书或者可行性研究报告；③工程经济技术要求；④城市规划管理部门确定的规划控制条件和用地红线图；⑤可供参考的工程地质、水文地质、工程测量等建设场地勘察成果报告；⑥供水、供电、供气、供热、环保、市政道路等方面的基础资料；⑦招标文件答疑、踏勘现场的时间和地点；⑧投标文件编制要求及评标原则；⑨投标文件送达的截止时间；⑩拟签订合同的主要条款；⑪未中标方案的补偿办法。

5) 施工招标文件的一般要求和主要内容

《工程建设项目施工招标投标办法》对施工招标文件的一般要求和主要内容作出了规定。

(1) 一般要求。

① 招标人应当在招标文件中规定实质性要求和条件，并用醒目的方式标明。

② 招标人可以要求投标人在提交符合招标文件规定要求的投标文件外，提交备选投标方案，但应当在招标文件中作出说明，并提出相应的评审和比较办法。

③ 招标文件规定的各项技术标准均应符合国家强制性标准，均不得要求或标明某一特定的专利、商标、名称、设计、原产地或生产供应者，不得含有倾向或者排斥潜在投标人的其他内容。

④ 招标项目需要划分标段、确定工期的，招标人应当合理划分标段、确定工期，并在招标文件中载明。在工程技术上紧密相联、不可分割的单位工程不得分割标段。招标人不得以不合理的标段或工期限制或者排斥潜在投标人或者投标人。

⑤ 招标文件应当明确规定评标时除价格以外的所有评标因素，以及如何将这些因素量化或者据以进行评估。

⑥ 招标文件应当规定一个适当的投标有效期。

⑦ 招标项目工期超过12个月的，招标文件中可以规定工程造价指数体系、价格调整因素和调整方法。

⑧ 招标人应当确定投标人编制投标文件所需要的合理时间。

⑨ 招标人根据招标项目的具体情况，可以组织潜在投标人踏勘项目现场，向其介绍工程场地和相关环境的有关情况。但招标人不得单独或者分别组织任何一个投标人进行现场踏勘。潜在投标人依据招标人介绍情况作出的判断和决策，由投标人自行负责。

⑩ 对于潜在投标人在阅读招标文件和现场踏勘中提出的疑问，招标人可以书面形式或召开投标预备会的方式解答，但需同时将解答以书面方式通知所有购买招标文件的潜在投标人。该解答的内容为招标文件的组成部分。

(2) 主要内容。

① 投标邀请书。

② 投标人须知，包括工程概况，招标范围，资格审查条件，工程资金来源或者落实情况(包括银行出具的资金证明)，标段划分，工期要求，质量标准，现场踏勘和答疑安排，投标文件编制、提交、修改、撤回的要求，投标报价要求，投标有效期，开标的时间和地点，评标的方法和标准等。

③ 拟签订合同的主要条款。

④ 投标文件格式。

⑤ 招标工程的技术条款和设计文件。

⑥ 采用工程量清单招标的，应当提供工程量清单。

⑦ 评标标准和方法。

⑧ 要求投标人提交的其他辅助材料，如投标保证金或其他形式的担保。

在招标投标过程中，如果投标人投标后擅自撤回投标，或者投标被接受后由于投标人的原因不能签订合同，那么招标人就可能遭受损失，如重新进行招标的费用和招标推迟造成的损失等。因此，招标人可以在招标文件中要求投标人提供投标保证金或其他形式的担保，以防投标人违约，并在投标人违约时得到补偿。投标保证金可以是支票、现金、银行汇票等。为避免影响投标人的积极性，投标保证金的金额不宜太高，一般不超过投标总价的 2%，最高不超过 80 万元。中标人确定后，对落选的投标人应及时将其投标保证金退还。

6) 工程量清单

(1) 工程量清单及编制要求。工程量清单也叫工程量表，是将招标工程的全部项目内容按工程的部位、性质等放在一系列表内，每个表中既有工程部位和该部位实施时的各个项目的工程量，又有每个项目的计价要求(单价或总价)，以及每个项目的报价和每个表的合计等，其中后两个栏目是留给投标者填写的。工程量清单一般由业主在招标文件中提供，作为投标人计算报价的依据。

工程量清单的项目可分为两大类，一类是按“单份”计价的项目，另一类是按“项”包干的项目。在编制工程量清单时要按工程的施工要求进行工作分解来立项。在立项时，注意将不同等级的工程区分开，将性质相同但部位不同的工作区分开，将情况不同可进行不同报价的工作区分开，尽力做到使工程量清单中各项既能满足工序进度控制的要求，又能满足费用控制的要求，既便于报价，又便于工程进度款的结算和支付。

(2) 工程量清单的作用。

① 供投标人用于报价。投标人可以根据工程量清单按统一的规格填报单价，按价格的组成逐项汇总成整个工程的投标报价。

② 用于工程实施过程中的结算。工程实施过程中，每月结算时可按工程量清单中已实施的项目单价或价格来计算应给付承包企业的款项。

③ 用于确定工程变更或新增项目时的单价或价格。工程实施过程中，如果发生工程变更或新增项目时，可选用或参考工程量清单中的单价来确定工程变更或新增项目的单价或价格。

(3) 工程量清单的前言说明。招标文件中，在工程量清单的前言一般应有以下说明。

① 工程量清单应与投标须知、合同条件、技术规范和图纸一起使用。在编制和填写工程量清单的每一项单价和合价时应考虑投标须知、合同条件的有关内容。

② 工程量清单所列工程量系招标人估算和临时作为投标单位共同报价的基础使用的，

而付款以实际完成的工程量为依据，实际完成的工程量由承包单位计量，监理工程师核准。

③ 工程量清单中所填写的单价和合价，对于综合单价应说明包括人工费、材料费、机械费、其他直接费、有关文件规定的调价、利润、税金及现行取费中的有关费用、材料差价及采用固定价格的工程所测算的风险费等全部费用。对于工料单价，应说明按照现行预算定额的工、料、机消耗及预算价格确定，作为直接费的基础，其他直接费、间接费、有关文件规定的调价、利润、税金、材料差价、设备价、现场费用、施工技术措施费用及采用固定价格的工程所测算的风险费等按现行计算方法记取，计入其他相应的报价表中。

④ 工程量清单中的工程量应根据业主选定的计量方法和标准进行计量。

7) 标底及其编制

建筑工程的标底，是指招标人认可的招标项目的预算价格。它由招标人或委托建设行政主管部门批准的具有相应资格和能力的中介代理机构，依据现行的工程量计算规则和规定的计价方法及要求编制。一个招标工程只能编制一个标底，并经招标管理机构审定，妥善封存，在开标前保密。任何单位和个人不得强制招标人编制或报审标底，或干预其确定标底。招标人可根据项目特点决定是否编制标底。招标项目也可以不设标底，进行无标底招标。

8) 招标文件的出售

根据《工程建设项目施工招标投标办法》第十五条的规定，招标人应当按招标公告或者投标邀请书规定的时间、地点出售招标文件或资格预审文件。自招标文件或资格预审文件出售之日起至停止出售之日止，最短不得少于 5 个工作日。对招标文件或资格预审文件的收费应当合理，不得以营利为目的。招标人在发布招标公告、发出投标邀请书后或者售出招标文件或资格预审文件后不得擅自终止招标。

8.2.2 工程投标

在招标人以招标公告或者投标邀请书的方式发出招标邀请后，具备承担该招标项目能力的法人或者其他组织即可在招标文件指定的提交投标文件的截止时间之前，向招标人提交投标文件，参加投标竞争。

投标又称报价，是指作为承包方的投标人根据招标人的招标条件向招标人提交其依照招标文件的要求所编制的投标文件，即向招标人提出自己的报价，以期承包到该招标项目的行为。

1. 投标人

1) 投标人的定义

《招标投标法》第二十五条规定，投标人是响应招标、参加投标竞争的法人或者其他组织。依法招标的科研项目允许个人参加投标的，投标的个人适用本法有关投标人的规定。

所有对招标公告或投标邀请书感兴趣的并有可能参加投标的人，都称为潜在投标人。所谓响应招标，是指潜在投标人获得了招标的信息或者投标邀请书以后购买招标文件，接受资格审查，并编制投标文件，按照招标人的要求参加投标。参加投标竞争是指按照招标文件的要求并在规定的时间内提交投标文件的活动。

按照法律规定，投标人必须是法人或者其他组织，不包括自然人。但是，考虑到科研项目的特殊性，法律条文中增加了个人对科研项目投标的规定，个人可以作为投标主体参加科研项目投标活动。这是对科研项目投标的特殊规定。

2) 投标人应具备的条件

参加投标活动必须具备一定的条件，不是所有感兴趣的法人或经济组织都可以投标。根据《招标投标法》第二十六条的规定，投标人应当具备承担招标项目的能力；国家有关规定对投标人资格条件或者招标文件对投标人资格有规定的，投标人应当具备规定的资格条件。从广义上理解，投标人可以认为是按照招标文件的规定参加投标竞争的自然人、法人和其他组织，但这只是基本的前提，某一个法人或经济组织是否适合做一个招标项目的投标人，关键还要看其是否具备承担该招标项目的能力或在必要时是否符合国家规定所要求的资格条件。

首先，投标人应当具备承担招标项目的能力，具体包括：①与招标文件要求相适应的人力、物力和财力；②招标文件要求的资质证书和相应的工作经验与业绩证明；③法律、法规规定的其他条件。

其次，国家有关规定对投标人资格条件或招标文件对投标人资格有规定的，投标人应当具备规定的资格条件。例如，按照《中华人民共和国建筑法》的规定，从事房屋建筑活动的建筑施工企业，勘察单位、设计单位和工程监理单位，应当具备下列条件：有符合国家规定的注册资本，有与其从事的建筑活动相适应的具有法定执业资格的专业技术人员，有从事相关建筑活动所应有的技术装备及法律、行政法规规定的其他条件。从事建筑活动的建筑施工企业、勘察单位、设计单位和工程监理单位，按照其拥有的注册资本，专业技术人员，技术装备和已完成的建筑工程业绩等资质条件，划分不同的资质等级，经资质审查合格，取得相应等级的资质证书后，方可在其资质等级许可的范围内从事建筑活动。

法律对投标人的资格条件作出规定，对保证招标项目的质量，维护招标人的利益乃至国家和社会公共利益，都是很有必要的。不具备相应的资格条件的承包商、供应商，不能参加有关的招标项目的投标；招标人也应当按照《招标投标法》和国家有关规定及招标文件的要求，对投标人进行必要的资格审查，不具备规定的资格条件的，不能中标。法律对投标人应具备的资格条件作出规定，也可以使潜在的投标人以此判断自己有无资格参加投标，以避免花费不必要的投标费用，这对潜在投标人也是有益的。

2. 投标文件的编制

1) 基本要求

根据《招标投标法》第二十七条第一款的有关规定，编制投标文件应当符合下述两项要求。

(1) 按照招标文件的要求编制投标文件。投标人应认真研究、正确理解招标文件的全部内容；并按照招标文件的要求来编制自己的投标文件，方有中标的可能。

(2) 对招标文件提出的实质性要求和条件做出响应。这里“实质性要求和条件”，是指招标文件中有关招标项目的技术要求、投标报价要求和评标标准、合同的主要条款等，投标人必须严格按招标文件的要求，一一作答，不得对招标文件进行修改，不得遗漏或回避招标文件中的问题，更不能提出任何附带条件。否则将有可能失去中标机会。

根据《招标投标法》的基本要求，《建筑工程设计招标投标管理办法》规定，投标人应当按照招标文件、建筑方案设计文件编制深度规定的要求编制投标文件；进行概念设计招标的，应当按照招标文件要求编制投标文件。投标文件应当由具有相应资格的注册建筑师签章，加盖单位公章。

《工程建设项目施工招标投标办法》规定，施工投标文件应当包括下列内容：①投标函；②施工组织设计；③投标报价；④商务和技术偏差表。另外，投标人根据招标文件载明的项目实际情况，拟在中标后将中标项目的部分非主体、非关键性工作进行分包的，应当在投标文件中载明。

2) 特殊要求

根据《招标投标法》第二十七条第二款的有关规定，编制建设施工项目的投标文件，除符合上述两项基本要求外，还应当包括如下的特殊要求。

(1) 拟派出的项目负责人的简历，包括项目负责人的姓名、年龄、文化程度、职称、参加工作时间、担任负责人的年限、参加过的施工项目(包括建设单位、项目名称、建设规模、开竣工日期和工程质量等)等情况。

(2) 主要技术人员的简历。主要技术人员是下列人员：总部的项目主管、现场的项目正副主管、质量主管、材料主管、计划主管、安全主管等。这些专业技术人员简历应当包括姓名、年龄、文化程度、参加过的施工项目等情况。

(3) 业绩，一般是指近三年承建的施工项目。具体应写明建设单位、项目名称与建设地点、结构类型、建设规模、开竣工日期、合同价格和质量达标情况等。

(4) 拟用于完成招标项目的机械设备。这部分应将投标方自有的拟用于完成招标项目的机械设备以表格的形式列出。主要内容包括机械设备的名称、型号规格、数量、国别产地、制造年份、额定功率、生产能力、备注等内容。

(5) 其他，如近两年的财务会计报表，资金平衡表和负债表，下一年的财务预测报告等情况；全体员工人数特别是技术工人数量；现有的主要施工任务，包括在建或尚未开工的工程；工程进度等。

3) 对投标文件的补充、修改和撤回

《招标投标法》第二十九条规定，投标人在招标文件要求提交投标的截止时间前，可以补充、修改或者撤回已提交的投标文件，并书面通知招标人。补充、修改内容为投标文件的组成部分。

补充是指对投标文件中遗漏和不足的部分进行增补。修改是指对投标文件中已有的内容进行修订。撤回是指收回全部投标文件，或者放弃投标，或者以新的投标文件重新投标。

(1) 投标人在投标截止时间前，可以修改和补充投标文件。在招标过程中，由于投标人对招标文件的理解和认识水平不一，有些投标人对招标文件常常发生误解，或者投标文件对一些重要的内容有遗漏。对此投标人需要补充、修改的，可以在提交投标文件截止日期前，进行补充或者修改。补充或修改的内容为投标文件的组成部分。这些修改和补充的文件也应当以密封的方式在规定时间以前送达，招标人要严格履行签收登记手续，并存放在安全保密的地方。但在提交投标文件截止时间后到招标文件规定的投标有效期终止之前，投标人不得补充、修改、替代或者撤回其投标文件。投标人补充、修改、替代投标文件的，招标人不予接受。

(2) 投标人有权撤回自己提交的投标文件。在投标的截止日期以前，投标人有权撤回已经递交的投标文件，这反映了契约自由的原则。招标一般被看作要约邀请，而投标则为一种要约，潜在投标人是否做出要约，完全取决于潜在投标人的意愿。所以在投标截止日期之前，允许投标人撤回投标文件，但撤回已经提交的投标文件必须以书面形式通知招标人，以备案待查。投标人既可以在法定时间内，重新编制投标文件，并在规定时间内送达指定地点，也可以放弃投标。如果投标人在投标截止日期前放弃投标，招标人不得没收其投标保证金。如果在投标截止日期之后撤回的，投标保证金可以被没收。

3. 投标文件的送达

1) 送达要求

通常，送达包括直接送达、邮寄送达和委托送达三种方式，从投标的严肃性和安全性来讲，直接送达更为适宜。

2) 送达签收

在投标人按照送达要求，将投标文件送达以后，招标人应当签收。签收时应有签收的书面证明，证明上应载明签收时间、地点、具体的签收人、签收的包数和密封状况等，同时直接送达的送达人也应当签字。签收人签收时应检查投标文件是否按招标文件的要求进行了密封和加写了标志，如果没有按照要求密封和加写标志，招标人或招标的代理人员应予拒收，或者告知投标人招标人不承担提前开封的责任，以防给以后的开标、评标带来不必要的争议。履行完签收手续后，应登记、备案，并加以妥善保存，任何人不得在开标前启封。

4. 共同投标

1) 共同投标的概念

共同投标指的是某承包单位为了承揽不适于自己单独承包的工程项目而与其他单位联合，以一个投标人的身份参与投标的投标方式。

《招标投标法》第三十一条规定，两个以上法人或者其他组织可以组成一个联合体，以一个投标人的身份共同投标。

2) 共同投标的联合体应具备的条件

根据《招标投标法》第三十一条第二款的有关规定，联合体投标的各方应具备下列条件：

(1) 联合体各方均应具备承担招标项目的相应能力。承担招标项目的相应能力，是指完成招标项目所需要的技术、资金、设备、管理等方面的能力。

(2) 国家有关规定或者招标文件对投标人资格条件有规定的，联合体各方均应具备规定的相应资格条件。

(3) 由同一专业的单位组成的联合体，按照资质等级较低的施工企业的业务范围承揽工程。

3) 联合体内外关系的确定

共同投标的联合体，其联合体各方的内部关系及联合体对外部的关系问题，《招标投标法》第三十一条第三款对此作出了规定。

(1) 内部关系以协议的形式确定。联合体各方应当签订共同投标协议，明确约定各方拟承担的工作和责任，并将共同投标协议连同投标文件一并提交招标人。

共同投标协议约定了组成联合体各成员单位在联合体中所承担的各自的工作范围，这个范围的确定也为建设单位判断该成员单位是否具备“相应的资格条件”提供了依据。共同投标协议也约定了组成联合体各成员单位在联合体中所承担的各自的责任。这也为将来可能引发的纠纷的解决提供了必要的依据。因此，共同投标协议对于联合体投标这种投标的形式是非常必要的，也正是基于此，《工程建设项目施工招标投标办法》第五十条规定将没有附有联合体各方共同投标协议的联合体投标确定为废标。

(2) 共同投标的联合体对外关系的确定包括以下两个方面。

① 中标的联合体各方应当共同与招标人签订合同。这里所讲的共同“签订合同”，是指联合体各方均应参加合同的订立，并在合同上签字盖章。

② 就中标项目向招标人承担连带责任。如果联合体中的一个成员单位没能按照合同约定履行义务，招标人可以要求联合体中任何一个成员单位承担不超过总债务的任何比例的债务，而该单位不得拒绝。该成员单位承担了被要求的责任后，有权向其他成员单位追偿其按照共同投标协议不应当承担的债务。

4) 联合体各方的责任义务

(1) 履行共同投标协议中约定的义务。共同投标协议中约定了联合体中各方应该承担的责任，各成员单位必须要按照该协议的约定认真履行自己的义务，否则将对对方承担违约责任。同时，共同投标协议中约定的责任承担也是各成员单位最终的责任承担方式。

(2) 不得重复投标。联合体各方签订共同投标协议后，不得再以自己名义单独投标，也不得组成新的联合体或参加其他联合体在同一项目中投标。

(3) 不得随意改变联合体的构成。联合体参加资格预审并获通过的，其组成的任何变化都必须在提交投标文件截止之日前征得招标人的同意。如果变化后的联合体削弱了竞争，含有事先未经过资格预审或者资格预审不合格的法人或者其他组织，或者使联合体的资质降到资格预审文件中规定的最低标准以下，招标人有权拒绝。

(4) 必须有代表联合体的牵头人。联合体各方必须指定牵头人，授权其代表所有联合体成员负责投标和合同实施阶段的主办、协调工作，并应当向招标人提交由所有联合体成员法定代表人签署的授权书。

联合体投标的，应当以联合体各方或者联合体中牵头人的名义提交投标保证金。以联合体中牵头人名义提交的投标保证金，对联合体各成员具有约束力。

5. 招标投标活动中的禁止性规定

1) 严厉禁止串通投标

串通投标包括两种情况：一是投标人之间串通投标；二是投标人与招标人之间相互串通投标。

(1) 投标人之间相互串通投标。

《工程建设项目施工招标投标办法》第四十六条规定，下列行为均属于投标人串通投标：①投标人之间相互约定抬高或降低投标报价；②投标人之间相互约定，在招标项目中分别以高、中、低价位报价；③投标人之间先进行内部竞价，内定中标人，然后再参加投标；④投标人之间其他串通投标报价行为。

(2) 投标人与招标人之间相互串通投标。

《工程建设项目施工招标投标办法》第四十七条规定，下列行为均属于招标人与投标人串通投标：①招标人在开标前开启投标文件，并将投标情况告知其他投标人，或者协助投标人撤换投标文件，更改报价；②招标人向投标人泄露标底；③招标人与投标人商定，投标时压低或抬高标价，中标后再给投标人或招标人额外补偿；④招标人预先内定中标人；⑤其他串通投标行为。

2) 严厉禁止投标人行贿

投标人不得以向招标人或者评标委员会成员行贿的手段来谋取中标。如果有行贿受贿行为的，中标无效，情节严重的还要依法追究刑事责任。

《招标投标法》之所以禁止串通投标行为和行贿投标行为，是因为这些行为严重破坏了招标投标活动应当遵守的公平竞争的原则，损害了招标人和其他投标人的合法权益，损害了国家利益和社会公共利益，同时也助长了腐败现象的蔓延。因此，对上述行为将依法追究其法律责任。

3) 严厉禁止以低于成本的价格竞标

实行招标采购的目的，就是为了通过投标人之间的竞争，特别是在投标报价方面的竞争，择优选择中标者。由于每个投标人的管理水平、技术能力与条件不同，即使完成同样的招标项目，其个别成本也不可能完全相同。管理水平高、技术先进的投标人，生产、经营成本低，有条件以较低的报价参加竞争，这是其竞争实力强的表现，因此只要投标人的报价不低于自身的个别成本，即使是低于本行业平均成本，也是完全可以的。但是按照《招标投标法》第三十三条的有关规定，投标人不得以低于其自身完成投标项目所需的成本报价进行投标竞争。法律作出这一规定的主要目的有两个：①是为了避免出现投标人在以低于成本的报价中标后，再以粗制滥造、偷工减料等违法手段不正当地降低成本，挽回其低于中标价的损失，给工程质量造成危害；②是为了维护正常的投标竞争秩序，防止产生投标人以低于其成本的报价进行不正当竞争，损害其他以合理报价进行竞争的投标人的利益。

在招标投标活动中，除上述提到的“相互串通投标报价”、“以向招标人或者评标委员会成员行贿的手段谋取中标”、“以低于成本的报价竞标”等弄虚作假骗取中标的方式外，还有“以他人名义投标”、“以其他方式弄虚作假，骗取中标”、“排挤其他投标人的公平竞争”等一系列的非法竞争手段，对国家利益和社会公共利益及他人的合法权益造成危害，《招标投标法》对此都作出了相应的禁止规定。

案例 8-1

新疆某水库大坝工程是新疆维吾尔自治区重点建设项目的骨干工程，总投资额 17 000 万元中对工程概算 6 644 万元的大坝填筑及基础灌浆工程进行招标。

本次招标采取邀请招标的方式，由建设单位自行组织招标。1999 年 6 月中旬，由工程建设单位组建的资格评审小组对申请投标的 20 家施工企业进行了资格审查。2000 年 6 月 20 日，建设单位向 10 家通过资格审查的企业发售了招标文件，并组织了现场勘查和答疑。建设单位于同年 7 月 16 日首次与政府有关部门联系，向政府有关部门发出参加招标活动的邀请。2000 年 7 月 18 日，由投资方、建设方、技术部门等各方代表参加的评标委员会组成。7 月 20 日 13 时公开开标，当日下午至次日上午，评标委员会的商务组、技术组对 10 家投标企业递交的标书进行了审查，并向建设单位按顺序推荐了中标候选人。有关部门派员参与了开标和评标监督。建设单位认为评标委员会推荐的中标候选人不如名单之外的某部水电某局提出的优惠条件好(实际上是垫资施工)，决定让某部水电某局中标。但在有关部门的干预和协调下，建设单位最终从评标委员会推荐的中标候选人中选择了承包商。

请思考：

对照《招标投标法》的规定，你认为该案例在招投标中有哪些不妥之处?

8.3 工程开标、评标和定标

开标、评标和中标，是招标投标过程中非常重要的环节，是决定投标人能否最后中标的关键阶段，同时，也是最容易产生腐败的一个阶段，对于体现招标投标的公开、公平、公正原则，也具有极其重要的意义。

8.3.1 工程开标

开标就是招标人依据招标文件的时间、地点，当众开启所有投标人提交的投标文件，公开宣布投标人的姓名、投标报价和其他主要内容的行为。

1. 公开开标

《招标投标法》为了贯彻公开、公平、公正的原则，规定开标应当公开进行，而不得秘密开标。这是法律的强制性规定，任何当事人不得违反或变更。公开开标也是目前国际招标投标中的主要开标方式，已被人们普遍地接受和采用。公开开标保护了投标人的合法权益，增加了招标投标活动的透明度，维护了公开、公平、公正的原则。

2. 开标的时间和地点

按照《招标投标法》的规定，开标时间应当是招标文件确定的提交投标文件截止时间的同一时间；开标地点应当是招标文件中预先确定的地点。

3. 开标的主持人和参加人

开标由招标人负责主持。招标人自行办理招标事宜的，当然得自行主持开标；招标人委托招标代理机构办理招标事宜的，可以由招标代理机构按照委托招标合同的约定负责主持开标事宜。招标人主持开标，应当严格按照法定程序和招标文件载明的规定进行，包括：按照规定的开标时间宣布开标开始；核对出席开标的投标人身份和出席人数；安排投标人或代表检查投标文件密封情况后工作人员监督拆封；组织唱标、记录；维护开标活动的正常秩序等。既然公开开标，开标过程就应当对所有投标人和社会公开。因此，作为开标的组织者，招标人应邀请所有投标人参加开标会，确保开标在所有投标人参与、监督下进行。参加开标是每一投标人的法定权利，招标人不得以任何理由排斥、限制任何投标人参加开标。当然，投标人既可以参加也可以不参加。已通知而放弃参加开标的投标人不得对开标会的有效性提出异议。

除了通知所有投标人参与开标外，招标人还应邀请有关单位代表参加开标，以实现开标向社会公开，保证开标的公正性和合法性。有关单位代表一般包括负责本次招标的两名以上主管人员及其主管部门代表、咨询机构代表、公证机关代表等。

4. 不予受理的投标文件

施工投标文件有下列情形之一的，招标人不予受理。

(1) 逾期送达的或者未送达指定地点的。

(2) 未按招标文件要求密封的。

5. 开标程序

开标一般按下列程序进行：

(1) 主持人宣布开标开始，宣布参加开标会人员名单，包括招标务代表、投标方代表、公证员、法律顾问、拆封人、唱标人、监标人及记录人员等名单；主持人宣布评标、决标的原则和纪律。

(2) 宣布开标后的程序安排。

(3) 验证唱标。在公证员的监督下，由投标人或者其推选的代表检查投标文件的密封情况，也可以由招标人委托的公证机构检查并公证，经确认无误后，由工作人员当众拆封，宣读投标人名称、投标价格和投标的其他主要内容。若是涉外招标投标的，要分别用中英文宣读投标人名称、投标价格和投标文件的其他主要内容，并在事先备好的唱标记录上登记。

开标过程中，一般不允许投标人提问或作任何解释，但允许记录或录音。投标人或其代表应在会议签到簿上签名，以证明其在场。

开标过程应当记录，并存档备查，开标结束后，应编写一份开标会议纪要。其内容包括：开标日期、时间、地点；开标会议主持者；出席开标会议的全体工作人员名单，到场的投标商代表和各有关部门代表名单；截止时间前收到的标书、收到日期和时间及其报价一览表；迟到标书的处理，等等。开标的会议记录应送交有关方面，包括业主、工程师、项目主管部门，如果是世界银行贷款项目，还应送交世界银行。

8.3.2 工程评标

1. 评标机构与评标过程的特征

1) 评标机构

评标是招标人根据招标文件的要求，对投标人所报送的投标文件进行审查及评议，从中选出最佳投标人的过程。评标是一项重要而复杂的综合性工作。它是关系到整个招标过程是否体现公平竞争的原则，招标结果是否能使招标人得到最大效益的关键。因此，《招标投标法》及《评标委员会和评标方法暂行规定》规定，评标必须由专门的评标委员会来负责，以确保评标结果的科学性和公正性。

(1) 评标委员会的组成。

评标委员会由招标人负责组建。评标委员会成员名单一般应于开标前确定。

评标委员会由下列人员组成：①招标人或其委托的招标代理机构中熟悉相关业务的代表；②相关技术方面的专家；③经济方面的专家；④其他方面的专家。评标委员会成员人数为5人以上的单数。其中技术、经济等方面的专家的人数不得少于成员总数的2/3，以保证各方面专家的人数在评标委员会成员中占绝对多数，充分发挥专家在评标活动中的权威作用，保证评审结论的科学性、合理性。

评标委员会设负责人的，评标委员会负责人由评标委员会成员推举产生或者由招标人确定。评标委员会负责人与评标委员会的其他成员有同等的表决权。

评标委员会的专家成员应当从省级以上人民政府有关部门提供的专家名册或者招标代理机构的专家库内的相关专家名单中确定。

确定评标专家，可以采取随机抽取或者直接确定的方式。一般项目，可以采取随机抽取的方式；技术特别复杂、专业性要求特别高或者国家有特殊要求的招标项目，采取随机抽取方式确定的专家难以胜任的，可以由招标人直接确定。

(2) 评标专家的条件。

评标专家应当具有：①从事相关专业领域工作满 8 年并具有高级职称或者同等专业水平；②熟悉有关招标投标的法律法规，并具有与招标项目相关的实践经验；③能够认真、公正、诚实、廉洁地履行职责；④身体健康，能够承担评标工作。

(3) 评标委员会专家的回避制度。

依据现代法治的精神，任何人不得成为审判或处理自己案件的法官。评标委员会作为独立实施评标职能的组织，其组成成员如与招标项目或投标人有利害关系，则不能进入相关项目的评标委员会。有下列情形之一的，不得担任评标委员会成员：①投标人或者投标人主要负责人的近亲属；②项目主管部门或者行政监督部门的人员；③与投标人有经济利益关系，可能影响对投标公正评审的；④曾因在招标、评标及其他与招标投标有关活动中从事违法行为而受过行政处罚或刑事处罚的。

评标委员会成员有上述情形之一的，应当主动提出回避。

(4) 评标委员会成员的行为准则。

根据《招标投标法》第四十四条的规定，评标委员会成员履行职务时应遵守下列准则：

(1) 评标委员会成员应当客观、公正地履行职务，遵守职业道德，对所提出的评审意见承担个人责任。

(2) 评标委员会成员不得私下接触投标人，不得接受投标人的任何馈赠或者其他好处。

(3) 评标委员会成员和参与评标的有关工作人员不得透露对投标文件的评审和比较、中标候选人的推荐情况及与评标有关的其他情况。

2) 评标过程的特征

(1) 评标过程的保密性。

按照《招标投标法》第三十八条第一款的规定，招标人应当采取必要的措施，保证评标在严格保密的情况下进行。评标过程涉及对投标文件的评审和比较、标底价格、中标候选人的推荐情况、投标人不希望其他参与竞争的投标人知道自己的任何资料及可能影响公平竞争的其他资料。这些情况及资料如果透露出去，将影响评标的公平、公正。评标的过程必须要在严格保密的情况下进行，这既要求评标委员会成员严格自律，恪守秘密，同时也要求招标人采取必要的保密措施。保密措施包括评标委员会成员名单在中标结果确定前对外要严格保密，以避免某些投标人在得知评标委员会成员的名单后，采取不正当手段对评委会的成员施加影响，造成评标结果的不公正；为评标委员会进行评标工作提供比较安静、不易受外界干扰的评标地点，并对该评标地点保密，做好警戒工作；制定严密的工作计划和程序，堵住泄露秘密的缺口及加强完善本单位工作人员的职业道德等。

评标是一个严格保密的过程，它与《招标投标法》的公开原则并不矛盾。公开原则只是要求招标投标活动的基本过程应当公开，包括招标文件的公开、开标的公开、中标的公开等，其目的也在于保证招标投标活动的公正和公平，而秘密评标的目的也在于保证招标投标活动的公正和公平。两者的宗旨是相通的。

(2) 评标工作的独立性。

从我国推行招标投标制度的实践看，确实存在着许多非法干预招标投标活动的情况。因此，《招标投标法》第三十八条第二款规定，任何单位和个人不得非法干预、影响评标的过程和结果。评标委员会是法定的独立行使评标职能的组织。独立性是评标工作公平、公正的基础。评标委员会不隶属于任何行政机关，包括招标人。招标人虽然负责组建评标委员会，但是评标委员会一旦组建，其工作是独立的，并不受招标人的领导和支配。评标委员会以专业知识为评标标准，不受任何组织和个人的压力或暗示的影响。任何组织或个人都不得非法干预、影响评标的过程和结果。凡是违反法律规定，非法干预、影响评标委员会的正常评标工作和评标结果的，无论是单位和个人，都必须依法追究责任。只有保证评标的独立性，才能保证评标的公正性，也才能使评标结果达到招标人以最低价格获得高质量效益的目的，同时保障社会公共利益不受损害。

2. 评标标准和方法

为保证招标投标活动符合公开、公平和公正的原则，评标委员会对各投标竞争者提交的投标文件进行评审、比较的唯一标准和评审方法，只能是在事先已提供给每一个投标人的招标文件中已载明的评标标准和方法，而不能以别的理由为依据。招标文件中规定的评标标准和评标方法应当合理，不得含有倾向或者排斥潜在投标人的内容，不得妨碍或者限制投标人之间的竞争。

1) 评审指标

建设工程施工评标时的评审指标一般设技术标和商务标。

(1) 技术标的设置：技术标一般指施工组织设计，主要内容应包括施工方案、方法，进度计划，采用新技术、新工艺的可行性，质量、安全施工保证体系与保证措施，现场平面布置，文明施工措施的合理性、可靠性、先进性，主要机具、劳动力配置，项目经理及主要技术、管理人员配备等。

(2) 商务标的设置。

① 投标报价。评标时依评标标准价合理确定最优投标报价。评标标准价，是指对招标项目价格进行评审的对比价格，是合理范围内的投标报价的平均值。

② 施工工期。招标要求工期应满足工期定额的规定，招标文件要求提前工期的，投标人应满足其要求，但要求提前工期超出定额工期 15%以上时，招标人应给予必要的赶工措施费。此项费用投标人在投标报价外单列。

③ 工程质量。工程质量应达到国家建设工程质量检验评定标准的质量等级。

2) 评标方法

评标方法一般有经评审的最低投标价法、综合评估法或者法律、行政法规允许的其他评标方法。

(1) 经评审的最低投标价法，一般适用于具有通用技术、性能标准或者招标人对其技术、性能没有特殊要求的招标项目。

采用经评审的最低投标价法的，评标委员会应当根据招标文件中规定的评标价格调整方法，将所有投标人的投标报价及投标文件的商务部分做必要的价格调整。

采用经评审的最低投标价法的，中标人的投标应当符合招标文件规定的技术要求和标准，但评标委员会无需对投标文件的技术部分进行价格折算。

采用经评审的最低投标价法的，应当在投标文件能够满足招标文件实质性要求的投标人中，评审出投标价格最低的投标人，但投标价格低于其企业成本的除外。

根据经评审的最低投标价法完成详细评审后，评标委员会应当拟定一份“标价比较表”，连同书面评标报告提交招标人。“标价比较表”应当载明投标人的投标报价、对商务偏差的价格调整和说明及经评审的最终投标价。

(2) 综合评估法。不宜采用经评审的最低投标价法的招标项目，一般应当采取综合评估法进行评审。

采用综合评估法的，应当对投标文件提出的工程质量、施工工期、投标价格、施工组织设计或者施工方案、投标人及项目经理业绩等，能否最大限度地满足招标文件中规定的各项要求和评价标准进行评审和比较。以评分方式进行评估的，对于各种评比奖项不得额外计分。

根据综合评估法完成评标后，评标委员会应当拟定一份“综合评估比较表”，连同书面评标报告提交招标人。“综合评估比较表”应当载明投标人的投标报价、所做的任何修正、对商务偏差的调整、对技术偏差的调整、对各评审因素的评估及对每一投标的最终评审结果。

3. 评标流程

1) 初步评审

初步评审时，评标委员会应当根据招标文件规定的评标标准和方法，对投标文件进行系统地评审和比较。招标文件中没有规定的标准和方法不得作为评标的依据。评标委员会应当按照投标报价的高低或者招标文件规定的其他方法对投标文件排序。以多种货币报价的，应当按照中国人民银行在开标日公布的汇率中间价换算成人民币。招标文件应当对汇率标准和汇率风险作出规定。未作规定的，汇率风险由投标人承担。评标委员会可以书面方式要求投标人对投标文件中含义不明确、对同类问题表述不一致或者有明显文字和计算错误的内容做必要的澄清、说明或者补正。澄清、说明或者补正应以书面方式进行并不得超出投标文件的范围或者改变投标文件实质性内容。投标文件中的大写金额和小写金额不一致的，以大写金额为准；总价金额与单价金额不一致的，以单价金额为准，但单价金额小数点有明显错误的除外；对不同文字文本投标文件的解释发生异议的，以中文文本为准。

(1) 投标偏差。

评标委员会应当根据招标文件，审查并逐项列出投标文件的全部投标偏差。投标偏差分为重大偏差和细微偏差。

① 重大偏差。下列情况属于重大偏差：没有按照招标文件要求提供投标担保或者所提供的投标担保有瑕疵；投标文件没有投标人授权代表签字和加盖公章；投标文件载明的招标项目完成期限超过招标文件规定的期限；明显不符合技术规格、技术标准的要求；投标文件载明的货物包装方式、检验标准和方法等不符合招标文件的要求；投标文件附有招标人不能接受的条件；不符合招标文件中规定的其他实质性要求。

② 细微偏差。细微偏差是指投标文件在实质上响应招标文件要求，但在个别地方存在漏项或者提供了不完整的技术信息和数据等情况，并且补正这些遗漏或者不完整不会对其他投标人造成不公平的结果。细微偏差不影响投标文件的有效性。

评标委员会应当书面要求存在细微偏差的投标人在评标结束前予以补正。拒不补正的，在详细评审时可以对细微偏差作不利于该投标人的量化，量化标准应当在招标文件中规定。

(2) 投标文件的澄清、说明和补正。

评标委员会可以要求投标人对投标文件中含义不明确的内容做必要的澄清或者说明，但是澄清或者说明不得超出投标文件的范围或者改变投标文件的实质性内容。

评标委员会在对实质上响应招标文件要求的投标进行报价评估时，除招标文件另有约定外，应当按下述原则进行修正。

① 用数字表示的数额与用文字表示的数额不一致时，以文字数额为准。

② 单价与工程量的乘积与总价之间不一致时，以单价为准。若单价为明显的小数点错位，应以总价为准，并修改单价。

调整后的报价经投标人确认后产生约束力。

(3) 按废标处理的情况。

① 在评标过程存在下列情况的投标应作废标处理。

a．投标人以他人的名义投标、串通投标，以行贿手段谋取中标或者以其他弄虚作假方式投标的，该投标人的投标应作废标处理。

b．投标人的报价明显低于其他投标报价或者在设有标底时明显低于标底，使得其投标报价可能低于其企业成本的，应当要求该投标人做出书面说明并提供相关证明材料。投标人不能合理说明或者不能提供相关证明材料的，由评标委员会认定该投标人以低于成本报价竞标，其投标应作废标处理。

c．未能对招标文件提出的所有实质性要求和条件作出响应的投标，应作废标处理。

② 设计投标文件有下列情形之一的，投标文件作废。

a．投标文件未经密封的。

b．无相应资格的注册建筑师签字的。

c．无投标人公章的。

d．注册建筑师受聘单位与投标人不符的。

③ 施工投标文件有下列情形之一的，由评标委员会初审后按废标处理。

a．无单位盖章并无法定代表人或法定代表人授权的代理人签字或盖章的。

b．未按规定的格式填写，内容不全或关键字迹模糊、无法辨认的。

c．投标人递交两份或多份内容不同的投标文件，或在一份投标文件中对同一招标项目报有两个或多个报价，且未声明哪一个有效，按招标文件规定提交备选投标方案的除外。

d．投标人名称或组织结构与资格预审时不一致的。

e．未按招标文件要求提交投标保证金的。

f．联合体投标未附联合体各方共同投标协议的。

《工程建设项目货物招标投标办法》在《工程建设项目施工招标投标办法》的基础上进一步补充了应当作为废标的情形：无法定代表人出具的授权委托书的；投标人名称或组织结构与资格预审时不一致且未提供有效证明的；投标有效期不满足招标文件要求的。

(4) 投标的否决。

《招标投标法》第四十二条规定，评标委员会经评审，认为所有投标都不符合招标文件要求的，可以否决所有投标。依法必须进行招标的项目的所有投标被否决的，招标人应当依照本法重新招标。

投标人资格条件不符合国家有关规定和招标文件要求的，或者拒不按照要求对投标文件进行澄清、说明或者补正的，评标委员会可以否决其投标。

因有效投标不足 3 个使得投标明显缺乏竞争的，评标委员会可以否决全部投标。

2) 详细评审

(1) 经初步评审合格的投标文件，评标委员会应当根据招标文件确定的评标标准和方法，对其技术部分和商务部分作进一步评审、比较。

评标委员会对各个评审因素进行量化时，应当将量化指标建立在同一基础或者同一标准上，使各投标文件具有可比性。对技术部分和商务部分进行量化后，评标委员会应当对这两部分的量化结果进行加权，计算出每一投标的综合评估价或者综合评估分。

(2) 根据招标文件的规定，允许投标人投备选标的，评标委员会可以对中标人所投的备选标进行评审，以决定是否采纳备选标。不符合中标条件的投标人的备选标不予考虑。

(3) 对于划分有多个单项合同的招标项目，招标文件允许投标人为获得整个项目合同而提出优惠的，评标委员会可以对投标人提出的优惠进行审查，以决定是否将招标项目作为一个整体合同授予中标人。将招标项目作为一个整体合同授予的，整体合同中标人的投标应当最有利于招标人。

(4) 评标和定标应当在投标有效期结束日 30 个工作日前完成。不能在投标有效期结束日 30 个工作日前完成评标和定标的，招标人应当通知所有投标人延长投标有效期。拒绝延长投标有效期的投标人有权收回投标保证金。同意延长投标有效期的投标人应当相应延长其投标担保的有效期，但不得修改投标文件的实质性内容。因延长投标有效期造成投标人损失的，招标人应当给予补偿，但因不可抗力需延长投标有效期的除外。

招标文件应当载明投标有效期。投标有效期从提交投标文件截止日起计算。

(5) 评标报告。

评标委员会完成评标后，应当向招标人提出书面评标报告，并抄送有关行政监督部门。评标报告应阐明评标委员会对各投标文件的评审和比较意见，并按照招标文件中规定的评标方法，推荐不超过 3 名有排序的合格的中标候选人或中标候选方案。招标人根据评标委员会提出的书面评标报告和推荐的中标候选人或中标候选方案，结合投标人的技术力量和业绩确定中标人或中标方案。

评标报告应当如实记载以下内容：①基本情况和数据表；②评标委员会成员名单；③开标记录；④符合要求的投标一览表；⑤废标情况说明；⑥评标标准、评标方法或者评标因素一览表；⑦经评审的价格或者评分比较一览表；⑧经评审的投标人排序；⑨推荐的中标候选人名单与签订合同前要处理的事宜；⑩澄清、说明、补正事项纪要。

评标报告由评标委员会全体成员签字。对评标结论持有异议的评标委员会成员可以书面方式阐述其不同意见和理由。评标委员会成员拒绝在评标报告上签字且不陈述其不同意见和理由的，视为同意评标结论。评标委员会应当对此做出书面说明并记录在案。

向招标人提交书面评标报告后，评标委员会即告解散。评标过程中使用的文件、表格及其他资料应当即时归还招标人。

8.3.3 工程定标

1. 推荐中标候选人

根据经评审的最低投标价法，能够满足招标文件的实质性要求，并且经评审的最低投标价的投标，应当推荐为中标候选人。

根据综合评估法，最大限度地满足招标文件中规定的各项综合评价标准的投标，应当推荐为中标候选人。

衡量投标文件是否最大限度地满足招标文件中规定的各项评价标准，可以采取折算为货币的方法、打分的方法或者其他方法。需量化的因素及其权重应当在招标文件中明确规定。

评标委员会推荐的中标候选人应当限定在 1～3 人，并标明排列顺序。

2. 确定中标人

在确定中标人之前，招标人不得与投标人就投标价格、投标方案等实质性内容进行谈判。

根据《招标投标法》和《工程建设项目施工招标投标办法》的有关规定，确定中标人应当遵守如下程序。

(1) 评标委员会提出书面评标报告后，招标人一般应当在 15 日内确定中标人，但最迟应当在投标有效期结束日 30 个工作日前确定。

(2) 招标人应当接受评标委员会推荐的中标候选人，不得在评标委员会推荐的中标候选人之外确定中标人。

(3) 中标人的投标应当符合下列条件之一。

① 能够最大限度满足招标文件中规定的各项综合评价标准。

② 能够满足招标文件的实质性要求，并且经评审的投标价格最低；但是投标价格低于成本的除外。

(4) 使用国有资金投资或者国家融资的项目，招标人应当确定排名第一的中标候选人为中标人。排名第一的中标候选人放弃中标，因不可抗力提出不能履行合同，或者招标文件规定应当提交履约保证金而在规定的期限内未能提交的，招标人可以确定排名第二的中标候选人为中标人。

排名第二的中标候选人因前款规定的同样原因不能签订合同的，招标人可以确定排名第三的中标候选人为中标人。

(5) 招标人可以授权评标委员会直接确定中标人。国务院对中标人的确定另有规定的，从其规定。

3. 中标通知书

中标人确定后，招标人应当向中标人发出中标通知书，根据《招标投标法》及《工程建设项目施工招标投标办法》的有关规定，招标人发出中标通知书应当遵守如下规定：

(1) 中标人确定后，招标人应当向中标人发出中标通知书，并同时将中标结果通知所有未中标的投标人。

(2) 招标人不得以向中标人提出压低报价、增加工作量、缩短工期或其他违背中标人意愿的要求，依此作为发出中标通知书和签订合同的条件。

(3) 中标通知书对招标人和投标人具有法律效力。中标通知书发出后，招标人改变中标结果的，或者中标人放弃中标项目的，应当依法承担法律责任。

招标投标是以订立合同为目的的民事活动。从《合同法》的意义上讲，招标人发出的招标公告或者投标邀请书，是吸引法人或者其他组织向自己投标的意思表示，属于要约邀请；投标人向招标人送达的投标文件，是投标人希望与招标人就招标项目订立合同的意思表示，属于要约；而招标人向中标的投标人发出的中标通知书，则是招标人同意接受中标的投标人的投标条件，即同意接受该投标人的要约的意思表示，属于承诺。因此，中标通知书发出后产生承诺的法律效力。此法律效力主要是指民事上的法律约束力。按照《合同法》的规定，当事人在订立合同的过程中，因违背诚实信用原则而给对方造成损失的，应当承担赔偿责任。中标通知书产生法律效力后，招标人不得改变中标结果，否则要承担法律责任；而中标人也不得放弃中标项目，否则，招标人将对投标保证金予以没收。所谓投标保证金，是指投标人按照招标文件的要求向招标人出具的，以一定金额表示的投标责任担保。也就是说，投标人保证其投标被接受后对其投标书中规定的责任不得撤销或反悔。

4. 招标人和中标人订立合同

1) 签订合同的要求

《招标投标法》第四十六条规定，招标人和中标人应当自中标通知书发出之日起 30 日内，按照招标文件和中标人的投标文件订立书面合同。招标人和中标人不得再行订立背离合同实质性内容的其他协议。

如果出现了两个或者两个以上内容有矛盾的合同，将来就会出现履行合同时适用哪一个合同的争议。但是有的时候，招标人为了能够获得更大的利益，会要求中标人另行签订一个背离原合同实质性内容的合同。针对这种情况可能产生的纠纷，《解释》第二十一条规定，当事人就同一建设工程另行订立的建设工程施工合同与经过备案的中标合同实质性内容不一致的，应当以备案的中标合同作为结算工程价款的根据。

“备案的中标合同”就是依据《招标投标法》第四十六条签订的书面合同。

2) 担保与垫资

(1) 担保。

招标人为了降低自己的风险，经常会要求投标人提交履约保证金，招标文件要求中标人提交履约保证金的，中标人应当提交：拒绝提交的，视为放弃中标项目。招标人要求中标人提供履约保证金或其他形式履约担保的，招标人应当同时向中标人提供工程款支付担保。履约保证金应该依据招标文件确定，招标人不得擅自提高履约保证金。

招标人与中标人签订合同后 5 个工作日内，应当向未中标的投标人退还投标保证金。

(2) 垫资。

《工程建设项目施工招标投标办法》第六十二条规定，招标人不得强制要求中标人垫付中标项目建设资金。

尽管法律已经明确规定招标人不得强制要求中标人垫付中标项目资金，但在实践中，中标人垫付中标项目建设资金的情形还是存在的。这种垫资行为经常引发关于利息的纠纷，对此，《解释》第六条给出了如下的处理意见。

(1) 当事人对垫资和垫资利息有约定，承包人请求按照约定返还垫资及其利息的，应予支持，但是约定的利息计算标准高于中国人民银行发布的同期同类贷款利率的部分除外。

(2) 当事人对垫资没有约定的，按照工程欠款处理。

(3) 当事人对垫资利息没有约定，承包人请求支付利息的，不予支持。

5. 重新招标

评标委员会按照招标文件中规定的评标标准，对每一份投标文件的各项指标进行评审后，如果认为所有的投标都不符合招标文件要求，即所有投标均被否决；或者投标人少于 3 个，招标人应当依法重新招标。

对于依法必须进行招标的项目，如果出现上述情况，招标人不能再从落选的投标中进行挑选，也不能找另外的人进行一对一的谈判，自己确定中标人。而是应当按照《招标投标法》规定的招标程序，重新进行招标。当然，如果是原招标条件规定不当，致使所有投标废标的情况，招标人还应重新修改招标文件，然后再进行新的招标。如果重新招标时间较紧来不及时，经批准也可采用其他采购方式。对于非强制性招标的项目，则可不受必须重新招标的限制，招标人可以重新招标，也可以采用其他采购方式。

案例 8-2

2000 年，某国家科研单位为建设一栋实验楼而进行招标，根据当时建设部的文件精神和建设方的设计要求，要求建设工程的承包单位必须具有掌握先进施工工艺和技术，拥有雄厚的资金，足以在规定的期限内完成施工任务。竣工目标必须满足工程建设的新设计、新技术、新工艺和新材料，以保证国家对该实验楼的验收。由于该实验楼的建设资金有一部分来源于国际科研组织，因此，参与投资的一方要求建设方务必在工程的招标过程中选择优秀的施工单位作为中标人。

在投标过程中，招标方对参加投标各方的资格进行了资格预审，对各方提交的投标文件内容进行了审查，由于该建设项目质量要求较高，因此各投标报价都相对于标底有较大的偏差，高于标底的投标有三家，最高的一个投标人报价高于标底 500 万元，最低的报价也高于标底 100 万元。其中方圆建设有限公司报价则低于标底 100 万元，这引起了招标单位高度重视，虽然不能仅仅依据投标报价的高低来决定中标单位，但是招标人还是希望能够通过考核施工技术力量，决定将标授予该公司。通过文件的审查，该公司的施工人员、施工机械、施工工艺和设计预案与其他投标人没有太大的差别，但是为什么该投标单位报价如此低呢？招标人希望该投标人能够继续补充资料，对投标文件做出更加确切的说明，并决定在审理完补充资料后进行实地考察，以确保中标单位的施工能力满足建设方的预期目标。但是，在招标人给予方圆公司 5 天的补充资料期限内，方圆公司并没有积极地做出反应。为此，招标人依照招标文件确定的时间进行了开标。同时宣布方圆公司的投标为废标。方圆公司不服，向法院提起诉讼，要求按照标底的最优惠状况确认其中标。

请思考：

方圆公司的请求是否符合招投标法的规定？

8.4 招标投标活动的监督管理与法律责任

8.4.1 工程建设项目招标代理机构资格的监督管理

国务院建设主管部门和省、自治区、直辖市建设主管部门应当通过核查工程招标代理机构从业人员、经营业绩、市场行为、代理质量状况等情况，加强对工程招标代理机构资格的管理。

1. 工程招标代理机构资格不符合相应资格条件的处理

工程招标代理机构取得工程招标代理资格后，不再符合相应条件的，建设主管部门根据利害关系人的请求或者依据职权，可以责令其限期改正；逾期不改的，资格许可机关可以撤回其工程招标代理资格。被撤回工程招标代理资格的，可以按照其实际达到的条件，向资格许可机关提出重新核定工程招标代理资格的申请。

2. 工程招标代理机构资格的撤销

有下列情形之一的，资格许可机关或者其上级机关，根据利害关系人的请求或者依据职权，可以撤销工程招标代理资格：①资格许可机关工作人员滥用职权、玩忽职守作出准予资格许可的；②超越法定职权作出准予资格许可的；③违反法定程序作出准予资格许可的；④对不符合许可条件的申请作出资格许可的；⑤依法可以撤销工程招标代理资格的其他情形。

以欺骗、贿赂等不正当手段取得工程招标代理资格证书的，应当予以撤销。

3. 工程招标代理机构资格的注销

有下列情形之一的，资格许可机关应当依法注销工程招标代理机构资格，并公告其资格证书作废，工程招标代理机构应当及时将资格证书交回资格许可机关：①资格证书有效期届满未依法申请延续的；②工程招标代理机构依法终止的；③资格证书被撤销、撤回，或者吊销的；④法律、法规规定的应当注销资格的其他情形。

4. 工程招标代理机构信用档案信息的建立和公示

建设主管部门应当建立工程招标代理机构信用档案，并向社会公示。工程招标代理机构应当按照有关规定，向资格许可机关提供真实、准确、完整的企业信用档案信息。

工程招标代理机构的信用档案信息应当包括机构基本情况、业绩、工程质量和安全、合同违约等情况。被投诉举报处理的违法行为、行政处罚及其他违法行为等情况应当作为不良行为记入其信用档案。

5. 法律责任

(1) 工程招标代理机构隐瞒有关情况或者提供虚假材料申请工程招标代理机构资格的，资格许可机关不予受理或者不予行政许可，并给予警告，该机构 1 年内不得再次申请工程招标代理机构资格。

(2) 工程招标代理机构以欺骗、贿赂等不正当手段取得工程招标代理机构资格的，由资格许可机关给予警告，并处 3 万元罚款；该机构 3 年内不得再次申请工程招标代理机构资格。

(3) 工程招标代理机构不及时办理资格证书变更手续的，由原资格许可机关责令限期办理；逾期不办理的，可处以 1 000 元以上 1 万元以下的罚款。

(4) 工程招标代理机构未按照规定提供信用档案信息的，由原资格许可机关给予警告，责令限期改正；逾期未改正的，可处以 1 000 元以上 1 万元以下的罚款。

(5) 未取得工程招标代理资格或者超越资格许可范围承担工程招标代理业务的，该工程招标代理无效，由原资格许可机关处以 3 万元罚款。

(6) 工程招标代理机构涂改、倒卖、出租、出借或者以其他形式非法转让工程招标代理资格证书的，由原资格许可机关处以3万元罚款。

8.4.2 招标投标备案制度

《建筑工程设计招标投标管理办法》第七条和《房屋建筑和市政基础设施工程施工招标投标管理办法》第十二条均规定，招标人自行组织招标的，应当在发布招标公告或者发出投标邀请书前，持有关材料到县级以上地方人民政府建设行政主管部门备案；招标人委托招标代理机构进行招标的，招标人应当在委托合同签订15日内，持有关材料到县级以上地方人民政府建设行政主管部门备案。

备案机关对有关材料进行审核后，发现招标人不具备自行招标条件、代理机构无相应资格、招标前期条件不具备、招标公告或者投标邀请书有重大瑕疵的，可以责令招标人暂时停止招标活动。

《招标投标法》第四十七条规定，依法必须进行招标的项目，招标人应当自确定中标人之日起15日内，向有关行政监督部门提交招标投标情况的书面报告。书面报告包括：①招标范围；②招标方式和发布招标公告的媒介；③招标文件中投标人须知、技术条款、评标标准和方法、合同主要条款等内容；④评标委员会的组成和评标报告；⑤中标结果。

法律对此作出强制性规定是非常必要的，体现了国家对这种民事活动的干预和监督。为了有效监督这些项目的招标投标情况，及时发现其中可能存在的问题，招标人在事前应当向国家有关行政监督部门备案，事后应当向这些监督部门提交招标投标情况的书面报告。书面报告要写明招标过程、投标过程、评标过程、选定中标人的理由、签订合同等情况。

需要注意的是，只有依法必须进行招标的项目，《招标投标法》才要求招标人向有关部门提交书面报告。提交书面报告并不是说合法的中标结果和合同必须经行政部门审查批准后才能生效，而是为了通过审查备案，及时发现问题、解决问题，追究其中的违法行为。

8.4.3 法律责任

1. 招标人的违法责任

1) 规避招标的法律责任

依法必须进行招标的项目而不招标的，将必须进行招标的项目化整为零或者以其他任何方式规避招标的，有关行政监督部门责令限期改正，可以处项目合同金额千分之五以上千分之十以下的罚款；对全部或者部分使用国有资金的项目，项目审批部门可以暂停项目执行或者暂停资金拨付；对单位直接负责的主管人员和其他直接责任人员依法给予处分。

2) 影响公平竞争的法律责任

(1) 招标人以不合理的条件限制或者排斥潜在投标人的，对潜在投标人实行歧视待遇的，强制要求投标人组成联合体共同投标的，或者限制投标人之间竞争的，责令改正，处以1万元以上5万元以下的罚款。

(2) 依法必须进行招标的项目的招标人向他人透露已获取招标文件的潜在投标人的名称、数量或者影响公平竞争的有关招标投标的其他情况的，或者泄露标底的，给以警告，可以并处 1 万元以上 10 万元以下的罚款；对单位直接复制的主管人员和其他直接责任人员依法给予处分；构成犯罪的，依法追究刑事责任。前款所列行为影响中标结果的，中标无效。

3) 与投标人先行谈判的法律责任

依法必须进行招标的项目，招标人违反本法规定，与投标人就投标价格、投标方案等实质性内容进行谈判的，给予警告，对单位直接负责的主管人员和其他直接责任人员依法给予处分。前款所列行为影响中标结果的，中标无效。

4) 非法确定中标人的法律责任

招标人在评标委员会依法推荐的中标候选人以外确定中标人的，依法必须进行招标的项目在所有投标被评标委员会否决后自行确定中标人的，中标无效。责令改正，可以处中标项目金额千分之五以上千分之十以下的罚款；对单位直接负责的主管人员和其他直接责任人员依法给予处分。

2. 投标人的违法责任

1) 串通投标的法律责任

投标人相互串通投标或者与招标人串通投标的，投标人以向招标人或者评标委员会成员行贿的手段谋取中标的，中标无效，处项目合同金额千分之五以上千分之十以下的罚款；对单位直接负责的主管人员和其他直接责任人员处单位罚款数额百分之五以上百分之十以下的罚款：有违法所得的，并处没收违法所得；情节严重的，取消其一年至二年内参加依法必须进行的项目的投标资格并予以公告，直至由工商行政管理机关吊销营业执照；构成犯罪的，应依法追究刑事责任。给他们造成损失的，依法承担赔偿责任。

2) 骗取中标的法律责任

投标人以他人名义投标或者以其他方式弄虚作假，骗取中标的，中标无效，给招标人造成损失的，依法承担赔偿责任；构成犯罪的，依法追究刑事责任。

依法必须精心招标的项目的投标人有欠款所列行为尚未构成犯罪的，处中标项目金额千分之五以上千分之十以下罚款，对单位直接负责的主管人员和其他直接责任人员处单位罚款数额百分之五以上百分之十以下的罚款；有违法所得的，并处没收违法所得；情节严重的，取消其一年至三年内参加依法必须进行的项目的投标资格并予以公告，直至由工商行政管理机关吊销营业执照。

3. 招标代理机构的违法责任

招标代理机构违反本法规定，泄露应当保密的与招标投标活动有关的情况和资料的，或者与招标人、投标人串通损害国家利益、社会公共利益或者他人合法权益的，处 5 万元以上 25 万元以下的罚款，对单位对直接负责的主管人员和其他直接责任人员处单位罚款数额百分之五以上百分之十以下的罚款：有违法所得的，并处没收违法所得；情节严重的，暂停直至取消招标代理资格，构成犯罪的，依法追究刑事责任。给他人造成损失的，依法承担赔偿责任。

前款所列行为影响中标结果的，中标无效。

4. 评标委员会的违法责任

评标委员会成员收受投标人的财物或者其他好处的，评标委员成员或者参加评标的有关工作人员向他人透露对投标文件的评审和比较，中标候选人的推荐与评标有关的其他情况的，给予警告，没收收受的财物，可以并处 3000 元以上 5 万元以下的罚款，对有所列违法行为的评标委员会成员取消担任评标委员会成员的资格，不得再参加任何依法必须进行招标的项目的评标；构成犯罪的，依法追究刑事责任。

5. 中标人的违法责任

1) 非法分包、转包的违法责任

中标人将中标项目转让给他人的，将中标项目肢解后分别转让给他人的，违反本法规定将中标项目的部分主体、关键性工作分包给他人的，或者分包人再次分包的，转让、分包无效，处转让、分包项目金额千分之五以上千分之十以下的罚款；有违法所得的，并处没收违法所得；可以责令停业整顿；情节严重的，由工商行政管理机关吊销营业执照。

2) 订立背离合同实质性内同协议的违法责任

招标人与中标人不按照招标文件和中标人的投标文件订立合同的，或者招标人、中标人订立背离合同实质性内容的协议的，责令改正；可以处中标项目金额千分之五以上千分之十以下的罚款。

3) 中标人不履行与招标人订立的合同的，履约保证金不予退还，给招标人造成的损失超过履约保证金数额的，还应当对超过部分予以赔偿；没有提交履约保证金的，应当对招标人的损失承担赔偿责任。

中标人不按照与招标人订立的合同履行义务，情节严重的，取消其二年至五年内参加依法必须进行招标的项目的投标资格并予以公告，直至由工商行政管理机关吊销营业执照。

因不可抗力不能履行合同的，不适用前两款规定。

6. 政府及其他单位的违法责任

任何单位违反本法规定，限制或者排斥本地区、本系统以外的法人或者其他组织参加投标的，为招标人指定招标代理机构的，强制招标人委托招标代理机构办理招标事宜的，或者以其他方式干涉招标投标活动的，责令改正；对单位直接负责的主管人员和其他直接责任人员依法给予警告、记过、记大过的处分；情节较重的，依法给予降级、撤职、开除的处分。

个人利用职权进行前款违法行为的，依照前款规定追究责任。

对招标投标活动依法负有行政监督职责的管家机关工作人员徇私舞弊、滥用职权或者玩忽职守，构成犯罪的，依法追究刑事责任；不构成犯罪的，依法给予行政处分。

本章小结

本章主要根据《招标投标法》的规定，阐明了以下几项内容。

(1) 建设工程强制招标制度，包括法定招标工程的范围和规模标准等。

(2) 工程招投标活动中所应遵循的基本原则。

(3) 公开招标和邀请招标两种招标方式，招投标的各项流程，尤其是如何编制招标文件和投标文件、联合体投标等。

(4) 工程开标的时间地点、评标委员会的组成、评标标准与方法等。

习题

1．什么是招标投标？目前已发布的招标投标法规有哪些？

2．《招标投标法》的立法宗旨是什么？强制招标范围是什么？招标投标活动应遵循哪些基本原则？

3．具备哪些条件才能自行招标？工程建设项目招标代理机构的资格如何认定？

4．国际上招标投标一般有哪些方式？我国《招标投标法》规定了哪几种方式？它们有哪些区别？

5．对潜在投标人或者投标人的资格审查内容有哪些？

6．招标文件一般应载明哪些内容？招标公告的发布方式和主要内容有哪些？

7．什么是投标人？如何编制投标文件？

8．什么是共同投标？共同投标的联合体应具备的条件是什么？它的内外关系如何确定？

9．简述初步评审和详细评审的内容。

10．可以按废标处理的情况有哪些？

11．中标的条件是什么？招标人与中标人为什么要签订书面合同？何时签订书面合同？

12．为什么要实行招标投标备案制度？

第9章

建设工程合同制度

教学目标

了解《合同法》的原则和合同分类；熟悉合同订立所包括的要约与承诺的程序、合同的生效要件；掌握订立合同的基本条款及建设工程合同的内容及合同约定不明时的处理方法。

教学要求

能力目标	知识要点	权重
识别合同分类	合同基本原则	20%
理解合同订立中的要约与承诺	要约与承诺的含义	45%
把握建设工程合同的条款	合同约定不明的处理	35%

驱动案例

2001年8月，中天科技公司为装修办公楼，委托蓝天装饰装修公司为其加工安装每间办公室的门窗。同年8月20日，双方签订了一份合同，合同约定了设计式样、材料规格、质量标准、验收和付款方式及违约责任等。合同签订后，蓝天公司按合同约定进场施工。在施工过程中，中天公司管理人员在例行检查时，发现已装好的纱窗不符合合同中约定的质量要求，所有材料是劣质产品。经中天公司进一步调查得知，蓝天公司由于人力不足，将加工安装纱窗的工作交给佳禾装潢公司完成。中天公司便向蓝天公司提出解除合同，要求蓝天公司赔偿其相应损失，并承担由此产生的违约责任。

蓝天公司辩称自己将该部分工作交给佳禾公司完成并没有违约，纱窗的质量问题自己不应承担责任，应该由佳禾公司对此负责，中天公司应直接向佳禾公司索赔。双方争执未果，中天公司将蓝天告上法庭。法院判决蓝天公司应再承揽单位佳禾公司完成的工作对定做单位中天公司承担瑕疵责任，赔偿中天公司所受的损失。

请思考：

人民法院的判决合理吗？为什么？

9.1 合同制度概述

9.1.1 《合同法》的原则及合同分类

《合同法》的基本原则是指反映合同普遍规律、反映立法者基本理念、体现合同法总的指导思想、贯穿整个《合同法》的原则。这些原则是立法机关制定合同法、裁判机关处理合同争议及合同当事人订立履行合同的基本准则。对适用《合同法》具有指导、补充、解释的作用。

任何一部法律都有自己的调整范围，《合同法》也不例外。掌握《合同法》的调整范围，有助于正确选择使用《合同法》。

合同有多种分类方法，掌握这些不同的分类也有助于正确使用《合同法》。

1.《合同法》的基本原则及调整范围

1)《合同法》的基本原则

《合同法》主要贯穿以下基本原则。

(1) 合同当事人法律地位平等原则。

(2) 自愿订立合同原则。

(3) 公平原则。

(4) 诚实信用原则。

(5) 不损害社会公共利益原则。

2)《合同法》的调整范围

(1) 广义合同与狭义合同。合同有广义和狭义之分，狭义的合同是指债权合同，即两个以上的民事主体之间设立、变更、终止债权关系的协议。广义的合同是指两个以上的民事主体之间设立、变更、终止民事权利义务关系的协议，广义的合同除了民法中债权合同之外，还包括物权合同、身份合同，以及行政法中的行政合同和劳动法中的劳动合同等。

《合同法》的调整范围是指我国合同法调整对象的范围，并非所有的合同都受《合同法》调整，现行《合同法》只调整一部分合同，即狭义的合同。

(2) 不受《合同法》调整的主要法律关系类型。目前，有部分合同虽称之为“合同/协议”，但却不受《合同法》调整，主要有如下几类。

① 有关身份关系的合同，如婚姻合同(婚约)适用《中华人民共和国婚姻法》、收养合同适用《中华人民共和国收养法》等专门法。

② 有关政府行使行政管理权的行政合同。政府依法进行社会管理活动，属于行政管理关系，适用各行政管理法，不适用合同法，如政府特许经营合同、公务委托合同(如税款代扣合同)、公益捐赠合同、行政奖励合同、行政征用补偿合同等。这些合同不是基于平等自愿的原则订立的，因此不是民事合同。

但是当政府作为平等的民事主体与他人订立有关民事权利义务的合同时，应受合同法调整。例如，一般政府采购行为(如新建大楼、修缮房屋、购买办公文具等)所订立的合同。再如，国家以国有资产所有者身份参与出资、转让股权所订立的合同。

③ 劳动合同。在我国，劳动者与用人单位之间的劳动合同适用《中华人民共和国劳动法》、《中华人民共和国劳动合同法》等专门法。

④ 政府间协议。国家或者特别地区之间的协议，适用国际法，如国家之间各类条约、协定、议定书等。

2. 合同的分类

1) 合同的理论分类

对合同作出科学的分类，不仅有助于针对不同合同确定不同的规则，而且便于准确适用法律。一般来说，合同可作如下分类。

(1) 有名合同与无名合同。根据法律是否规定一定名称并有专门规定为标准，合同可以分为有名合同与无名合同。

有名合同，也称典型合同，是法律上已经确定一定的名称，并设定具体规则的合同，如《合同法》分则所规定的建设工程合同等 15 类合同。

无名合同，也称非典型合同，是法律上尚未确定专门名称和具体规则的合同。根据合同自由原则，合同当事人可以自由决定合同的内容，可见当事人可自由订立无名合同。从实践来看，无名合同大量存在，是合同的常态。

(2) 双务合同与单务合同

依当事人双方是否互负对待给付义务为标准，合同可以分为双务合同与单务合同。

双务合同是当事人之间互负义务的合同，如买卖合同、租赁合同、借款合同、加工承揽合同与建设工程合同等。

单务合同是只有一方当事人负担义务的合同，如赠与合同、借用合同等。

(3) 有偿合同与无偿合同

根据当事人是否可以从合同中获取某种利益为标准，可以将合同分为有偿合同与无偿合同。

有偿合同，是指当事人一方享有合同规定的权益，须向另一方付出相应代价的合同。有偿合同是商品交换最典型的法律形式。在实践中，绝大多数合同都是有偿的。有偿合同是常见的合同形式，如买卖、租赁、运输、承揽等。

无偿合同，是一方当事人享有合同约定的权益，但无须向另一方付出相应对价的合同。如赠与合同、借用合同等。

(4) 诺成合同与实践合同

以合同的成立是否必须交付标的物为标准，合同分为诺成合同与实践合同。

诺成合同，是指当事人各方的意思表示一致即告成立的合同，如委托合同、勘察合同、设计合同等。

实践合同，又称要物合同，是指除双方当事人的意思表示一致以外，尚需交付标的物才能成立的合同，如保管合同、定金合同等。

(5) 要式合同与不要式合同

根据合同的成立是否必须采取一定形式为标准，可以将合同划分为要式合同与不要式合同。

要式合同是法律或当事人必须具备特定形式的合同。例如，建设工程合同应当采用书面形式，就是要式合同。

不要式合同是指法律或当事人不要求必须具备一定形式的合同。实践中，以不要式合同居多。

(6) 格式合同与非格式合同

按条款是否预先拟定，可以将合同分为格式合同与非格式合同。

格式合同，又称为定式合同、附和合同或一般交易条件，它是当事人一方为与不特定的多数人进行交易而预先拟定的，且不允许相对人对其内容作任何变更的合同；反之，为非格式合同。

格式条款具有《合同法》规定的导致合同无效的情形的，或者提供格式条款一方免除其责任、加重对方责任、排除对方主要权利的，该条款无效。

对格式条款的理解发生争议的，应当按照通常理解予以解释。对格式条款有两种以上解释的，应当作出不利于提供格式条款一方的解释。格式条款和非格式条款不一致的，应当采用非格式条款。

(7) 主合同与从合同

以合同相互之间的主从关系为标准，合同分为主合同与从合同。

主合同是指不需要其他合同存在即可独立存在的合同；从合同就是以其他合同为存在前提的合同。例如，对于保证合同而言，设立主债务的合同就是主合同，保证合同是从合同。

2)《合同法》的合同分类

《合同法》分则将常用合同分为 15 类，包括买卖合同，供用电、水、气、热力合同，赠与合同，借款合同，租赁合同，融资租赁合同，承揽合同，建设工程合同，运输合同，技术合同，保管合同，仓储合同，委托合同，行纪合同，居间合同。

9.1.2 合同的订立

合同的订立要经过两个必要的程序，即要约与承诺。只有掌握了要约与承诺的知识，才能避免在合同的订立阶段就为后面的合同管理留下隐患。

作为一个完整、有效的合同，有其内在的要求和外在的要求。内在的要求要求其要具备合同的一般条款，在这一般条款之上，根据具体的合同标的增加相应的内容。外在的要求表现为合同要具备一定的形式，有的合同由于其不具备外在的形式要求而不具有法律效力。所以，我们在订立合同的时候需要清楚地知道所签订的合同需要具备的一般条款，也需要清楚地知道所签订的合同需要具备的形式要求。

在订立合同的过程中存在风险，最典型的就是一方当事人利用合同的订立进行欺诈。因此我们需要掌握有关缔约过失责任知识以规避在订立合同的过程中存在的风险。

1. 合同的形式

合同，有书面形式、口头形式和其他形式。

法律、行政法规规定采用书面形式的，应当采用书面形式。当事人约定采用书面形式的，应当采用书面形式。

书面形式是指合同书、信件和数据电文(包括电报、电传、传真、电子数据交换和电子邮件)等可以有形地表现所载内容的形式。

2. 合同的一般条款

合同的内容由当事人约定，一般包括以下条款。

(1) 当事人的名称或者姓名和住所。

(2) 标的。

(3) 数量。

(4) 质量。

(5) 价款或者报酬。

(6) 履行期限、地点和方式。

(7) 违约责任。

(8) 解决争议的方法。

当事人可以参照各类合同的示范文本订立合同。

3. 订立合同的方式

1) 要约

(1) 要约的概念及构成要件，要约是一方当事人向他方发出的以一定条件订立合同的意思表示，该意思表示应当符合下列规定。

① 内容具体确定。

② 表明经受要约人承诺，要约人即受该意思表示约束。

(2) 要约的形式。要约的形式包括：

① 书面，如寄送订货单、信函、电报、传真、电子邮件等在内的数据电文。

② 口头，可以是当面对话，也可以打电话。

③ 行为。

(3) 要约邀请。要约不同于要约邀请，要约邀请是希望他人向自己发出要约的意思表示。寄送的价目表、拍卖公告、招标公告、招股说明书、商业广告等为要约邀请。

商业广告的内容符合要约规定的，视为要约。

(4) 要约的生效。要约到达受要约人时生效。

采用数据电文形式订立合同，收件人指定特定系统接收数据电文的，该数据电文进入该特定系统的时间，视为到达时间；未指定特定系统的，该数据电文进入收件人的任何系统的首次时间，视为到达时间。

(5) 要约的生效情形。要约生效的情形具体表现为。

① 口头形式的要约自受要约人了解要约内容时发生效力。

② 书面形式的要约自到达受要约人时发生效力。

③ 采用数据电子文件形式的要约生效，见《合同法》第十六条规定。

(6) 要约的撤回。要约可以撤回。撤回要约的通知应当在要约到达受要约人之前或者与要约同时到达受要约人。

(7) 要约的撤销。要约可以撤销。撤销要约的通知应当在受要约人发出承诺通知之前到达受要约人。

(8) 要约不可撤销的情形。有下列情形之一的，要约不得撤销。

① 要约人确定了承诺期限或者以其他形式明示要约不可撤销。

② 受要约人有理由认为要约是不可撤销的，并已经为履行合同作了准备工作。

(9) 要约的失效。有下列情形之一的，要约失效。

① 拒绝要约的通知到达要约人。

② 要约人依法撤销要约。

③ 承诺期限届满，受要约人未作出承诺。

④ 受要约人对要约的内容作出实质性变更。

2) 承诺

(1) 承诺的概念。

承诺是受要约人完全同意要约内容的意思表示。

(2) 承诺的构成要件。承诺必须具备以下条件。

① 承诺必须由受要约人向要约人作出。

② 承诺应当在要约规定的期限内作出。

③ 承诺的内容应当与要约的内容一致。

④ 承诺的方式必须符合要约的要求。

承诺应当以通知的方式作出，但根据交易习惯或者要约表明可以通过行为作出承诺的除外。

承诺应当在要约确定的期限内到达要约人。

要约没有确定承诺期限的，承诺应当依照下列规定到达。

① 要约以对话方式作出的，应当即时作出承诺，但当事人另有约定除外。

② 要约以非对话方式作出的，承诺应当在合理期限内到达。

要约以信件或者电报作出的，承诺期限自信件载明的日期或者电报交发之日开始计算。信件未载明日期的，自投寄该信件的邮戳日期开始计算。要约以电话、传真等快速通讯方式作出的，承诺期限自要约到达受要约人时开始计算。

承诺生效时合同成立。

(3) 承诺的生效。承诺通知到达要约人时生效。承诺不需要通知的，根据交易习惯或者要约的要求作出承诺的行为时生效。

采用数据电文形式订立合同的，承诺到达的时间适用《合同法》第十六条第二款的规定。

(4) 承诺的撤回。承诺可以撤回。撤回承诺的通知应当在承诺通知到达要约人之前或者与承诺通知同时到达要约人。

(5) 承诺的超期。受要约人超过承诺期限发出承诺的，除要约人及时通知受要约人该承诺有效的以外，为新要约。

(6) 承诺的延误。受要约人在承诺期限内发出承诺，按照通常情形能够及时到达要约人，但因其他原因承诺到达要约人时超过承诺期限的，除要约人及时通知受要约人因承诺超过期限不接受该承诺的以外，该承诺有效。

(7) 承诺的内容变更。承诺的内容应当与要约的内容一致。受要约人对要约的内容作出实质性变更的，为新要约。有关合同标的、数量、质量、价款或者报酬、履行期限、履行地点和方式、违约责任和解决争议方法等的变更，是对要约内容的实质性变更。

承诺对要约的内容作出非实质性变更的，除要约人及时表示反对或者要约表明承诺不得对要约的内容作出任何变更的以外，该承诺有效，合同的内容以承诺的内容为准。

(8) 合同成立的时间及地点。

当事人采用合同书形式订立合同的，自双方当事人签字或者盖章时合同成立。

当事人采用信件、数据电文等形式订立合同的，可以在合同成立之前要求签订确认书。签订确认书时合同成立。

承诺生效的地点为合同成立的地点。

采用数据电文形式订立合同的，收件人的主营业地为合同成立的地点；没有主营业地的，其经常居住地为合同成立的地点。当事人另有约定的，按照其约定。

当事人采用合同书形式订立合同的，双方当事人签字或者盖章的地点为合同成立的地点。

法律、行政法规规定或者当事人约定采用书面形式订立合同，当事人未采用书面形式但一方已经履行主要义务，对方接受的，该合同成立。

采用合同书形式订立合同，在签字或者盖章之前，当事人一方已经履行主要义务，对方接受的，该合同成立。

国家根据需要下达指令性任务或者国家订货任务的，有关法人、其他组织之间应当依照有关法律、行政法规规定的权利和义务订立合同。

(9) 格式合同采用格式条款订立合同的，提供格式条款的一方应当遵循公平原则确定当事人之间的权利和义务，并采取合理的方式提请对方注意免除或者限制其责任的条款，按照对方的要求，对该条款予以说明。

格式条款是当事人为了重复使用而预先拟定的，并在订立合同时未与对方协商的条款。

格式条款具有《合同法》第五十二条和第五十三条规定情形的，或者提供格式条款一方免除其责任、加重对方责任、排除对方主要权利的，该条款无效。

对格式条款的理解发生争议的，应当按照通常理解予以解释。对格式条款有两种以上解释的，应当作出不利于提供格式条款一方的解释。格式条款和非格式条款不一致的，应当采用非格式条款。

4. 缔约过失责任

当事人在订立合同过程中有下列情形之一，给对方造成损失的，应当承担损害赔偿责任：

(1) 假借订立合同，恶意进行磋商。

(2) 故意隐瞒与订立合同有关的重要事实或者提供虚假情况。

(3) 有其他违背诚实信用原则的行为。

当事人在订立合同过程中知悉的商业秘密，无论合同是否成立，不得泄露或者不正当地使用。泄露或者不正当地使用该商业秘密给对方造成损失的，应当承担损害赔偿责任。

案例 9-1

2001 年 6 月，王先生通过某市某房产开发经营有限公司的宣传广告及其销售人员的介绍，看中了该公司正在预售的某花园及周边的环境。当时开发商介绍房子东边是三层会所。得到这样的承诺后，王先生与对方签订了预售合同。2001 年年底，房屋落成交付。而王先生到实地一看，原本说是三层会所的房子竟然变成了一栋 9 层的综合楼。

2002 年，满腹委屈的王先生向法院提起了诉讼，要求房产公司赔偿经济损失 4.8 万元。同年 10 月，一审法院委托有关机构对王某居住环境变化造成的损失进行了价值评估，认定其所购的房屋价值损失 4.3 万余元，故判决房产公司赔偿相应损失。房产公司向某市第二中级人民法院提出上诉。

某市第二中级人民法院认为，王先生在购房时不仅关注建筑面积大小、形状等，更关注房屋的周边环境，这是双方确立合同的重要事实和因素。房产公司明知周边是 9 层综合楼，却介绍说只建三层会所，这是对订立合同的重要因素提供虚假情况，由此而误导王先生，致使其所购房屋价值减少，房产公司应承担赔偿责任。所以，根据《合同法》关于诚信原则的规定驳回其上诉。

请思考：

依据案情及法院的判决本案应当如何适用法律？

9.1.3 合同的效力

合同只有具备一定的条件才能成为有效的合同，这些条件我们称为合同生效的要件。如果不具备这些要件，则合同不能直接被认定为有效的合同。所以，掌握合同生效的条件是进行合同管理的基本要求。

合同不具备生效的要件的根源是多方面的。例如，基于重大误解，基于显失公平等都是合同欠缺生效的要件。这些不直接具有法律效力的合同就是根据这些具体的根源的不同而分为无效的合同、可变更可撤销的合同、效力待定的合同。《合同法》对于这些合同都有具体的、特殊的规定，我们只有掌握了针对这些特殊合同的法律规定，才能根据不同的情况有效进行合同管理。

还有一些合同本身具备了生效的一般要件，但是由于当事人在合同之中约定的生效或者终止的条件、期限，使得其效力受到了一定的限制。我们对于这类附条件、附期限的合同也要很好掌握，以便利用这些限定的条件维护自身的权益。

依法成立的合同，对当事人具有法律约束力。当事人应当按照约定履行自己的义务，不得擅自变更或者解除合同。

依法成立的合同，受法律保护。

1. 合同成立与生效

依法成立的合同，自成立时生效。

法律、行政法规规定应当办理批准、登记等手续生效的，依照其规定。

1) 合同成立

合同成立是指当事人完成了签订合同过程，并就合同内容协商一致。合同成立不同于合同生效。合同生效是法律认可合同效力，强调合同内容合法性。因此，合同成立体现了当事人的意志，而合同生效体现国家意志。合同成立是合同生效的前提条件，如果合同不成立，则是不可能生效的。但是合同成立也并不意味着合同就生效了。

(1) 合同成立的一般要件。

① 存在订约当事人。合同成立首先应具备双方或者多方订约当事人，只有一方当事人不可能成立合同。例如，某人以某公司的名义与某团体订立合同，若该公司根本不存在，则可认为只有一方当事人，合同不能成立。

② 订约当事人对主要条款达成一致。合同成立的根本标志是订约双方或者多方经协商，就合同主要条款达成一致意见。

③ 经历要约与承诺两个阶段。《合同法》第十三条规定，当事人订立合同，采取要约、承诺方式。

缔约当事人就订立合同达成合意，一般应经过要约、承诺阶段。若只停留在要约阶段，合同根本未成立。

(2) 合同成立的时间。合同成立时间关系到当事人何时受合同关系拘束，因此合同成立时间具有重要意义。确定合同成立时间，应遵守如下规则。

① 当事人采用合同书形式订立合同的，自双方当事人签字或者盖章时合同成立。各方当事人签字或者盖章的时间不在同一时间的，最后一方签字或者盖章时合同成立。

② 当事人采用信件、数据电文等形式订立合同的，可以在合同成立之前要求签订确认书。签订确认书时合同成立。此时确认书具有最终正式承诺的意义。

(3) 合同成立的地点。合同成立地点可能成为确定法院管辖的依据，因此具有重要意义。确定合同成立地点，应遵守如下规则。

① 承诺生效的地点为合同成立的地点。采用数据电文形式订立合同的，收件人的主营业地为合同成立的地点；没有主营业地的，其经常居住地为合同成立的地点。当事人另有约定的，按照其约定。

② 当事人采用合同书形式订立合同的，双方当事人签字或者盖章的地点为合同成立的地点。

2) 合同生效

合同生效是指法律按照一定标准对合同评价后而赋予强制力。已经成立的合同，必须具备一定的生效要件，才能产生法律拘束力。合同生效要件是判断合同是否具有法律效力的评价标准。合同的生效要件包括。

(1) 订立合同的当事人必须具有相应的民事权利能力和民事行为能力。经营范围是衡量法人权利能力与行为能力的重要标准。《最高人民法院关于适用〈中华人民共和国合同法〉若干问题的解释(一)》第十条规定，当事人超越经营范围订立合同，人民法院不因此认定合同无效。但违反国家限制经营、特许经营及法律、行政法规禁止经营规定的除外。

(2) 意思表示真实。所谓意思表示真实，是指表意人的表示行为真实反映其内心的效果意思，即表示行为应当与效果意思相一致。

意思表示真实是合同生效的重要构成要件。在意思表示不真实的情况下，合同可能无效，如在被欺诈、胁迫致使行为人表示于外的意思与其内心真意不符，且涉及国家利益受损的情况；合同也可能被撤销或者变更，如在被欺诈、胁迫致使行为人表示于外的意思与其内心真意不符，但未违反法律和行政法规强制性规定及社会公共利益的情况。

(3) 不违反法律、行政法规的强制性规定，不损害社会公共利益。这里的“法律”是狭义的法律，即全国人民代表大会及其常务委员会依法通过的规范性文件。这里的“行政法规”是国务院依法制定的规范性文件。所谓强制性规定是指当事人必须遵守的不得通过协议加以改变的规定。

有效合同不仅不得违反法律、行政法规的强制性规定，而且不得损害社会公共利益。社会公共利益是一个抽象的概念，内涵丰富、范围宽泛，包含了政治基础、社会秩序、社会公共道德要求，可以弥补法律、行政法规明文规定的不足。对于那些表面上虽未违反现行法律明文强制性规定，但实质上违反社会规范的合同行为，具有重要的否定作用。

(4) 具备法律所要求的形式。这里的形式包括两层意思：订立合同的程序与合同的表现形式。这两方面都必须要符合法律的规定，否则不能当然发生法律效力。例如，《合同法》第四十四条规定，依法成立的合同，自成立时生效。法律、行政法规规定应当办理批准、登记等手续生效的，依照其规定。如果符合此规定的合同没有进行登记、备案，则合同不能发生法律效力。

2. 无效合同

1) 无效合同概述

无效合同，是指合同虽然已经成立，但因不符合法律要求的要件而不予承认和保护的合同。无效合同具有以下特征。

(1) 合同自始无效。无效合同自订立时起就不具有法律效力，而不是从合同无效原因发现之日或合同无效确认之日起，合同才失去效力。

(2) 合同绝对无效。合同自订立时起就无效，当事人不能通过同意或追认使其生效。

(3) 合同当然无效。无论当事人是否知道其无效情况，无论当事人是否提出主张无效，法院或仲裁机构可以主动审查决定该合同无效。

(4) 合同无效，可能是全部无效，也可能是部分无效。如果部分无效，不影响其他部分效力的，其他部分仍然有效。

(5) 合同无效，不影响合同中独立存在的有关解决争议方法的条款的效力。

2) 合同全部无效

有下列情形之一的，合同全部无效。

(1) 一方以欺诈、胁迫的手段订立合同，损害国家利益。

(2) 恶意串通，损害国家、集体或者第三人利益。

(3) 以合法形式掩盖非法目的。

(4) 损害社会公共利益。

(5) 违反法律、行政法规的强制性规定。

3) 合同部分无效

合同中的下列免责条款无效。

(1) 造成对方人身伤害的。

(2) 因故意或者重大过失造成对方财产损失的。

4) 合同无效的法律后果

无效的合同或者被撤销的合同自始没有法律约束力。合同部分无效，不影响其他部分效力的，其他部分仍然有效。

合同无效、被撤销或者终止的，不影响合同中独立存在的有关解决争议方法的条款的效力。

合同无效或者被撤销后，因该合同取得的财产，应当予以返还；不能返还或者没有必要返还的，应当折价补偿。有过错的一方应当赔偿对方因此所受到的损失，双方都有过错的，应当各自承担相应的责任。

当事人恶意串通，损害国家、集体或者第三人利益的，因此取得的财产收归国家所有或者返还集体、第三人。

3. 可变更、可撤销合同

1) 可变更、可撤销合同的概念

合同的变更、撤销，是指因意思表示不真实，法律允许撤销权人通过行使撤销权，使已经生效的合同效力归于消灭或使合同内容变更。

可变更、可撤销合同与无效合同存在显著区别。无效合同是自始无效、当然无效，即从订立起就是无效，且不必取决于当事人是否主张无效。但是，可变更、可撤销合同在被撤销之前存在效力，尤其是对无撤销权的一方具有完全拘束力；而且，其效力取决于撤销权人是否向法院或者仲裁机构主张行使撤销权及是否被支持。

2) 可变更、可撤销合同的情形

下列合同，当事人一方有权请求人民法院或者仲裁机构变更或者撤销。

(1) 因重大误解订立的。

(2) 在订立合同时显失公平的。

一方以欺诈、胁迫的手段或者乘人之危，使对方在违背真实意愿的情况下订立的合同，受损害方有权请求人民法院或者仲裁机构变更或者撤销。

当事人请求变更的，人民法院或者仲裁机构不得撤销。

3) 撤销权的行使

(1) 行使撤销权的主体。任何一方当事人认为合同是由重大误解订立的或者显失公平订立的，都可以向法院提出变更或撤销的请求。而以欺诈、胁迫或者乘人之危订立合同的，请求变更、撤销权只有受损害方才能行使。

(2) 撤销权的救济。对于可变更、可撤销合同，撤销权人可以申请法院或者仲裁机构撤销合同，也可以申请法院或者仲裁机构变更合同，当然，还可以不行使撤销权，继续认可该合同效力。如果撤销权人请求变更的，法院或者仲裁机构不得撤销。当事人请求撤销的，人民法院可以变更。

《最高人民法院关于贯彻执行〈中华人民共和国民法通则〉若干问题的意见(试行)》第七十三条规定，对于重大误解或者显失公平的民事行为，当事人请求变更的，人民法院应当予以变更；当事人请求撤销的，人民法院可以酌情予以变更或者撤销。从这条规定上我们看到：如果当事人请求变更，是可以实现目的的。《合同法》第五十四条第三款规定，当事人请求变更的，人民法院或者仲裁机构不得撤销。但是如果请求撤销，就要看具体情况决定是否允许撤销。因为，在不必要撤销的情况下撤销了合同，对另一方当事人也会造成损失。出于公平起见，需要对申请撤销的事由进行具体分析而做出是否允许当事人撤销的决定。

4) 撤销权的消灭

有下列情形之一的，撤销权消灭。

(1) 具有撤销权的当事人自知道或者应当知道撤销事由之日起一年内没有行使撤销权的。

(2) 具有撤销权的当事人知道撤销事由后明确表示或者以自己的行为放弃撤销权的。

5) 可变更、可撤销合同被撤销的后果

无效的合同或者被撤销的合同自始没有法律约束力。合同部分无效，不影响其他部分效力的，其他部分仍然有效。

合同无效、被撤销或者终止的，不影响合同中独立存在的有关解决争议方法的条款的效力。

合同无效或者被撤销后，因该合同取得的财产，应当予以返还；不能返还或者没有必要返还的，应当折价补偿。有过错的一方应当赔偿对方因此所受到的损失，双方都有过错的，应当各自承担相应的责任。

4. 效力待定合同及附条件、附期限合同

1) 效力待定合同概述

效力待定合同，是指合同成立之后，是否具有效力还未确定，有待于其他行为或者事实使之确定的合同。

效力待定合同不同于无效合同。二者主要区别在于：无效合同具有违法性，其不具有效力是自始确定的，不会因其他行为而产生法律效力；效力待定合同并无违法性，只是效力尚不确定，法律并不强行干预，而将选择合同效力的权利赋予相关当事人或者真正权利人。

效力待定合同不同于可撤销合同。二者主要区别在于：可撤销合同在未被撤销前是有效的，效力待定合同是欠缺某种生效要件，是否有效未确定；可撤销合同只能通过法院或者仲裁机构进行撤销，效力待定合同不必通过法院或者仲裁机构，而是通过私人之间的行为(如追认、催告)或者一定事实来确定合同效力。

2) 效力待定合同类型及处理

(1) 限制民事行为能力人依法不能独立签订的合同。若限制民事行为能力人未经其法定代理人事先同意，独立签订了其依法不能独立签订的合同，则构成效力待定合同，但是纯获利益的合同除外。

此类效力待定合同须经过限制民事行为能力人的法定代理人行使追认权予以追认后才有效。相对人可以催告法定代理人在一个月内予以追认；法定代理人未作表示的，视为拒绝追认，合同没有效力。合同被追认之前，善意相对人有撤销的权利；撤销应当以通知的方式作出。

(2) 无权代理人以被代理人的名义签订的合同。

行为人没有代理权、超越代理权或代理权终止后仍以被代理人的名义与相对人订立合同，未经被代理人追认的，对被代理人不发生效力，由行为人承担责任。

相对人可以催告被代理人在一个月内予以追认；被代理人未作表示的，视为拒绝追认，合同没有效力。合同被追认之前，善意相对人有撤销的权利，撤销应当以通知的方式作出。

《合同法》第四十九条规定，行为人没有代理权、超越代理权或者代理权终止后以被代理人名义订立合同，相对人有理由相信行为人有代理权的，该代理行为有效。这就是表见代理在合同领域的具体规定。可见，表见代理无须被代理人追认，产生代理效力，即由被代理人对第三人承担授权责任。因表见代理订立的合同如无其他导致合同无效的原因，该合同有效。

(3) 越权签订的合同。

法人或者其他组织的法定代表人、负责人超越权限订立的合同，除相对人知道或者应当知道其超越权限的以外，该代表行为有效。

任何一个单位都有自己的组织结构，组织设计里面都包含组织权限分工。每个岗位都有自己的责任和权利。如果超越了自己的权力范围而行使民事行为，其行为就不是必然有效的行为了。这种行为是否有效，需要结合其他因素确定。

超越权限订立的合同是否有效取决于相对人是否知道行为人超越权限。如果明知其超越权限还依然与之签订合同，合同就是无效的；如果不知道其越权而与之签订合同，则合同就是有效的。

(4) 无处分权人签订的合同。所有权人或法律授权的人才能对财产行使处分权，如财产的转让、赠与等。无处分权人只能对财产享有占有、使用权。无处分权人处分他人财产与相对人订立的合同，经权利人追认或者无处分权人订立合同后取得处分权的，该合同有效。无处分权人与相对人订立的合同，若未获追认或者无权处分人在订立合同后未获处分权，则该合同不生效。

3) 附条件合同

当事人对合同的效力可以约定附条件。附生效条件的合同，自条件成熟时生效。附解除条件的合同，自条件成熟时失效。

当事人为自己的利益不正当地阻止条件成熟的，视为条件已成熟；不正当地促成条件成熟的，视为条件不成熟。

4) 附期限合同

当事人对合同的效力可以约定附期限。附生效期限的合同，自期限届至时生效。附终止期限的合同，自期限届满时失效。

案例 9-2

2000 年，某百货公司委托其业务员李某到上海购买冰箱 500 台。李某到上海后，很快与一生产冰箱的厂家签订了标的为 500 台冰箱的合同。之后，李某在上海看到山地自行车很畅销，便用盖有本单位公章的介绍信和合同书，以百货公司的名义与一自行车生产厂签订了山地自行车的购销合同。合同约定：百货公司购买山地自行车 1 000 辆，货款总计 50 万元，自行车厂在合同签订后的 10 天内发货。

李某回到单位向公司领导告知了订购山地自行车一事。公司领导认为订购 50 万元的山地自行车，一是占用本公司大量流动资金，影响了公司的资金流动；二是山地自行车在本市的销路不是很好，于是要求李某速去上海撤销购销合同。与此同时，百货公司也向自行车厂发去书面通知，表示要撤销此合同。然而，自行车厂在与李某签订合同的第五天就已经发货。李某到上海后，合同所涉及的 1 000 辆山地自行车已经发货，自行车厂要求百货公司支付货款，而百货公司拒付，表示李某未得到购买山地自行车的授权，订立该项合同超越了公司的授权范围，且李某的越权代理公司不追认，故该合同所产生的一切后果与百货公司无关，应由李某自己承担。双方交涉未果后，起诉到人民法院。

请思考：

自行车生产厂的诉讼请求能否得到人民法院的支持？

9.2 建设工程合同

9.2.1 建设工程合同的概念、形式、种类及内容

1. 建设工程合同的概念

建设工程合同是承包人进行工程建设，发包人支付价款的合同。建设工程合同包括工程勘察、设计、施工合同。

2. 建设工程合同的形式

建设工程合同应当采用书面形式。

建设工程的招标投标活动，应当依照有关法律的规定公开、公平、公正进行。

3. 建设工程合同的种类

发包人可以与总承包人订立建设工程合同，也可以分别与勘察人、设计人、施工人订立勘察、设计、施工承包合同。

根据《合同法》第二百六十九条和第二百七十二条的有关规定，建设工程合同类型包括。

(1) 工程项目总承包合同。

(2) 施工合同。

(3) 工程勘察、设计合同。

(4) 专业分包合同。

除此之外，还有工程监理合同、工程物资采购合同、劳务分包合同等。

其中工程施工合同又可分为施工总承包合同、专业分包合同、劳务分包合同。

4. 建设工程合同的内容

1) 勘察、设计合同的主要内容

勘察、设计合同的内容包括提交有关基础资料和文件(包括概预算)的期限、质量要求、费用及其他协作条件等条款。

2) 施工合同的主要内容

施工合同的主要内容包括工程范围、建设工期、中间交工工程的开工和竣工时间、工程质量、工程造价、技术资料交付时间、材料和设备供应责任、拨款和结算、竣工验收、质量保修范围和质量保证期、双方相互协作等条款。

3) 监理合同的主要内容

建设工程实行监理的，发包人应当与监理人采用书面形式订立委托监理合同。发包人与监理人的权利和义务及法律责任，应当依照本法委托合同及其他有关法律、行政法规的规定。

4) 货物采购合同的主要内容

(1) 材料采购合同的主要内容。按照《合同法》的分类，材料采购合同属于买卖合同。国内物资购销合同的示范文本规定，合同条款应包括以下几方面内容。

① 产品名称、商标、型号、生产厂家、订购数量、合同金额、供货时间及每次供应数量。

② 质量要求的技术标准、供货方对质量负责的条件和期限。

③ 交(提)货地点、方式。

④ 运输方式及到站、港和费用的负担责任。

⑤ 合理损耗及计算方法。

⑥ 包装标准、包装物的供应与回收。

⑦ 验收标准、方法及提出异议的期限。

⑧ 随机备品、配件工具数量及供应办法。

⑨ 结算方式及期限。

⑩ 如需提供担保，另立合同担保书作为合同附件。

⑪ 违约责任。

⑫ 解决合同争议的方法。

⑬ 其他约定事项。

(2) 设备采购合同的主要内容。当事人双方在合同内根据具体订购设备的特点和要求，约定以下几方面的内容：合同中的词语定义；合同标的；供货范围；合同价格；付款；交货和运输；包装与标记；技术服务；质量监造与检验；安装、调试、试运行和验收；保证与索赔；保险；税费；分包与外购；合同的变更、修改、中止和终止；不可抗力；合同争议的解决；其他。

5) 工程项目总承包合同的主要内容

工程建设总承包合同的主要内容包括工程勘察、设计和施工合同的内容。

案例 9-3

广西某海关私货仓综合楼工程建筑面积 2 800 平方米，工程造价 260 万元，建设单位为某海关。2001 年 11 月 4 日自治区建筑市场秩序检查组查出该工程项目存在以下违法违规行为：施工图设计文件未经审查；建设单位擅自改变工程图纸，违反工程建设强制性标准，擅自取消原工程设计的一个楼梯和通道；中标施工单位为某建工集团有限公司。检查组检查施工现场时项目管理人员不到位，项目管理班子与投标文件不符。检查组经初步调查认定，某建工集团有限公司没有参加该工程的投标活动，该工程的投标文件为他人私刻公章参加投标，因此，该工程施工单位属于冒名挂靠。

请思考：

对此类违法、违规行为应当如何处理？

9.2.2 建设工程合同的履行

1.《合同法》分则规定

发包人在不妨碍承包人正常作业的情况下，可以随时对作业进度、质量进行检查。

隐蔽工程在隐蔽以前承包人应当通知发包人检查。发包人没有及时检查的，承包人可以顺延工程日期，并有权要求赔偿停工、窝工等损失。

建设工程竣工后，发包人应当根据施工图纸及说明书、国家颁发的施工验收规范和质量检验标准及时进行验收。验收合格的，发包人应当按照约定支付价款，并接收该建设工程。建设工程竣工经验收合格后，方可交付使用；未经验收或者验收不合格的，不得交付使用。

2. 法规简释

由于建设工程合同的特殊性，其在履行的过程中会存在不同于其他合同的情形，这些情形所导致的纠纷的解决也有其自身的特殊性。

1) 解除建设工程施工合同的条件问题

解除合同的条件。

《合同法》第九十三条规定，当事人协商一致，可以解除合同。当事人可以约定解除合同的条件。解除合同的条件成熟时，解除权人可以解除合同。

《合同法》第九十四条规定，有下列情形之一的，当事人可以解除合同。

(1) 因不可抗力致使不能实现合同目的。

(2) 在履行期限届满之前，当事人一方明确表示或者以自己的行为表明不履行主要债务。

(3) 当事人一方迟延履行主要债务，经催告后在合理期限内仍未履行。

(4) 当事人一方迟延履行债务或者有其他违约行为致使不能实现合同目的。

(5) 法律规定的其他情形。

在合同履行过程中，由于一些条件的出现会导致合同当事人解除合同，《解释》中对于解除合同的条件及其法律后果作出了进一步的规定。

(1) 发包人请求解除合同的条件。承包人具有下列情形之一，发包人请求解除建设工程施工合同的，应予支持。

① 明确表示或者以行为表明不履行合同主要义务的。

② 合同约定的期限内没有完工，且在发包人催告的合理期限内仍未完工的。

③ 已经完成的建设工程质量不合格，并拒绝修复的。

④ 将承包的建设工程非法转包、违法分包的。

(2) 承包人请求解除合同的条件。发包人具有下列情形之一，致使承包人无法施工，且在催告的合理期限内仍未履行相应义务，承包人请求解除建设工程施工合同的，应予支持。

① 未按约定支付工程价款的。

② 提供的主要建筑材料、建筑构配件和设备不符合强制性标准的。

③ 不履行合同约定的协助义务的。

上述三种情形均属于发包人违约。因此，合同解除后，发包人还要承担违约责任。

(3) 合同解除后的法律后果。

①《合同法》关于合同解除的相关法律规定。

《合同法》第九十七条规定，合同解除后，尚未履行的，终止履行；已经履行的，根据履行情况和合同性质，当事人可以要求恢复原状、采取其他补救措施，并有权要求赔偿损失。

《合同法》第九十八条规定，合同的权利义务终止，不影响合同中结算和清理条款的效力。

②《解释》中关于合同解除的相关规定。

根据《解释》第十条的规定。

a．建设工程施工合同解除后，已经完成的建设工程质量合格的，发包人应当按照约定支付相应的工程价款。

b．已经完成的建设工程质量不合格的，按照下列情况处理：修复后的建设工程经竣工验收合格，发包人请求承包人承担修复费用的，应予支持；修复后的建设工程经竣工验收不合格，承包人请求支付工程价款的，不予支持。

因建设工程不合格造成的损失，发包人有过错的，也应承担相应的民事责任。

③ 因一方违约导致合同解除的，违约方应当赔偿因此而给对方造成的损失。

3. 建设工程质量不符合约定情况下的责任承担问题

导致工程质量不合格的原因很多，其中有发包人的原因，也有承包人的原因。其责任的承担应该根据具体的情况分别作出处理。

1) 因承包人过错导致质量不符合约定的处理

《合同法》第二百八十一条规定，因施工人的原因致使建设工程质量不符合约定的，发包人有权要求施工人在合理期限内无偿修理或者返工、改建。经过修理或者返工、改建后，造成逾期交付的，施工人应当承担违约责任。

《解释》第十一条规定，因承包人的过错造成建设工程质量不符合约定，承包人拒绝修理、返工或者改建，发包人请求减少支付工程价款的，应予支持。

有的时候，承包人造成工程质量不合格的原因可能会触犯法律，如偷工减料、擅自修改图纸等。如果其行为触犯了相关的法律，还将接受法律的制裁。

《中华人民共和国建筑法》第七十四条规定，建筑施工企业在施工中偷工减料的，使用不合格的建筑材料、建筑构配件和设备的，或者有其他不按照工程设计图纸或者施工技术标准施工的行为的，责令改正，处以罚款；情节严重的，责令停业整顿，降低资质等级或者吊销资质证书；造成建筑工程质量不符合规定的质量标准的，负责返工、修理，并赔偿因此造成的损失；构成犯罪的，依法追究刑事责任。

2) 因发包人过错导致质量不符合约定的处理

《建设工程质量管理条例》第九条规定，建设单位必须向有关的勘察、设计、施工、工程监理等单位提供与建设工程有关的原始资料。原始资料必须真实、准确、齐全。

《建设工程质量管理条例》第十四条规定，按照合同约定，由建设单位采购建筑材料、建筑构配件和设备的，建设单位应当保证建筑材料、建筑构配件和设备符合设计文件和合同要求。建设单位不得明示或者暗示施工单位使用不合格的建筑材料、建筑构配件和设备。

但是在实际工作中，却经常出现建设单位违反上述规定的情形。这些情形的出现，有的是源于过失，有的则是建设单位出于为自身谋取利益。

《解释》第十二条规定，发包人具有下列情形之一，造成建设工程质量缺陷，应当承担过错责任。

(1) 提供的设计有缺陷。

(2) 提供或者指定购买的建筑材料、建筑构配件、设备不符合强制性标准。

(3) 直接指定分包人分包专业工程。

承包人有过错的，也应当承担相应的过错责任。

《建设工程质量管理条例》第五十六条规定，违反本条例规定，建设单位有下列行为之一的，责令改正，处20万元以上50万元以下的罚款。

① 迫使承包方以低于成本的价格竞标的。

② 任意压缩合理工期的。

③ 明示或者暗示设计单位或者施工单位违反工程建设强制性标准，降低工程质量的。

④ 施工图设计文件未经审查或者审查不合格，擅自施工的。

⑤ 建设项目必须实行工程监理而未实行工程监理的。

⑥ 未按照国家规定办理工程质量监督手续的。

⑦ 明示或者暗示施工单位使用不合格的建筑材料、建筑构配件和设备的。

⑧ 未按照国家规定将竣工验收报告、有关认可文件或者准许使用文件报送备案的。

3) 发包人擅自使用后出现质量问题的处理

《建设工程质量管理条例》第十六条规定，建设单位收到建设工程竣工报告后，应当组织设计、施工、工程监理等有关单位进行竣工验收。

建设工程竣工验收应当具备下列条件。

(1) 完成建设工程设计和合同约定的各项内容。

(2) 有完整的技术档案和施工管理资料。

(3) 有工程使用的主要建筑材料、建筑构配件和设备的进场试验报告。

(4) 有勘察、设计、施工、工程监理等单位分别签署的质量合格文件。

(5) 有施工单位签署的工程保修书。

建设工程经验收合格的，方可交付使用。

但是有的时候建设单位为了能够提前投入生产，在没有经过竣工验收的前提下就擅自使用了工程。由于工程质量问题都需要经过一段时间才能显现出来，所以这种未经竣工验收就使用工程的行为往往就导致了其后的工程质量纠纷。

《解释》第二十三条也对于工程质量产生的争议如何进行鉴定作出了原则性规定，当事人对部分案件事实有争议的，仅对有争议的事实进行鉴定，但争议事实范围不能确定，或者双方当事人请求对全部事实鉴定的除外。

《解释》第十三条规定，建设工程未经竣工验收，发包人擅自使用后，又以使用部分质量不符合约定为由主张权利的，不予支持；但是承包人应当在建设工程的合理使用寿命内对地基基础工程和主体结构质量承担民事责任。

上述规定体现了对于建设单位的擅自使用工程行为的惩罚，认定了建设单位使用工程即是对工程质量的认可。但是，上述规定却并没有全部免除承包商的责任，要求承包商对于地基基础工程和主体结构的质量承担相应的责任。这是基于《建设工程质量管理条例》对于地基基础工程和主体结构工程的最低保修期限的规定。《建设工程质量管理条例》第四十条规定了对于基础设施工程、房屋建筑的地基基础工程和主体结构工程，为设计文件规定的该工程的合理使用年限。这就等于是终身保修，因此并不因建设单位是否提前使用工程而免除保修的责任。

发包人未经验收而提前使用工程不仅在工程质量上要承担更大的责任，同时还将由于这样的行为而接受法律的制裁。

《建设工程质量管理条例》第五十八条规定，违反本条例规定，建设单位有下列行为之一的，责令改正，处工程合同价款 2%以上 4%以下的罚款；造成损失的，依法承担赔偿责任。

(1) 未组织竣工验收，擅自交付使用的。

(2) 验收不合格，擅自交付使用的。

(3) 对不合格的建设工程按照合格工程验收的。

4. 对竣工日期的争议问题

竣工日期可以分为合同中约定的竣工日期和实际竣工日期。合同中约定的竣工日期是指发包人和承包人在协议书中约定的承包人完成承包范围内工程的绝对或相对的日期。实际竣工日期是指承包人全面、适当履行了施工承包合同时的日期。合同中约定的竣工日期是发包人限定的竣工日期的底线，如果承包人超过了这个日期竣工就将为此承担违约责任。而实际竣工日期则是承包人可以全面主张合同中约定的权利的开始之日，如果该日期先于合同中约定的竣工日期，承包商可以根据约定(如有)获得奖励。

正是由于确定实际竣工日期涉及发包人和承包人的利益，对于工程竣工日期的争议就时有发生。

《建设工程施工合同示范文本》第 32.4 款规定，工程竣工验收通过，承包人送交竣工验收报告的日期为实际竣工日期。工程按发包人要求修改后通过竣工验收的，实际竣工日期为承包人修改后提请发包人验收的日期。

但是在实际操作过程中却容易出现一些特殊的情形并最终导致关于竣工日期的争议的产生。这些情形主要表现在。

(1) 由于建设单位和施工单位对于工程质量是否符合合同约定产生争议而导致对竣工日期的争议。

工程质量是否合格涉及多方面因素，当事人双方很容易就其影响因素产生争议。而一旦产生争议，就需要权威部门来鉴定。鉴定结果如果不合格就不涉及竣工日期的争议了，而如果鉴定结果是合格的，就涉及以哪天作为竣工日期的问题了。承包商认为应该以提交竣工验收报告之日作为竣工日期，而建设单位则认为应该以鉴定合格之日为实际竣工日期。

对此《解释》第十五条规定，建设工程竣工前，当事人对工程质量发生争议，工程质量经鉴定合格的，鉴定期间为顺延工期期间。

从这个规定我们看到，应该以提交竣工验收报告之日为实际竣工日期。

(2) 由于发包人拖延验收而产生的对实际竣工日期的争议。

《建设工程施工合同(示范文本)》规定，工程具备竣工验收条件，承包人按国家工程竣工验收有关规定，向发包人提供完整竣工资料及竣工验收报告。双方约定由承包人提供竣工图的，应当在专用条款内约定提供的日期和份数。发包人收到竣工验收报告后 28 天内组织有关单位验收，并在验收后 14 天内给予认可或提出修改意见。承包人按要求修改，并承担由自身原因造成修改的费用。

但是有的时候由于主观的或者客观的原因，发包人没能按照约定的时间组织竣工验收。最后施工单位和建设单位就实际竣工之日产生了争议，对此，《解释》第十四条规定，建设工程经竣工验收合格的，以竣工验收合格之日为竣工日期。承包人已经提交竣工验收报告，发包人拖延验收的，以承包人提交验收报告之日为竣工日期。

(3) 由于发包人擅自使用工程而产生的对于实际竣工验收日期的争议。

《建设工程质量管理条例》第十六条规定，建设单位收到建设工程竣工报告后，应当组织设计、施工、工程监理等有关单位进行竣工验收，建设工程经验收合格的，方可交付使用。

有的时候，建设单位为了能够提前使用工程而取消了竣工验收这道法律规定的程序。而这样的后果之一就是容易对实际竣工日期产生争议，因为没有提交的竣工验收报告和竣工验收试验可供参考。对于这种情形，《解释》第十四条同时作出了规定，建设工程未经竣工验收，发包人擅自使用的，以转移占有建设工程之日为竣工日期。

5. 对计价方法的争议问题

在工程建设合同中，当事人双方会约定计价的方法，这是后来建设单位向承包商支付工程款的基础。如果合同双方对于计价方法产生了纠纷且不能得到及时妥善的解决，就必然会影响到当事人的切身利益。

对计价方法的纠纷主要表现在以下几个方面。

1) 因变更引起的纠纷

在工程建设过程中，变更是普遍存在的。尽管变更的表现形式纷繁复杂，但是其对于工程款的支付的影响却仅仅表现在两个方面：

(1) 工程量的变化导致价格的纠纷。从经济学的角度看，成本的组成包括两部分，即固定成本和可变成本。固定成本不因产量的增加而增加，可变成本却是产量的函数，因产量的增加而增加。当产量增加时，单位产量上推销的固定成本就会减少，而单位可变成本不发生变化，其总成本将减少。在原有价格不变的前提下，会导致利润率增加。因此，当工程量发生变化后，当事人一方就会提出增加或者减少单价，以维持原有的利润率水平。如果工程量增加了，建设单位就会要求减少单价。相反，如果工程量减少了，施工单位就会要求增加单价。

调整单价时会涉及两个因素：一是工程量增减幅度达到多少就要调整单价；二是将单价格调整到多少。如果在承包合同中没有对此进行约定，就会导致纠纷。

(2) 工程质量标准的变化导致价格的纠纷。工程质量标准有多种分类方法，如果按照标准的级别来分的话，可以分为国家标准、地方标准、行业标准、企业标准。另外，合同双方当事人也可以在合同中约定标准，如果约定的标准没有违反强制性标准，其效力还将高于国家其他标准。

正是由于工程质量标准的多样性，就会导致工程标准发生变化而导致纠纷的产生。例如，对于某混凝土工程，原来在合同中约定的混凝土强度为25MPa，后来建设单位出于安全和质量的考虑，要求将质量标准提高到30MPa，这就意味着施工单位将为此多付出成本，那么到底多付出了多少呢？双方也有可能就此产生纠纷。

对于上面的由于变更而引起的计价方法的纠纷，《解释》第十六条作出了规定，当事人对建设工程的计价标准或者计价方法有约定的，按照约定结算工程价款。因设计变更导致建设工程的工程量或者质量标准发生变化，当事人对该部分工程价款不能协商一致的，可以参照签订建设工程施工合同时当地建设行政主管部门发布的计价方法或者计价标准结算工程价款。

2) 因工程质量验收不合格导致的纠纷

工程合同中的价款是针对合格工程而言的，而在工程实践中，不合格产品也是普遍存在的，对于不合格产品如何计价也就自然成为合同当事人关注的问题。在这个问题中也涉及两方面的问题：一是工程质量与合同约定的不符合程度；二是针对该工程质量应予支付的工程款。

对此《解释》第十六条也同样作出了规定，建设工程施工合同有效，但建设工程经竣工验收不合格的，工程价款结算参照本解释第三条规定处理。

(1) 修复后的建设工程经竣工验收合格，发包人请求承包人承担修复费用的，应予支持。

(2) 修复后的建设工程经竣工验收不合格，承包人请求支付工程价款的，不予支持。

因建设工程不合格造成的损失，发包人有过错的，也应承担相应的民事责任。

3) 因利息而产生的纠纷

《合同法》第一百一十三条规定，当事人一方不履行合同义务或者履行合同义务不符合约定，给对方造成损失的，损失赔偿额应当相当于因违约所造成的损失，包括合同履行后可以获得的利益，但不得超过违反合同一方订立合同时预见到或者应当预见到的因违反合同可能造成的损失。

从上面的条款我们可以看到，如果建设单位不及时向承包商支付工程款，承包商在要求建设单位继续履行合同的前提下，可以要求建设单位为此支付利息。因为利息是建设单位如果按期支付工程款后承包商的预期利益。

在实践中，对于利息的支付容易在两个方面产生纠纷：一是利息的计付标准；二是何时开始计付利息。

《解释》第十七条对于计付标准作出了规定，当事人对欠付工程价款利息计付标准有约定的，按照约定处理；没有约定的，按照中国人民银行发布的同期同类贷款利率计息。

同时《解释》第十八条也对何时开始计付利息作出了规定，利息从应付工程价款之日计付。当事人对付款时间没有约定或者约定不明的，下列时间视为应付款时间。

(1) 建设工程已实际交付的，为交付之日。

(2) 建设工程没有交付的，为提交竣工结算文件之日。

(3) 建设工程未交付，工程价款也未结算的，为当事人起诉之日。

4) 因合同计价方式产生的纠纷

《建筑工程施工发包与承包计价管理办法》第十二条规定，合同价可以采用以下方式。

(1) 固定价。合同总价或者单价在合同约定的风险范围内不可调整。

(2) 可调价。合同总价或者单价在合同实施期内，根据合同约定的办法调整。

(3) 成本加酬金。合同总价由成本和建设单位支付给施工单位的酬金两部分构成。

当然《建筑工程施工发包与承包计价管理办法》属于部门规章，对施工合同并无强制效力，需要当事人特别约定方可对合同当事人产生效力。

由于工程建设的外部环境处于不断的变化之中，这些外部条件的变化就可能会使得施工单位的成本增加。例如，某种建筑材料大幅度涨价，或者发生了一定程度的设计变更使得工程量有所增加，都会让承包商承担更大的成本。在这种情况下，承包商就可能提出索赔的要求，要求建设单位支付增加部分的成本。对于上面的三种计价方式，如果采用的是可调价合同或者成本加酬金合同，建设单位就应该在合同约定的范围内支付这笔款项。

《解释》第二十二条规定，当事人约定按照固定价结算工程价款，一方当事人请求对建设工程造价进行鉴定的，不予支持。

6. 对工程量的争议问题

在工程款支付的过程中，确认完成的工程量是一个重要的环节。只有确认了完成的工程量，才能进行下一步的结算。

1) 工程结算的程序

《建筑工程施工发包与承包计价管理办法》第十六条规定了工程结算的程序。

工程竣工验收合格，应当按照下列规定进行竣工结算。

(1) 承包方应当在工程竣工验收合格后的约定期限内提交竣工结算文件。

(2) 发包方应当在收到竣工结算文件后的约定期限内予以答复。逾期未答复的，竣工结算文件视为已被认可。

(3) 发包方对竣工结算文件有异议的，应当在答复期内向承包方提出，并可以在提出之日起的约定期限内与承包方协商。

(4) 发包方在协商期内未与承包方协商或者经协商未能与承包方达成协议的，应当委托工程造价咨询单位进行竣工结算审核。

(5) 发包方应当在协商期满后的约定期限内向承包方提出工程造价咨询单位出具的竣工结算审核意见。

发承包双方在合同中对上述事项的期限没有明确约定的，可认为其约定期限均为28日。

发承包双方对工程造价咨询单位出具的竣工结算审核意见仍有异议的，在接到该审核意见后一个月内可以向县级以上地方人民政府建设行政主管部门申请调解，调解不成的，可以依法申请仲裁或者向人民法院提起诉讼。

还应强调，《建筑工程施工发包与承包计价管理办法》经过当事人在合同内的特别约定，可对当事人产生效力。

2) 关于确认工程量引起的纠纷

(1) 对未经签证但事实上已经完成的工程量的确认

工程量的确认应以工程师的确认为依据。

工程师的确认以签证为依据。但是，有的时候却存在另一种情形，工程师口头同意进行某项工程的修建，但是由于主观的或者客观的原因而没能及时提供签证。对于这部分工程量的确认就很容易引起纠纷。

《合同法》第三十六条规定，法律、行政法规规定或者当事人约定采用书面形式订立合同，当事人未采用书面形式但一方已经履行主要义务，对方接受的，该合同成立。

依据这个条款，《解释》第十九条规定，当事人对工程量有争议的，按照施工过程中形成的签证等书面文件确认。承包人能够证明发包人同意其施工，但未能提供签证文件证明工程量发生的，可以按照当事人提供的其他证据确认实际发生的工程量。

(2) 对于确认工程量的时间的纠纷

如果建设单位迟迟不确认施工单位完成的工程量，就会导致施工单位不能及时得到工程款，这样就损害了施工单位的利益。为了保护合同当事人的合法权益，《解释》第二十条规定，当事人约定，发包人收到竣工结算文件后，在约定期限内不予答复，视为认可竣工结算文件的，按照约定处理。承包人请求按照竣工结算文件结算工程价款的，应予支持。这与《建筑工程施工发包与承包计价管理办法》第十六条的规定是相关的。

7. 建设工程价款优先受偿权问题

1)《担保法》与《合同法》在工程款优先受偿权问题上的冲突

在工程建设中，建设单位为了筹措资金，经常会向银行贷款。作为条件，银行会要求建设单位提供相应的担保。有的时候，建设单位可以以拟建的建设工程作为抵押来为贷款作担保。于是，在建设单位和银行之间就会签订一个抵押合同。根据《中华人民共和国担保法》第五十三条的规定，债务履行期届满抵押权人未受清偿的，可以与抵押人协议以抵押物折价或者以拍卖、变卖该抵押物所得的价款受偿；协议不成的，抵押权人可以向人民法院提起诉讼。抵押物折价或者拍卖、变卖后，其价款超过债权数额的部分归抵押人所有，不足部分由债务人清偿。这就是说，如果建设单位在应该偿还贷款的期限届满而没有清偿贷款的话，银行就可以将建成的工程项目折价、拍卖或者变卖，然后将所得的收入受偿。

但是根据《中华人民共和国合同法》二百八十六条的规定，发包人未按照约定支付价款的，承包人可以催告发包人在合理期限内支付价款。发包人逾期不支付的，除按照建设工程的性质不宜折价、拍卖的以外，承包人可以与发包人协议将该工程折价，也可以申请人民法院将该工程依法拍卖。建设工程的价款就该工程折价或者拍卖的价款优先受偿。这就意味着，如果建设单位不及时支付工程款，则施工单位可以将建成的建设项目折价、拍卖并将所得受偿。

2) 建设工程价款优先受偿权问题的司法解释

在上面两个条件都存在的情况下，就出现了一个问题，银行和施工单位都可以将建成的工程项目拍卖并将所得款项占有。那么到底优先将这笔款项支付给谁？针对这个问题，2002 年 6 月 11 日，最高人民法院审判委员会第 1225 次会议通过了《最高人民法院关于建设工程价款优先受偿权问题的批复》，作出了如下解释。

(1) 人民法院在审理房地产纠纷案件和办理执行案件中，应当依照《合同法》第二百八十六条的规定，认定建筑工程的承包人的优先受偿权优于抵押权和其他债权。

(2) 消费者交付购买商品房的全部或者大部分款项后，承包人就该商品房享有的工程价款优先受偿权不得对抗买受人。

(3) 建筑工程价款包括承包人为建设工程应当支付的工作人员报酬、材料款等实际支出的费用，不包括承包人因发包人违约所造成的损失。

(4) 建设工程承包人行使优先权的期限为六个月，自建设工程竣工之日或者建设工程合同约定的竣工之日起计算。

(5) 本批复第一～三条自公布之日起施行，第四条自公布之日起 6 个月后施行。

9.2.3 建设工程合同的违约责任和赔偿责任

1. 违约责任和赔偿责任概念

(1) 违约责任是指合同当事人不履行合同，或者履行不符合约定而应承担的民事责任。违约责任以违约为前提，只要约定了违约金或者交纳了定金，不管对方是否有损失，都要承担违约金或者定金罚则的后果。

(2) 赔偿损失是指合同当事人不履行合同、履行不符合约定或者在继续履行、采取补救措施后，对方有损失的，而应承担赔偿损失的民事责任。赔偿损失以违约和对方有损失为前提，只有给对方造成了损失(包括可以预见的利益)，才给予赔偿。

2. 承担违约责任和赔偿责任法律规定

《合同法》第一百零七条规定，当事人一方不履行合同义务或者履行合同义务不符合约定的，应当承担继续履行、采取补救措施或者赔偿损失等违约责任。

《合同法》第一百零八条规定，当事人一方明确表示或者以自己的行为表明不履行合同义务的，对方可以在履行期限届满之前要求其承担违约责任。

《合同法》第一百一十一条规定，质量不符合约定的，应当按照当事人的约定承担违约责任。对违约责任没有约定或者约定不明确，依照本法第六十一条的规定仍不能确定的，受损害方根据标的的性质以及损失的大小，可以合理选择要求对方承担修理、更换、重作、退货、减少价款或者报酬等违约责任。

《合同法》第一百一十二条规定，当事人一方不履行合同义务或者履行合同义务不符合约定的，在履行义务或者采取补救措施后，对方还有其他损失的，应当赔偿损失。

《合同法》第二百七十八条规定，隐蔽工程在隐蔽以前，承包人应当通知发包人检查。发包人没有及时检查的，承包人可以顺延工程日期，并有权要求赔偿停工、窝工等损失。

《合同法》第二百八十条规定，勘察、设计的质量不符合要求或者未按照期限提交勘察、设计文件拖延工期，造成发包人损失的，勘察人、设计人应当继续完善勘察、设计，减收或者免收勘察、设计费并赔偿损失。

《合同法》第二百八十一条规定，因施工人的原因致使建设工程质量不符合约定的，发包人有权要求施工人在合理期限内无偿修理或者返工、改建。经过修理或者返工、改建后，造成逾期交付的，施工人应当承担违约责任。

《合同法》第二百八十二条规定，因承包人的原因致使建设工程在合理使用期限内造成人身和财产损害的，承包人应当承担损害赔偿责任。

《合同法》第二百八十三条规定，发包人未按照约定的时间和要求提供原材料、设备、场地、资金、技术资料的，承包人可以顺延工程日期，并有权要求赔偿停工、窝工等损失。

《合同法》第二百八十四条规定，因发包人的原因致使工程中途停建、缓建的，发包人应当采取措施弥补或者减少损失，赔偿承包人因此造成的停工、窝工、倒运、机械设备调迁、材料和构件积压等损失和实际费用。

《合同法》第二百八十五条规定，因发包人变更计划，提供的资料不准确，或者未按照期限提供必需的勘察、设计工作条件而造成勘察、设计的返工、停工或者修改设计，发包人应当按照勘察人、设计人实际消耗的工作量增付费用。

《合同法》第二百八十六条规定，发包人未按照约定支付价款的，承包人可以催告发包人在合理期限内支付价款。发包人逾期不支付的，除按照建设工程的性质不宜折价、拍卖的以外，承包人可以与发包人协议将该工程折价，也可以申请人民法院将该工程依法拍卖。建设工程的价款就该工程折价或者拍卖的价款优先受偿。

《合同法》第二百八十七条规定，本章没有规定的，适用承揽合同的有关规定。

本章小结

本章首先对合同法律制度进行总体的阐述，包括合同法的基本原则和合同分类，合同的订立，特别是其中要约和承诺两道必经程序，要约和要约邀请的区别，合同的生效要件，无效合同、效力待定合同、可变更可撤销合同的类型，进而阐明了建设工程合同的概念、形式、种类和内容，建设工程合同履行过程中各种争议的处理及违约、赔偿责任等规定。

习题

1．合同法的基本原则是什么？
2．合同的理论分类是怎样的？有哪些类型？
3．何为要约与承诺？要约、承诺的生效条件有哪些？
4．合同的主要条款有哪些？
5．合同生效有哪些条件？
6．何为可变更、可撤销合同？有哪些类型？
7．何为效力待定合同？有哪些类型？
8．建设工程合同有哪些类型？
9．建设工程质量不符合约定如何进行责任承担？
10．如何处理建设工程合同履行过程中产生的争议？

第10章

工程建设其他相关法律制度

教学目标

了解劳动合同的含义、劳动合同订立、履行、变更及建筑节能和环境保护的相关规定；熟悉劳动关系双方主体可以解除及不得解除劳动合同的情形；掌握劳动保护的法律规定，以及解决劳动争议的方式和程序。

教学要求

能力目标	知识要点	权重
识别劳动合同法律关系	劳动合同订立、履行与变更等	40%
理解建筑节能、环保的目标	环境影响评价与建筑节能的规定	25%
把握订立劳动合同的主要事项	劳动合同双方的权利义务	35%

驱动案例

某私营建筑企业聘请了一批外地员工，劳动合同约定工作期限为一年，试用期一个月。公司借口为员工办理暂住手续，将员工的身份证收走。但是在试用期间，有的员工认为该公司的工作环境差，提出解除合同。公司声称合同已经签订了，不能解除，至少要干满一年，否则要解除合同的员工不退还其身份证。以致有些员工为了拿回身份证继续留下工作。

请思考：

该公司做法中存在什么违法行为？我国现行法律对此是如何规定的？

10.1 劳动法律与制度

10.1.1 劳动合同

《中华人民共和国劳动合同法》于2007年6月29日第十届全国人民代表大会常务委员会第二十八次会议通过，自2008年1月1日起施行。

1. 劳动合同的订立

1) 劳动合同的当事人及适用范围

中华人民共和国境内的企业、个体经济组织、民办非企业单位等组织(以下称用人单位)与劳动者建立劳动关系，都应当订立劳动合同。

国家机关、事业单位、社会团体和与其建立劳动关系的劳动者，订立、履行、变更、解除或者终止劳动合同，依照《中华人民共和国劳动合同法》执行。

禁止用人单位招用未满16周岁的未成年人。文艺、体育和特种工艺单位招用未满16周岁的未成年人，必须依照国家有关规定，履行审批手续，并保障其接受义务教育的权利。

2) 劳动关系建立时间的确认

用人单位自用工之日起即与劳动者建立劳动关系。用人单位应当建立职工名册备查。

3) 劳动关系建立时用人单位与劳动者的义务

用人单位招用劳动者时，应当如实告知劳动者工作内容、工作条件、工作地点、职业危害、安全生产状况、劳动报酬，以及劳动者要求了解的其他情况；用人单位有权了解劳动者与劳动合同直接相关的基本情况，劳动者应当如实说明。

用人单位招用劳动者，不得扣押劳动者的居民身份证和其他证件，不得要求劳动者提供担保或者以其他名义向劳动者收取财物。

4) 订立劳动合同的时间和形式限制

建立劳动关系，应当订立书面劳动合同。

已建立劳动关系，未同时订立书面劳动合同的，应当自用工之日起1个月内订立书面劳动合同。

用人单位与劳动者在用工前订立劳动合同的，劳动关系自用工之日起建立。

用人单位未在用工的同时订立书面劳动合同，与劳动者约定的劳动报酬不明确的，新招用的劳动者的劳动报酬按照集体合同规定的标准执行；没有集体合同或者集体合同未规定的，实行同工同酬。

5) 劳动合同的生效

劳动合同由用人单位与劳动者协商一致，并经用人单位与劳动者在劳动合同文本上签字或者盖章生效。

劳动合同文本由用人单位和劳动者各执一份。

2. 劳动合同的类型及相关规定

1) 劳动合同的类型

劳动合同分为固定期限劳动合同、无固定期限劳动合同和以完成一定工作任务为期限的劳动合同。

(1) 固定期限的劳动合同，是指用人单位与劳动者约定合同终止时间的劳动合同。

用人单位与劳动者协商一致，可以订立固定期限劳动合同。

(2) 无固定期限劳动合同，是指用人单位与劳动者约定无确定终止时间的劳动合同。

用人单位与劳动者协商一致，可以订立无固定期限劳动合同。有下列情形之一，劳动者提出或者同意续订、订立劳动合同的，除劳动者提出订立固定期限劳动合同外，应当订立无固定期限劳动合同：

① 劳动者在该用人单位连续工作满十年的。

② 用人单位初次实行劳动合同制度或者国有企业改制重新订立劳动合同时，劳动者在该用人单位连续工作满十年且距法定退休年龄不足十年的。

③ 连续订立二次固定期限劳动合同，且劳动者没有《合同法》第三十九条和第四十条第一项、第二项规定的情形，续订劳动合同的。

用人单位自用工之日起满一年不与劳动者订立书面劳动合同的，视为用人单位与劳动者已订立无固定期限劳动合同。

(3) 以完成一定工作任务为期限的劳动合同，是指用人单位与劳动者约定以某项工作的完成为合同期限的劳动合同。

用人单位与劳动者协商一致，可以订立以完成一定工作任务为期限的劳动合同。

2) 劳动合同的条款

劳动合同应当具备以下条款。

(1) 用人单位的名称、住所和法定代表人或者主要负责人。

(2) 劳动者的姓名、住址和居民身份证或者其他有效身份证件号码。

(3) 劳动合同期限。

(4) 工作内容和工作地点。

(5) 工作时间和休息休假。

(6) 劳动报酬。

(7) 社会保险。

(8) 劳动保护、劳动条件和职业危害防护。

(9) 法律、法规规定应当纳入劳动合同的其他事项。

劳动合同除前款规定的必备条款外，用人单位与劳动者可以约定试用期、培训、保守秘密、补充保险和福利待遇等其他事项。

劳动合同对劳动报酬和劳动条件等标准约定不明确，引发争议的，用人单位与劳动者可以重新协商；协商不成的，适用集体合同规定；没有集体合同或者集体合同未规定劳动报酬的，实行同工同酬；没有集体合同或者集体合同未规定劳动条件等标准的，适用国家有关规定。

3) 试用期限

劳动合同期限 3 个月以上不满 1 年的，试用期不得超过 1 个月；劳动合同期限一年以上不满三年的，试用期不得超过 2 个月；3 年以上固定期限和无固定期限的劳动合同，试用期不得超过 6 个月。

同一用人单位与同一劳动者只能约定 1 次试用期。

以完成一定工作任务为期限的劳动合同或者劳动合同期限不满 3 个月的，不得约定试用期。

试用期包含在劳动合同期限内。劳动合同仅约定试用期的，试用期不成立，该期限为劳动合同期限。

4) 保密协议

用人单位与劳动者可以在劳动合同中约定保守用人单位的商业秘密和与知识产权相关的保密事项。

对负有保密义务的劳动者，用人单位可以在劳动合同或者保密协议中与劳动者约定竞业限制条款，并约定在解除或者终止劳动合同后，在竞业限制期限内按月给予劳动者经济补偿。劳动者违反竞业限制约定的，应当按照约定向用人单位支付违约金。

5) 竞业限制

竞业限制的人员限于用人单位的高级管理人员、高级技术人员和其他负有保密义务的人员。竞业限制的范围、地域、期限由用人单位与劳动者约定，竞业限制的约定不得违反法律、法规的规定。

在解除或者终止劳动合同后，前款规定的人员到与本单位生产或者经营同类产品、从事同类业务的有竞争关系的其他用人单位，或者自己开业生产或者经营同类产品、从事同类业务的竞业限制期限，不得超过 2 年。

6) 劳动合同的无效

下列劳动合同无效或者部分无效。

(1) 以欺诈、胁迫的手段或者乘人之危，使对方在违背真实意思的情况下订立或者变更劳动合同的。

(2) 用人单位免除自己的法定责任、排除劳动者权利的。

(3) 违反法律、行政法规强制性规定的。

对劳动合同的无效或者部分无效有争议的，由劳动争议仲裁机构或者人民法院确认。

劳动合同部分无效，不影响其他部分效力的，其他部分仍然有效。

劳动合同被确认无效，劳动者已付出劳动的，用人单位应当向劳动者支付劳动报酬。劳动报酬的数额，参照本单位相同或者相近岗位劳动者的劳动报酬确定。

案例 10-1

苏阿姨是某家政公司的员工，受公司指派到某私营企业做保洁服务。在擦窗户玻璃时，她一不小心从办公室的窗台上跌倒在地板上，导致手部骨折。该企业老板及时将她送到医院治疗，但拒绝支付医疗费。

苏阿姨找家政公司要医疗费，不料公司老板却说："你是为那家企业打扫卫生时受的伤，可以找他们索赔。"而该企业老板却认为自己已经支付了保洁费，且已及时将苏阿姨送到了医院，可以说是"仁至义尽"了。两单位对于医疗费互相踢皮球，都表示不予支付。

请思考：

苏阿姨的医疗费应当怎样承担？

10.1.2 劳动合同的履行和变更

1. 劳动合同的履行

用人单位与劳动者应当按照劳动合同的约定，全面履行各自的义务。

用人单位应当按照劳动合同约定和国家规定，向劳动者及时足额支付劳动报酬。用人单位拖欠或者未足额支付劳动报酬的，劳动者可以依法向当地人民法院申请支付令，人民法院应当依法发出支付令。

用人单位应当严格执行劳动定额标准，不得强迫或者变相强迫劳动者加班。用人单位安排加班的，应当按照国家有关规定向劳动者支付加班费。

劳动者拒绝用人单位管理人员违章指挥、强令冒险作业的，不视为违反劳动合同。

劳动者对危害生命安全和身体健康的劳动条件，有权对用人单位提出批评、检举和控告。

2. 劳动合同的变更

用人单位变更名称、法定代表人、主要负责人或者投资人等事项，不影响劳动合同的履行。

用人单位发生合并或者分立等情况，原劳动合同继续有效，劳动合同由承继其权利和义务的用人单位继续履行。

用人单位与劳动者协商一致，可以变更劳动合同约定的内容。变更劳动合同，应当采用书面形式。

变更后的劳动合同文本由用人单位和劳动者各执一份。

10.1.3 劳动合同的解除和终止及相关规定

1. 劳动合同的解除

1) 协商一致解除的

用人单位与劳动者协商一致，可以解除劳动合同。

2) 劳动者可以解除的

劳动者提前30日以书面形式通知用人单位，可以解除劳动合同。劳动者在试用期内提前3日通知用人单位，可以解除劳动合同。

用人单位有下列情形之一的，劳动者可以解除劳动合同：

(1) 未按照劳动合同约定提供劳动保护或者劳动条件的。

(2) 未及时足额支付劳动报酬的。

(3) 未依法为劳动者缴纳社会保险费的。

(4) 用人单位的规章制度违反法律、法规的规定，损害劳动者权益的。

(5) 因《合同法》第二十六条第一款规定的情形致使劳动合同无效的。

(6) 法律、行政法规规定劳动者可以解除劳动合同的其他情形。

用人单位以暴力、威胁或者非法限制人身自由的手段强迫劳动者劳动的，或者用人单位违章指挥、强令冒险作业危及劳动者人身安全的，劳动者可以立即解除劳动合同，不需事先告知用人单位。

3) 用人单位可以随时解除的

劳动者有下列情形之一的，用人单位可以解除劳动合同。

(1) 在试用期间被证明不符合录用条件的。

(2) 严重违反用人单位的规章制度的。

(3) 严重失职，营私舞弊，给用人单位造成重大损害的。

(4) 劳动者同时与其他用人单位建立劳动关系，对完成本单位的工作任务造成严重影响，或者经用人单位提出，拒不改正的。

(5) 因本法第二十六条第一款第一项规定的情形致使劳动合同无效的。

(6) 被依法追究刑事责任的。

4) 用人单位可以预告解除的

有下列情形之一的，用人单位提前 30 日以书面形式通知劳动者本人或者额外支付劳动者一个月工资后，可以解除劳动合同。

(1) 劳动者患病或者非因工负伤，在规定的医疗期满后不能从事原工作，也不能从事由用人单位另行安排的工作的。

(2) 劳动者不能胜任工作，经过培训或者调整工作岗位，仍不能胜任工作的。

(3) 劳动合同订立时所依据的客观情况发生重大变化，致使劳动合同无法履行，经用人单位与劳动者协商，未能就变更劳动合同内容达成协议的。

5) 经济性裁员

有下列情形之一，需要裁减人员 20 人以上或者裁减不足 20 人但占企业职工总数 10%以上的，用人单位提前 30 日向工会或者全体职工说明情况，听取工会或者职工的意见后，裁减人员方案经向劳动行政部门报告，可以裁减人员。

(1) 依照企业破产法规定进行重整的。

(2) 生产经营发生严重困难的。

(3) 企业转产、重大技术革新或者经营方式调整，经变更劳动合同后，仍需裁减人员的。

(4) 其他因劳动合同订立时所依据的客观经济情况发生重大变化，致使劳动合同无法履行的。

裁减人员时，应当优先留用下列人员。

(1) 与本单位订立较长期限的固定期限劳动合同的。

(2) 与本单位订立无固定期限劳动合同的。

(3) 家庭无其他就业人员，有需要扶养的老人或者未成年人的。

用人单位依照本条第一款规定裁减人员，在 6 个月内重新招用人员的，应当通知被裁减的人员，并在同等条件下优先招用被裁减的人员。

6) 用人单位不得解除的

劳动者有下列情形之一的，用人单位不得依照本法第四十条、第四十一条的规定解除劳动合同。

(1) 从事接触职业病危害作业的劳动者未进行离岗前职业健康检查，或者疑似职业病病人在诊断或者医学观察期间的。

(2) 在本单位患职业病或者因工负伤并被确认丧失或者部分丧失劳动能力的。

(3) 患病或者非因工负伤，在规定的医疗期内的。

(4) 女职工在孕期、产期、哺乳期的。

(5) 在本单位连续工作满 15 年，且距法定退休年龄不足 5 年的。

(6) 法律、行政法规规定的其他情形。

用人单位单方解除劳动合同，应当事先将理由通知工会。用人单位违反法律、行政法规规定或者劳动合同约定的，工会有权要求用人单位纠正。用人单位应当研究工会的意见，并将处理结果书面通知工会。

2. 劳动合同的终止

有下列情形之一的，劳动合同终止。

(1) 劳动合同期满的。

(2) 劳动者开始依法享受基本养老保险待遇的。

(3) 劳动者死亡，或者被人民法院宣告死亡或者宣告失踪的。

(4) 用人单位被依法宣告破产的。

(5) 用人单位被吊销营业执照、责令关闭、撤销或者用人单位决定提前解散的。

(6) 法律、行政法规规定的其他情形。

劳动合同期满，有《中华人民共和国劳动合同法》第四十二条规定情形之一的，劳动合同应当续延至相应的情形消失时终止。但是，《中华人民共和国劳动合同法》第四十二条第二项规定，丧失或者部分丧失劳动能力劳动者的劳动合同的终止，按照国家有关工伤保险的规定执行。

3. 终止合同的经济补偿

有下列情形之一的，用人单位应当向劳动者支付经济补偿。

(1) 劳动者依照《中华人民共和国劳动合同法》第三十八条规定解除劳动合同的。

(2) 用人单位依照《中华人民共和国劳动合同法》第三十六条规定向劳动者提出解除劳动合同并与劳动者协商一致解除劳动合同的。

(3) 用人单位依照《中华人民共和国劳动合同法》第四十条规定解除劳动合同的。

(4) 用人单位依照《中华人民共和国劳动合同法》第四十一条第一款规定解除劳动合同的。

(5) 除用人单位维持或者提高劳动合同约定条件续订劳动合同，劳动者不同意续订的情形外，依照《中华人民共和国劳动合同法》第四十四条第一项规定终止固定期限劳动合同的。

(6) 依照《中华人民共和国劳动合同法》第四十四条第四项、第五项规定终止劳动合同的。

(7) 法律、行政法规规定的其他情形。

经济补偿按劳动者在本单位工作的年限，每满 1 年支付 1 个月工资的标准向劳动者支付；6 个月以上不满 1 年的，按 1 年计算；不满 6 个月的，向劳动者支付半个月工资的经济补偿。

劳动者月工资高于用人单位所在直辖市、设区的市级人民政府公布的本地区上年度职工月平均工资 3 倍的，向其支付经济补偿的标准按职工月平均工资 3 倍的数额支付，其支付经济补偿的年限最高不超过 12 年。

本条所称月工资是指劳动者在劳动合同解除或者终止前 12 个月的平均工资。

4. 违约与赔偿

用人单位违反《中华人民共和国劳动合同法》规定解除或者终止劳动合同，劳动者要求继续履行劳动合同的，用人单位应当继续履行；劳动者不要求继续履行劳动合同或者劳动合同已经不能继续履行的，用人单位应当依照《中华人民共和国劳动合同法》第八十七条规定支付赔偿金。

用人单位违反《中华人民共和国劳动合同法》规定解除或者终止劳动合同的，应当依照《中华人民共和国劳动合同法》第四十七条规定的经济补偿标准的 2 倍向劳动者支付赔偿金。

10.1.4 劳动保护的规定

《中华人民共和国劳动法》于 1994 年 7 月 5 日中华人民共和国第八届全国人民代表大会常务委员会第八次会议通过，自 1995 年 1 月 1 日起施行。

1. 劳动安全卫生

1) 劳动安全卫生制度的建立责任

用人单位必须建立、健全劳动安全卫生制度，严格执行国家劳动安全卫生规程和标准，对劳动者进行劳动安全卫生教育，防止劳动过程中的事故，减少职业危害。

2) 劳动安全卫生设施三同时

劳动安全卫生设施必须符合国家规定的标准。

新建、改建、扩建工程的劳动安全卫生设施必须与主体工程同时设计、同时施工、同时投入生产和使用。

3) 劳动安全卫生条件的提供责任

用人单位必须为劳动者提供符合国家规定的劳动安全卫生条件和必要的劳动防护用品，对从事有职业危害作业的劳动者应当定期进行健康检查。

4) 特种作业专门培训及资格

从事特种作业的劳动者必须经过专门培训并取得特种作业资格。

5) 劳动者的权利和义务

劳动者在劳动过程中必须严格遵守安全操作规程。劳动者对用人单位管理人员违章指挥、强令冒险作业，有权拒绝执行；对危害生命安全和身体健康的行为，有权提出批评、检举和控告。

2. 女职工和未成年工的特殊保护

国家对女职工和未成年工实行特殊劳动保护。

未成年工是指年满 16 周岁未满 18 周岁的劳动者。

1) 女职工的特殊保护

禁止安排女职工从事矿山井下、国家规定的第四级体力劳动强度的劳动和其他禁忌从事的劳动。

不得安排女职工在经期从事高处、低温、冷水作业和国家规定的第三级体力劳动强度的劳动。

不得安排女职工在怀孕期间从事国家规定的第三级体力劳动强度的劳动和孕期禁忌从事的活动。对怀孕7个月以上的女职工，不得安排其延长工作时间和夜班劳动。

女职工生育享受不少于90天的产假。

不得安排女职工在哺乳未满一周岁的婴儿期间从事国家规定的第三级体力劳动强度的劳动和哺乳期禁忌从事的其他劳动，不得安排其延长工作时间和夜班劳动。

2) 未成年工的特殊保护

不得安排未成年工从事矿山井下、有毒有害、国家规定的第四级体力劳动强度的劳动和其他禁忌从事的劳动。

用人单位应当对未成年工定期进行健康检查。

10.1.5 劳动争议的处理

劳动争议，又称劳动纠纷，是指劳动关系当事人之间关于劳动权利和义务的争议。《中华人民共和国劳动法》第七十七条明确规定，用人单位与劳动者发生劳动争议，当事人可以依法申请调解、仲裁、提起诉讼，也可以协商解决。2008年5月1日开始施行的《中华人民共和国劳动争议调解仲裁法》第五条进一步规定，发生劳动争议，当事人不愿协商、协商不成或者达成和解协议后不履行的，可以向调解组织申请调解；不愿调解、调解不成或者达成调解协议后不履行的，可以向劳动争议仲裁委员会申请仲裁；对仲裁裁决不服的，除本法另有规定的外，可以向人民法院提起诉讼。

1. 协商解决

协商是指当事人各方在自愿、互谅的基础上，按照法律、政策的规定，通过摆事实讲道理解决纠纷的一种方法。协商的方法是一种简便易行、最有效、最经济的方法，能及时解决争议，消除分歧，提高办事效率，节省费用，也有利于双方的团结和相互的协作关系。

《中华人民共和国劳动争议调解仲裁法》第四条规定，发生劳动争议，劳动者可以与用人单位协商，也可以请工会或者第三方共同与用人单位协商，达成和解协议。

2. 调解解决

1) 调解组织

发生劳动争议，当事人可以到下列调解组织申请调解。

(1) 企业劳动争议调解委员会。

(2) 依法设立的基层人民调解组织。

(3) 在乡镇、街道设立的具有劳动争议调解职能的组织。

企业劳动争议调解委员会由职工代表和企业代表组成。职工代表由工会成员担任或者由全体职工推举产生，企业代表由企业负责人指定。企业劳动争议调解委员会主任由工会成员或者双方推举的人员担任。

当事人申请劳动争议调解可以书面申请，也可以口头申请。口头申请的，调解组织应当当场记录申请人基本情况、申请调解的争议事项、理由和时间。

2) 调解协议书

经调解达成协议的，应当制作调解协议书。调解协议书由双方当事人签名或者盖章，经调解员签名并加盖调解组织印章后生效，对双方当事人具有约束力，当事人应当履行。

自劳动争议调解组织收到调解申请之日起 15 日内未达成调解协议的，当事人可以依法申请仲裁。

3) 调解协议的履行

达成调解协议后，一方当事人在协议约定期限内不履行调解协议的，另一方当事人可以依法申请仲裁。

因支付拖欠劳动报酬、工伤医疗费、经济补偿或者赔偿金事项达成调解协议，用人单位在协议约定期限内不履行的，劳动者可以持调解协议书依法向人民法院申请支付令。人民法院应当依法发出支付令。

3. 仲裁裁决

1) 劳动争议仲裁原则

劳动争议仲裁原则是指劳动争议仲裁机构在仲裁程序中应遵守的准则，它是劳动争议仲裁的特有原则，反映了劳动争议仲裁的本质要求。

(1) 一次裁决原则，即劳动争议仲裁实行一个裁级一次裁决制度，一次裁决即为终局裁决。当事人如不服仲裁裁决，只能依法向人民法院起诉，不得向上一级仲裁委员会申请复议或要求重新处理。

(2) 合议原则，仲裁庭裁决劳动争议案件，实行少数服从多数的原则。合议原则是民主集中制在仲裁工作中的体现，其目的是为了保证仲裁裁决的公正性。

(3) 强制仲裁原则，劳动争议仲裁实行强制原则，主要表现为：当事人申请仲裁无须双方达成一致协议，只要一方申请，仲裁委员会即可受理；在仲裁庭对争议调解不成时，无须得到当事人的同意，可直接行使裁决权；对发生法律效力的仲裁文书，可申请人民法院强制执行。

2) 劳动争议仲裁委员会与仲裁庭

(1) 劳动争议仲裁委员会是依法成立的，通过仲裁方式处理劳动争议的专门机构，它独立行使劳动争议仲裁权。省、自治区人民政府可以决定在市、县设立；直辖市人民政府可以决定在区、县设立。直辖市、设区的市也可以设立一个或者若干个劳动争议仲裁委员会。劳动争议仲裁委员会不按行政区划层层设立。

劳动争议仲裁委员会负责管辖本区域内发生的劳动争议。

劳动争议由劳动合同履行地或者用人单位所在地的劳动争议仲裁委员会管辖。双方当事人分别向劳动合同履行地和用人单位所在地的劳动争议仲裁委员会申请仲裁的，由劳动合同履行地的劳动争议仲裁委员会管辖。

(2) 仲裁庭在仲裁委员会领导下处理劳动争议案件，实行一案一庭制。

仲裁庭由一名首席仲裁员、二名仲裁员组成。简单案件，仲裁委员会可以指定一名仲裁员独任处理。

仲裁庭的首席仲裁员由仲裁委员会负责人或授权其办事机构负责人指定，另两名仲裁员由仲裁委员会授权其办事机构负责人指定或由当事人各选一名，具体办法由省、自治区、直辖市自行确定。

仲裁庭组成不符合规定的，由仲裁委员会予以撤销，重新组成仲裁庭。

3) 劳动争议仲裁的申请与受理

(1) 申请。根据《劳动争议调解仲裁法》第二十七条规定，劳动争议申请仲裁的时效期间为一年。仲裁时效期间从当事人知道或者应当知道其权利被侵害之日起计算。

前款规定的仲裁时效，因当事人一方向对方当事人主张权利，或者向有关部门请求权利救济，或者对方当事人同意履行义务而中断。从中断时起，仲裁时效期间重新计算。

因不可抗力或者有其他正当理由，当事人不能在本条第一款规定的仲裁时效期间申请仲裁的，仲裁时效中止。从中止时效的原因消除之日起，仲裁时效期间继续计算。

劳动关系存续期间因拖欠劳动报酬发生争议的，劳动者申请仲裁不受本条第一款规定的仲裁时效期间的限制；但是，劳动关系终止的，应当自劳动关系终止之日起一年内提出。

申请人申请仲裁应当提交书面仲裁申请，并按照被申请人人数提交副本。

书写仲裁申请确有困难的，可以口头申请，由劳动争议仲裁委员会记入笔录，并告知对方当事人。

(2) 受理。劳动争议仲裁委员会收到仲裁申请之日起 5 日内，认为符合受理条件的，应当受理，并通知申请人；认为不符合受理条件的，应当书面通知申请人不予受理，并说明理由。对劳动争议仲裁委员会不予受理或者逾期未作出决定的，申请人可以就该劳动争议事项向人民法院提起诉讼。

劳动争议仲裁委员会受理仲裁申请后，应当在5日内将仲裁申请书副本送达被申请人。

被申请人收到仲裁申请书副本后，应当在10日内向劳动争议仲裁委员会提交答辩书。劳动争议仲裁委员会收到答辩书后，应当在 5 日内将答辩书副本送达申请人。被申请人未提交答辩书的，不影响仲裁程序的进行。

(3) 审理。仲裁庭应当在开庭5日前，将开庭日期、地点书面通知双方当事人。当事人有正当理由的，可以在开庭 3 日前请求延期开庭。是否延期，由劳动争议仲裁委员会决定。

申请人收到书面通知，无正当理由拒不到庭或者未经仲裁庭同意中途退庭的，可以视为撤回仲裁申请。被申请人收到书面通知，无正当理由拒不到庭或者未经仲裁庭同意中途退庭的，可以缺席裁决。

仲裁庭裁决劳动争议案件，应当自劳动争议仲裁委员会受理仲裁申请之日起45日内结束。案情复杂需要延期的，经劳动争议仲裁委员会主任批准，可以延期并书面通知当事人，但是延长期限不得超过15日。逾期未作出仲裁裁决的，当事人可以就该劳动争议事项向人民法院提起诉讼。

仲裁庭裁决劳动争议案件时，其中一部分事实已经清楚，可以就该部分先行裁决。

(4) 执行。当事人对仲裁裁决不服的，自收到裁决书之日起15日内，可以向人民法院起诉；期满不起诉的，裁决书即发生法律效力。但是，下列劳动争议，除《劳动争议调解仲裁法》另有规定的外，仲裁裁决为终局裁决，裁决书自作出之日起发生法律效力。

① 追索劳动报酬、工伤医疗费、经济补偿或者赔偿金，不超过当地月最低工资标准12个月金额的争议。

② 因执行国家的劳动标准在工作时间、休息休假、社会保险等方面发生的争议。

当事人对发生法律效力的调解书和裁决书，应当依照规定的期限履行。一方当事人逾期不履行的，另一方当事人可以依照民事诉讼法的有关规定向人民法院申请强制执行。

10.2 环境保护与建筑节能法律与制度

10.2.1 环境保护法规中与工程建设相关的内容

环境保护是我国一项基本国策。建设项目既要消耗大量的自然资源，又要向自然界排放大量的废水、废气、废渣及产生噪声等，是造成环境问题的主要根源之一。因此，加强项目建设的环境保护管理，是整个环境保护工作的基础和重点之一。加强对建设项目的环境保护，根本措施是实行建设项目环境影响评价制度和环境保护设施与主体工程同时设计、同时施工、同时投产使用的“三同时”制度。

目前我国制定的与环境保护有关的法律有《中华人民共和国环境保护法》、《中华人民共和国环境影响评价法》、《中华人民共和国水污染防治法》、《中华人民共和国大气污染防治法》、《中华人民共和国环境噪声污染防治法》、《中华人民共和国固体废物污染防治法》、《建设项目环境保护管理条例》、《建设项目环境保护管理程序》、《建设项目竣工环境保护验收管理办法》等。由于工程建设与环境保护息息相关，所以，工程建设从业人员应当熟悉上述这些法律法规中与工程建设相关的内容。

1. 建设项目各阶段环境管理及程序

1) 项目建议书阶段或预可行性研究阶段的环境管理

建设单位结合选址，对建设项目建成投产后可能造成的环境影响进行简要说明(或环境影响初步分析)，环保部门参加厂址现场踏勘，省级环境保护部门签署意见，纳入项目建议书作为立项依据。

2) 可行性研究(设计任务书)阶段的环境管理

建设单位征求国家环保部门意见，确定作报告书或报告表。委托持甲级评价证书的单位，编制环境影响报告表或评价大纲(环评实施方案)。

建设单位向国家环保部门申报环境影响评价大纲(环评实施方案)，抄送行业主管部门，同时附立项文件及环评经费概算，国家环保部门根据情况确定审查方式(组织专家评审会，专家现场考察及征求有关部门意见)，提出审查意见。

根据国家环保部门对“大纲”审查的意见和要求(主要包括评价范围、选用的标准、确定的保护目标、环境要素的取舍和评价经费等)及确定的大纲内容，评价单位与建设单位签订合同，开展评价工作，编制环境影响报告书。

建设项目如有重大变动，建设单位及评价单位应及时向环保部门报告。建设单位将编制完成的环境影响报告书(表)，按审批权限上报主管部门的环保机构，抄报国家环保部和项目所在地省、市环保部门。主管部门组织报告书(表)预审，将预审意见和修改确定的两套环评报告书报国家环保部审批。省级环保部门应同时向国家环保部报送审查意见；国家环保部在接到预审意见之日起，两个月内批复或签署意见，逾期不批复或未签署意见，可视其上报方案已被确认。

3) 设计阶段的环境管理

一般建设项目按两个阶段进行设计，即初步设计和施工图设计。对于技术复杂而又缺乏设计经验的项目，经行业主管部门确定，可能增加技术设计阶段；为解决总体开发方案和建设部署等重大问题，有些行业，可包括总体规划设计或总体设计。

(1) 初步设计阶段的环境管理。建设项目初步设计必须按照《建设项目环境保护设计规定》编制环境保护篇章，具体落实环境影响报告书(表)及其审批意见所确定的各项环境保护措施和投资概算。建设单位在设计会审前向政府环保部门报送设计文件。特大型(重点)建设项目按审查权限由国家环保部或由国家环保部委托省级政府环保部门参加设计审查，一般建设项目由省级政府环保部门参加设计审查。必要时环保部门可单独审查环保篇章。

(2) 施工图设计阶段的环境管理。根据初步设计审查的审批意见，建设单位会同设计单位，在施工图中落实有关环保工程的设计及其环保投资。环保部门组织监督检查。建设单位报批开工报告。批准后，建设项目列入年度计划，其中应包纳相应环保投资。

4) 施工阶段的环境管理

建设单位会同施工单位做好环保工程设施的施工建设、资金使用情况等资料、文件的整理建档工作备查。以季报的形式将环保工程进度情况上报政府环保部门。

环保部门检查环保报批手续是否完备，环保工程是否纳入施工计划及建设进度和资金落实情况，提出意见。

建设单位与施工单位负责落实环保部门对施工阶段的环保要求及施工过程中的环保措施。主要是保护施工现场周围的环境，防止对自然环境造成不应有的破坏；防止和减轻各种粉尘、废气、废水、固体废弃物及噪声、振动等对环境和周围生活居住区的污染和危害。建设项目竣工后，施工单位应当修整和恢复在建设过程中受到破坏的环境。

5) 试生产和竣工验收阶段的环境管理

建设单位向主管部门和政府环保部门提交试运转申请报告。经批准后，环保工程与主体工程同时投入试运行，做好试运转记录，并应由当地环保监测机构进行监测。

建设单位向行业主管部门和政府环保部门提交环保工程预验收申请报告，附试运转监测报告。省级政府环保部门组织环保工程的预验收。建设单位根据环保部门在预验收中提出的要求，认真组织实施，预验收合格后，方可进行正式竣工验收。

特大型(重点)建设项目国家环保部参加或委托省级政府环保部门参加正式竣工验收并办理建设项目环保工程验收合格证。

2. 建设工程项目的环境影响评价制度

环境影响评价，是指对规划和建设项目实施后可能造成的环境影响进行分析、预测和评估，提出预防或者减轻不良环境影响的对策和措施，并进行跟踪监测的方法与制度。1998 年 11 月 29 日国务院令第 253 号发布了《建设项目环境保护管理条例》，2002 年 12 月 28 日全国人民代表大会常务委员会通过了《中华人民共和国环境影响评价法》，进一步以法律的形式确立了环境影响评价制度。

环境影响评价制度包括建设项目环境影响评价的分类管理制度，建设项目环境影响评价文件的审批制度，以及环境影响的后评价和跟踪管理制度。

3. 环境保护“三同时”制度

所谓环境保护“三同时”制度，是指建设项目需要配套建设的环境保护设施，必须与主体工程同时设计、同时施工、同时投产使用。

《中华人民共和国环境影响评价法》第二十六条规定：建设项目建设过程中，建设单位应当同时实施环境影响报告书、环境影响报告表及环境影响评价文件审批部门审批意见中提出的环境保护对策措施。环境保护“三同时”制度是建设项目环境保护法律制度的重要组成部分，《建设项目环境保护管理条例》在第三章“环境保护设施建设”中，对环境保护“三同时”制度进行了详细规定。

(1) 建设项目的初步设计，应当按照环境保护设计规范的要求，编制环境保护篇章。并依据经批准的建设项目环境影响报告书或者环境影响报告表，在环境保护篇章中落实防治环境污染和生态破坏的措施及环境保护设施投资概算。

(2) 建设项目的主体工程完工后，需要进行试生产的，其配套建设的环境保护设施必须与主体工程同时投入试运行。建设项目试生产期间，建设单位应当对环境保护设施运行情况和建设项目对环境的影响进行监测。

(3) 建设项目竣工后，建设单位应当向审批环境影响评价文件的环境保护行政主管部门申请该建设项目需要配套建设的环境保护设施竣工验收。环境保护设施竣工验收，应当与主体工程竣工验收同时进行。

(4) 需要进行试生产的建设项目，建设单位应当自建设项目投入试生产之日起 3 个月内，向审批环境影响评价文件的环境保护行政主管部门申请该建设项目需要配套建设的环境保护设施竣工验收。

环境保护行政主管部门应当自收到环境保护设施竣工验收申请之日起 30 日内，完成验收。建设项目需要配套建设的环境保护设施经验收合格，该建设项目方可正式投入生产或者使用。

(5) 分期建设、分期投入生产或者使用的建设项目，其相应的环境保护设施应当分期验收。

4. 环境噪声污染防治法律制度

环境噪声，是指在工业生产、建筑施工、交通运输和社会生活中所产生的干扰周围生活环境的声音。环境噪声污染，则是指所产生的环境噪声超过国家规定的环境噪声排放标准，并干扰他人正常生活、工作和学习的现象。与工程建设有关的噪声是建筑施工噪声和交通运输噪声。

建筑施工噪声，是指在建筑施工过程中产生的干扰周围生活环境的声音。交通运输噪声，是指机动车辆、铁路机车、机动船舶、航空器等交通运输工具在运行时所产生的干扰周围生活环境的声音。

依据《中华人民共和国环境噪声污染防治法》的规定，与工程建设相关的主要内容包括：

(1) 城市规划部门在确定建设布局时，应当依据国家声环境质量标准和民用建筑隔声设计规范，合理划定建筑物与交通干线的防噪声距离，并提出相应的规划设计要求。

(2) 新建、改建、扩建的建设项目，必须遵守国家有关建设项目环境保护管理的规定。建设项目可能产生环境噪声污染的，建设单位必须提出环境影响报告书，规定环境噪声污染的防治措施，并按照国家规定的程序报环境保护行政主管部门批准。环境影响报告书中，应当有该建设项目所在地单位和居民的意见。

(3) 建设项目的环境噪声污染防治设施必须与主体工程同时设计、同时施工、同时投产使用。建设项目在投入生产或者使用之前，其环境噪声污染防治设施必须经原审批环境影响报告书的环境保护行政主管部门验收；达不到国家规定要求的，该建设项目不得投入生产或者使用。

(4) 在城市市区范围内向周围生活环境排放建筑施工噪声的，应当符合国家规定的建筑施工场界环境噪声排放标准。

(5) 在城市市区范围内，建筑施工过程中使用机械设备，可能产生环境噪声污染的，施工单位必须在工程开工 15 日以前向工程所在地县级以上地方人民政府环境保护行政主管部门申报该工程的项目名称、施工场所和期限、可能产生的环境噪声值及所采取的环境噪声污染防治措施的情况。

(6) 在城市市区噪声敏感建筑物集中区域内，禁止夜间进行产生环境噪声污染的建筑施工作业，但抢修、抢险作业和因生产工艺上要求或者特殊需要必须连续作业的除外。因特殊需要必须连续作业的，必须有县级以上人民政府或者其有关主管部门的证明。前款规定的夜间作业，必须公告附近居民。

(7) 建设经过已有的噪声敏感建筑物集中区域的高速公路和城市高架、轻轨道路，有可能造成环境噪声污染的，应当设置声屏障或者采取其他有效的控制环境噪声污染的措施。

噪声敏感建筑物是指医院、学校、机关、科研单位、住宅等需要保持安静的建筑物。

噪声敏感建筑物集中区域是指医疗区、文教科研区和以机关或者居民住宅为主的区域。

(8) 在已有的城市交通干线的两侧建设噪声敏感建筑物的，建设单位应当按照国家规定间隔一定距离，并采取减轻、避免交通噪声影响的措施。

(9) 在已竣工交付使用的住宅楼进行室内装修活动，应当限制作业时间，并采取其他有效措施，以减轻、避免对周围居民造成的环境噪声污染。

10.2.2 节约能源法规中与工程建设相关的内容

《中华人民共和国节约能源法》已由中华人民共和国第十届全国人民代表大会常务委员会第三十次会议于 2007 年 10 月 28 日修订通过，自 2008 年 4 月 1 日起施行。该法的目的在于推进全社会节约能源，提高能源利用效率和经济效益，保护环境。其中含有与建筑节能相关的规定，这些规定是工程建设从业人员需要熟悉的。

1. 建设工程项目的节能管理

节能是我国经济和社会发展的一项长远战略方针，也是当前一项极为紧迫的任务。为推动全社会开展节能降耗，促进经济社会可持续发展，国家发展和改革委员会于 2004 年 11 月发布了《节能中长期专项规划》。其规定了节能的 10 大重点工程：燃煤工业锅炉(窑炉)改造工程、区域热电联产工程、余热余压利用工程、节约和替代石油工程、电机系统节能工程、能量系统优化工程、建筑节能工程、绿色照明工程、政府机构节能工程、节能监测和技术服务体系建设工程。

1) 固定资产投资工程项目的节能要求

根据《中华人民共和国节约能源法》的规定，固定资产投资工程项目的可行性研究报告，应当包括合理用能的专题论证。固定资产投资工程项目的设计和建设，应当遵守合理用能标准和节能设计规范。达不到合理用能标准和节能设计规范要求的项目，依法审批的机关不得批准建设；项目建成后，达不到合理用能标准和节能设计规范要求的，不予验收。

2) 参建单位的节能责任

对于属于工程建设强制性标准中的节能标准，根据《建设工程质量管理条例》及相关规定，建设工程项目各参建单位，包括建设单位、设计单位、施工图设计文件审查机构、监理单位及施工单位等，均应当严格遵守。

(1) 建设单位应当按照节能政策要求和节能标准委托工程项目的设计。建设单位不得以任何理由要求设计单位、施工单位擅自修改经审查合格的节能设计文件，降低节能标准。

(2) 设计单位应当依据节能标准的要求进行设计，保证节能设计质量。

(3) 施工图设计文件审查机构在进行审查时，应当审查节能设计的内容，在审查报告中单列节能审查章节；不符合节能强制性标准的，施工图设计文件审查结论应当定为不合格。

(4) 监理单位应当依照法律、法规及节能标准、节能设计文件、建设工程承包合同及监理合同对节能工程建设实施监理。

(5) 施工单位应当按照审查合格的设计文件和节能施工标准的要求进行施工，保证工程施工质量。

以上各参建单位未遵守上述规定的，应当按照《中华人民共和国节约能源法》、《建设工程质量管理条例》等法律、法规和规章，承担相应的法律责任。

2. 建筑节能制度

2005 年 11 月 10 日建设部以第 143 号令发布了《民用建筑节能管理规定》。根据该规定，民用建筑节能是指民用建筑(包括居住建筑和公共建筑)在规划、设计、建造和使用过程中，通过采用新型墙体材料，执行建筑节能标准，加强建筑物用能设备的运行管理，合理设计建筑围护结构的热工性能，提高采暖、制冷、照明、通风、给排水和通道系统的运行效率，以及利用可再生能源，在保证建筑物使用功能和室内热环境质量的前提下，降低建筑能源消耗，合理、有效地利用能源的活动。

《民用建筑节能管理规定》的主要内容包括。

(1) 国家鼓励多元化、多渠道投资既有建筑的节能改造，投资人可以按照协议分享节能改造的收益；鼓励研究制定本地区既有建筑节能改造资金筹措办法和相关激励政策。

(2) 建筑工程施工过程中，县级以上地方人民政府建设行政主管部门应当加强对建筑物的围护结构(含墙体、屋面、门窗、玻璃幕墙等)、供热采暖和制冷系统、照明和通风等电气设备是否符合节能要求的监督检查。

(3) 新建民用建筑应当严格执行建筑节能标准要求，民用建筑工程扩建和改建时，应当对原建筑进行节能改造。

(4) 既有建筑节能改造应当考虑建筑物的寿命周期，对改造的必要性、可行性及投入收益比进行科学论证。节能改造要符合建筑节能标准要求，确保结构安全，优化建筑物使用功能。寒冷地区和严寒地区既有建筑节能改造应当与供热系统节能改造同步进行。

采用集中采暖制冷方式的新建民用建筑应当安设建筑物室内温度控制和用能计量设施，逐步实行基本冷热价和计量冷热价共同构成的两部制用能价格制度。

(5) 本规定鼓励发展下列建筑节能技术和产品：新型节能墙体和屋面的保温、隔热技术与材料；节能门窗的保温隔热和密闭技术；集中供热和热、电、冷联产联供技术；供热采暖系统温度调控和分户热量计量技术与装置；太阳能、地热等可再生能源应用技术及设备；建筑照明节能技术与产品；空调制冷节能技术与产品；其他技术成熟、效果显著的节能技术和节能管理技术。

(6) 建设单位、设计单位、施工图设计文件审查机构、监理单位及施工单位等各参建单位，均应按照上述参建单位的节能责任，严格遵守建筑节能标准的要求。

(7) 建设单位在竣工验收过程中，有违反建筑节能强制性标准行为的，按照《建设工程质量管理条例》的有关规定，重新组织竣工验收。

(8) 从事建筑节能及相关管理活动的单位，应当对其从业人员进行建筑节能标准与技术等专业知识的培训。

建筑节能标准和节能技术应当作为注册城市规划师、注册建筑师、勘察设计注册工程师、注册监理工程师、注册建造师等继续教育的必修内容。

本章小结

本章主要阐述了以下两方面内容。

(1) 劳动合同订立、劳动合同的类型及相关规定、劳动合同履行、变更、解除、终止等相关规定，尤其是用人单位和劳动者单方、协商解除劳动合同的情形，同时还有劳动保护、劳动争议处理等规定。

(2) 环境保护法中与工程建设相关的规定，尤其是环境影响评价制度、“三同时”制度及建筑节能的相关规定。

习题

1．劳动合同有哪些类型？哪些情形下可订立无固定期限劳动合同？
2．劳动合同包括哪些主要内容？
3．劳动合同法关于试用期是如何规定的？
4．用人单位与劳动者分别在哪些情况下可单方解除劳动合同？
5．劳动争议的解决方式有哪些？
6．什么是建设项目环境影响评价？建设项目环境影响评价分为哪几类？
7．什么是环境保护“三同时”制度？
8．在建筑施工中如何防止施工噪声污染？
9．各参建单位的节能责任是什么？

附录一　中华人民共和国建筑法

第一章　总　　则

第一条　为了加强对建筑活动的监督管理，维护建筑市场秩序，保证建筑工程的质量和安全，促进建筑业健康发展，制定本法。

第二条　在中华人民共和国境内从事建筑活动，实施对建筑活动的监督管理，应当遵守本法。

本法所称建筑活动，是指各类房屋建筑及其附属设施的建造和与其配套的线路、管道、设备的安装活动。

第三条　建筑活动应当确保建筑工程质量和安全，符合国家的建筑工程安全标准。

第四条　国家扶持建筑业的发展，支持建筑科学技术研究，提高房屋建筑设计水平，鼓励节约能源和保护环境，提倡采用先进技术、先进设备、先进工艺、新型建筑材料和现代管理方式。

第五条　从事建筑活动应当遵守法律、法规，不得损害社会公共利益和他人的合法权益。

任何单位和个人都不得妨碍和阻挠依法进行的建筑活动。

第六条　国务院建设行政主管部门对全国的建筑活动实施统一监督管理。

第二章　建 筑 许 可

第一节　建筑工程施工许可

第七条　建筑工程开工前，建设单位应当按照国家有关规定向工程所在地县级以上人民政府建设行政主管部门申请领取施工许可证；但是，国务院建设行政主管部门确定的限额以下的小型工程除外。

按照国务院规定的权限和程序批准开工报告的建筑工程，不再领取施工许可证。

第八条　申请领取施工许可证，应当具备下列条件。

(一) 已经办理该建筑工程用地批准手续。

(二) 在城市规划区的建筑工程，已经取得规划许可证。

(三) 需要拆迁的，其拆迁进度符合施工要求。

(四) 已经确定建筑施工企业。

(五) 有满足施工需要的施工图纸及技术资料。

(六) 有保证工程质量和安全的具体措施。

(七) 建设资金已经落实。

(八) 法律、行政法规规定的其他条件。

建设行政主管部门应当自收到申请之日起十五日内，对符合条件的申请颁发施工许可证。

第九条　建设单位应当自领取施工许可证之日起三个月内开工。因故不能按期开工的，应当向发证机关申请延期；延期以两次为限，每次不超过三个月。既不开工又不申请延期或者超过延期时限的，施工许可证自行废止。

第十条　在建的建筑工程因故中止施工的，建设单位应当自中止施工之日起一个月内，向发证机关报告，并按照规定做好建筑工程的维护管理工作。

建筑工程恢复施工时，应当向发证机关报告；中止施工满一年的工程恢复施工前，建设单位应当报发证机关核验施工许可证。

第十一条　按照国务院有关规定批准开工报告的建筑工程，因故不能按期开工或者中止施工的，应当及时向批准机关报告情况。因故不能按期开工超过六个月的，应当重新办理开工报告的批准手续。

第二节　从业资格

第十二条　从事建筑活动的建筑施工企业、勘察单位、设计单位和工程监理单位，应当具备下列条件。

(一) 有符合国家规定的注册资本。

(二) 有与其从事的建筑活动相适应的具有法定执业资格的专业技术人员。

(三) 有从事相关建筑活动所应有的技术装备。

(四) 法律、行政法规规定的其他条件。

第十三条　从事建筑活动的建筑施工企业、勘察单位、设计单位和工程监理单位，按照其拥有的注册资本、专业技术人员、技术装备和已完成的建筑工程业绩等资质条件，划分为不同的资质等级，经资质审查合格，取得相应等级的资质证书后，方可在其资质等级许可的范围内从事建筑活动。

第十四条　从事建筑活动的专业技术人员，应当依法取得相应的执业资格证书，并在执业资格证书许可的范围内从事建筑活动。

第三章　建筑工程发包与承包

第一节　一般规定

第十五条　建筑工程的发包单位与承包单位应当依法订立书面合同，明确双方的权利和义务。

发包单位和承包单位应当全面履行合同约定的义务。不按照合同约定履行义务的，依法承担违约责任。

第十六条　建筑工程发包与承包的招标投标活动，应当遵循公开、公正、平等竞争的原则，择优选择承包单位。

建筑工程的招标投标，本法没有规定的，适用有关招标投标法律的规定。

第十七条　发包单位及其工作人员在建筑工程发包中不得收受贿赂、回扣或者索取其他好处。

承包单位及其工作人员不得利用向发包单位及其工作人员行贿、提供回扣或者给予其他好处等不正当手段承揽工程。

第十八条　建筑工程造价应当按照国家有关规定，由发包单位与承包单位在合同中约定。公开招标发包的，其造价的约定，须遵守招标投标法律的规定。

发包单位应当按照合同的约定，及时拨付工程款项。

第二节　发包

第十九条　建筑工程依法实行招标发包，对不适于招标发包的可以直接发包。

第二十条　建筑工程实行公开招标的，发包单位应当依照法定程序和方式，发布招标公告，提供载有招标工程的主要技术要求、主要的合同条款、评标的标准和方法以及开标、评标、定标的程序等内容的招标文件。

开标应当在招标文件规定的时间、地点公开进行。开标后应当按照招标文件规定的评标标准和程序对标书进行评价、比较，在具备相应资质条件的投标者中，择优选定中标者。

第二十一条　建筑工程招标的开标、评标、定标由建设单位依法组织实施，并接受有关行政主管部门的监督。

第二十二条　建筑工程实行招标发包的，发包单位应当将建筑工程发包给依法中标的承包单位。建筑工程实行直接发包的，发包单位应当将建筑工程发包给具有相应资质条件的承包单位。

第二十三条　政府及其所属部门不得滥用行政权力，限定发包单位将招标发包的建筑工程发包给指定的承包单位。

第二十四条　提倡对建筑工程实行总承包，禁止将建筑工程肢解发包。

建筑工程的发包单位可以将建筑工程的勘察、设计、施工、设备采购一并发包给一个工程总承包单位，也可以将建筑工程勘察、设计、施工、设备采购的一项或者多项发包给一个工程总承包单位；但是，不得将应当由一个承包单位完成的建筑工程肢解成若干部分发包给几个承包单位。

第二十五条　按照合同约定，建筑材料、建筑构配件和设备由工程承包单位采购的，发包单位不得指定承包单位购入用于工程的建筑材料、建筑构配件和设备或者指定生产厂、供应商。

第三节　承包

第二十六条　承包建筑工程的单位应当持有依法取得的资质证书，并在其资质等级许可的业务范围内承揽工程。

禁止建筑施工企业超越本企业资质等级许可的业务范围或者以任何形式用其他建筑施工企业的名义承揽工程。禁止建筑施工企业以任何形式允许其他单位或者个人使用本企业的资质证书、营业执照，以本企业的名义承揽工程。

第二十七条　大型建筑工程或者结构复杂的建筑工程，可以由两个以上的承包单位联合共同承包。共同承包的各方对承包合同的履行承担连带责任。

两个以上不同资质等级的单位实行联合共同承包的，应当按照资质等级低的单位的业务许可范围承揽工程。

第二十八条　禁止承包单位将其承包的全部建筑工程转包给他人，禁止承包单位将其承包的全部建筑工程肢解以后以分包的名义分别转包给他人。

第二十九条　建筑工程总承包单位可以将承包工程中的部分工程发包给具有相应资质条件的分包单位；但是，除总承包合同中约定的分包外，必须经建设单位认可。施工总承包的，建筑工程主体结构的施工必须由总承包单位自行完成。

建筑工程总承包单位按照总承包合同的约定对建设单位负责；分包单位按照分包合同的约定对总承包单位负责。总承包单位和分包单位就分包工程对建设单位承担连带责任。

禁止总承包单位将工程分包给不具备相应资质条件的单位。禁止分包单位将其承包的工程再分包。

第四章　建筑工程监理

第三十条　国家推行建筑工程监理制定。

国务院可以规定实行强制监理的建筑工程的范围。

第三十一条　实行监理的建筑工程，由建设单位委托具有相应资质条件的工程监理单位监理。建设单位与其委托的工程监理单位应当订立书面委托监理合同。

第三十二条　建筑工程监理应当依照法律、行政法规及有关的技术标准、设计文件和建筑工程承包合同，对承包单位在施工质量、建设工期和建设资金使用等方面，代表建设单位实施监督。

工程监理人员认为工程施工不符合工程设计要求、施工技术标准和合同约定的，有权要求建筑施工企业改正。

工程监理人员发现工程设计不符合建筑工程质量标准或者合同约定的质量要求的，应当报告建设单位要求设计单位改正。

第三十三条　实施建筑工程监理前，建设单位应当将委托的工程监理单位、监理的内容及监理权限，书面通知被监理的建筑施工企业。

第三十四条　工程监理单位应当在其资质等级许可的监理范围内，承担工程监理业务。

工程监理单位应当根据建设单位的委托，客观、公正地执行监理任务。

工程监理单位与被监理工程的承包单位以及建筑材料、建筑构配件和设备供应单位不得有隶属关系或者其他利害关系。

工程监理单位不得转让工程监理业务。

第三十五条　工程监理单位不按照委托监理合同的约定履行监理义务，对应当监督检查的项目不检查或者不按照规定检查，给建设单位造成损失的，应当承担相应的赔偿责任。

工程监理单位与承包单位串通，为承包单位谋取非法利益，给建设单位造成损失的，应当与承包单位承担连带赔偿责任。

第五章　建筑安全生产管理

第三十六条　建筑工程安全生产管理必须坚持安全第一、预防为主的方针，建立健全安全生产的责任制度和群防群治制度。

第三十七条　建筑工程设计应当符合按照国家规定制定的建筑安全规程和技术规范，保证工程的安全性能。

第三十八条　建筑施工企业在编制施工组织设计时，应当根据建筑工程的特点制定相应的安全技术措施；对专业性较强的工程项目，应当编制专项安全施工组织设计，并采取安全技术措施。

第三十九条　建筑施工企业应当在施工现场采取维护安全、防范危险、预防火灾等措施；有条件的，应当对施工现场实行封闭管理。

施工现场对毗邻的建筑物、构筑物和特殊作业环境可能造成损害的，建筑施工企业应当采取安全防护措施。

第四十条　建设单位应当向建筑施工企业提供与施工现场相关的地下管线资料，建筑施工企业应当采取措施加以保护。

第四十一条　建筑施工企业应当遵守有关环境保护和安全生产的法律、法规的规定，采取控制和处理施工现场的各种粉尘、废气、废水、固体废物以及噪声、振动对环境的污染和危害的措施。

第四十二条　有下列情形之一的，建设单位应当按照国家有关规定办理申请批准手续。

(一) 需要临时占用规划批准范围以外场地的。

(二) 可能损坏道路、管线、电力、邮电通讯等公共设施的。

(三) 需要临时停水、停电、中断道路交通的。

(四) 需要进行爆破作业的。

(五) 法律、法规规定需要办理报批手续的其他情形。

第四十三条 建设行政主管部门负责建筑安全生产的管理，并依法接受劳动行政主管部门对建筑安全生产的指导和监督。

第四十四条 建筑施工企业必须依法加强对建筑安全生产的管理，执行安全生产责任制度，采取有效措施，防止伤亡和其他安全生产事故的发生。

建筑施工企业的法定代表人对本企业的安全生产负责。

第四十五条 施工现场安全由建筑施工企业负责。实行施工总承包的，由总承包单位负责。分包单位向总承包单位负责，服从总承包单位对施工现场的安全生产管理。

第四十六条 建筑施工企业应当建立健全劳动安全生产教育培训制度，加强对职工安全生产的教育培训；未经安全生产教育培训的人员，不得上岗作业。

第四十七条 建筑施工企业和作业人员在施工过程中，应当遵守有关安全生产的法律、法规和建筑行业安全规章、规程，不得违章指挥或者违章作业。作业人员有权对影响人身健康的作业程序和作业条件提出改进意见，有权获得安全生产所需的防护用品。作业人员对危及生命安全和人身健康的行为有权提出批评、检举和控告。

第四十八条 建筑施工企业应当依法为职工参加工伤保险缴纳工伤保险费。鼓励企业为从事危险作业的职工办理意外伤害保险，支付保险费。

第四十九条 涉及建筑主体和承重结构变动的装修工程，建设单位应当在施工前委托原设计单位或者具有相应资质条件的设计单位提出设计方案；没有设计方案的，不得施工。

第五十条 房屋拆除应当由具备保证安全条件的建筑施工单位承担，由建筑施工单位负责人对安全负责。

第五十一条 施工中发生事故时，建筑施工企业应当采取紧急措施减少人员伤亡和事故损失，并按照国家有关规定及时向有关部门报告。

第六章 建筑工程质量管理

第五十二条 建筑工程勘察、设计、施工的质量必须符合国家有关建筑工程安全标准的要求，具体管理办法由国务院规定。

有关建筑工程安全的国家标准不能适应确保建筑安全的要求时，应当及时修订。

第五十三条 国家对从事建筑活动的单位推行质量体系认证制度。从事建筑活动的单位根据自愿原则可以向国务院产品质量监督管理部门或者国务院产品质量监督管理部门授权的部门认可的认证机构申请质量体系认证。经认证合格的，由认证机构颁发质量体系认证证书。

第五十四条 建设单位不得以任何理由，要求建筑设计单位或者建筑施工企业在工程设计或者施工作业中，违反法律、行政法规和建筑工程质量、安全标准，降低工程质量。

建筑设计单位和建筑施工企业对建设单位违反前款规定提出的降低工程质量的要求，应当予以拒绝。

第五十五条 建筑工程实行总承包的，工程质量由工程总承包单位负责，总承包单位将建筑工程分包给其他单位的，应当对分包工程的质量与分包单位承担连带责任。分包单位应当接受总承包单位的质量管理。

第五十六条　建筑工程的勘察、设计单位必须对其勘察、设计的质量负责。勘察、设计文件应当符合有关法律、行政法规的规定和建筑工程质量、安全标准、建筑工程勘察、设计技术规范以及合同的约定。设计文件选用的建筑材料、建筑构配件和设备，应当注明其规格、型号、性能等技术指标，其质量要求必须符合国家规定的标准。

第五十七条　建筑设计单位对设计文件选用的建筑材料、建筑构配件和设备，不得指定生产厂、供应商。

第五十八条　建筑施工企业对工程的施工质量负责。

建筑施工企业必须按照工程设计图纸和施工技术标准施工，不得偷工减料。工程设计的修改由原设计单位负责，建筑施工企业不得擅自修改工程设计。

第五十九条　建筑施工企业必须按照工程设计要求、施工技术标准和合同的约定，对建筑材料、建筑构配件和设备进行检验，不合格的不得使用。

第六十条　建筑物在合理使用寿命内，必须确保地基基础工程和主体结构的质量。

建筑工程竣工时，屋顶、墙面不得留有渗漏、开裂等质量缺陷；对已发现的质量缺陷，建筑施工企业应当修复。

第六十一条　交付竣工验收的建筑工程，必须符合规定的建筑工程质量标准，有完整的工程技术经济资料和经签署的工程保修书，并具备国家规定的其他竣工条件。

建筑工程竣工经验收合格后，方可交付使用；未经验收或者验收不合格的，不得交付使用。

第六十二条　建筑工程实行质量保修制度。

建筑工程的保修范围应当包括地基基础工程、主体结构工程、屋面防水工程和其他土建工程，以及电气管线、上下水管线的安装工程，供热、供冷系统工程等项目；保修的期限应当按照保证建筑物合理寿命年限内正常使用，维护使用者合法权益的原则确定。具体的保修范围和最低保修期限由国务院规定。

第六十三条　任何单位和个人对建筑工程的质量事故、质量缺陷都有权向建设行政主管部门或者其他有关部门进行检举、控告、投诉。

第七章　法 律 责 任

第六十四条　违反本法规定，未取得施工许可证或者开工报告未经批准擅自施工的，责令改正，对不符合开工条件的责令停止施工，可以处以罚款。

第六十五条　发包单位将工程发包给不具有相应资质条件的承包单位的，或者违反本法规定将建筑工程肢解发包的，责令改正，处以罚款。

超越本单位资质等级承揽工程的，责令停止违法行为，处以罚款，可以责令停业整顿，降低资质等级；情节严重的，吊销资质证书；有违法所得的，予以没收。

未取得资质证书承揽工程的，予以取缔，并处罚款；有违法所得的，予以没收。

以欺骗手段取得资质证书的，吊销资质证书，处以罚款；构成犯罪的，依法追究刑事责任。

第六十六条　建筑施工企业转让、出借资质证书或者以其他方式允许他人以本企业的名义承揽工程的，责令改正，没收违法所得，并处罚款，可以责令停业整顿，降低资质等级；情节严重的，吊销资质证书。对因该项承揽工程不符合规定的质量标准造成的损失，建筑施工企业与使用本企业名义的单位或者个人承担连带赔偿责任。

第六十七条 承包单位将承包的工程转包的，或者违反本法规定进行分包的，责令改正，没收违法所得，并处罚款，可以责令停业整顿，降低资质等级；情节严重的，吊销资质证书。

承包单位有前款规定的违法行为的，对因转包工程或者违法分包的工程不符合规定的质量标准造成的损失，与接受转包或者分包的单位承担连带赔偿责任。

第六十八条 在工程发包与承包中索贿、受贿、行贿，构成犯罪的，依法追究刑事责任；不构成犯罪的，分别处以罚款，没收贿赂的财物，对直接负责的主管人员和其他直接责任人员给予处分。

对在工程承包中行贿的承包单位，除依照前款规定处罚外，可以责令停业整顿，降低资质等级或者吊销资质证书。

第六十九条 工程监理单位与建设单位或者建筑施工企业串通，弄虚作假、降低工程质量的，责令改正，处以罚款，降低资质等级或者吊销资质证书；有违法所得的，予以没收；造成损失的，承担连带赔偿责任；构成犯罪的，依法追究刑事责任。

工程监理单位转让监理业务的，责令改正，没收违法所得，可以责令停业整顿，降低资质等级；情节严重的，吊销资质证书。

第七十条 违反本法规定，涉及建筑主体或者承重结构变动的装修工程擅自施工的，责令改正，处以罚款；造成损失的，承担赔偿责任；构成犯罪的，依法追究刑事责任。

第七十一条 建筑施工企业违反本法规定，对建筑安全事故隐患不采取措施予以消除的，责令改正，可以处以罚款；情节严重的，责令停业整顿，降低资质等级或者吊销资质证书；构成犯罪的，依法追究刑事责任。

建筑施工企业的管理人员违章指挥、强令职工冒险作业，因而发生重大伤亡事故或者造成其他严重后果的，依法追究刑事责任。

第七十二条 建设单位违反本法规定，要求建筑设计单位或者建筑施工企业违反建筑工程质量、安全标准，降低工程质量的，责令改正，可以处以罚款；构成犯罪的，依法追究刑事责任。

第七十三条 建筑设计单位不按照建筑工程质量、安全标准进行设计的，责令改正，处以罚款；造成工程质量事故的，责令停业整顿，降低资质等级或者吊销资质证书，没收违法所得，并处罚款；造成损失的，承担赔偿责任；构成犯罪的，依法追究刑事责任。

第七十四条 建筑施工企业在施工中偷工减料的，使用不合格的建筑材料、建筑构配件和设备的，或者有其他不按照工程设计图纸或者施工技术标准施工的行为的，责令改正，处以罚款；情节严重的，责令停业整顿，降低资质等级或者吊销资质证书；造成建筑工程质量不符合规定的质量标准的，负责返工、修理，并赔偿因此造成的损失；构成犯罪的，依法追究刑事责任。

第七十五条 建筑施工企业违反本法规定，不履行保修义务或者拖延履行保修义务的，责令改正，可以处以罚款，并对在保修期内因屋顶、墙面渗漏、开裂等质量缺陷造成的损失，承担赔偿责任。

第七十六条 本法规定的责令停业整顿、降低资质等级和吊销资质证书的行政处罚，由颁发资质证书的机关决定；其他行政处罚，由建设行政主管部门或者有关部门依照法律和国务院规定的职权范围决定。

依照本法规定被吊销资质证书的，由工商行政管理部门吊销其营业执照。

第七十七条　违反本法规定，对不具备相应资质等级条件的单位颁发该等级资质证书的，由其上级机关责令收回所发的资质证书，对直接负责的主管人员和其他直接责任人员给予行政处分；构成犯罪的，依法追究刑事责任。

第七十八条　政府及其所属部门的工作人员违反本法规定，限定发包单位将招标发包的工程发包给指定的承包单位的，由上级机关责令改正；构成犯罪的，依法追究刑事责任。

第七十九条　负责颁发建筑工程施工许可证的部门及其工作人员对不符合施工条件的建筑工程颁发施工许可证的，负责工程质量监督检查或者竣工验收的部门及其工作人员对不合格的建筑工程出具质量合格文件或者按合格工程验收的，由上级机关责令改正，对责任人员给予行政处分；构成犯罪的，依法追究刑事责任；造成损失的，由该部门承担相应的赔偿责任。

第八十条　在建筑物的合理使用寿命内，因建筑工程质量不合格受到损害的，有权向责任者要求赔偿。

第八章　附　　则

第八十一条　本法关于施工许可、建筑施工企业资质审查和建筑工程发包、承包、禁止转包，以及建筑工程监理、建筑工程安全和质量管理的规定，适用于其他专业建筑工程的建筑活动，具体办法由国务院规定。

第八十二条　建设行政主管部门和其他有关部门在对建筑活动实施监督管理中，除按照国务院有关规定收取费用外，不得收取其他费用。

第八十三条　省、自治区、直辖市人民政府确定的小型房屋建筑工程的建筑活动，参照本法执行。

依法核定作为文物保护的纪念建筑物和古建筑等的修缮，依照文物保护的有关法律规定执行。

抢险救灾及其他临时性房屋建筑和农民自建低层住宅的建筑活动，不适用本法。

第八十四条　军用房屋建筑工程建筑活动的具体管理办法，由国务院、中央军事委员会依据本法制定。

第八十五条　本法自 1998 年 3 月 1 日起施行。

附录二　建设工程安全生产管理条例

第一章　总　　则

第一条　为了加强建设工程安全生产监督管理，保障人民群众生命和财产安全，根据《中华人民共和国建筑法》、《中华人民共和国安全生产法》，制定本条例。

第二条　在中华人民共和国境内从事建设工程的新建、扩建、改建和拆除等有关活动及实施对建设工程安全生产的监督管理，必须遵守本条例。

本条例所称建设工程，是指土木工程、建筑工程、线路管道和设备安装工程及装修工程。

第三条　建设工程安全生产管理，坚持安全第一、预防为主的方针。

第四条　建设单位、勘察单位、设计单位、施工单位、工程监理单位及其他与建设工程安全生产有关的单位，必须遵守安全生产法律、法规的规定，保证建设工程安全生产，依法承担建设工程安全生产责任。

第五条　国家鼓励建设工程安全生产的科学技术研究和先进技术的推广应用，推进建设工程安全生产的科学管理。

第二章　建设单位的安全责任

第六条　建设单位应当向施工单位提供施工现场及毗邻区域内供水、排水、供电、供气、供热、通信、广播电视等地下管线资料，气象和水文观测资料，相邻建筑物和构筑物、地下工程的有关资料，并保证资料的真实、准确、完整。

建设单位因建设工程需要，向有关部门或者单位查询前款规定的资料时，有关部门或者单位应当及时提供。

第七条　建设单位不得对勘察、设计、施工、工程监理等单位提出不符合建设工程安全生产法律、法规和强制性标准规定的要求，不得压缩合同约定的工期。

第八条　建设单位在编制工程概算时，应当确定建设工程安全作业环境及安全施工措施所需费用。

第九条　建设单位不得明示或者暗示施工单位购买、租赁、使用不符合安全施工要求的安全防护用具、机械设备、施工机具及配件、消防设施和器材。

第十条　建设单位在申请领取施工许可证时，应当提供建设工程有关安全施工措施的资料。

依法批准开工报告的建设工程，建设单位应当自开工报告批准之日起 15 日内，将保证安全施工的措施报送建设工程所在地的县级以上地方人民政府建设行政主管部门或者其他有关部门备案。

第十一条　建设单位应当将拆除工程发包给具有相应资质等级的施工单位。

建设单位应当在拆除工程施工 15 日前，将下列资料报送建设工程所在地的县级以上地方人民政府建设行政主管部门或者其他有关部门备案。

(一) 施工单位资质等级证明。

(二) 拟拆除建筑物、构筑物及可能危及毗邻建筑的说明。

(三) 拆除施工组织方案。

(四) 堆放、清除废弃物的措施。

实施爆破作业的，应当遵守国家有关民用爆炸物品管理的规定。

第三章 勘察、设计、工程监理及其他有关单位的安全责任

第十二条 勘察单位应当按照法律、法规和工程建设强制性标准进行勘察，提供的勘察文件应当真实、准确，满足建设工程安全生产的需要。

勘察单位在勘察作业时，应当严格执行操作规程，采取措施保证各类管线、设施和周边建筑物、构筑物的安全。

第十三条 设计单位应当按照法律、法规和工程建设强制性标准进行设计，防止因设计不合理导致生产安全事故的发生。

设计单位应当考虑施工安全操作和防护的需要，对涉及施工安全的重点部位和环节在设计文件中注明，并对防范生产安全事故提出指导意见。

采用新结构、新材料、新工艺的建设工程和特殊结构的建设工程，设计单位应当在设计中提出保障施工作业人员安全和预防生产安全事故的措施建议。

设计单位和注册建筑师等注册执业人员应当对其设计负责。

第十四条 工程监理单位应当审查施工组织设计中的安全技术措施或者专项施工方案是否符合工程建设强制性标准。

工程监理单位在实施监理过程中，发现存在安全事故隐患的，应当要求施工单位整改；情况严重的，应当要求施工单位暂时停止施工，并及时报告建设单位。施工单位拒不整改或者不停止施工的，工程监理单位应当及时向有关主管部门报告。

工程监理单位和监理工程师应当按照法律、法规和工程建设强制性标准实施监理，并对建设工程安全生产承担监理责任。

第十五条 为建设工程提供机械设备和配件的单位，应当按照安全施工的要求配备齐全有效的保险、限位等安全设施和装置。

第十六条 出租的机械设备和施工机具及配件，应当具有生产(制造)许可证、产品合格证。

出租单位应当对出租的机械设备和施工机具及配件的安全性能进行检测，在签订租赁协议时，应当出具检测合格证明。

禁止出租检测不合格的机械设备和施工机具及配件。

第十七条 在施工现场安装、拆卸施工起重机械和整体提升脚手架、模板等自升式架设设施，必须由具有相应资质的单位承担。

安装、拆卸施工起重机械和整体提升脚手架、模板等自升式架设设施，应当编制拆装方案、制定安全施工措施，并由专业技术人员现场监督。

施工起重机械和整体提升脚手架、模板等自升式架设设施安装完毕后，安装单位应当自检，出具自检合格证明，并向施工单位进行安全使用说明，办理验收手续并签字。

第十八条 施工起重机械和整体提升脚手架、模板等自升式架设设施的使用达到国家规定的检验检测期限的，必须经具有专业资质的检验检测机构检测。经检测不合格的，不得继续使用。

第十九条 检验检测机构对检测合格的施工起重机械和整体提升脚手架、模板等自升式架设设施，应当出具安全合格证明文件，并对检测结果负责。

第四章　施工单位的安全责任

第二十条　施工单位从事建设工程的新建、扩建、改建和拆除等活动，应当具备国家规定的注册资本、专业技术人员、技术装备和安全生产等条件，依法取得相应等级的资质证书，并在其资质等级许可的范围内承揽工程。

第二十一条　施工单位主要负责人依法对本单位的安全生产工作全面负责。施工单位应当建立健全安全生产责任制度和安全生产教育培训制度，制定安全生产规章制度和操作规程，保证本单位安全生产条件所需资金的投入，对所承担的建设工程进行定期和专项安全检查，并做好安全检查记录。

施工单位的项目负责人应当由取得相应执业资格的人员担任，对建设工程项目的安全施工负责，落实安全生产责任制度、安全生产规章制度和操作规程，确保安全生产费用的有效使用，并根据工程的特点组织制定安全施工措施，消除安全事故隐患，及时、如实报告生产安全事故。

第二十二条　施工单位对列入建设工程概算的安全作业环境及安全施工措施所需费用，应当用于施工安全防护用具及设施的采购和更新、安全施工措施的落实、安全生产条件的改善，不得挪作他用。

第二十三条　施工单位应当设立安全生产管理机构，配备专职安全生产管理人员。

专职安全生产管理人员负责对安全生产进行现场监督检查。发现安全事故隐患，应当及时向项目负责人和安全生产管理机构报告；对违章指挥、违章操作的，应当立即制止。

专职安全生产管理人员的配备办法由国务院建设行政主管部门会同国务院其他有关部门制定。

第二十四条　建设工程实行施工总承包的，由总承包单位对施工现场的安全生产负总责。

总承包单位应当自行完成建设工程主体结构的施工。

总承包单位依法将建设工程分包给其他单位的，分包合同中应当明确各自的安全生产方面的权利、义务。总承包单位和分包单位对分包工程的安全生产承担连带责任。

分包单位应当服从总承包单位的安全生产管理，分包单位不服从管理导致生产安全事故的，由分包单位承担主要责任。

第二十五条　垂直运输机械作业人员、安装拆卸工、爆破作业人员、起重信号工、登高架设作业人员等特种作业人员，必须按照国家有关规定经过专门的安全作业培训，并取得特种作业操作资格证书后，方可上岗作业。

第二十六条　施工单位应当在施工组织设计中编制安全技术措施和施工现场临时用电方案，对下列达到一定规模的危险性较大的分部分项工程编制专项施工方案，并附具安全验算结果，经施工单位技术负责人、总监理工程师签字后实施，由专职安全生产管理人员进行现场监督。

(一) 基坑支护与降水工程。

(二) 土方开挖工程。

(三) 模板工程。

(四) 起重吊装工程。

(五) 脚手架工程。

(六) 拆除、爆破工程。

(七) 国务院建设行政主管部门或者其他有关部门规定的其他危险性较大的工程。

对前款所列工程中涉及深基坑、地下暗挖工程、高大模板工程的专项施工方案，施工单位还应当组织专家进行论证、审查。

本条第一款规定的达到一定规模的危险性较大工程的标准，由国务院建设行政主管部门会同国务院其他有关部门制定。

第二十七条　建设工程施工前，施工单位负责项目管理的技术人员应当对有关安全施工的技术要求向施工作业班组、作业人员作出详细说明，并由双方签字确认。

第二十八条　施工单位应当在施工现场入口处、施工起重机械、临时用电设施、脚手架、出入通道口、楼梯口、电梯井口、孔洞口、桥梁口、隧道口、基坑边沿、爆破物及有害危险气体和液体存放处等危险部位，设置明显的安全警示标志。安全警示标志必须符合国家标准。

施工单位应当根据不同施工阶段和周围环境及季节、气候的变化，在施工现场采取相应的安全施工措施。施工现场暂时停止施工的，施工单位应当做好现场防护，所需费用由责任方承担，或者按照合同约定执行。

第二十九条　施工单位应当将施工现场的办公、生活区与作业区分开设置，并保持安全距离；办公、生活区的选址应当符合安全性要求。职工的膳食、饮水、休息场所等应当符合卫生标准。施工单位不得在尚未竣工的建筑物内设置员工集体宿舍。

施工现场临时搭建的建筑物应当符合安全使用要求。施工现场使用的装配式活动房屋应当具有产品合格证。

第三十条　施工单位对因建设工程施工可能造成损害的毗邻建筑物、构筑物和地下管线等，应当采取专项防护措施。

施工单位应当遵守有关环境保护法律、法规的规定，在施工现场采取措施，防止或者减少粉尘、废气、废水、固体废物、噪声、振动和施工照明对人和环境的危害和污染。

在城市市区内的建设工程，施工单位应当对施工现场实行封闭围挡。

第三十一条　施工单位应当在施工现场建立消防安全责任制度，确定消防安全责任人，制定用火、用电、使用易燃易爆材料等各项消防安全管理制度和操作规程，设置消防通道、消防水源，配备消防设施和灭火器材，并在施工现场入口处设置明显标志。

第三十二条　施工单位应当向作业人员提供安全防护用具和安全防护服装，并书面告知危险岗位的操作规程和违章操作的危害。

作业人员有权对施工现场的作业条件、作业程序和作业方式中存在的安全问题提出批评、检举和控告，有权拒绝违章指挥和强令冒险作业。

在施工中发生危及人身安全的紧急情况时，作业人员有权立即停止作业或者在采取必要的应急措施后撤离危险区域。

第三十三条　作业人员应当遵守安全施工的强制性标准、规章制度和操作规程，正确使用安全防护用具、机械设备等。

第三十四条　施工单位采购、租赁的安全防护用具、机械设备、施工机具及配件，应当具有生产(制造)许可证、产品合格证，并在进入施工现场前进行查验。

施工现场的安全防护用具、机械设备、施工机具及配件必须由专人管理，定期进行检查、维修和保养，建立相应的资料档案，并按照国家有关规定及时报废。

第三十五条　施工单位在使用施工起重机械和整体提升脚手架、模板等自升式架设设施前，应当组织有关单位进行验收，也可以委托具有相应资质的检验检测机构进行验收；使用承租的机械设备和施工机具及配件的，由施工总承包单位、分包单位、出租单位和安装单位共同进行验收。验收合格的方可使用。

《特种设备安全监察条例》规定的施工起重机械，在验收前应当经有相应资质的检验检测机构监督检验合格。

施工单位应当自施工起重机械和整体提升脚手架、模板等自升式架设设施验收合格之日起30日内，向建设行政主管部门或者其他有关部门登记。登记标志应当置于或者附着于该设备的显著位置。

第三十六条　施工单位的主要负责人、项目负责人、专职安全生产管理人员应当经建设行政主管部门或者其他有关部门考核合格后方可任职。

施工单位应当对管理人员和作业人员每年至少进行一次安全生产教育培训，其教育培训情况记入个人工作档案。安全生产教育培训考核不合格的人员，不得上岗。

第三十七条　作业人员进入新的岗位或者新的施工现场前，应当接受安全生产教育培训。未经教育培训或者教育培训考核不合格的人员，不得上岗作业。

施工单位在采用新技术、新工艺、新设备、新材料时，应当对作业人员进行相应的安全生产教育培训。

第三十八条　施工单位应当为施工现场从事危险作业的人员办理意外伤害保险。

意外伤害保险费由施工单位支付。实行施工总承包的，由总承包单位支付意外伤害保险费。意外伤害保险期限自建设工程开工之日起至竣工验收合格止。

第五章　监 督 管 理

第三十九条　国务院负责安全生产监督管理的部门依照《中华人民共和国安全生产法》的规定，对全国建设工程安全生产工作实施综合监督管理。

县级以上地方人民政府负责安全生产监督管理的部门依照《中华人民共和国安全生产法》的规定，对本行政区域内建设工程安全生产工作实施综合监督管理。

第四十条　国务院建设行政主管部门对全国的建设工程安全生产实施监督管理。国务院铁路、交通、水利等有关部门按照国务院规定的职责分工，负责有关专业建设工程安全生产的监督管理。

县级以上地方人民政府建设行政主管部门对本行政区域内的建设工程安全生产实施监督管理。县级以上地方人民政府交通、水利等有关部门在各自的职责范围内，负责本行政区域内的专业建设工程安全生产的监督管理。

第四十一条　建设行政主管部门和其他有关部门应当将本条例第十条、第十一条规定的有关资料的主要内容抄送同级负责安全生产监督管理的部门。

第四十二条　建设行政主管部门在审核发放施工许可证时，应当对建设工程是否有安全施工措施进行审查，对没有安全施工措施的，不得颁发施工许可证。

建设行政主管部门或者其他有关部门对建设工程是否有安全施工措施进行审查时，不得收取费用。

第四十三条　县级以上人民政府负有建设工程安全生产监督管理职责的部门在各自的

职责范围内履行安全监督检查职责时，有权采取下列措施。

(一) 要求被检查单位提供有关建设工程安全生产的文件和资料。

(二) 进入被检查单位施工现场进行检查。

(三) 纠正施工中违反安全生产要求的行为。

(四) 对检查中发现的安全事故隐患，责令立即排除；重大安全事故隐患排除前或者排除过程中无法保证安全的，责令从危险区域内撤出作业人员或者暂时停止施工。

第四十四条　建设行政主管部门或者其他有关部门可以将施工现场的监督检查委托给建设工程安全监督机构具体实施。

第四十五条　国家对严重危及施工安全的工艺、设备、材料实行淘汰制度。具体目录由国务院建设行政主管部门会同国务院其他有关部门制定并公布。

第四十六条　县级以上人民政府建设行政主管部门和其他有关部门应当及时受理对建设工程生产安全事故及安全事故隐患的检举、控告和投诉。

第六章　生产安全事故的应急救援和调查处理

第四十七条　县级以上地方人民政府建设行政主管部门应当根据本级人民政府的要求，制定本行政区域内建设工程特大生产安全事故应急救援预案。

第四十八条　施工单位应当制定本单位生产安全事故应急救援预案，建立应急救援组织或者配备应急救援人员，配备必要的应急救援器材、设备，并定期组织演练。

第四十九条　施工单位应当根据建设工程施工的特点、范围，对施工现场易发生重大事故的部位、环节进行监控，制定施工现场生产安全事故应急救援预案。实行施工总承包的，由总承包单位统一组织编制建设工程生产安全事故应急救援预案，工程总承包单位和分包单位按照应急救援预案，各自建立应急救援组织或者配备应急救援人员，配备救援器材、设备，并定期组织演练。

第五十条　施工单位发生生产安全事故，应当按照国家有关伤亡事故报告和调查处理的规定，及时、如实地向负责安全生产监督管理的部门、建设行政主管部门或者其他有关部门报告；特种设备发生事故的，还应当同时向特种设备安全监督管理部门报告。接到报告的部门应当按照国家有关规定，如实上报。

实行施工总承包的建设工程，由总承包单位负责上报事故。

第五十一条　发生生产安全事故后，施工单位应当采取措施防止事故扩大，保护事故现场。需要移动现场物品时，应当做出标记和书面记录，妥善保管有关证物。

第五十二条　建设工程生产安全事故的调查、对事故责任单位和责任人的处罚与处理，按照有关法律、法规的规定执行。

第七章　法 律 责 任

第五十三条　违反本条例的规定，县级以上人民政府建设行政主管部门或者其他有关行政管理部门的工作人员，有下列行为之一的，给予降级或者撤职的行政处分；构成犯罪的，依照刑法有关规定追究刑事责任。

(一) 对不具备安全生产条件的施工单位颁发资质证书的。

(二) 对没有安全施工措施的建设工程颁发施工许可证的。

(三) 发现违法行为不予查处的。

(四) 不依法履行监督管理职责的其他行为。

第五十四条　违反本条例的规定，建设单位未提供建设工程安全生产作业环境及安全施工措施所需费用的，责令限期改正；逾期未改正的，责令该建设工程停止施工。

建设单位未将保证安全施工的措施或者拆除工程的有关资料报送有关部门备案的，责令限期改正，给予警告。

第五十五条　违反本条例的规定，建设单位有下列行为之一的，责令限期改正，处 20 万元以上 50 万元以下的罚款；造成重大安全事故，构成犯罪的，对直接责任人员，依照刑法有关规定追究刑事责任；造成损失的，依法承担赔偿责任。

(一) 对勘察、设计、施工、工程监理等单位提出不符合安全生产法律、法规和强制性标准规定的要求的。

(二) 要求施工单位压缩合同约定的工期的。

(三) 将拆除工程发包给不具有相应资质等级的施工单位的。

第五十六条　违反本条例的规定，勘察单位、设计单位有下列行为之一的，责令限期改正，处 10 万元以上 30 万元以下的罚款；情节严重的，责令停业整顿，降低资质等级，直至吊销资质证书；造成重大安全事故，构成犯罪的，对直接责任人员，依照刑法有关规定追究刑事责任；造成损失的，依法承担赔偿责任。

(一) 未按照法律、法规和工程建设强制性标准进行勘察、设计的。

(二) 采用新结构、新材料、新工艺的建设工程和特殊结构的建设工程，设计单位未在设计中提出保障施工作业人员安全和预防生产安全事故的措施建议的。

第五十七条　违反本条例的规定，工程监理单位有下列行为之一的，责令限期改正；逾期未改正的，责令停业整顿，并处 10 万元以上 30 万元以下的罚款；情节严重的，降低资质等级，直至吊销资质证书；造成重大安全事故，构成犯罪的，对直接责任人员，依照刑法有关规定追究刑事责任；造成损失的，依法承担赔偿责任。

(一) 未对施工组织设计中的安全技术措施或者专项施工方案进行审查的。

(二) 发现安全事故隐患未及时要求施工单位整改或者暂时停止施工的。

(三) 施工单位拒不整改或者不停止施工，未及时向有关主管部门报告的。

(四) 未依照法律、法规和工程建设强制性标准实施监理的。

第五十八条　注册执业人员未执行法律、法规和工程建设强制性标准的，责令停止执业 3 个月以上 1 年以下；情节严重的，吊销执业资格证书，5 年内不予注册；造成重大安全事故的，终身不予注册；构成犯罪的，依照刑法有关规定追究刑事责任。

第五十九条　违反本条例的规定，为建设工程提供机械设备和配件的单位，未按照安全施工的要求配备齐全有效的保险、限位等安全设施和装置的，责令限期改正，处合同价款 1 倍以上 3 倍以下的罚款；造成损失的，依法承担赔偿责任。

第六十条　违反本条例的规定，出租单位出租未经安全性能检测或者经检测不合格的机械设备和施工机具及配件的，责令停业整顿，并处 5 万元以上 10 万元以下的罚款；造成损失的，依法承担赔偿责任。

第六十一条　违反本条例的规定，施工起重机械和整体提升脚手架、模板等自升式架设设施安装、拆卸单位有下列行为之一的，责令限期改正，处 5 万元以上 10 万元以下的罚款；情节严重的，责令停业整顿，降低资质等级，直至吊销资质证书；造成损失的，依法承担赔偿责任。

(一) 未编制拆装方案、制定安全施工措施的。

(二) 未由专业技术人员现场监督的。

(三) 未出具自检合格证明或者出具虚假证明的。

(四) 未向施工单位进行安全使用说明，办理移交手续的。

施工起重机械和整体提升脚手架、模板等自升式架设设施安装、拆卸单位有前款规定的第(一)项、第(三)项行为，经有关部门或者单位职工提出后，对事故隐患仍不采取措施，因而发生重大伤亡事故或者造成其他严重后果，构成犯罪的，对直接责任人员，依照刑法有关规定追究刑事责任。

第六十二条　违反本条例的规定，施工单位有下列行为之一的，责令限期改正；逾期未改正的，责令停业整顿，依照《中华人民共和国安全生产法》的有关规定处以罚款；造成重大安全事故，构成犯罪的，对直接责任人员，依照刑法有关规定追究刑事责任。

(一) 未设立安全生产管理机构、配备专职安全生产管理人员或者分部分项工程施工时无专职安全生产管理人员现场监督的。

(二) 施工单位的主要负责人、项目负责人、专职安全生产管理人员、作业人员或者特种作业人员，未经安全教育培训或者经考核不合格即从事相关工作的。

(三) 未在施工现场的危险部位设置明显的安全警示标志，或者未按照国家有关规定在施工现场设置消防通道、消防水源、配备消防设施和灭火器材的。

(四) 未向作业人员提供安全防护用具和安全防护服装的。

(五) 未按照规定在施工起重机械和整体提升脚手架、模板等自升式架设设施验收合格后登记的。

(六) 使用国家明令淘汰、禁止使用的危及施工安全的工艺、设备、材料的。

第六十三条　违反本条例的规定，施工单位挪用列入建设工程概算的安全生产作业环境及安全施工措施所需费用的，责令限期改正，处挪用费用20%以上50%以下的罚款；造成损失的，依法承担赔偿责任。

第六十四条　违反本条例的规定，施工单位有下列行为之一的，责令限期改正；逾期未改正的，责令停业整顿，并处5万元以上10万元以下的罚款；造成重大安全事故，构成犯罪的，对直接责任人员，依照刑法有关规定追究刑事责任。

(一) 施工前未对有关安全施工的技术要求作出详细说明的。

(二) 未根据不同施工阶段和周围环境及季节、气候的变化，在施工现场采取相应的安全施工措施，或者在城市市区内的建设工程的施工现场未实行封闭围挡的。

(三) 在尚未竣工的建筑物内设置员工集体宿舍的。

(四) 施工现场临时搭建的建筑物不符合安全使用要求的。

(五) 未对因建设工程施工可能造成损害的毗邻建筑物、构筑物和地下管线等采取专项防护措施的。

施工单位有前款规定第(四)项、第(五)项行为，造成损失的，依法承担赔偿责任。

第六十五条　违反本条例的规定，施工单位有下列行为之一的，责令限期改正；逾期未改正的，责令停业整顿，并处10万元以上30万元以下的罚款；情节严重的，降低资质等级，直至吊销资质证书；造成重大安全事故，构成犯罪的，对直接责任人员，依照刑法有关规定追究刑事责任；造成损失的，依法承担赔偿责任。

(一) 安全防护用具、机械设备、施工机具及配件在进入施工现场前未经查验或者查验不合格即投入使用的。

(二) 使用未经验收或者验收不合格的施工起重机械和整体提升脚手架、模板等自升式架设设施的。

(三) 委托不具有相应资质的单位承担施工现场安装、拆卸施工起重机械和整体提升脚手架、模板等自升式架设设施的。

(四) 在施工组织设计中未编制安全技术措施、施工现场临时用电方案或者专项施工方案的。

第六十六条　违反本条例的规定，施工单位的主要负责人、项目负责人未履行安全生产管理职责的，责令限期改正；逾期未改正的，责令施工单位停业整顿；造成重大安全事故、重大伤亡事故或者其他严重后果，构成犯罪的，依照刑法有关规定追究刑事责任。

作业人员不服管理、违反规章制度和操作规程冒险作业造成重大伤亡事故或者其他严重后果，构成犯罪的，依照刑法有关规定追究刑事责任。

施工单位的主要负责人、项目负责人有前款违法行为，尚不够刑事处罚的，处 2 万元以上 20 万元以下的罚款或者按照管理权限给予撤职处分；自刑罚执行完毕或者受处分之日起，5 年内不得担任任何施工单位的主要负责人、项目负责人。

第六十七条　施工单位取得资质证书后，降低安全生产条件的，责令限期改正；经整改仍未达到与其资质等级相适应的安全生产条件的，责令停业整顿，降低其资质等级直至吊销资质证书。

第六十八条　本条例规定的行政处罚，由建设行政主管部门或者其他有关部门依照法定职权决定。

违反消防安全管理规定的行为，由公安消防机构依法处罚。

有关法律、行政法规对建设工程安全生产违法行为的行政处罚决定机关另有规定的，从其规定。

第八章　附　　则

第六十九条　抢险救灾和农民自建低层住宅的安全生产管理，不适用本条例。

第七十条　军事建设工程的安全生产管理，按照中央军事委员会的有关规定执行。

第七十一条　本条例自 2004 年 2 月 1 日起施行。

附录三　建设工程质量管理条例

第一章　总　　则

第一条　为了加强对建设工程质量的管理，保证建设工程质量，保护人民生命和财产安全，根据《中华人民共和国建筑法》，制定本条例。

第二条　凡在中华人民共和国境内从事建设工程的新建、扩建、改建等有关活动及实施对建设工程质量监督管理的，必须遵守本条例。

本条例所称建设工程，是指土木工程、建筑工程、线路管道和设备安装工程及装修工程。

第三条　建设单位、勘察单位、设计单位、施工单位、工程监理单位依法对建设工程质量负责。

第四条　县级以上人民政府建设行政主管部门和其他有关部门应当加强对建设工程质量的监督管理。

第五条　从事建设工程活动，必须严格执行基本建设程序，坚持先勘察、后设计、再施工的原则。

县级以上人民政府及其有关部门不得超越权限审批建设项目或者擅自简化基本建设程序。

第六条　国家鼓励采用先进的科学技术和管理方法，提高建设工程质量。

第二章　建设单位的质量责任和义务

第七条　建设单位应当将工程发包给具有相应资质等级的单位。

建设单位不得将建设工程肢解发包。

第八条　建设单位应当依法对工程建设项目的勘察、设计、施工、监理以及与工程建设有关的重要设备、材料等的采购进行招标。

第九条　建设单位必须向有关的勘察、设计、施工、工程监理等单位提供与建设工程有关的原始资料。

原始资料必须真实、准确、齐全。

第十条　建设工程发包单位，不得迫使承包方以低于成本的价格竞标，不得任意压缩合理工期。

建设单位不得明示或者暗示设计单位或者施工单位违反工程建设强制性标准，降低建设工程质量。

第十一条　建设单位应当将施工图设计文件报县级以上人民政府建设行政主管部门或者其他有关部门审查。施工图设计文件审查的具体办法，由国务院建设行政主管部门会同国务院其他有关部门制定。

施工图设计文件未经审查批准的，不得使用。

第十二条　实行监理的建设工程，建设单位应当委托具有相应资质等级的工程监理单位进行监理，也可以委托具有工程监理相应资质等级并与被监理工程的施工承包单位没有隶属关系或者其他利害关系的该工程的设计单位进行监理。

下列建设工程必须实行监理。

(一) 国家重点建设工程。

(二) 大中型公用事业工程。

(三) 成片开发建设的住宅小区工程。

(四) 利用外国政府或者国际组织贷款、援助资金的工程。

(五) 国家规定必须实行监理的其他工程。

第十三条 建设单位在领取施工许可证或者开工报告前，应当按照国家有关规定办理工程质量监督手续。

第十四条 按照合同约定，由建设单位采购建筑材料、建筑构配件和设备的，建设单位应当保证建筑材料、建筑构配件和设备符合设计文件和合同要求。

建设单位不得明示或者暗示施工单位使用不合格的建筑材料、建筑构配件和设备。

第十五条 涉及建筑主体和承重结构变动的装修工程，建设单位应当在施工前委托原设计单位或者具有相应资质等级的设计单位提出设计方案；没有设计方案的，不得施工。

房屋建筑使用者在装修过程中，不得擅自变动房屋建筑主体和承重结构。

第十六条 建设单位收到建设工程竣工报告后，应当组织设计、施工、工程监理等有关单位进行竣工验收。

建设工程竣工验收应当具备下列条件。

(一) 完成建设工程设计和合同约定的各项内容。

(二) 有完整的技术档案和施工管理资料。

(三) 有工程使用的主要建筑材料、建筑构配件和设备的进场试验报告。

(四) 有勘察、设计、施工、工程监理等单位分别签署的质量合格文件。

(五) 有施工单位签署的工程保修书。

建设工程经验收合格的，方可交付使用。

第十七条 建设单位应当严格按照国家有关档案管理的规定，及时收集、整理建设项目各环节的文件资料，建立、健全建设项目档案，并在建设工程竣工验收后，及时向建设行政主管部门或者其他有关部门移交建设项目档案。

第三章 勘察、设计单位的质量责任和义务

第十八条 从事建设工程勘察、设计的单位应当依法取得相应等级的资质证书，并在其资质等级许可的范围内承揽工程。

禁止勘察、设计单位超越其资质等级许可的范围或者以其他勘察、设计单位的名义承揽工程。禁止勘察、设计单位允许其他单位或者个人以本单位的名义承揽工程。

勘察、设计单位不得转包或者违法分包所承揽的工程。

第十九条 勘察、设计单位必须按照工程建设强制性标准进行勘察、设计，并对其勘察、设计的质量负责。

注册建筑师、注册结构工程师等注册执业人员应当在设计文件上签字，对设计文件负责。

第二十条 勘察单位提供的地质、测量、水文等勘察成果必须真实、准确。

第二十一条 设计单位应当根据勘察成果文件进行建设工程设计。

设计文件应当符合国家规定的设计深度要求，注明工程合理使用年限。

第二十二条 设计单位在设计文件中选用的建筑材料、建筑构配件和设备，应当注明

规格、型号、性能等技术指标，其质量要求必须符合国家规定的标准。

除有特殊要求的建筑材料、专用设备、工艺生产线等外，设计单位不得指定生产厂、供应商。

第二十三条　设计单位应当就审查合格的施工图设计文件向施工单位作出详细说明。

第二十四条　设计单位应当参与建设工程质量事故分析，并对因设计造成的质量事故，提出相应的技术处理方案。

第四章　施工单位的质量责任和义务

第二十五条　施工单位应当依法取得相应等级的资质证书，并在其资质等级许可的范围内承揽工程。

禁止施工单位超越本单位资质等级许可的业务范围或者以其他施工单位的名义承揽工程。禁止施工单位允许其他单位或者个人以本单位的名义承揽工程。

施工单位不得转包或者违法分包工程。

第二十六条　施工单位对建设工程的施工质量负责。

施工单位应当建立质量责任制，确定工程项目的项目经理、技术负责人和施工管理负责人。

建设工程实行总承包的，总承包单位应当对全部建设工程质量负责；建设工程勘察、设计、施工、设备采购的一项或者多项实行总承包的，总承包单位应当对其承包的建设工程或者采购的设备的质量负责。

第二十七条　总承包单位依法将建设工程分包给其他单位的，分包单位应当按照分包合同的约定对其分包工程的质量向总承包单位负责，总承包单位与分包单位对分包工程的质量承担连带责任。

第二十八条　施工单位必须按照工程设计图纸和施工技术标准施工，不得擅自修改工程设计，不得偷工减料。

施工单位在施工过程中发现设计文件和图纸有差错的，应当及时提出意见和建议。

第二十九条　施工单位必须按照工程设计要求、施工技术标准和合同约定，对建筑材料、建筑构配件、设备和商品混凝土进行检验，检验应当有书面记录和专人签字；未经检验或者检验不合格的，不得使用。

第三十条　施工单位必须建立、健全施工质量的检验制度，严格工序管理，作好隐蔽工程的质量检查和记录。隐蔽工程在隐蔽前，施工单位应当通知建设单位和建设工程质量监督机构。

第三十一条　施工人员对涉及结构安全的试块、试件以及有关材料，应当在建设单位或者工程监理单位监督下现场取样，并送具有相应资质等级的质量检测单位进行检测。

第三十二条　施工单位对施工中出现质量问题的建设工程或者竣工验收不合格的建设工程，应当负责返修。

第三十三条　施工单位应当建立、健全教育培训制度，加强对职工的教育培训；未经教育培训或者考核不合格的人员，不得上岗作业。

第五章　工程监理单位的质量责任和义务

第三十四条　工程监理单位应当依法取得相应等级的资质证书，并在其资质等级许可的范围内承担工程监理业务。

禁止工程监理单位超越本单位资质等级许可的范围或者以其他工程监理单位的名义承担工程监理业务。禁止工程监理单位允许其他单位或者个人以本单位的名义承担工程监理业务。

工程监理单位不得转让工程监理业务。

第三十五条 工程监理单位与被监理工程的施工承包单位以及建筑材料、建筑构配件和设备供应单位有隶属关系或者其他利害关系的，不得承担该项建设工程的监理业务。

第三十六条 工程监理单位应当依照法律、法规以及有关技术标准、设计文件和建设工程承包合同，代表建设单位对施工质量实施监理，并对施工质量承担监理责任。

第三十七条 工程监理单位应当选派具备相应资格的总监理工程师和监理工程师进驻施工现场。

未经监理工程师签字，建筑材料、建筑构配件和设备不得在工程上使用或者安装，施工单位不得进行下一道工序的施工。未经总监理工程师签字，建设单位不拨付工程款，不进行竣工验收。

第三十八条 监理工程师应当按照工程监理规范的要求，采取旁站、巡视和平行检验等形式，对建设工程实施监理。

第六章 建设工程质量保修

第三十九条 建设工程实行质量保修制度。

建设工程承包单位在向建设单位提交工程竣工验收报告时，应当向建设单位出具质量保修书。质量保修书中应当明确建设工程的保修范围、保修期限和保修责任等。

第四十条 在正常使用条件下，建设工程的最低保修期限如下。

(一) 基础设施工程、房屋建筑的地基基础工程和主体结构工程，为设计文件规定的该工程的合理使用年限。

(二) 屋面防水工程、有防水要求的卫生间、房间和外墙面的防渗漏，为 5 年。

(三) 供热与供冷系统，为 2 个采暖期、供冷期。

(四) 电气管线、给排水管道、设备安装和装修工程，为 2 年。

其他项目的保修期限由发包方与承包方约定。

建设工程的保修期，自竣工验收合格之日起计算。

第四十一条 建设工程在保修范围和保修期限内发生质量问题的，施工单位应当履行保修义务，并对造成的损失承担赔偿责任。

第四十二条 建设工程在超过合理使用年限后需要继续使用的，产权所有人应当委托具有相应资质等级的勘察、设计单位鉴定，并根据鉴定结果采取加固、维修等措施，重新界定使用期。

第七章 监督管理

第四十三条 国家实行建设工程质量监督管理制度。

国务院建设行政主管部门对全国的建设工程质量实施统一监督管理。国务院铁路、交通、水利等有关部门按照国务院规定的职责分工，负责对全国的有关专业建设工程质量的监督管理。

县级以上地方人民政府建设行政主管部门对本行政区域内的建设工程质量实施监督管理。县级以上地方人民政府交通、水利等有关部门在各自的职责范围内，负责对本行政区域内的专业建设工程质量的监督管理。

第四十四条　国务院建设行政主管部门和国务院铁路、交通、水利等有关部门应当加强对有关建设工程质量的法律、法规和强制性标准执行情况的监督检查。

第四十五条　国务院发展计划部门按照国务院规定的职责，组织稽察特派员，对国家出资的重大建设项目实施监督检查。

国务院经济贸易主管部门按照国务院规定的职责，对国家重大技术改造项目实施监督检查。

第四十六条　建设工程质量监督管理，可以由建设行政主管部门或者其他有关部门委托的建设工程质量监督机构具体实施。

从事房屋建筑工程和市政基础设施工程质量监督的机构，必须按照国家有关规定经国务院建设行政主管部门或者省、自治区、直辖市人民政府建设行政主管部门考核；从事专业建设工程质量监督的机构，必须按照国家有关规定经国务院有关部门或者省、自治区、直辖市人民政府有关部门考核。经考核合格后，方可实施质量监督。

第四十七条　县级以上地方人民政府建设行政主管部门和其他有关部门应当加强对有关建设工程质量的法律、法规和强制性标准执行情况的监督检查。

第四十八条　县级以上人民政府建设行政主管部门和其他有关部门履行监督检查职责时，有权采取下列措施。

(一) 要求被检查的单位提供有关工程质量的文件和资料。

(二) 进入被检查单位的施工现场进行检查。

(三) 发现有影响工程质量的问题时，责令改正。

第四十九条　建设单位应当自建设工程竣工验收合格之日起 15 日内，将建设工程竣工验收报告和规划、公安消防、环保等部门出具的认可文件或者准许使用文件报建设行政主管部门或者其他有关部门备案。

建设行政主管部门或者其他有关部门发现建设单位在竣工验收过程中有违反国家有关建设工程质量管理规定行为的，责令停止使用，重新组织竣工验收。

第五十条　有关单位和个人对县级以上人民政府建设行政主管部门和其他有关部门进行的监督检查应当支持与配合，不得拒绝或者阻碍建设工程质量监督检查人员依法执行职务。

第五十一条　供水、供电、供气、公安消防等部门或者单位不得明示或者暗示建设单位、施工单位购买其指定的生产供应单位的建筑材料、建筑构配件和设备。

第五十二条　建设工程发生质量事故，有关单位应当在 24 小时内向当地建设行政主管部门和其他有关部门报告。对重大质量事故，事故发生地的建设行政主管部门和其他有关部门应当按照事故类别和等级向当地人民政府和上级建设行政主管部门和其他有关部门报告。

特别重大质量事故的调查程序按照国务院有关规定办理。

第五十三条　任何单位和个人对建设工程的质量事故、质量缺陷都有权检举、控告、投诉。

第八章　罚　　则

第五十四条　违反本条例规定，建设单位将建设工程发包给不具有相应资质等级的勘察、设计、施工单位或者委托给不具有相应资质等级的工程监理单位的，责令改正，处 50 万元以上 100 万元以下的罚款。

第五十五条　违反本条例规定，建设单位将建设工程肢解发包的，责令改正，处工程合同价款 0.5%以上 1%以下的罚款；对全部或者部分使用国有资金的项目，并可以暂停项目执行或者暂停资金拨付。

第五十六条　违反本条例规定，建设单位有下列行为之一的，责令改正，处 20 万元以上 50 万元以下的罚款。

(一) 迫使承包方以低于成本的价格竞标的。

(二) 任意压缩合理工期的。

(三) 明示或者暗示设计单位或者施工单位违反工程建设强制性标准，降低工程质量的。

(四) 施工图设计文件未经审查或者审查不合格，擅自施工的。

(五) 建设项目必须实行工程监理而未实行工程监理的。

(六) 未按照国家规定办理工程质量监督手续的。

(七) 明示或者暗示施工单位使用不合格的建筑材料、建筑构配件和设备的。

(八) 未按照国家规定将竣工验收报告、有关认可文件或者准许使用文件报送备案的。

第五十七条　违反本条例规定，建设单位未取得施工许可证或者开工报告未经批准，擅自施工的，责令停止施工，限期改正，处工程合同价款 1%以上 2%以下的罚款。

第五十八条　违反本条例规定，建设单位有下列行为之一的，责令改正，处工程合同价款 2%以上 4%以下的罚款；造成损失的，依法承担赔偿责任。

(一) 未组织竣工验收，擅自交付使用的。

(二) 验收不合格，擅自交付使用的。

(三) 对不合格的建设工程按照合格工程验收的。

第五十九条　违反本条例规定，建设工程竣工验收后，建设单位未向建设行政主管部门或者其他有关部门移交建设项目档案的，责令改正，处 1 万元以上 10 万元以下的罚款。

第六十条　违反本条例规定，勘察、设计、施工、工程监理单位超越本单位资质等级承揽工程的，责令停止违法行为，对勘察、设计单位或者工程监理单位处合同约定的勘察费、设计费或者监理酬金 1 倍以上 2 倍以下的罚款；对施工单位处工程合同价款 2%以上 4%以下的罚款，可以责令停业整顿，降低资质等级；情节严重的，吊销资质证书；有违法所得的，予以没收。

未取得资质证书承揽工程的，予以取缔，依照前款规定处以罚款；有违法所得的，予以没收。

以欺骗手段取得资质证书承揽工程的，吊销资质证书，依照本条第一款规定处以罚款；有违法所得的，予以没收。

第六十一条　违反本条例规定，勘察、设计、施工、工程监理单位允许其他单位或者个人以本单位名义承揽工程的，责令改正，没收违法所得，对勘察、设计单位和工程监理单位处合同约定的勘察费、设计费和监理酬金 1 倍以上 2 倍以下的罚款；对施工单位处工程合同价款 2%以上 4%以下的罚款；可以责令停业整顿，降低资质等级；情节严重的，吊销资质证书。

第六十二条　违反本条例规定，承包单位将承包的工程转包或者违法分包的，责令改正，没收违法所得，对勘察、设计单位处合同约定的勘察费、设计费 25%以上 50%以下的罚款；对施工单位处工程合同价款 0.5%以上 1%以下的罚款；可以责令停业整顿，降低资质等级；情节严重的，吊销资质证书。

工程监理单位转让工程监理业务的，责令改正，没收违法所得，处合同约定的监理酬金25%以上50%以下的罚款；可以责令停业整顿，降低资质等级；情节严重的，吊销资质证书。

第六十三条　违反本条例规定，有下列行为之一的，责令改正，处10万元以上30万元以下的罚款。

(一) 勘察单位未按照工程建设强制性标准进行勘察的。

(二) 设计单位未根据勘察成果文件进行工程设计的。

(三) 设计单位指定建筑材料、建筑构配件的生产厂、供应商的。

(四) 设计单位未按照工程建设强制性标准进行设计的。

有前款所列行为，造成工程质量事故的，责令停业整顿，降低资质等级；情节严重的，吊销资质证书；造成损失的，依法承担赔偿责任。

第六十四条　违反本条例规定，施工单位在施工中偷工减料的，使用不合格的建筑材料、建筑构配件和设备的，或者有不按照工程设计图纸或者施工技术标准施工的其他行为的，责令改正，处工程合同价款2%以上4%以下的罚款；造成建设工程质量不符合规定的质量标准的，负责返工、修理，并赔偿因此造成的损失；情节严重的，责令停业整顿，降低资质等级或者吊销资质证书。

第六十五条　违反本条例规定，施工单位未对建筑材料、建筑构配件、设备和商品混凝土进行检验，或者未对涉及结构安全的试块、试件以及有关材料取样检测的，责令改正，处10万元以上20万元以下的罚款；情节严重的，责令停业整顿，降低资质等级或者吊销资质证书；造成损失的，依法承担赔偿责任。

第六十六条　违反本条例规定，施工单位不履行保修义务或者拖延履行保修义务的，责令改正，处10万元以上20万元以下的罚款，并对在保修期内因质量缺陷造成的损失承担赔偿责任。

第六十七条　工程监理单位有下列行为之一的，责令改正，处50万元以上100万元以下的罚款，降低资质等级或者吊销资质证书；有违法所得的，予以没收；造成损失的，承担连带赔偿责任。

(一) 与建设单位或者施工单位串通，弄虚作假、降低工程质量的。

(二) 将不合格的建设工程、建筑材料、建筑构配件和设备按照合格签字的。

第六十八条　违反本条例规定，工程监理单位与被监理工程的施工承包单位以及建筑材料、建筑构配件和设备供应单位有隶属关系或者其他利害关系承担该项建设工程的监理业务的，责令改正，处5万元以上10万元以下的罚款，降低资质等级或者吊销资质证书；有违法所得的，予以没收。

第六十九条　违反本条例规定，涉及建筑主体或者承重结构变动的装修工程，没有设计方案擅自施工的，责令改正，处50万元以上100万元以下的罚款；房屋建筑使用者在装修过程中擅自变动房屋建筑主体和承重结构的，责令改正，处5万元以上10万元以下的罚款。

有前款所列行为，造成损失的，依法承担赔偿责任。

第七十条　发生重大工程质量事故隐瞒不报、谎报或者拖延报告期限的，对直接负责的主管人员和其他责任人员依法给予行政处分。

第七十一条　违反本条例规定，供水、供电、供气、公安消防等部门或者单位明示或者暗示建设单位或者施工单位购买其指定的生产供应单位的建筑材料、建筑构配件和设备的，责令改正。

第七十二条　违反本条例规定，注册建筑师、注册结构工程师、监理工程师等注册执业人员因过错造成质量事故的，责令停止执业 1 年；造成重大质量事故的，吊销执业资格证书，5 年以内不予注册；情节特别恶劣的，终身不予注册。

第七十三条　依照本条例规定，给予单位罚款处罚的，对单位直接负责的主管人员和其他直接责任人员处单位罚款数额 5%以上 10%以下的罚款。

第七十四条　建设单位、设计单位、施工单位、工程监理单位违反国家规定，降低工程质量标准，造成重大安全事故，构成犯罪的，对直接责任人员依法追究刑事责任。

第七十五条　本条例规定的责令停业整顿，降低资质等级和吊销资质证书的行政处罚，由颁发资质证书的机关决定；其他行政处罚，由建设行政主管部门或者其他有关部门依照法定职权决定。

依照本条例规定被吊销资质证书的，由工商行政管理部门吊销其营业执照。

第七十六条　国家机关工作人员在建设工程质量监督管理工作中玩忽职守、滥用职权、徇私舞弊，构成犯罪的，依法追究刑事责任；尚不构成犯罪的，依法给予行政处分。

第七十七条　建设、勘察、设计、施工、工程监理单位的工作人员因调动工作、退休等原因离开该单位后，被发现在该单位工作期间违反国家有关建设工程质量管理规定，造成重大工程质量事故的，仍应当依法追究法律责任。

第九章　附　　则

第七十八条　本条例所称肢解发包，是指建设单位将应当由一个承包单位完成的建设工程分解成若干部分发包给不同的承包单位的行为。

本条例所称违法分包，是指下列行为。

(一) 总承包单位将建设工程分包给不具备相应资质条件的单位的。

(二) 建设工程总承包合同中未有约定，又未经建设单位认可，承包单位将其承包的部分建设工程交由其他单位完成的。

(三) 施工总承包单位将建设工程主体结构的施工分包给其他单位的。

(四) 分包单位将其承包的建设工程再分包的。

本条例所称转包，是指承包单位承包建设工程后，不履行合同约定的责任和义务，将其承包的全部建设工程转给他人或者将其承包的全部建设工程肢解以后以分包的名义分别转给其他单位承包的行为。

第七十九条　本条例规定的罚款和没收的违法所得，必须全部上缴国库。

第八十条　抢险救灾及其他临时性房屋建筑和农民自建低层住宅的建设活动，不适用本条例。

第八十一条　军事建设工程的管理，按照中央军事委员会的有关规定执行。

第八十二条　本条例自发布之日起施行。

附刑法有关条款

第一百三十七条　建设单位、设计单位、施工单位、工程监理单位违反国家规定，降低工程质量标准，造成重大安全事故的，对直接责任人员处五年以下有期徒刑或者拘役，并处罚金；后果特别严重的，处五年以上十年以下有期徒刑，并处罚金。

附录四　中华人民共和国招标投标法

第一章　总　　则

第一条　为了规范招标投标活动，保护国家利益、社会公共利益和招标投标活动当事人的合法权益，提高经济效益，保证项目质量，制定本法。

第二条　在中华人民共和国境内进行招标投标活动，适用本法。

第三条　在中华人民共和国境内进行下列工程建设项目包括项目的勘察、设计、施工、监理以及与工程建设有关的重要设备、材料等的采购，必须进行招标。

(一) 大型基础设施、公用事业等关系社会公共利益、公众安全的项目。

(二) 全部或者部分使用国有资金投资或者国家融资的项目。

(三) 使用国际组织或者外国政府贷款、援助资金的项目。

前款所列项目的具体范围和规模标准，由国务院发展计划部门会同国务院有关部门制订，报国务院批准。法律或者国务院对必须进行招标的其他项目的范围有规定的，依照其规定。

第四条　任何单位和个人不得将依法必须进行招标的项目化整为零或者以其他任何方式规避招标。

第五条　招标投标活动应当遵循公开、公平、公正和诚实信用的原则。

第六条　依法必须进行招标的项目，其招标投标活动不受地区或者部门的限制。任何单位和个人不得违法限制或者排斥本地区、本系统以外的法人或者其他组织参加投标，不得以任何方式非法干涉招标投标活动。

第七条　招标投标活动及其当事人应当接受依法实施的监督。

有关行政监督部门依法对招标投标活动实施监督，依法查处招标投标活动中的违法行为。

对招标投标活动的行政监督及有关部门的具体职权划分，由国务院规定。

第二章　招　　标

第八条　招标人是依照本法规定提出招标项目、进行招标的法人或者其他组织。

第九条　招标项目按照国家有关规定需要履行项目审批手续的，应当先履行审批手续，取得批准。招标人应当有进行招标项目的相应资金或者资金来源已经落实，并应当在招标文件中如实载明。

第十条　招标分为公开招标和邀请招标。

公开招标，是指招标人以招标公告的方式邀请不特定的法人或者其他组织投标。

邀请招标，是指招标人以投标邀请书的方式邀请特定的法人或者其他组织投标。

第十一条　国务院发展计划部门确定的国家重点项目和省、自治区、直辖市人民政府确定的地方重点项目不适宜公开招标的，经国务院发展计划部门或者省、自治区、直辖市人民政府批准，可以进行邀请招标。

第十二条　招标人有权自行选择招标代理机构，委托其办理招标事宜。任何单位和个人不得以任何方式为招标人指定招标代理机构。

招标人具有编制招标文件和组织评标能力的，可以自行办理招标事宜。任何单位和个人不得强制其委托招标代理机构办理招标事宜。

依法必须进行招标的项目，招标人自行办理招标事宜的，应当向有关行政监督部门备案。

第十三条　招标代理机构是依法设立、从事招标代理业务并提供相关服务的社会中介组织。

招标代理机构应当具备下列条件。

(一) 有从事招标代理业务的营业场所和相应资金。

(二) 有能够编制招标文件和组织评标的相应专业力量。

(三) 有符合本法第三十七条第三款规定条件、可以作为评标委员会成员人选的技术、经济等方面的专家库。

第十四条　从事工程建设项目招标代理业务的招标代理机构，其资格由国务院或者省、自治区、直辖市人民政府的建设行政主管部门认定。具体办法由国务院建设行政主管部门会同国务院有关部门制定。从事其他招标代理业务的招标代理机构，其资格认定的主管部门由国务院规定。

招标代理机构与行政机关和其他国家机关不得存在隶属关系或者其他利益关系。

第十五条　招标代理机构应当在招标人委托的范围内办理招标事宜，并遵守本法关于招标人的规定。

第十六条　招标人采用公开招标方式的，应当发布招标公告。依法必须进行招标的项目的招标公告，应当通过国家指定的报刊、信息网络或者其他媒介发布。

招标公告应当载明招标人的名称和地址、招标项目的性质、数量、实施地点和时间以及获取招标文件的办法等事项。

第十七条　招标人采用邀请招标方式的，应当向三个以上具备承担招标项目的能力、资信良好的特定的法人或者其他组织发出投标邀请书。

投标邀请书应当载明本法第十六条第二款规定的事项。

第十八条　招标人可以根据招标项目本身的要求，在招标公告或者投标邀请书中，要求潜在投标人提供有关资质证明文件和业绩情况，并对潜在投标人进行资格审查；国家对投标人的资格条件有规定的，依照其规定。

招标人不得以不合理的条件限制或者排斥潜在投标人，不得对潜在投标人实行歧视待遇。

第十九条　招标人应当根据招标项目的特点和需要编制招标文件。招标文件应当包括招标项目的技术要求、对投标人资格审查的标准、投标报价要求和评标标准等所有实质性要求和条件以及拟签订合同的主要条款。

国家对招标项目的技术、标准有规定的，招标人应当按照其规定在招标文件中提出相应要求。

招标项目需要划分标段、确定工期的，招标人应当合理划分标段、确定工期，并在招标文件中载明。

第二十条　招标文件不得要求或者标明特定的生产供应者以及含有倾向或者排斥潜在投标人的其他内容。

第二十一条　招标人根据招标项目的具体情况，可以组织潜在投标人踏勘项目现场。

第二十二条　招标人不得向他人透露已获取招标文件的潜在投标人的名称、数量以及可能影响公平竞争的有关招标投标的其他情况。

招标人设有标底的，标底必须保密。

第二十三条　招标人对已发出的招标文件进行必要的澄清或者修改的，应当在招标文件要求提交投标文件截止时间至少十五日前，以书面形式通知所有招标文件收受人。该澄清或者修改的内容为招标文件的组成部分。

第二十四条　招标人应当确定投标人编制投标文件所需要的合理时间；但是，依法必须进行招标的项目，自招标文件开始发出之日起至投标人提交投标文件截止之日止，最短不得少于二十日。

第三章　投　　标

第二十五条　投标人是响应招标、参加投标竞争的法人或者其他组织。

依法招标的科研项目允许个人参加投标的，投标的个人适用本法有关投标人的规定。

第二十六条　投标人应当具备承担招标项目的能力；国家有关规定对投标人资格条件或者招标文件对投标人资格条件有规定的，投标人应当具备规定的资格条件。

第二十七条　投标人应当按照招标文件的要求编制投标文件。投标文件应当对招标文件提出的实质性要求和条件作出响应。

招标项目属于建设施工的，投标文件的内容应当包括拟派出的项目负责人与主要技术人员的简历、业绩和拟用于完成招标项目的机械设备等。

第二十八条　投标人应当在招标文件要求提交投标文件的截止时间前，将投标文件送达投标地点。招标人收到投标文件后，应当签收保存，不得开启。投标人少于三个的，招标人应当依照本法重新招标。

在招标文件要求提交投标文件的截止时间后送达的投标文件，招标人应当拒收。

第二十九条　投标人在招标文件要求提交投标文件的截止时间前，可以补充、修改或者撤回已提交的投标文件，并书面通知招标人。补充、修改的内容为投标文件的组成部分。

第三十条　投标人根据招标文件载明的项目实际情况，拟在中标后将中标项目的部分非主体、非关键性工作进行分包的，应当在投标文件中载明。

第三十一条　两个以上法人或者其他组织可以组成一个联合体，以一个投标人的身份共同投标。

联合体各方均应当具备承担招标项目的相应能力；国家有关规定或者招标文件对投标人资格条件有规定的，联合体各方均应当具备规定的相应资格条件。由同一专业的单位组成的联合体，按照资质等级较低的单位确定资质等级。

联合体各方应当签订共同投标协议，明确约定各方拟承担的工作和责任，并将共同投标协议连同投标文件一并提交招标人。联合体中标的，联合体各方应当共同与招标人签订合同，就中标项目向招标人承担连带责任。

招标人不得强制投标人组成联合体共同投标，不得限制投标人之间的竞争。

第三十二条　投标人不得相互串通投标报价，不得排挤其他投标人的公平竞争，损害招标人或者其他投标人的合法权益。

投标人不得与招标人串通投标，损害国家利益、社会公共利益或者他人的合法权益。

禁止投标人以向招标人或者评标委员会成员行贿的手段谋取中标。

第三十三条　投标人不得以低于成本的报价竞标，也不得以他人名义投标或者以其他方式弄虚作假，骗取中标。

第四章　开标、评标和中标

第三十四条　开标应当在招标文件确定的提交投标文件截止时间的同一时间公开进

行；开标地点应当为招标文件中预先确定的地点。

第三十五条　开标由招标人主持，邀请所有投标人参加。

第三十六条　开标时，由投标人或者其推选的代表检查投标文件的密封情况，也可以由招标人委托的公证机构检查并公证；经确认无误后，由工作人员当众拆封，宣读投标人名称、投标价格和投标文件的其他主要内容。

招标人在招标文件要求提交投标文件的截止时间前收到的所有投标文件，开标时都应当当众予以拆封、宣读。

开标过程应当记录，并存档备查。

第三十七条　评标由招标人依法组建的评标委员会负责。

依法必须进行招标的项目，其评标委员会由招标人的代表和有关技术、经济等方面的专家组成，成员人数为五人以上单数，其中技术、经济等方面的专家不得少于成员总数的三分之二。

前款专家应当从事相关领域工作满八年并具有高级职称或者具有同等专业水平，由招标人从国务院有关部门或者省、自治区、直辖市人民政府有关部门提供的专家名册或者招标代理机构的专家库内的相关专业的专家名单中确定；一般招标项目可以采取随机抽取方式，特殊招标项目可以由招标人直接确定。

与投标人有利害关系的人不得进入相关项目的评标委员会；已经进入的应当更换。

评标委员会成员的名单在中标结果确定前应当保密。

第三十八条　招标人应当采取必要的措施，保证评标在严格保密的情况下进行。

任何单位和个人不得非法干预、影响评标的过程和结果。

第三十九条　评标委员会可以要求投标人对投标文件中含义不明确的内容作必要的澄清或者说明，但是澄清或者说明不得超出投标文件的范围或者改变投标文件的实质性内容。

第四十条　评标委员会应当按照招标文件确定的评标标准和方法，对投标文件进行评审和比较；设有标底的，应当参考标底。

评标委员会完成评标后，应当向招标人提出书面评标报告，并推荐合格的中标候选人。招标人根据评标委员会提出的书面评标报告和推荐的中标候选人确定中标人。

招标人也可以授权评标委员会直接确定中标人。

国务院对特定招标项目的评标有特别规定的，从其规定。

第四十一条　中标人的投标应当符合下列条件之一：

(一) 能够最大限度地满足招标文件中规定的各项综合评价标准；

(二) 能够满足招标文件的实质性要求，并且经评审的投标价格最低；但是投标价格低于成本的除外。

第四十二条　评标委员会经评审，认为所有投标都不符合招标文件要求的，可以否决所有投标。

依法必须进行招标的项目的所有投标被否决的，招标人应当依照本法重新招标。

第四十三条　在确定中标人前，招标人不得与投标人就投标价格、投标方案等实质性内容进行谈判。

第四十四条　评标委员会成员应当客观、公正地履行职务，遵守职业道德，对所出的评审意见承担个人责任。

标委员会成员不得私下接触投标人，不得收受投标人的财物或者其他好处。

评标委员会成员和参与评标的有关工作人员不得透露对投标文件的评审和比较、中标候选人的推荐情况以及与评标有关的其他情况。

第四十五条　中标人确定后，招标人应当向中标人发出中标通知书，并同时将中标结果通知所有未中标的投标人。

中标通知书对招标人和中标人具有法律效力。中标通知书发出后，招标人改变中标结果的，或者中标人放弃中标项目的，应当依法承担法律责任。

第四十六条　招标人和中标人应当自中标通知书发出之日起三十日内，按照招标文件和中标人的投标文件订立书面合同。招标人和中标人不得再行订立背离合同实质性内容的其他协议。

招标文件要求中标人提交履约保证金的，中标人应当提交。

第四十七条　依法必须进行招标的项目，招标人应当自确定中标人之日起十五日内，向有关行政监督部门提交招标投标情况的书面报告。

第四十八条　中标人应当按照合同约定履行义务，完成中标项目。中标人不得向他人转让中标项目，也不得将中标项目肢解后分别向他人转让。

中标人按照合同约定或者经招标人同意，可以将中标项目的部分非主体、非关键性工作分包给他人完成。接受分包的人应当具备相应的资格条件，并不得再次分包。

中标人应当就分包项目向招标人负责，接受分包的人就分包项目承担连带责任。

第五章　法 律 责 任

第四十九条　违反本法规定，必须进行招标的项目而不招标的，将必须进行招标的项目化整为零或者以其他任何方式规避招标的，责令限期改正，可以处项目合同金千分之五以上千分之十以下的罚款；对全部或者部分使用国有资金的项目，可以暂项目执行或者暂停资金拨付；对单位直接负责的主管人员和其他直接责任人员依法予处分。

第五十条　招标代理机构违反本法规定，泄露应当保密的与招标投标活动有关的况和资料的，或者与招标人、投标人串通损害国家利益、社会公共利益或者他人合权益的，处五万元以上二十五万元以下的罚款，对单位直接负责的主管人员和其他接责任人员处单位罚款数额百分之五以上百分之十以下的罚款；有违法所得的，并处没收违法所得；情节严重的，暂停直至取消招标代理资格；构成犯罪的，依法追究刑事责任。给他人造成损失的，依法承担赔偿责任。

前款所列行为影响中标结果的，中标无效。

第五十一条　招标人以不合理的条件限制或者排斥潜在投标人的，对潜在投标人实行歧视待遇的，强制要求投标人组成联合体共同投标的，或者限制投标人之间竞争的，责令改正，可以处一万元以上五万元以下的罚款。

第五十二条　依法必须进行招标的项目的招标人向他人透露已获取招标文件的潜在投标人的名称、数量或者可能影响公平竞争的有关招标投标的其他情况的，或者泄露标底的，给予警告，可以并处一万元以上十万元以下的罚款；对单位直接负责的主管人员和其他直接责任人员依法给予处分；构成犯罪的，依法追究刑事责任。

前款所列行为影响中标结果的，中标无效。

第五十三条　投标人相互串通投标或者与招标人串通投标的，投标人以向招标人或者评标委员会成员行贿的手段谋取中标的，中标无效，处中标项目金额千分之五以上千分之十以下的罚款，对单位直接负责的主管人员和其他直接责任人员处单位罚款数额百分之五以上百分之十以下的罚款；有违法所得的，并处没收违法所得；情节严重的，取消其一年至二年内参加依法必须进行招标的项目的投标资格并予以公告，直至由工商行政管理机关吊销营业执照；构成犯罪的，依法追究刑事责任。给他人造成损失的，依法承担赔偿责任。

第五十四条　投标人以他人名义投标或者以其他方式弄虚作假，骗取中标的，中标无效，给招标人造成损失的，依法承担赔偿责任；构成犯罪的，依法追究刑事责任。

依法必须进行招标的项目的投标人有前款所列行为尚未构成犯罪的，处中标项目金额千分之五以上千分之十以下的罚款，对单位直接负责的主管人员和其他直接责任人员处单位罚款数额百分之五以上百分之十以下的罚款；有违法所得的，并处没收违法所得；情节严重的，取消其一年至三年内参加依法必须进行招标的项目的投标资格并予以公告，直至由工商行政管理机关吊销营业执照。

第五十五条　依法必须进行招标的项目，招标人违反本法规定，与投标人就投标价格、投标方案等实质性内容进行谈判的，给予警告，对单位直接负责的主管人员和其他直接责任人员依法给予处分。

前款所列行为影响中标结果的，中标无效。

第五十六条　评标委员会成员收受投标人的财物或者其他好处的，评标委员会成员或者参加评标的有关工作人员向他人透露对投标文件的评审和比较、中标候选人的推荐以及与评标有关的其他情况的，给予警告，没收收受的财物，可以并处三千元以上五万元以下的罚款，对有所列违法行为的评标委员会成员取消担任评标委员会成员的资格，不得再参加任何依法必须进行招标的项目的评标；构成犯罪的，依法追究刑事责任。

第五十七条　招标人在评标委员会依法推荐的中标候选人以外确定中标人的，依法必须进行招标的项目在所有投标被评标委员会否决后自行确定中标人的，中标无效。责令改正，可以处中标项目金额千分之五以上千分之十以下的罚款；对单位直接负责的主管人员和其他直接责任人员依法给予处分。

第五十八条　中标人将中标项目转让给他人的，将中标项目肢解后分别转让给他人的，违反本法规定将中标项目的部分主体、关键性工作分包给他人的，或者分包人再次分包的，转让、分包无效，处转让、分包项目金额千分之五以上千分之十以下的罚款；有违法所得的，并处没收违法所得；可以责令停业整顿；情节严重的，由工商行政管理机关吊销营业执照。

第五十九条　招标人与中标人不按照招标文件和中标人的投标文件订立合同的，或者招标人、中标人订立背离合同实质性内容的协议的，责令改正；可以处中标项目金额千分之五以上千分之十以下的罚款。

第六十条　中标人不履行与招标人订立的合同的，履约保证金不予退还，给招标人造成的损失超过履约保证金数额的，还应当对超过部分予以赔偿；没有提交履约保证金的，应当对招标人的损失承担赔偿责任。

中标人不按照与招标人订立的合同履行义务，情节严重的，取消其二年至五年内参加依法必须进行招标的项目的投标资格并予以公告，直至由工商行政管理机关吊销营业执照。

因不可抗力不能履行合同的，不适用前两款规定。

第六十一条　本章规定的行政处罚，由国务院规定的有关行政监督部门决定。本法已对实施行政处罚的机关作出规定的除外。

第六十二条　任何单位违反本法规定，限制或者排斥本地区、本系统以外的法人或者其他组织参加投标的，为招标人指定招标代理机构的，强制招标人委托招标代理机构办理招标事宜的，或者以其他方式干涉招标投标活动的，责令改正；对单位直接负责的主管人员和其他直接责任人员依法给予警告、记过、记大过的处分，情节较重的，依法给予降级、撤职、开除的处分。

个人利用职权进行前款违法行为的，依照前款规定追究责任。

第六十三条　对招标投标活动依法负有行政监督职责的国家机关工作人员徇私舞弊、滥用职权或者玩忽职守，构成犯罪的，依法追究刑事责任；不构成犯罪的，依法给予行政处分。

第六十四条　依法必须进行招标的项目违反本法规定，中标无效的，应当依照本法规定的中标条件从其余投标人中重新确定中标人或者依照本法重新进行招标。

第六章　附　　则

第六十五条　投标人和其他利害关系人认为招标投标活动不符合本法有关规定的，有权向招标人提出异议或者依法向有关行政监督部门投诉。

第六十六条　涉及国家安全、国家秘密、抢险救灾或者属于利用扶贫资金实行以工代赈、需要使用农民工等特殊情况，不适宜进行招标的项目，按照国家有关规定可以不进行招标

第六十七条　使用国际组织或者外国政府贷款、援助资金的项目进行招标，贷款方、资金提供方对招标投标的具体条件和程序有不同规定的，可以适用其规定，但违背中华人民共和国的社会公共利益的除外。

第六十八条　本法自 2000 年 1 月 1 日起施行。

参 考 文 献

[1] 张文显．法理学[M]．北京：高等教育出版社，北京大学出版社，1999．

[2] 胡旭晟，蒋先福．法理学[M]．长沙：湖南人民出版社，湖南大学出版社，2001．

[3] 姜明安．行政法与行政诉讼法[M]．北京：高等教育出版社，北京大学出版社，1999．

[4] 陈东佐．建筑法规概论[M]．2 版．北京：中国建筑工业出版社，2005．

[5] 李峻．建筑法概论[M]．北京：中国建筑工业出版社，1999．

[6] 吴胜兴．土木工程建设法规[M]．北京：高等教育出版社，2003．

[7] 黄安永．建设法规[M]．南京：东南大学出版社，2002．

[8] 刘文峰．建设法规教程[M]．北京：中国建材工业出版社，2003．

[9] 沈建忠．房地产基本制度与政策[M]．2 版．北京：中国建筑工业出版社．2007．

[10] 唐茂华．工程建设法律与制度[M]．北京：北京大学出版社．2008．

[11] 赵承雄，蒋成太．建筑工程法律法规及相关知识[M]．哈尔滨：哈尔滨工业大学出版社，2011．

[12] 胡六星．法律法规及相关知识、专业通用知识[M]．北京：中国环境科学出版社，2012．

[13] 李大华，王君．以案说法——土地管理法[M]．北京：中国社会出版社，2004．

[14] 郜风涛，唐荣长．《中华人民共和国建筑法》及释义[M]．北京：中国建材工业出版社，1998．

[15] 王天翊．建筑法案例精析[M]．北京：人民法院出版社，1999．

[16] 中国法制出版社．建设工程案件[M]．北京：中国法制出版社，2005．

[17] 顾建生．建筑施工伤亡事故案例分析及防治[M]．北京：中国建筑工业出版社，2001．

北京大学出版社高职高专土建系列规划教材

序号	书名	书号	编著者	定价	出版时间	印次	配套情况
			基础课程				
1	工程建设法律与制度	978-7-301-14158-8	唐茂华	26.00	2012.7	6	ppt/pdf
2	建设法规及相关知识	978-7-301-22748-0	唐茂华等	34.00	2014.9	2	ppt/pdf
3	建设工程法规(第2版)	978-7-301-24493-7	皇甫婧琪	40.00	2014.8	1	ppt/pdf/答案/素材
4	建筑工程法规实务	978-7-301-19321-1	杨陈慧等	43.00	2012.1	4	ppt/pdf
5	建筑法规	978-7-301-19371-6	董伟等	39.00	2013.1	4	ppt/pdf
6	建设工程法规	978-7-301-20912-7	王先恕	32.00	2012.7	3	ppt/ pdf
7	AutoCAD 建筑制图教程(第2版)	978-7-301-21095-6	郭　慧	38.00	2013.8	5	ppt/pdf/素材
8	AutoCAD 建筑绘图教程(第2版)	978-7-301-20540-8	唐英敏等	44.00	2014.7	1	ppt/pdf
9	建筑 CAD 项目教程(2010 版)	978-7-301-20979-0	郭　慧	38.00	2012.9	2	pdf/素材
10	建筑工程专业英语	978-7-301-15376-5	吴承霞	20.00	2013.8	8	ppt/pdf
11	建筑工程专业英语	978-7-301-20003-2	韩薇等	24.00	2014.7	2	ppt/ pdf
12	★建筑工程应用文写作(第2版)	978-7-301-24480-7	赵立等	50.00	2014.7	1	ppt/pdf
13	建筑识图与构造(第2版)	978-7-301-23774-8	郑贵超	40.00	2014.1	1	ppt/pdf/答案
14	建筑构造	978-7-301-21267-7	肖　芳	34.00	2013.5	3	ppt/ pdf
15	房屋建筑构造	978-7-301-19883-4	李少红	26.00	2012.1	4	ppt/pdf
16	建筑识图	978-7-301-21893-8	邓志勇等	35.00	2013.1	2	ppt/ pdf
17	建筑识图与房屋构造	978-7-301-22860-9	贠禄等	54.00	2013.8	1	ppt/pdf /答案
18	建筑构造与设计	978-7-301-23506-5	陈玉萍	38.00	2014.1	1	ppt/pdf /答案
19	房屋建筑构造	978-7-301-23588-1	李元玲等	45.00	2014.1	1	ppt/pdf
20	建筑构造与施工图识读	978-7-301-24470-8	南学平	48.00	2014.8	1	ppt/pdf
21	建筑工程制图与识图(第2版)	978-7-301-24408-1	白丽红	29.00	2014.7	1	ppt/pdf
22	建筑制图习题集(第2版)	978-7-301-24571-2	白丽红	22.00	2014.8	1	pdf
23	建筑制图(第2版)	978-7-301-21146-5	高丽荣	32.00	2013.2	3	ppt/pdf
24	建筑制图习题集(第2版)	978-7-301-21288-2	高丽荣	28.00	2013.1	4	pdf
25	建筑工程制图(第2版)(附习题册)	978-7-301-21120-5	肖明和	48.00	2012.8	3	ppt/pdf
26	建筑制图与识图(第2版)	978-7-301-24386-2	曹雪梅	36.00	2014.9	1	ppt/pdf
27	建筑制图与识图习题册	978-7-301-18652-7	曹雪梅等	30.00	2012.4	4	pdf
28	建筑制图与识图	978-7-301-20070-4	李元玲	28.00	2012.8	5	ppt/pdf
29	建筑制图与识图习题集	978-7-301-20425-2	李元玲	24.00	2012.3	4	ppt/pdf
30	新编建筑工程制图	978-7-301-21140-3	方筱松	30.00	2014.8	2	ppt/ pdf
31	新编建筑工程制图习题集	978-7-301-16834-9	方筱松	22.00	2014.1	2	pdf
			建筑施工类				
1	建筑工程测量	978-7-301-16727-4	赵景利	30.00	2013.8	11	ppt/pdf /答案
2	建筑工程测量(第2版)	978-7-301-22002-3	张敬伟	37.00	2013.5	4	ppt/pdf /答案
3	建筑工程测量实验与实训指导(第2版)	978-7-301-23166-1	张敬伟	27.00	2013.9	2	pdf/答案
4	建筑工程测量	978-7-301-19992-3	潘益民	38.00	2012.2	2	ppt/ pdf
5	建筑工程测量	978-7-301-13578-5	王金玲等	26.00	2011.8	3	pdf
6	建筑工程测量实训	978-7-301-19329-7	杨凤华	27.00	2013.5	5	pdf
7	建筑工程测量(含实验指导手册)	978-7-301-19364-8	石　东等	43.00	2012.6	3	ppt/pdf/答案
8	建筑工程测量	978-7-301-22485-4	景　铎等	34.00	2013.6	1	ppt/pdf
9	建筑施工技术	978-7-301-21209-7	陈雄辉	39.00	2013.2	3	ppt/pdf
10	建筑施工技术	978-7-301-12336-2	朱永祥等	38.00	2012.4	7	ppt/pdf
11	建筑施工技术	978-7-301-16726-7	叶　雯等	44.00	2013.5	6	ppt/pdf /素材
12	建筑施工技术	978-7-301-19499-7	董伟等	42.00	2011.9	2	ppt/pdf
13	建筑施工技术	978-7-301-19997-8	苏小梅	38.00	2013.5	3	ppt/pdf
14	建筑工程施工技术(第2版)	978-7-301-21093-2	钟汉华等	48.00	2013.8	4	ppt/pdf
15	基础工程施工	978-7-301-20917-2	董伟等	35.00	2012.7	2	ppt/pdf
16	建筑施工技术实训(第2版)	978-7-301-24368-8	周晓龙	30.00	2014.7	1	pdf
17	建筑力学(第2版)	978-7-301-21695-8	石立安	46.00	2013.9	4	ppt/pdf
18	★土木工程实用力学	978-7-301-15598-1	马景善	30.00	2013.1	4	pdf/ppt
19	土木工程力学	978-7-301-16864-6	吴明军	38.00	2011.11	2	ppt/pdf

序号	书名	书号	编著者	定价	出版时间	印次	配套情况
20	PKPM 软件的应用(第 2 版)	978-7-301-22625-4	王　娜等	34.00	2013.6	2	pdf
21	建筑结构(第 2 版)(上册)	978-7-301-21106-9	徐锡权	41.00	2013.4	2	ppt/pdf/答案
22	建筑结构(第 2 版)(下册)	978-7-301-22584-4	徐锡权	42.00	2013.6	2	ppt/pdf/答案
23	建筑结构	978-7-301-19171-2	唐春平等	41.00	2012.6	4	ppt/pdf
24	建筑结构基础	978-7-301-21125-0	王中发	36.00	2012.8	2	ppt/pdf
25	建筑结构原理及应用	978-7-301-18732-6	史美东	45.00	2012.8	1	ppt/pdf
26	建筑力学与结构(第 2 版)	978-7-301-22148-8	吴承霞等	49.00	2013.12	4	ppt/pdf/答案
27	建筑力学与结构(少学时版)	978-7-301-21730-6	吴承霞	34.00	2014.8	3	ppt/pdf/答案
28	建筑力学与结构	978-7-301-20988-2	陈水广	32.00	2012.8	1	pdf/ppt
29	建筑力学与结构	978-7-301-23348-1	杨丽君等	44.00	2014.1	1	ppt/pdf
30	建筑结构与施工图	978-7-301-22188-4	朱希文等	35.00	2013.3	2	ppt/pdf
31	生态建筑材料	978-7-301-19588-2	陈剑峰等	38.00	2013.7	2	ppt/pdf
32	建筑材料	978-7-301-13576-1	林祖宏	35.00	2012.6	9	ppt/pdf
33	建筑材料与检测	978-7-301-16728-1	梅　杨等	26.00	2012.11	9	ppt/pdf/答案
34	建筑材料检测试验指导	978-7-301-16729-8	王美芬等	18.00	2013.7	6	pdf
35	建筑材料与检测	978-7-301-19261-0	王　辉	35.00	2012.6	5	ppt/pdf
36	建筑材料与检测试验指导	978-7-301-20045-2	王　辉	20.00	2013.1	3	ppt/pdf
37	建筑材料选择与应用	978-7-301-21948-5	申淑荣等	39.00	2013.3	1	ppt/pdf
38	建筑材料检测实训	978-7-301-22317-8	申淑荣等	24.00	2013.4	1	pdf
39	建筑材料	978-7-301-24208-7	任晓菲	40.00	2014.7	1	ppt/pdf /答案
40	建设工程监理概论(第 2 版)	978-7-301-20854-0	徐锡权等	43.00	2013.7	4	ppt/pdf /答案
41	★建设工程监理(第 2 版)	978-7-301-24490-6	斯　庆	35.00	2014.9	1	ppt/pdf /答案
42	建设工程监理概论	978-7-301-15518-9	曾庆军等	24.00	2012.12	5	ppt/pdf
43	工程建设监理案例分析教程	978-7-301-18984-9	刘志麟等	38.00	2013.2	2	ppt/pdf
44	地基与基础(第 2 版)	978-7-301-23304-7	肖明和等	42.00	2014.1	1	ppt/pdf/答案
45	地基与基础	978-7-301-16130-2	孙平平等	26.00	2013.2	3	ppt/pdf
46	地基与基础实训	978-7-301-23174-6	肖明和等	25.00	2013.10	1	ppt/pdf
47	土力学与地基基础	978-7-301-23675-8	叶火炎等	35.00	2014.1	1	ppt/pdf
48	土力学与基础工程	978-7-301-23590-4	宁培淋等	32.00	2014.1	1	ppt/pdf
49	建筑工程质量事故分析(第 2 版)	978-7-301-22467-0	郑文新	32.00	2013.9	2	ppt/pdf
50	建筑工程施工组织设计	978-7-301-18512-4	李源清	26.00	2013.5	6	ppt/pdf
51	建筑工程施工组织实训	978-7-301-18961-0	李源清	40.00	2012.11	3	ppt/pdf
52	建筑施工组织与进度控制	978-7-301-21223-3	张廷瑞	36.00	2012.9	3	ppt/pdf
53	建筑施工组织项目式教程	978-7-301-19901-5	杨红玉	44.00	2012.1	2	ppt/pdf/答案
54	钢筋混凝土工程施工与组织	978-7-301-19587-1	高　雁	32.00	2012.5	1	ppt/pdf
55	钢筋混凝土工程施工与组织实训指导(学生工作页)	978-7-301-21208-0	高　雁	20.00	2012.9	1	ppt
	工程管理类						
1	建筑工程经济(第 2 版)	978-7-301-22736-7	张宁宁等	30.00	2013.11	5	ppt/pdf/答案
2	★建筑工程经济(第 2 版)	978-7-301-24492-0	胡六星等	41.00	2014.9	1	ppt/pdf/答案
3	建筑工程经济	978-7-301-24346-6	刘晓丽等	38.00	2014.7	1	ppt/pdf/答案
4	施工企业会计(第 2 版)	978-7-301-24434-0	辛艳红等	36.00	2014.7	1	ppt/pdf/答案
5	建筑工程项目管理	978-7-301-12335-5	范红岩等	30.00	2012. 4	9	ppt/pdf
6	建设工程项目管理(第 2 版)	978-7-301-16730-4	王　辉	32.00	2013.5	5	ppt/pdf/答案
7	建设工程项目管理	978-7-301-19335-8	冯松山等	38.00	2013.11	3	pdf/ppt
8	★建设工程招投标与合同管理(第 3 版)	978-7-301-24483-8	宋春岩	40.00	2014.9	1	ppt/pdf/答案/试题/教案
9	建筑工程招投标与合同管理	978-7-301-16802-8	程超胜	30.00	2012.9	2	pdf/ppt
10	工程招投标与合同管理实务	978-7-301-19035-7	杨甲奇等	48.00	2011.8	3	pdf
11	工程招投标与合同管理实务	978-7-301-19290-0	郑文新等	43.00	2012.4	2	ppt/pdf
12	建设工程招投标与合同管理实务	978-7-301-20404-7	杨云会等	42.00	2012.4	2	ppt/pdf/答案/习题库
13	工程招投标与合同管理	978-7-301-17455-5	文新平	37.00	2012.9	1	ppt/pdf
14	工程项目招投标与合同管理(第 2 版)	978-7-301-24554-5	李洪军等	42.00	2014.8	1	ppt/pdf/答案
15	工程项目招投标与合同管理(第 2 版)	978-7-301-22462-5	周艳冬	35.00	2013.7	2	ppt/pdf

序号	书名	书号	编著者	定价	出版时间	印次	配套情况
16	建筑工程商务标编制实训	978-7-301-20804-5	钟振宇	35.00	2012.7	1	ppt
17	建筑工程安全管理	978-7-301-19455-3	宋　健等	36.00	2013.5	4	ppt/pdf
18	建筑工程质量与安全管理	978-7-301-16070-1	周连起	35.00	2013.2	7	ppt/pdf/答案
19	施工项目质量与安全管理	978-7-301-21275-2	钟汉华	45.00	2012.10	1	ppt/pdf/答案
20	工程造价控制(第2版)	978-7-301-24594-1	斯　庆	32.00	2014.8	1	ppt/pdf/答案
21	工程造价管理	978-7-301-20655-3	徐锡权等	33.00	2013.8	3	ppt/pdf
22	工程造价控制与管理	978-7-301-19366-2	胡新萍等	30.00	2013.1	3	ppt/pdf
23	建筑工程造价管理	978-7-301-20360-6	柴　琦等	27.00	2013.1	3	ppt/pdf
24	建筑工程造价管理	978-7-301-15517-2	李茂英等	24.00	2012.1	4	pdf
25	工程造价案例分析	978-7-301-22985-9	甄　凤	30.00	2013.8	1	pdf/ppt
26	建设工程造价控制与管理	978-7-301-24273-5	胡芳珍等	38.00	2014.6	1	ppt/pdf/答案
27	建筑工程造价	978-7-301-21892-1	孙咏梅	40.00	2013.2	1	ppt/pdf
28	★建筑工程计量与计价(第2版)	978-7-301-22078-8	肖明和等	58.00	2013.8	5	pdf/ppt
29	★建筑工程计量与计价实训(第2版)	978-7-301-22606-3	肖明和等	29.00	2013.7	3	pdf
30	建筑工程计量与计价综合实训	978-7-301-23568-3	龚小兰	28.00	2014.1	1	pdf
31	建筑工程估价	978-7-301-22802-9	张　英	43.00	2013.8	1	ppt/pdf
32	建筑工程计量与计价——透过案例学造价(第2版)	978-7-301-23852-3	张　强	59.00	2014.4	2	ppt/pdf
33	安装工程计量与计价(第3版)	978-7-301-24539-2	冯　钢等	54.00	2014.8	1	pdf/ppt
34	安装工程计量与计价综合实训	978-7-301-23294-1	成春燕	49.00	2014.1	2	pdf/素材
35	安装工程计量与计价实训	978-7-301-19336-5	景巧玲等	36.00	2013.5	4	pdf/素材
36	建筑水电安装工程计量与计价	978-7-301-21198-4	陈连姝	36.00	2013.8	3	ppt/pdf
37	建筑与装饰装修工程工程量清单	978-7-301-17331-2	翟丽旻等	25.00	2012.8	4	pdf/ppt/答案
38	建筑工程清单编制	978-7-301-19387-7	叶晓容	24.00	2011.8	2	ppt/pdf
39	建设项目评估	978-7-301-20068-1	高志云等	32.00	2013.6	2	ppt/pdf
40	钢筋工程清单编制	978-7-301-20114-5	贾莲英	36.00	2012.2	1	ppt / pdf
41	混凝土工程清单编制	978-7-301-20384-2	顾　娟	28.00	2012.5	1	ppt / pdf
42	建筑装饰工程预算	978-7-301-20567-9	范菊雨	38.00	2013.6	2	pdf/ppt
43	建设工程安全监理	978-7-301-20802-1	沈万岳	28.00	2012.7	1	pdf/ppt
44	建筑工程安全技术与管理实务	978-7-301-21187-8	沈万岳	48.00	2012.9	2	pdf/ppt
45	建筑工程资料管理	978-7-301-17456-2	孙　刚等	36.00	2013.8	4	pdf/ppt
46	建筑施工组织与管理(第2版)	978-7-301-22149-5	翟丽旻等	43.00	2013.4	2	ppt/pdf/答案
47	建设工程合同管理	978-7-301-22612-4	刘庭江	46.00	2013.6	1	ppt/pdf/答案
	建筑设计类						
1	中外建筑史(第2版)	978-7-301-23779-3	袁新华等	38.00	2014.2	2	ppt/pdf
2	建筑室内空间历程	978-7-301-19338-9	张伟孝	53.00	2011.8	1	pdf
3	建筑装饰CAD项目教程	978-7-301-20950-9	郭　慧	35.00	2013.1	2	ppt/素材
4	室内设计基础	978-7-301-15613-1	李书青	32.00	2013.5	3	ppt/pdf
5	建筑装饰构造	978-7-301-15687-2	赵志文等	27.00	2012.11	6	ppt/pdf/答案
6	建筑装饰材料(第2版)	978-7-301-22356-7	焦　涛等	34.00	2013.5	1	ppt/pdf
7	★建筑装饰施工技术(第2版)	978-7-301-24482-1	王　军	37.00	2014.7	1	ppt/pdf
8	设计构成	978-7-301-15504-2	戴碧锋	30.00	2012.10	2	ppt/pdf
9	基础色彩	978-7-301-16072-5	张　军	42.00	2011.9	2	pdf
10	设计色彩	978-7-301-21211-0	龙黎黎	46.00	2012.9	1	ppt
11	设计素描	978-7-301-22391-8	司马金桃	29.00	2013.4	1	ppt
12	建筑素描表现与创意	978-7-301-15541-7	于修国	25.00	2012.11	3	Pdf
13	3ds Max 效果图制作	978-7-301-22870-8	刘　晗等	45.00	2013.7	1	ppt
14	3ds max 室内设计表现方法	978-7-301-17762-4	徐海军	32.00	2010.9	1	pdf
15	Photoshop 效果图后期制作	978-7-301-16073-2	脱忠伟等	52.00	2011.1	2	素材/pdf
16	建筑表现技法	978-7-301-19216-0	张　峰	32.00	2013.1	2	ppt/pdf
17	建筑速写	978-7-301-20441-2	张　峰	30.00	2012.4	1	pdf
18	建筑装饰设计	978-7-301-20022-3	杨丽君	36.00	2012.2	1	ppt/素材
19	装饰施工读图与识图	978-7-301-19991-6	杨丽君	33.00	2012.5	1	ppt
20	建筑装饰工程计量与计价	978-7-301-20055-1	李茂英	42.00	2013.7	3	ppt/pdf

序号	书名	书号	编著者	定价	出版时间	印次	配套情况
规划园林类							
1	城市规划原理与设计	978-7-301-21505-0	谭婧婧等	35.00	2013.1	2	ppt/pdf
2	居住区景观设计	978-7-301-20587-7	张群成	47.00	2012.5	1	ppt
3	居住区规划设计	978-7-301-21031-4	张　燕	48.00	2012.8	2	ppt
4	园林植物识别与应用	978-7-301-17485-2	潘利等	34.00	2012.9	1	ppt
5	园林工程施工组织管理	978-7-301-22364-2	潘利等	35.00	2013.4	1	ppt/pdf
6	园林景观计算机辅助设计	978-7-301-24500-2	于化强等	48.00	2014.8	1	ppt/pdf
7	建筑·园林·装饰设计初步	978-7-301-24575-0	王金贵	30.00	2014.8	1	ppt/pdf
房地产类							
1	房地产开发与经营(第 2 版)	978-7-301-23084-8	张建中等	33.00	2014.8	2	ppt/pdf/答案
2	房地产估价(第 2 版)	978-7-301-22945-3	张　勇等	35.00	2013.8	1	ppt/pdf/答案
3	房地产估价理论与实务	978-7-301-19327-3	褚菁晶	35.00	2011.8	2	ppt/pdf/答案
4	物业管理理论与实务	978-7-301-19354-9	裴艳慧	52.00	2011.9	2	ppt/pdf
5	房地产测绘	978-7-301-22747-3	唐春平	29.00	2013.7	1	ppt/pdf
6	房地产营销与策划	978-7-301-18731-9	应佐萍	42.00	2012.8	2	ppt/pdf
市政与路桥类							
1	市政工程计量与计价(第 2 版)	978-7-301-20564-8	郭良娟等	42.00	2013.8	5	pdf/ppt
2	市政工程计价	978-7-301-22117-4	彭以舟等	39.00	2013.2	1	ppt/pdf
3	市政桥梁工程	978-7-301-16688-8	刘　江等	42.00	2012.10	2	ppt/pdf/素材
4	市政工程材料	978-7-301-22452-6	郑晓国	37.00	2013.5	1	ppt/pdf
5	道桥工程材料	978-7-301-21170-0	刘水林等	43.00	2012.9	1	ppt/pdf
6	路基路面工程	978-7-301-19299-3	偶昌宝等	34.00	2011.8	1	ppt/pdf/素材
7	道路工程技术	978-7-301-19363-1	刘　雨等	33.00	2011.12	1	ppt/pdf
8	数字测图技术实训指导	978-7-301-22679-7	赵　红	27.00	2013.6	1	ppt/pdf
9	城市道路设计与施工	978-7-301-21947-8	吴颖峰	39.00	2013.1	1	ppt/pdf
10	建筑给水排水工程	978-7-301-20047-6	叶巧云	38.00	2012.2	1	ppt/pdf
11	市政工程测量(含技能训练手册)	978-7-301-20474-0	刘宗波等	41.00	2012.5	1	ppt/pdf
12	公路工程任务承揽与合同管理	978-7-301-21133-5	邱　兰等	30.00	2012.9	1	ppt/pdf/答案
13	★工程地质与土力学(第 2 版)	978-7-301-24479-1	杨仲元	41.00	2014.7	1	ppt/pdf
14	数字测图技术应用教程	978-7-301-20334-7	刘宗波	36.00	2012.8	1	ppt
15	数字测图技术	978-7-301-22656-8	赵　红	36.00	2013.6	1	ppt/pdf
16	水泵与水泵站技术	978-7-301-22510-3	刘振华	40.00	2013.5	1	ppt/pdf
17	道路工程测量(含技能训练手册)	978-7-301-21967-6	田树涛等	45.00	2013.2	1	ppt/pdf
18	桥梁施工与维护	978-7-301-23834-9	梁　斌	50.00	2014.2	1	ppt/pdf
19	铁路轨道施工与维护	978-7-301-23524-9	梁　斌	36.00	2014.1	1	ppt/pdf
20	铁路轨道构造	978-7-301-23153-1	梁　斌	32.00	2013.10	1	ppt/pdf
建筑设备类							
1	建筑设备基础知识与识图(第 2 版)	978-7-301-24586-6	靳慧征	47.00	2014.8	1	ppt/pdf/答案
2	建筑设备识图与施工工艺	978-7-301-19377-8	周业梅	38.00	2011.8	4	ppt/pdf
3	建筑施工机械	978-7-301-19365-5	吴志强	30.00	2013.7	4	pdf/ppt
4	智能建筑环境设备自动化	978-7-301-21090-1	余志强	40.00	2012.8	1	pdf/ppt
5	★建筑节能与施工	978-7-301-24274-2	吴明军等	30.00	2014.8	1	pdf/ppt